足羽與志子
中野聡
吉田裕 編

平和と和解

思想・経験・方法

間永次郎　清水由希江　寺崎陽子　沢辺満智子　根本雅也
中村江里　小阪裕城　佐藤雅哉　中原聖乃　荒沢千賀子
シャンタル・メジェ　クロード・ドゥブリュ　宮地尚子
菊池美名子　ジャン＝シャルル・ダルモン　有田英也

一橋大学大学院社会学研究科先端課題研究叢書 6

旬報社

はじめに

本書は、一橋大学大学院社会学研究科において、二〇〇九年四月から三年間にわたって続けられた先端課題研究9「平和と和解の社会科学」およびその延長線上で「平和と和解の研究センター」が展開してきた研究活動の成果論文集である。「現代社会の先端的な研究テーマに既存のディシプリンを超えて多角的に取り組む」ことをめざすこの大学院科目は、これまでにも教員と大学院生・若手研究者がさまざまな共同研究を行い、大きな成果をあげてきた。本研究叢書はその成果発表の主要な場と位置づけられるもので、本書はその六冊目にあたる。

それでは「平和と和解の社会科学」とは何か。編者のひとりで「平和と和解の研究センター」共同代表の足羽與志子によれば、それは「人々と人々が生きる社会にその学問の基軸をおく科学、という広義の社会科学の立場から、今日、切望される平和と和解について、思考し、思索を深め、答えを追求し、そして、遠い道のりであっても、平和と和解への一歩を始めてその実現を目指す[1]」営みである。ここで私たちは、冷戦終焉後の世界で国際公共政策上の重要課題として位置づけられてきた平和構築や「移行期の正義」論などとの対話と協働を意識しつつ、政策科学からは一定の距離をおく。むしろ私たちがとらえたいのは、「平和と和解」が政策課題となったとたんに人々の掌からするりと抜け落ちてしまうような領域の諸問題であり、「平和と和解」がなぜかくも困難なのかを解き明かすことである。

本書第I部「思想」に収めた四本の論考は、そのような意味で、困難な思想課題としての「平和と和解」に対する果敢な挑戦の試みである。非暴力主義思想の父とされるガーンディーとW・ジェイムズの反帝国主義論をめぐる論考が冒頭に収められているのは、一見いかにも正攻法な章立てに見えるかもしれない。しかし巻頭で間永次郎が論じるのは、ガーンディー晩年の「世俗主義」への接近という近年のわれわれにとってわかりやすい理解に対する、これまでタブー視されがちだったガーンディーのセクシュアリティをめぐる「ブラフマチャルヤ」という私的実験の宗教思想的読解をふまえた深い批判である。続く清水由希江が論じるのも、一八九八年の米西戦争を契機とするアメリカの海外膨張主義・植民地領有を共和制の伝統からの逸脱と見なす「古い世代」の反応という消極的評価の文脈で語られがちだったW・ジェイムズの反帝国主義論を、近年、再評価が進むジェイムズの心理学・プラグマティズム哲学の根源的理解と結びつけて読み直すときに浮かび上がる、「知の共和国」がもたらす不可知論を超えた「内面的寛容」の可能性である。

第Ⅰ部後半では、アメリカ国立公園局による一九六〇年代の大規模な公園開発事業ミッション66と日本近世の養蚕技術手引書『養蚕秘録』という、いずれも「平和と和解」という主題とは意外な取り合わせの世界が描かれる。しかし、アメリカの自然保護運動と結びついた官僚組織としての国立公園局を組織人類学の知見と課題意識をふまえて分析した寺崎陽子の論考は、そのまま現代世界で展開する組織化された平和構築事業への批判の眼を養う思考実験として読むことができる。そして「平和と和解」という問いに内在する感覚と情動の世界をふまえるならば（それはジェイムズのプラグマティズム理解ともかかわる問題である）、感覚の人類学の知見と課題意識をもって日本近世・近代の養蚕文書を読み直し、「飼育者が自らの身体感覚を介して蚕の感覚までに接近しようと試みる姿」に注目する沢辺満智子の論考は、実は「平和と和解」をめぐる基礎研究の重要な問題提起として読むことができるのである。

本書第Ⅱ部「経験」所収の六本の論考は、様々の角度からなされた「平和と和解」の困難をめぐる歴史経験のクリティカル・スタディーズである。まず、戦後日本社会に深く刷り込まれてきた広島をめぐる人道主義の言説における「非政治的な価値を志向することの政治性」を、アクターとしての広島市行政に焦点を当てて論じた根本雅也の論考は、「平和と和解」のひとつのあり方が生み出す政治力学の波紋の行方を批判的に見る眼差しの必要性を提示する。次いで、戦争トラウマに関する近年の知見をふまえて、一九五〇〜六〇年代の神奈川県精神医療施設の史資料を解読する中村江里の論考は、「三丁目の夕日」の世界として美化されがちな戦後復興・高度成長期の日本社会が、気づくこと・思い出すことを拒否していた闇の世界に苦しむ人々がいたことを析出する試みであって、後出の荒沢千賀子の論考、第三部におけるトラウマやジョナサン・リテル『慈しみの女神たち』をめぐる議論と響き合う。

続く三つの論考は、アメリカをめぐってなお克服に困難を抱える「平和と和解」の課題としての黒人問題、イスラエル・パレスチナ紛争、そしてマーシャル諸島核実験被ばく者をめぐる経験に注目する。NAACP（全米黒人向上協会）の国連に対する請願（一九四七年）をめぐる小阪裕城の論考は、アメリカ黒人運動史における巨人的存在であり、アメリカの人種問題に対して改革を強制する存在としての国連に期待したデュボイスと、NAACP事務局長ホワイトらいわゆる「現実派」との対立を精緻に検証する。パレスチナ問題に関して先駆的に二国家共存案を提起したAFSC（アメリカ・フレンド奉仕会）をめぐる佐藤雅哉の論考は、イスラエル建国後のパレスチナ難民救済活動の経験を起点に、そこで生まれた共感を「合理性」や「客観性」という言葉に変換することにより、このクェーカー団体がなぜ既成の平和運動団体に先駆けて二国家共存案を提起することができたのかを検討する。アメリカがマーシャル諸島で行った核実験（一九四六〜五八年）による被ばく者の被害賠償と謝罪の現場に焦点をあてて、人々が体験してきた「放射線被害」が「科学」の名の下に軽んじられてきた経緯を論じる中原聖乃の論考は、当然、読者にフクシマを想起させる。逆にフクシマがなければ果たしてこの問題を私たちはどれほど受けとめることができただろうか。

ロンゲラップ環礁被ばく者と人類学者として真摯に交流してきた著者を通じて初めて可能となった「学び」である。

第Ⅱ部を締めくくる、マニラ戦（一九四五年二月）で発生した日本軍のスペイン総領事館襲撃事件のただひとりの生存者アナさんをめぐる荒沢千賀子の論考は、大規模暴力の「その後を人はどう生きるか」を問うとともに、アナさんと筆者との二〇一〇年から現在にいたる出遭いと交流そのものが考究の対象となっている稀有な論考である。同時にそれは、本書の著者の多くが共有する課題をも提示する。冒頭に述べたように、私たちのめざす「平和と和解の社会科学」は、有用性を追求する政策科学とは距離をおく。しかし考えてみれば、個人・人々・社会の「その後の生存のあり方」を問う以上、私たちがめざす「平和と和解の社会科学」もまた「生きることに資するか」という究極の意味での有用性が問われている。私たちの営みが広島やマーシャルの人々あるいはアナさんにとってもつ意味、あるいは私たち自身にとってもつ意味が不断に問われなければならないのだから。

第Ⅲ部「方法」には「平和と和解の研究センター」が開催したシンポジウム「大規模暴力の語り方——日仏学際対話の試み——」（二〇一三年九月一三日）から、五本の報告および討論の抜粋を収めた。同シンポジウムは、先端課題研究の成果をふまえつつ、日本学術振興会科学研究費補助金（基盤研究B）による研究プロジェクト「アジア太平洋戦争と現代世界の大規模暴力をめぐる総合的比較研究」（研究代表者・中野聡）の一環として行われたもので、普遍的なキーワードとして大規模暴力あるいは暴力そのものをとらえて、それに対してどのようなアプローチが学術的に可能なのかという問題をテーマとして、このテーマに対するフランス・アカデミアの挑戦を学び、また、これらに日本からの応答を試みたものである。第Ⅲ部とりまとめには清水由希江氏に多大の協力をいただいた。

まず、フランスにおける代表的な戦争・紛争史研究の学術誌『世界大戦と現代の紛争』編集長を務めるシャンタル・メジェ教授には、フランス・ドイツを中心にヨーロッパの学術動向のなかで「極東」における戦争・大規模暴力の問題がどのような関心を呼んできたかをコンパクトに解説していただいた。科学哲学を軸として、文理融合の学際研究のための枠組みづくりや共同研究を促進してきたフランス科学アカデミー会員のクロード・ドゥブリュ名誉教授には、行動の神経生物学および攻撃に関する個体群生物進化をめぐる研究の長足の進歩を紹介しつつ、その社会科学に対する示唆と協働の可能性に関する問題提起をしていただいた。文学・哲学・道徳の関係性を問うフランス国立科学センターの研究グループを率いてきたジャン＝シャルル・ダルモン教授には、ナチス戦争加害者の内面を描いて近年のヨーロッパ文学史上の一大事件として衝撃を与えたジョナサン・リテルの小説『慈しみの女神たち』を、一七世紀におけるカタルシス批判と重ね合わせて読むという知的興奮に満ちた報告をいただいた。

シンポジウムでは「日本からの応答」として、メジェ教授に対して中野聡教授がマニラ戦研究の現状と課題を報告し（紙幅の都合で本書からは割愛した）、ドゥブリュ教授に対して宮地尚子教授が文化精神医学の立場から自身が展開してきたトラウマの地政学的理解を論じた（宮地・菊池美名子による共著論文は、宮地教授による当日の発表を大幅に改稿して書き下ろされたことを付記しておく）。最後にダルモン教授に対しては、『慈しみの女神たち』翻訳者のひとりでもある成城大学文芸学部の有田英也教授が、同作品の理解および「翻訳者の使命」を論じた。シンポジウムの報告・討論の刺激的な内容を読み取っていただければ編者として幸甚である。とりわけ討論の結語にあたる有田英也教授の発言（四一二頁）は、「平和と和解の社会科学」の可能性と課題そのものに対する応援のメッセージとして受けとめたいと考える次第である。

二〇一五年二月二六日　編者を代表して　中野　聡

（1）　足羽與志子「はじめに」足羽與志子・濱谷正晴・吉田裕編『平和と和解の思想をたずねて』大月書店、二〇一〇年、三頁。

平和と和解――思想・経験・方法――目次

第Ⅰ部 思想

第Ⅱ部　経　験

第Ⅰ部 思想

第1章　マハートマー・ガーンディー晩年における「世俗主義」について

間永次郎

はじめに[1]

マハートマー[2]・ガーンディー（本名：Mohandās Karamcand Gāndhī 一八六九～一九四八）は、非暴力によって、インド独立運動を導いたとして広く知られる。その「独立」の思想は、原語の「スワラージ（「スワ（*swa*）」は「自ら」で、「ラージ（*rāj*）」は「統治」。すなわち、「自己統治」の意）」という言葉に含意されているように、単にイギリスの植民地主義支配からの制度的自立を意味するものではなかった。そこにおいては、政治制度の手続的改革に先立って、独立運動参加者における「心の支配（*manuṃ rājya*）」、つまり、植民地主義による認識的支配から「自己[3]」を解放することが求められた。[4]

このようなガーンディーの独立運動の思想は、しばしば「宗教政治（religious politics）」と呼ばれ、近年に至るまで様々な論争を呼んできた。[5]ガーンディーの宗教政治思想が語られている最もよく知られた文書は、彼が一九二〇年代後半に執筆した『真理の諸実験あるいは自叙伝（*Satyanā Prayogo athvā Ātmakathā*）』（以下、『自叙伝』）であろう。ガーンディーは、『自叙伝』の序章において、自身の政治運動がもっぱら宗教的動機から生じたものであったとして次のように述べている。

> 私がしなければならないこと、三〇年間、はやる思いで何度も繰り返してきたこと、それは、自己実現（*ātmadarśan*）[6]であり、神との対面（*īśvarno sākṣātkār*）であり、解脱（*mokṣa*）である。私の活動は全て、まさに、この観点に基づいている。私の書いてきたことの全てもまた、まさにこの観点に基づいており、また、政治の領域における私の出現も、まさにこの事のもとにやって来るのである（Gāndhī 1947: 6–7）[7]。

そして、『自叙伝』の終章において、ガーンディーは「宗教（*dharma*, 法、義務）が、政治（*rājnīti*）と何の関係もない、という者は宗教を知らない」と述べた（Gāndhī 1947: 529）。ガーンディー研究者のA・パレルの言葉を借りれば、このような「解脱と政治との関係における力動的性質」は（Parel 2006: 20）、ガーンディー思想を基礎づける根本的特徴であった。

しかしながら近年、著名な歴史学者であるビパン・チャンドラとK・サンガリーの研究によって、パキスタンとの分離独立を前に、宗教間《コミュナル》対立が激化していた一九四〇年代において、ガーンディーが、宗教は「完全に個人的事柄」であり、国家は、「世俗的（secular）」であるべき、と主張するようになったことが着目されている（Chandra 2004; Sangari 2002）。たとえば、ガーンディーが晩年に宗教と政治との関係について次のように述べたことが指摘される。

> 宗教は政治に押し入るべきではない。［……］そして、宗教は私的で、一人の人間の個人的な事柄として扱われ

るべきである。(Chandra 2004: 6)

宗教は個人的事柄であり、もし我々がそれを個人的次元の中に包摂することができるならば、我々の政治生活も全て上手くいくであろう。(Sangari 2002: 4)

これらのガーンディーの主張に着目した先行研究は、ガーンディーが晩年において、「世俗主義(secularism)」[8]を提唱するようになり、そこにおいては、一九世紀ヨーロッパで推進された社会を世俗化しようとする試み[Chandra 2004]、あるいは、西洋的政教分離の思想に親和的な「ネールー主義的世俗主義[9](Nehruvian secularism)(Sangrari 2002)との類似性が見出されると指摘している。このような世俗主義の主張は、「彼[ガーンディー]の宗教(の精神)と政治の融合という以前の[宗教政治の]主張に対立する」(Sangrai 2002: 17)ものであったとされる。ガーンディーはインドが一九四七年八月に独立してからわずか半年足らずで暗殺される。すなわち、この独立前の一九四〇年代という時期の主張は、ガーンディーの生涯最後という彼の思想形成における最も重要な時期の思想を表したものである[10]。ガーンディー晩年の思想をいかに解釈するかは、ガーンディー思想全体の理解に大きく関わってくるだろう。実際に、上記した先行研究の新たな解釈は、より近年のガーンディー理解に少なからぬ影響を与えている(Bilgrami 2014; Muralidharan 2006; Armstrong 2014; Kinnvall 2010; Jolly 2013)。

本稿では、上述したチャンドラとサンガリーの研究において指摘された、晩年にガーンディーが唱えたとされる世俗主義に対する異なる見解を提示する。上述した先行研究では次の二つの点において方法論的な問題があった。第一に、先行研究では分析の対象が、ガーンディーの政治言説に集中していた。近年の少なからぬ研究で明らかにされているとおり、ガーンディーにおいて、公共的な事柄と私的な事柄は、強力な相関関係にあった［Rudolph and Rudolph 2009; Sharma 2013］。先行研究で十分に検討されていなかったガーンディー晩年の世俗主義の背後で語られていた私的な宗教言説を含んだ包括的分析は、彼の思想理解に必要不可欠である。第二に、言語の問題である。ガーンディーは、少なくともグジャラーティー語、ヒンディー語、英語という三つの言語を使いこなした。特にガーンディーは自身の内面の宗教思想を分節化する際には、英語よりも、母語グジャラーティー語の使用を好んだ。先行研究がグジャラーティー語やヒンディー語からの翻訳史料を含む英語史料にもっぱら依拠していたのに対し、本稿ではガーンディーのグジャラーティー語を中心とした原語史料を用いて、ガーンディーの思想について考究していく。これらの方法に依りながら、本稿では、ガーンディー晩年の世俗主義の主張が、それまでの宗教政治思想と本質的に「対立する」ものとしてとらえることはできないということ、そして晩年のガーンディーの世俗主義は、ネールー主義的世俗主義に還元できないガーンディー独自の「宗教（*dharma*）」概念に基礎づけられていたということを明らかにしていきたい。

この晩年の宗教概念は、ガーンディーのセクシュアリティの問題をめぐる「ブラフマチャルヤ（*brahmacarya*）」という私的実験と特に密接な関係を持つ。一般的に性的禁欲主義を意味するブラフマチャルヤ[11]の思想と異なり、ガーンディーは、一九四六年末頃から暗殺される時期までの間に、「ブラフマチャルヤの実験」の名のもとで、又姪のマヌと裸の同衾を行った。そしてガーンディーは、インドが分離独立する直前の時期にあたる一九四七年六月から七月にかけて、この実験から得た知見を、公式の出版物『ハリジャンバンドゥ（*Harijanbandhu*）』誌、および『ハリジャン（*Harijan*）』誌に、それぞれ計五回にわたり公開した。晩年のガーンディーはパラドキシカルにも、世俗主義を提唱すると同時に、N・K・ボースが「極めて政治的」と呼んだこれらの出版物の中心の主題として［Bose 1974:

163］、ブラフマチャルヤという宗教実験についての私的見解を公表したのであった[12]。これらの一連の行動は、従来の研究によるガーンディーの世俗主義解釈では説明ができない。

本稿は、ガーンディー晩年の世俗主義概念の実相を、彼の宗教実験であるブラフマチャルヤの思想に着目しつつ明らかにするものである。このような研究は、「ガーンディー研究（Gandhian scholarship）」という狭義の研究領域に資するだけでなく、より広い独立後のインドにおける「世俗主義の危機」［Needham and Rajan 2007］の問題を再考するという現代的課題とも繋がり得るものと考えられる。一九九二年に起きたバーブリー・マスジト破壊事件や二〇〇二年のグジャラート暴力によって、一九七六年の第四二次インド憲法改正により挿入された世俗主義の原理（*dharmanirpekṣā*）[13]には、近年、ますます多くの関心が集まっている（Bhargava 1998; Needhram and Rajan 2007; Srinivasan 2007; Bilgrami 2014）。パルタ・チャタジーやアキール・ビルグラーミーは、ネールー主義的世俗主義の原理が、その反動としてのヒンドゥー右派勢力拡大を招く概念的要因となっていることを指摘する（Chatterjee 1994; Bilgrami 1994）。また、西洋近代に端を発する「宗教」と「世俗」という二項対立的な概念カテゴリーの適用に、インドの宗教間暴力を解決する糸口を見出すことは難しいであろう。本稿において、インド独立の父と呼ばれるガーンディー自身の世俗主義思想が具体的にいかなるものであったのかを明らかにする作業、すなわち、それが啓蒙的世俗主義とも、ネールー主義とも、ヒンドゥー右派勢力が説く排他的な宗教政治思想とも異なるものであったことを明らかにする作業は、このような独立後のインドを特徴付ける認識的対抗軸を多角的に再考するうえでも必要不可欠と考えられる。

第一節　先行研究

最初に、ガーンディーの世俗主義に関する先行研究であるビパン・チャンドラ［Chandra 2004］とK・サンガリー（Sangari 2002）の議論を概観したい。チャンドラやサンガリーによれば、ガーンディーは一九四六年八月以降にヒンドゥー・ムスリム間の宗教間《コミュナル》対立が激化していくなかで、「暴力が全ての宗教の『内実』を、破壊もしくは変質させてしまった」（Sangari 2002: 3）と認識するに至った(14)。そして、このような宗教間対立に対する深い憂いから、それまでの宗教政治の主張と対立するような宗教と政治との分離の原則を説き始めたとされる。このような晩年のガーンディーにおける宗教と政治をめぐる主張の変化をビパン・チャンドラは、「言語的形式（linguistic formulation）」の変容と呼んでいる。チャンドラは、しばしば先行研究が、ガーンディーを「変わらぬ人」と見なし、「［ガーンディー］の思想と行動が継続的な進化を伴っている」点を見落としており（Chandra 2004: 3）、「［ガーンディー］は、継続的に『真理に関する実験をする』なかで、自身の政治的、社会的改革に関する理解を変更し発展させてきた」（Chandra 2004: 10）と主張する。

チャンドラやサンガリーによれば、ガーンディーの宗教という言葉は、大きく二つの意味を持つ。第一が、「教団主義的・宗派主義的」意味としての宗教（Chandra 2004: 9）、あるいは、「宗教的グループ化」としての宗教（Sangari 2002: 4）である。この意味の宗教概念は、ガーンディーによって、ヒンドゥー教、イスラーム教、シーク教、キリスト教などの個別の既成宗教を指すものとして使用されている。第二が、人々の行動を導く道徳コードとしての宗教（Chandra 2004: 9）あるいは「普遍の倫理的中核」（Sangari 2002: 4）としての宗教である。このような宗教は、ガーンディーの代表著作である『ヒンド・スワラージ（*Hind Swarāj*）』（一九〇九）における「全ての宗教の中の宗教」や「根本宗教（fundamental religion）」といった言葉にも表されている。英語の文書においては、しばしば後者が、頭文字を大文字で"Religion"やローマ字表記で"*Dharma*"などと表記されていた。本稿では、この第二の意味の宗教を便宜的に、第一のものと区別するために、〈宗教〉と表記する。[15]

このようなガーンディーにおける宗教概念の二つの意味は、『ヒンド・スワラージ』が執筆された南アフリカ滞在期（一八九三〜一九一四年）より維持されていたと考えられる。チャンドラやサンガリーによれば、ガーンディーが宗教政治の主張を行っていた時に含意していた宗教は、あくまで第二の意味の宗教、すなわち、〈宗教〉であり、ガーンディーは第一の意味の宗教と政治との融合という神権政治的思想には、生涯一度も賛同していなかったという。チャンドラやサンガリーの研究で重要なのは、ガーンディーが晩年において、宗教だけでなく、〈宗教〉と政治との分離をも主張し始めたという指摘である。

チャンドラは、四〇年代における言語的形式の変容として、ガーンディーが〈宗教〉を「倫理（ethics）」という言葉に置き換えていったことを述べている。これはすでにふれたように、一九四六年以降における過激派の煽動によって強まった宗教間対立に対する深い憂いが関係しているとされる（Chandra 2009: 328）。チャンドラは、このような憂いにより、晩年のガーンディーが、「宗教と倫理を混同してはならない」ことを主張するようになり、それまで用いていた「全ての宗教の中にある宗教」である「根本宗教」といった概念を、「全ての宗教に共通な根本倫理（fundamental ethics）」という表現へと置き換えていったことを指摘する（Chandra 2004: 11）。このような晩年のガーンディーにおける新たな言語的形式化には、「宗教の世俗化というヨーロッパにおける一九世紀の試み」が見出されるという。そこにおいては、〈宗教〉は倫理や道徳性に代替され、「宗教への理性の適応」が強く主張されたのであった（Chandra 2004: 12）。サンガリーもまた、ガーンディーの世俗主義が、「個人の自由のプロテスタンティズムとブルジョア的観念から部分的に由来して」（Sangari 2002: 5）おり、そこにおいては、「公共的秩序や道徳性に反しない限りの自由な宗教の布教や実践」（Sangari 2002: 26）といったネールー主義的世俗主義の原理が見出されると論じている。

チャンドラによれば、このような晩年の思想的変容が可能であったのは、そもそもガーンディーの〈宗教〉概念が、本質的に「伝統や経典に優越する理性と道徳性」を重んじるものであり、「教義ではなく、理性こそが世俗的事柄だけでなく宗教的事柄についても最終的な調停人であるべき」（Chandra 2004: 13）ことを含意するものだったからであった。チャンドラやサンガリーはともに、ガーンディーが〈宗教〉に対する「理性（reason）」の優位性を主張していた点を指摘しており、このようなガーンディーの発想が晩年における思想的変化をも可能としたと述べる。

以上、先行研究における議論の概要を見てきた。そこにおいては、晩年にガーンディーが世俗主義を提唱する際に、〈宗教〉という語を、政治と矛盾しない「根本倫理」という言葉に置き換えていったことが指摘されていた。そして、このような言語的形式の変容が可能であったのは、そもそもガーンディーの〈宗教〉概念が、理性の介入を強く受ける啓蒙主義的・ネールー主義的性質のものであったことが論じられていた。

次節では、これらの先行研究の議論で提示された、ガーンディーの〈宗教〉概念に対する見解について批判的に吟味していく。はたして、ガーンディーの〈宗教〉概念や、晩年に提唱されるようになった世俗主義を基礎づける（根本）倫理概念は、啓蒙主義的・ネールー主義的性質のものだったのであろうか。

第二節　『自叙伝』に見られる〈宗教〉概念の意味

前節冒頭のビパン・チャンドラの指摘であったとおり、たしかにガーンディーの思想は、生涯を通じて継続的な変化をともなっていたと考えられる。それには大きく次の二つの要因が関係していた。第一が、ガーンディーを取り囲む政治的・社会的状況の変化である。彼は自身が導く政治運動が持った効用と失敗を通じて、より精錬された宗教政治思想を探求していった。第二が、ガーンディーが読んだ著作からの影響である。例えば、南アフリカ滞在中、ガーンディーはラスキンを読み、その思想に深い感銘を受け、すぐにフェニックス農園を立ち上げたことはよく知られている。彼は現実の政治運動に関わるなか、洋の東西を問わない様々なジャンルの著作を読み、それらの内容を独自に折衷するなかで、自らの思想を彫琢していった。

一九四〇年代のみならず、第一次非協力運動が終了した一九二〇年代もまた、これら二つの要因が絡むことで起こったガーンディーの思想的転換期の一つであった。彼は最初の全国的非協力運動をチョウリ・チョウラの暴動を機に停止した後、ヤラヴァダー刑務所に投獄されていた。そして、彼が一九二二年から二四年までの間に、獄中で読んだ大量の著作は[16]、その後のガーンディーの思想に少なからぬ変化をもたらせていったと考えられる。

本稿では、こうした政治状況が変化した後、大量の著作を読むことで彫琢されていった獄中期以降の思想を、ガーンディー思想の「中期」と呼ぶことにしたい。これに対し、獄中期以前、特に前述した南アフリカ滞在中に執筆された『ヒンド・スワラージ』に代表される思想を、「前期」と呼ぶことにする。そして、先行研究で論じられている四〇年代を「後期」としたい。チャンドラやサンガリーは、このようなガーンディーの後期思想に見られる特徴を指摘した点で画期的であったが、彼らの議論では、それ以前の前期から中期にいたる思想的発展が見落とされている。このことは、彼らの後期思想についての解釈にも大きく影響してしまっている。以下では、後期思想を検討する前に、出獄した直後の時期、すなわち、前期から中期に至るガーンディー思想の変遷を明らかにすることで、先行研究における後期思想の解釈を問い直すための足がかりを作りたい。

中期思想について検討する際に、本節では、出獄して一年後に執筆が開始された『自叙伝』の「序章（*prastāvnā*）」[Gāndhī 1947: 5–10]と「終章（*pūrṇāhuti*）」（Gāndhī 1947: 528–30）を検討していく。この『自叙伝』の序章と終章は、おそらくガーンディーの宗教政治思想が表明された最も有名な文書であり、そこにおいては前期から中期の間の重要な思想的発展が示されている。しかしながら、このような著名な『自叙伝』から先行研究で見落とされていたような何か新しい論点を抽出することは可能なのであろうか。この点について筆者は、かつてのビック・パレクの先行研究［1986］で提示された視座が、それを可能にする重要な手がかりを提供していると考える。パレクは、『自叙伝』を中心に、ガーンディーのグジャラーティー語と英訳のいくつかの著作を部分的に比較することを通して、「ガーンディーのグジャラーティー語の著作の綿密な読解は、［……］不正確に訳された個別の文章に基づく解釈を信頼できないものであることを示し、彼のより細かなニュアンスを評価し、また、彼の思想的発展のより正確な理解を導き出すことを可能とする」と指摘した（Parekh 1986: 172）。そして、パレクはラディカルにも、「ガーンディーの著作は新たに翻訳され直す必要がある」という結論を出した（Parekh 1986: 172）。パレクの議論は、近年ようやく取り上げられるようになり、現在、トリディープ・スフルドを中心に『自叙伝』の翻訳問題が新たな関心の対象となっている（Suhrud 2010）[17]。本節では、パレクの指摘を受け、グジャラーティー語の『自叙伝』を用いることで、ガーンディーの中期における〈宗教〉概念を論究していく。

(1) 理性とアートマー

最初に、先行研究で主張されていたガーンディーにおける〈宗教〉と「理性（*buddhi*）[18]」との関係について、『自叙伝』の特に「序章」のなかで、どのように語られているのかを見てみたい。『自叙伝』の「序章」と「終章」において、ガーンディーは自身の人生の目的とでも言えるものについて簡潔に述べている。具体的には、ガーンディーの人生の最高目的である「独立、永遠の真理（*svatantra, cirsthāyī satya*）」・「最高神（*parameśvar*）」・「純粋真理（*viśuddha satya*）」などと呼ばれる「真理の形をした神（*satyarūpī parameśvar*）」・「真理の神（*satyanārāyaṇ*）」（以下、これらを総称して、真理の神とする）に至るために、これまでガーンディーがいかなる〈宗教〉探究を行ってきたのか、そして、このような真理の神を、「身体（*śarīr*）」性に制約された形而下の「物質的な真理（*sthūl satya*）」、また、「言葉（*vācā*）」や「思考（*vicār*）」の糸によって編まれた「言葉の真理（*vācāvuṃ satya*）」・「想像の真理（*kalpeluṃ satya; kalpanik satya*）」を手がかりにいかに把持することが可能なのか、ということが述べられている。このような真理の神の探究において手がかりとされる言葉の真理と呼ばれるものの一つが、理性なのであった。

［……］私は一歩ずつ見ている事柄を、放棄するもの（*tyājya*）と把持するもの（*grāha*）という二つに分けている。そして、把持するものと理解されるものに従って自分の行動を作っている。また、そのようにして作られた行動が、私を、すなわち、私の理性（*buddhi*）とアートマー（*ātmā*）を満足させている限りは、私はその良い結果

について確固たる信念を持たなければならない。（Gāndhī 1947: 7）（下線はすべて筆者による。以下、省略。）

しかしながら、ガーンディーはここで、真理の神の探究の過程において手がかりとするものが、理性だけではないことも述べている。下線部にあるとおり、理性に加えて要請されているのが、「アートマー（*ātmā*）」という概念であった。ちなみに、下線部は、秘書マハーデーヴ・デーサーイー（一八九二〜一九四二）による英訳では、"my reason and my heart" となっている。このアートマーという概念は、『自叙伝』の序章と終章で合計一一回使用され[19]ており、ガーンディーの「真理の神」をめぐる探求内容を知るうえできわめて重要な概念であると考えられるが、このアートマーという言葉は、英訳では様々な仕方で訳されており、それぞれの箇所との対応関係が分からなくなってしまっている。アートマーが "heart" と訳されているのは、『自叙伝』の序章と終章において、この箇所のみで、その他の箇所は、この語が訳し飛ばされているか、単に "self" などと訳されている。

ガーンディーは『自叙伝』の序章で、このアートマー概念との関係で、自らの〈宗教〉概念を次のように定義している。

> 私の実験において、霊的（*adhyātmik*）とは、倫理的（*naitik*）という意味である。宗教（*dharma*）の意味は、倫理（*nīti*）である。すなわち、アートマーの観点から遵守された倫理こそが宗教（*ātmānī dṛṣṭe pāḷelī nīti te dharma*）なのである。（Gāndhī 1947: 7）

ここで重要なのが、ガーンディーは、引用文の二文目においては、「宗教（*dharma*）の意味は、倫理（*nīti*）である」と述べているにも関わらず、その後の説明では、そうした「宗教」と「倫理」との間の端的な同質性とは異なる形で、再度、「宗教」を定義し直していることである。すなわち、三文目においては、「宗教」が、無条件に倫理と同じ意味なのではなく、あくまで「アートマーの観点から遵守された」限りにおいて同じであると述べられているのである。

このようなガーンディーの倫理概念が、〈宗教〉概念との関係で語られた箇所であるが、英訳では以下のように意訳されてしまっている。

> The experiments I am about to relate are not such. But they are spiritual, or rather moral; for the essence of religion is morality. [ここに、最後の文がなくなっている。] (Gandhi 1927: 5)

この英訳で決定的なのは、単に意訳されているだけでなく、上で述べた、「倫理（*nīti*）」、「霊的（*adhyātmik*）」、「宗教（*dharma*）」との関係を理解するための鍵となる、最後の文が抜け落ちてしまっていることである。これでは、なぜ、“spiritual”なことが、“moral”[20]なことなのか、また、なぜ、“the essence of religion”が“morality”であるのか、というガーンディーの〈宗教〉概念を理解するための形而上学的基盤を知る手立てを見出すことができない。例えば、グジャラーティー語の霊性を意味する“*adhyātma*”とは、語源的に“*adhi*—（〜に関する）”と“*ātmā*（アートマー）”を組み合わせたものである。すなわち、霊性とは直接的には「アートマーに関する事柄」を意味する。ゆえに、ガーンディーの真理の実験において、倫理的な探究とは、「霊的（アートマーに関する）」探究なのであり、「宗教」とは、「アートマーの観点から従った倫理」なのであった。ガーンディーの「宗教」、「倫理」、「霊的」といった概念は、すべて、この「アートマー」概念との関係において初めて理解可能となる。

(2) アートマー概念の両義性とアートマダルシャン

ガーンディーの〈宗教〉概念や倫理概念は、「アートマーの観点」を必要とするものであった。そして、このアートマーは、ガーンディーにおける「真理の神」の探求において、理性とともに依拠されるべき「想像の真理」の一つなのであった。これは、前期に顕著であった「私は理性（reason）に訴えかけることがなく、道徳性に反するいかなる宗教教義も拒絶する」（『ヤング・インディア』誌一九二〇年七月二一日号）（*CWMG* 18: 73）というガーンディーの主張からの大きな変化でもある。それでは、ガーンディーが説く「アートマー」とはいったい何を意味するのか。

一般的にヒンドゥー教において、アートマー（アートマン）とは、個人に内在する不滅の魂、自己を意味し、これは宇宙の根本原理であるブラフマンと同一であるとされる。個のレベルのアートマーと宇宙的レベルのブラフマンとの区別が取り去られ、両者が本質的に一体であることを知ることが、「輪廻の世界（*saṃsāra*）」からの「解脱（*mokṣa*）」を意味するとされる。このようなアートマーとブラフマンとの本質的一致という存在論的一元論を代表する立場は、「アドヴァイタ・ヴェーダーンタ（不二一元論）」と呼ばれるが、ガーンディーはしばしばこの立場の信奉者であると考えられている（Jorden 1998: 90）。しかしながら、彼はこのようなアドヴァイタ（存在論的一元論）的立場を少なからず維持しながらも、しばしば、アートマーと超越的実在との区別を設けるドヴァイタ（存在論的二元論）的な表現を用いてアートマー概念について語っていたのであった。例えば、本稿の冒頭でも引用した『自叙伝』の「序章」には次のような言葉がある。

私がしなければならないこと、三〇年間、はやる思いで何度も繰り返してきたこと、それは、アートマダルシャン（*ātmadarśan*）であり、神との対面（*īśwarno sākṣātkār*）であり、解脱（*mokṣa*）である。私の全ての活動は、まさに、この観点に基づいている。（Gāndhī 1947: 6）

ガーンディーは、ここで生涯の目的である「解脱（*mokṣa*）」を、「アートマダルシャン（*ātmadarśan*）」という言葉と並べて、「神との対面（*īśwarno sākṣātkār*）」であると述べている。この「神との対面」という言葉は、「自己」と「神」というドヴァイタ的二元論の立場を前提にしている。すなわち、ガーンディーは自ら「私はアドヴァイタを信じている」と述べながらも［CWMG 25: 390］、しばしば、ドヴァイタ的表現で「解脱」の境地について語っていたのであった。ガーンディーが説く解脱の境地は、ブラフマンとの一体を意味すると同時に、ブラフマンとアートマーの、それぞれの個別性を保持した存在論的二元論に基礎づけられてもいた。ゆえに、ガーンディーの〈宗教〉の形而上学をアドヴァイタかドヴァイタのいずれかの立場に還元することはできない[21]。では、このようなガーンディーの両義的な〈宗教〉概念は、彼のなかでいかに整合性が保たれていたのだろうか。

筆者は、こうした両義的な〈宗教〉概念を理解するための鍵となるのが、ガーンディーがここで述べている「アートマダルシャン」という思想であると考える。この言葉はアドヴァイタの代表的思想家であるシャンカラの『バガヴァッド・ギーター』の注解書にも頻繁に見られるものであり[22]、一見すると、アドヴァイタ的な、アートマーとブラフマンとの一致という存在論的一元論の発想を含意しているように見える。しかしながら、ガーンディーのアートマダルシャン概念は、これらの思想家のものとも異なる独自の性質を持っていた。このことは、おそらく、現在に至っても詳しい思想的内容がほとんど解明されていない[23]。ジャイナ教徒のラージチャンドラ（Rājcandra Rāvjībhāī Mahetā:

一八六七～一九〇一）という人物からガーンディーが多大な影響を受けたことが関係していると考えられる。しばしばガーンディーは、トルストイやラスキンに優り、ラージチャンドラを生涯最も影響を与えた人物として語っていた（*GA* 3: 218; 9: 290–291; 13: 135, 271–274, 282–283; 25: 340; 32: 1–9; 37: 246–252; 43: 111; Gāndhī 1927: 100）。興味深いことに、ガーンディー同様に、ラージチャンドラのジャイナ教思想もきわめて折衷主義的であり、このことはラージチャンドラの思想の根幹を特徴づける「多面的観点（*anekāntavāda*）」によって可能となっていた（Rājcandra 2010a: 158–9）。ガーンディーは明らかに南アフリカ滞在期に、ラージチャンドラの文書、殊に彼の代表作の一つ『解脱の詩歌集（*Mokṣamālā*）』を読んでいた［*GA* 32: 8–9］[24]。ガーンディーは晩年において、ラージチャンドラのあまりに禁欲主義的なブラフマチャルヤ思想を完全に受け入れられなかった旨を語っているが[25]、ラージチャンドラの多面的観点、解脱、慈悲（*dayā*）などの概念はガーンディーの南アフリカ滞在期以降の思想形成に少なからぬ影響をもたらしていった。この折衷主義的観点こそが、ガーンディーの〈宗教〉やアートマダルシャンの概念を彼独自のものとすることを可能にしたのであった。

アートマダルシャンという概念で注目すべき第一の点が、そこで使用されている「ダルシャン」という言葉である。ガーンディーは、一般的に「何かを見る」という意味を持つ他動詞 "*jovuṃ*" と、「神（*īśvar*）」や「パラマートマー（*paramātmā*）」を「見る」という文脈で使用している "*darśan*" を明確に区別していた（Gāndhī 1947: 529）。すなわち、アートマダルシャンにおける「アートマー」には、「ダルシャン」の対象としての「神的（*devuṃ*）」含意が付与されている。ガーンディーは、序章と終章で、アートマダルシャンを、様々な表現で換言している。たとえば、ガーンディーは、『自叙伝』の終章で、「真理の形をした太陽の輝き（*satyarūpī sūrjnā tej*）」・「［真理という］太陽の一筋の光線（*sūrjnā ek kiraṇmātra*）」を「ダルシャン」するという表現を用いている（Gāndhī 1947: 529）。「光線」とはまさに、「遠い遠いところから（*dūr dūrthī*）」（Gāndhī 1947: 10）やってくる超越的性質のものである。そしてガーンディーは、そのような「ダルシャン」の行為が、「真理への私の崇拝（*satyanī mārī pūjā*）」であるとも語っていた（Gāndhī 1947: 529）。「アートマダルシャン」には、「崇拝」という意味も含まれるのである。他の箇所では、「神との対面」と類似した、「この［純粋］真理に私が対面（*e satyano huṃ sākṣātkār*）」するという表現や、「純粋真理——神の一瞥（*viśuddha satyanī --īśvarnī jhāṃkī*）」（Gāndhī 1947: 8）・「独立真理の一瞥（*svatantra satyanī jhāṃkhī*）」（Gāndhī 1947: 9）といった表現も用いられている。すなわち、アートマダルシャンという表現に示されるアートマー概念には、アドヴァイタに還元できない外部からの働きかけが含意されているのである。

このようなアートマー概念の持つドヴァイタ的要素は、次のガーンディーの言葉にも表されている。

アートマーのみ知っている、アートマーの中に沈殿していくような、いくつかのものがあることは確かである。しかしながら、このようなものを提供することは私の力の及ばないことである（Gāndhī 1947: 7）。

ガーンディーは、アートマーを、「私の力」と対比させている。つまり、ガーンディーのアートマー概念は、「理性」や「私の力」に還元できない超越的要素をも含蓄しているのである。ガーンディーのアートマーとは、アドヴァイタかドヴァイタかのいずれかでは語り尽くせないものなのであった。この後者の側面が、しばしば、自身の「心（*man, citt*）」との関係で生起する「霊感（*prernā*）」について、アートマーの「声（*āvāj*）」といったドヴァイタ的表現を用いて語ることを可能にしていたのであった。

『自叙伝』は前期から中期に至る思想的移行を示す重要な文献であったが、そこにおいては、前期と異なる理性を越えるアートマー概念について述べられていた。だが、英訳史料では、そのことを窺わせる箇所がことごとく意訳されてしまっていた。このことはまた、ガーンディーの「倫理」概念を解釈するうえでも重要な問題となってくる。ガーンディーは、「宗教の意味は倫理である」と語っていたが、あくまでのその〈宗教〉概念の真意は、「アートマーの観点から遵守された倫理」なのであり、「アートマーの観点」が必要不可欠とされていたのであった。そして、その「アートマー」概念は、ドヴァイタともアドヴァイタともつかない両義的な概念なのであった。

さらに時期が下っていくと、このようなアートマー概念はさらなる変化をともなっていく。以下では、これまで見てきたようなアートマー概念についてのガーンディーの語りに窺われたドヴァイタ性とアドヴァイタ性という側面を念頭に入れつつ、『自叙伝』執筆後の中期における思想的発展を、「ブラフマチャルヤ」思想との関係から検討していきたい。

第三節　『自叙伝』執筆後の思想的変化

(1)　サーダナーとシャクティ

『自叙伝』執筆後の時期におけるガーンディーのアートマー概念に着目すると、大きく二つの変化を見ることができる。第一に、ガーンディーが「アートマーの声（*ātmānī āvāj*）」を聞くために、特定の身体的な「サーダナー（*sādhanā*; 霊的鍛錬）」を行う必要性を見出していったことである。第二が、このような第一の理解の高まりとともに、ブラフマチャルヤの定義が、禁欲的な自己抑制という消極的な意味から、身体性を活用した「シャクティ（*śakti:* 霊力）」の実現という積極的な意味へととらえ直されていったことである。以下では、これら二つの点をそれぞれ見ていきたい。

中期以降、ガーンディーは、アートマーの声を適切に聞くためには、「いくらかの努力、いくらかのサーダナー」が必要であるという理解を強めていった。このような理解は、『自叙伝』執筆後の一九三三年に行った不可触民撤廃のための断食を通して一層強まったと考えられる。この一九三三年の断食は、ガーンディーがインドで合計一七回行った断食行動のなかでも、二一日間という最も長期間に及んだものの一つであった。興味深いことに、もう一つの二一日間の断食は、出獄してから『自叙伝』が執筆される間にあたる一九二四年九月において、ヒンドゥー・ムスリム間の統一を目的として行われたものであった。ガーンディーの思想形成における重要な転換期には、いずれもこのような長期的な断食が行われているのである。

ガーンディーは、この断食を行うに至った、ある神秘的な体験について次のように語っている。ガーンディーは、『ハリジャンバンドゥ』誌一九三三年七月九日号において、それまで聞いていた「アートマーの声」と区別して、この時「私に起こった霊感（*prerṇā*）は、他と明らかに異なるものであった」（*GA* 55: 249）として次のように述べている。

> その霊感が起こった夜に、大きな心の葛藤（*hṛdaymaṃthan*）が起こっていた。感情（*citt*）は、混乱した。どうしようもないように思われた。責任の荷が私を押しつぶそうとした。その時に突然、声（*āvāj*）を聞いた。私は、それがとても遠くから来ているように思えたが、また、極めて近いもののようにも思えた。この経験は、特別のも

の（*asādhāraṇ*）であった。その声は、人間（*manuṣya*）が我々に何かを言っているようであり、確かなものであった。［……］声を聞いた後、心の苦悶（*hṛdaymī vednī*）は静まった。私は決意した。断食の日とその時間は決定した。私の重荷は俄に軽くなった。そして、心の喜び（*hṛday ullāsamy*）が生じた。それは［午後］一一時から一二時の間のことであった。（*GA* 55: 249）

ガーンディーは、この時の「体験が特別のもの」であり、後の生涯においても、しばしば、この時の体験に言及することがあった（*GA* 67: 75; *GA* 68: 172）。ガーンディーは、この時に起こった「霊感（*prernā*）」を「人間（*manuṣya*）」の「声（*āvāj*）」に類する「確かなもの」であったと述べている。前節で見たように、ガーンディーは『自叙伝』のなかで、「アートマーだけが知っていて、アートマーの中に包括されているようなものがいくつかある」といういささか謎めいた発言をしていたが、このような「私の力」を越えるアートマーという理解は、この一九三三年の体験を通して一層強められていく。

そして、ガーンディーは上の引用箇所の直前に次のようなことを述べている。

そのような霊感が起こるためには、特定のサーダナーが必ず必要になってくる。ごく日常の事柄をこなしていく能力を得るためにも、もしいくらかの努力（*prayatn*）、いくらかのサーダナーが必要とされるならば、神の霊感（*īśvarnī prernā*）の能力を得るために努力とサーダナーが必要になってこようと、何が不思議であろうか？（*GA* 55: 249）

ガーンディーは、この一九三三年の「体験」以降、ブラフマチャルヤの一貫としての「サーダナー」の必要性を述べるようになっていった。しばしば言及されるガーンディーが、「ハタヨーガよりバクティヨーガの方が優れている」という、「オカルト的力（occult powers）」に懐疑的であった前期の言葉が知られることから［*CWMG* 11: 65］、しばしば、この点は等閑視されがちである。[26] だが、ガーンディーは中期以降、「アートマーはこの人生において身体と密接に繋がっている」［GN, No. 10290］という考えを持つようになり、「特定のサーダナー」という身体実践が、「神の霊感」を得るための、あるいは、「アートマーを（あるいはブラフマンを）実現する道（*ātmāne*（*brahmane*）*olkhavāno mārg*）」［*GA* 30: 229］であることを述べるようになった。

『自叙伝』執筆後の時期におけるブラフマチャルヤ思想のもう一つの重要な変化は、ブラフマチャルヤが「アートマダルシャン」を通して「宇宙（*brahmāṃd*）」に浸潤する「シャクティ」を生み出す実践としてとらえられるようになったことであった。

> 感覚器官（*indriya*）の抑制（*daman*）をする中で多大な試行錯誤（*mahāprayatn*）がなされるところに、その［ブラフマチャルヤの］価値があると見なされるべきである。そして、そのような試行錯誤がなされるにつれ、感覚器官の志向性（*gati*）がアートマー中心（*ātmā bhaṇī*）となることにより、シャクティが生まれ、それが全宇宙（*ākhā brahmāṃd*）の中に浸透可能となる。（*GA* 31: 167）

ガーンディーは中期以降、ブラフマチャルヤのサーダナーによって、このような宇宙的力とでも言える「シャクティ」の修得について述べるようになっていった。このような霊力との関係で特筆に値するのが、ガーンディーが後期に至るにつれて、「神は真理である（*īśvar satya che*）」という言葉から、「真理は神である（*satya īśvarche*）」という表現へと変化させたことであった。彼は自身の〈宗教〉概念のなかに「無神論（*nāstikatā*）」をも受容するようになっていった。こうしたガーンディーの〈宗教〉概念における非神格化とでも言える変化は、ガーンディーが「神」を、「シャクティ」と同一視していく傾向とパラレルに起こっている。たとえば、彼は一九四七年に、神の「本性（*tattva*）」が「顕現されたもの（*vyakti*）」ではなく、「無謬のシャクティ（*amogh śakti*）」であると述べている。

私の観点において、神（*īśvar*）を、ラーマと呼ぼうが、あるいはラハマーン、アフラ・マズダーと呼ぼうが、あるいは、アフマジド、または、クリシュナと呼ぼうが、これら全ての諸々のシャクティ（*śakti*）は、無謬のシャクティ（*amogh śakti*）なのであり、それに名前を与えることは人間の空虚な試みに過ぎない。（『ハリジャンバンドゥ』誌一九四六年八月一八日号）

しかしながら、ガーンディーは、人々が「祈り（*prārthnā*）」の実践のなかで、そのような「名前を与える」行為が必要不可避であるとも述べている。すなわち、ガーンディーは、客観的・認識論的観点からは「神」が「顕現されたもの」ではない「シャクティ」であると理解しながらも、主観的・存在論観点（祈りの言語に見られる一人称の「私」の観点）からは、そのような「純粋真理（*viśuddha satya*）」に対するドヴァイタ的表現が有意味なものであると考えた。ガーンディーにおいて、「神を顕現されたものとして拝もうが、偉大な力として拝もうが、両方ともそれぞれの観点からは全く正しい行い」（傍点は筆者による）なのであった。(27)

(2) ウッドロフ卿のタントラ思想

これまで、『自叙伝』執筆後のブラフマチャルヤ思想における二つの変化について論究してきた。このような変化が起こった背景には、前節で述べた、二つの要因（「政治的社会的状況の変化」と「著作からの影響」）が密接に関係していたと考えられる。ガーンディーは明らかに、第一次非協力運動以降、それまでの政治的統率力を喪失していった。第一次非協力運動の「失敗」は、インドのナショナリストたちの間に士気喪失を引き起こしただけでなく、指導者内部にも深刻な意見の対立を生み出していた。また、塩の行進後のガーンディー・アーウィン協定は、会議派指導者や、とりわけ、若い左翼グループのなかに、ガーンディーの政策に対する不満を高めていった。このような政治的統率力の喪失という外的状況の変化に応じて、ガーンディーはその解決をますます内面的な自身の「心（*man*）」の問題に求めていった。そして、「心の支配（*mannum rājya*）」によって得られる超自然的なシャクティに対するより強い関心を持つようになっていったのである。

こうした発想は、彼が獄中期に読んだ大量の著作によって深められた。そのなかでも、中期以降のブラフマチャルヤ思想の変化と内容的に密接に関係しているのが、イギリス人のジョン・ウッドロフ卿による『シャクティとシャークタ（*Shakti and Shākta*）』（一九一八）（以下、『シャクティ』と略）という著作である。この著作は、ヒンドゥー教の異端とも呼ばれる「タントラ（*tantra*）」思想について英語で解説した先駆的研究書であった。タントラ思想を一義的に定義することはきわめて困難であるが[28]、著名なタントラ研究者であるD・G・ホワイトは、その特徴を次のように説明している。タントラとは、「我々が体験する宇宙が、その宇宙を創造し維持する神々の神的力の具現化に他ならないという原理に基づいて、人間の大宇宙のただ中において、創造的で解放的な方法によって、その〔宇宙の〕力の波長に儀礼的に適合させていこうとする一連のアジア的な信仰と実践の総体である」（White 2000: 9; 傍点筆者）。ここで重要なのが、傍点部にも見られる「創造的で解放的な方法」や「儀礼」といった言葉である。なぜなら、このタントラの儀礼は、アーバン・ヒューが指摘しているようにきわめて「逸脱的」実践を含むからであった。「全く、『タントラ』〔と呼ばれる経典〕の多くには、性的な儀礼、性的液体の使用、酒や肉の摂取、また、その他の逸脱的実践に関する赤裸裸な記述が含まれているのである」（Urban 2010: 40）。このようなタントラ思想は、二〇世紀前半のインドのナショナリストたちの間で、「最も原始的で、偶像的であり、また、インド人の思考における非道徳的側面を表しており、さらには宗教的熱狂主義、テロリスト的暴力」と見なされていた（Urban 2010: 134）。ガーンディーはこのヒンドゥー教のなかでも最も「逸脱的」で過激な実践とされるタントラの教義を、逆説的にも、自身の性的禁欲の実践であるブラフマチャルヤ思想のなかに部分的に取り入れていったのであった。

ガーンディーは自身のブラフマチャルヤ思想が、ウッドロフ卿のタントラ思想から影響を受けていたことを、後にある「極秘な」会見において語っていたが[29]、公式の文書でそれを述べたことは一度もなかった。しかしながら、『シャクティ』ではまさに、中期以降のガーンディーにおける二つの思想的発展とパラレルな内容が説かれているのである。

In the eye of the Tantra the body of the Sādhakā〔サーダナーの実践者〕is the Universe, the *auto-kratos*（Ātma-śakti）within the body is desired（Iṣhṭa）and the "to be sought for"（Sādhya）Deity（Devetā）of the Sādhaka. Theundolding of this self-power is to be brought about by self-realization（Ātma-darśana）which is to be achieved through Sādhanā. (Woodroffe, 1929: 23)

これまで見てきたように、「アートマダルシャン」、「サーダナー」、宇宙的シャクティを実現するための「身体」といった発想は、中期以降におけるガーンディーのブラフマチャルヤ思想の発展を特徴づける諸要素であった。アートマダルシャンとの関連で、サーダナーとシャクティとを関係づけようとする仕方は、『シャクティ』の内容と酷似している。さらに、ガーンディーのアートマダルシャンに関する言及が、ウッドロフの著作を読んだ後の時期である一九二五年以降から急速に増加していることも無視できない[30]。それだけでなく、ガーンディーが英語文書で、アートマダルシャンを"self-realization"という言葉で明確に訳すようになったのも一九二五年からであった[31]。上の引用にあるとおり、ウッドロフも同様に、"*Ātma-darśana*"を"self-realization"と訳していたのである。これらの相互の類似性は、ガーンディーのアートマダルシャンをめぐる独自の形而上学の構築に、『シャクティ』を読んだことが、少なからぬ影響を与えていたことを示している。

これまで見てきたように、中期以降のガーンディー思想の中核には、明らかに先行研究で説かれていたような啓蒙的理性に還元不可能なガーンディー独自のアートマー概念があった。そして、『自叙伝』執筆以降の時期において、このようなアートマー概念には、宇宙に浸透していくシャクティといったウッドロフのタントラ思想を彷彿させる、ある種の呪術的性質も付加されていった。ガーンディーは、アートマダルシャンを通してシャクティを得るために、ブラフマチャルヤのサーダナーという身体実践が必要不可欠であると考えるようになった。

第四節　晩年の世俗主義とブラフマチャルヤの実験

これまでガーンディーの中期における思想的変遷を、彼のブラフマチャルヤ思想との関係から論究してきた。本節では、いよいよ後期思想、すなわち、ガーンディーの晩年における世俗主義思想を、同時期に並行して行われた「ブラフマチャルヤの実験」との関係から検討していきたい。その際、主な史料として、晩年に、ガーンディーに常に付き添うことを許されていた唯一の人物である又姪マヌ・ガーンディーによって、一九四六年一一月四日から一九四八年一月三〇日にかけて書かれた一連の日記（Gāndhī 1954; 1956a; 1956b; 1961; 1964; 1966）（以下、これらを総称して『日記』とする）を参考にする。

すでに序章で述べたように、ガーンディーは晩年において、ブラフマチャルヤの名のもとで女性との裸の同衾という実験を行った。周囲の人々は悉く困惑し、彼がこのことについて書いた文書は、しばしば、出版を拒まれることもあった。[32]ガーンディーのブラフマチャルヤの実験が具体的にいつの時期から始まったのかは定かではない。だが、少なくとも、彼の妻カストゥールバーが死去した一九四四年以降から晩年まで続いていたと考えられる。そのなかでも、ガーンディーは、一九四六年八月の暴動後、ノーアカーリーで行った又姪マヌとの実験を「偉大な供犠（*mahā yajña*）」と呼んだ。このようなブラフマチャルヤの実験は、いかなる思想を基盤に行われていたのか。また、それは、晩年のガーンディーの世俗主義といかなる関係にあったのか。

最初に、ガーンディーがどのような思想的背景から、ブラフマチャルヤの実験を行ったのかを見てみたい。ガーンディーはマヌとの偉大な供犠の目的を、以下のように語っている。

その少女［マヌ］のために、私は母（*mā*）となった。そして、その目的を達成するために、時間を費やす中で、私が提示してきた真理と非暴力などと類似した一つの偉大な倫理的神秘（*mahān naitik rahasya*）を、全世界（*jagat*）に向けて［開示することを］願っている。（Gāndhī 1961: 371–2）

上の引用で特筆すべき第一の点は、実験においてガーンディーがマヌに対して「母（*mā*）」になることを目的としていると述べていることである。ガーンディーは、『日記』において、しばしば、自分が「母親（*mātā*）」になろうとしていたことを語っていた（Gandhī 1954: 64, 76, 109, 131-2, 134-5）。このような発想は、「男性の半分は女性である」（Gandhī 1954: 131）という彼の人間観にもとづいていた。晩年においてガーンディーは、ブラフマチャルヤを完全に達成するためには、自らの「男性や女性の区別」を消し去り、自らの半分を占めるとされる「女性（*strī*）」を実現し、「情欲（*vicar*）」に左右されない「陰萎者（*napuṃsak*）」「智慧の確固たる者（*sthitaprajña*）」といった状態になることが必要不可欠であると述べていた［間 2012: 43-7］。もう一点、特筆すべきなのが、ガーンディーが、この晩年のブラフマチャルヤの実験において、「真理」と「非暴力」という二大原理に比するもう一つの「偉大な倫理的神秘（*mahān naitik rahasya*）」を「世界（*jagat*）」に開示することを目的としていると語っていることである。この「世界」に開示される「偉大な倫理的神秘」とは一体何であるのか。

ガーンディーは中期以降しばしば、ブラフマチャルヤにおいて、身体に内在する「性欲（*viṣay, vicar, kāma*）」あるいは「精液（*vīrya*）」を「昇華した者（*ūrdhvaretā*）」となることにより得られるシャクティについて語っていた。

このようなシャクティはまた、「アートマーのシャクティ（*ātmānī śakti*）」とも呼ばれ、しばしば、物質的な原子爆弾の力に勝るものであると述べられた（Gāndhī 1956a: 216–7; 1961: 111–2, 114, 354; 1966: 14–5）。『日記』のなかでも次のような言葉が記録されている。

> アートマーの霊力（*ātmānī śakti*）が目覚める時、昇華する（*uday pāme che*）時、世俗（*duniyā*）の中で、勝利が達成される。（Gāndhī 1956a: 217）

ガーンディーは、ブラフマチャルヤの実験によって、このような「アートマーのシャクティ（*ātmānī śakti*）」を個（*vyakti*）のレベルから集団（*samaṣṭi*）、さらには、「世俗（*duniyā*）」に実現することを企図していたと考えられる。このようなシャクティは、身体に宿る「性欲」あるいは「精液」の「昇華」を必要とした。このような発想においては、身体とアートマーとの心身二元論と異なる両者の概念的連続性を窺うことができる。

そして、このような「アートマーの力」はまた、「倫理的神秘」でもあった。ガーンディーは、「霊的力（*adhyātmik baḷ*）」を「倫理的（力）（*naitik*（*baḷ*））」との関係で次のように説明している。

> 少なくとも、あなたはそれが倫理的（*naitik*）また霊的力（*adhyātmik baḷ*）であることに気付くだろう。そこにおいては、アートマーの計り知れない力（*ātmānum agādh baḷ*）が働いている。もう一つは物質的（*śārīrik*）で非自然的（*akudartī*）力であり、消え去りゆくものである：［だが］アートマーは決して滅びない。（Gāndhī 1956a: 217）

すでに、本稿の第二節で見たように、ガーンディーにおける「倫理的（*naitik*）」と「霊的（*adhyātmik*）」とは密接に繋がっていた概念であった。すなわち、ガーンディーの説く「倫理」とは、あくまで「アートマーの観点から遵守される倫理」であり、ゆえに、「アートマーの事柄」を意味する「霊性」と概念的に結び付けられ得るものなのであった。上の引用箇所でもガーンディーは、「倫理的［力］」と「霊的力」を同一線上に並べている。そして、この倫理的／霊的力の中に、「アートマーの計り知れない力（*ātmānuṃ agādh bal*）」が働いていることを語っているのである。すなわち、ガーンディーが晩年に説いていた「根本倫理（fundamental ethics）」とは、先行研究で説かれていたような啓蒙主義的倫理ではなく、明らかにガーンディー独自の超自然的な含意を持つ「アートマーの観点から遵守された倫理」なのであった。

そして、このような「世界」や「世俗」へと開示されるべく、「アートマーの力」あるいはシャクティは、単に超自然的力の達成ではなく、宗教間対立の「和解（*ēktā*）」をもたらせる目的で行われたのであり（Gaṃdhī 1954: 41）、彼の非暴力の思想とも密接に関連するものであった。晩年のガーンディーは、〈宗教〉の役割を次のように述べる。

> 宗教によって、全ての心（*hṛday*）は一つとなるべきである。そのようなものだけが、真の宗教（*sāco dharma*）なのであり、そして、［それによって］ヒンドゥスターンだけでなく、私の信念によれば、世俗の全領域（*samst duniyā*）から暴力（*hiṃsā*）が完全に消え去るべきなのである。（Gāndhī 1961: 196）

このような和解の試みは、ガーンディーが暗殺される直前に行われた「死に至る断食（epic fast）」に最も鮮明に示されている（一九四八年一月一二〜一八日）。ガーンディーは、暗殺されるわずか一ヶ月前に、デリーでヒンドゥー・ムスリム間の対立を和解するための断食行動を行った（Gandhī 1954: 41）。この行動は、ガーンディー生涯最後の断食であり、ゆえに、最後の非暴力直接行動であった。ガーンディーの説く〈宗教〉とは、自身のアートマーの力の実現を通して、周囲の人々にある個別のアートマーを和解させ、「一つにする」ことを意味していた。それはまた、自己と他者の「アートマーの浄化（*ātmaśuddhi*）」をも意味するものなのであった（Gāndhī 1966: 293）。

このようなアートマーの力によって醸成される「非暴力的（*ahiṃsak*）」な和解の力は、「個人的性質（*vyaktigat sadguṇ*）」を越えて周囲に浸透していくとされた。

> 非暴力が、単に個人的性質（*vyaktigat sadguṇ*）ではないと、私は信じている。それは、個人（*vyakti*）、社会（*samāj*）、そして、国家（*deś*）の全てにとって、霊的（*adhyātmik*）で政治的（*rājkīya*）な行動［を達成するため］の唯一の容易な道［近道］なのである。（Gāndhī 1956a: 147–8）

ここでガーンディーは、「非暴力」が単に、「個人的性質」のものではなく、「個人」から始まり「社会」から「国家」にとって、「霊的」と同時に「政治的」な行動と結びつくものであると述べている。そして、「非暴力」は「政治的行動の唯一の容易な道」と考えられていた。

しかしながら、一九三三年と同様、ガーンディーは最晩年に行った断食が、あくまでアートマーの「声（*āvāj*）」という内的な動機によって理解されるべきことを強調していた（Gāndhī 1966: 276–9）。つまり、非暴力行動は政治的であるが、決して、政治的観点から導出されたものではないことが述べられているのである。

> 私の断食は、決して政治的（*rājnaitik*）な種のものと理解されるべきではない。それは、内なるアートマー（*aṃtarātmā*）の圧倒的な声（*jabrdast āvāj*）に応える中で宗教（*dharma*）と理解されていくのである。甚大な苦悶の後に、私は食を断つ決断をする。（Gāndhī 1966: 331）

ノーアカーリーでの「偉大なる供犠」も、デリーでの「死に至る断食」も、一時的ではあるものの、宗教間対立の沈静化をもたらせたという点で、結果的に、少なからぬ政治的な影響力を持ったと言える（Gāndhī 1956b; Dalton 2012: 139-67）。だが、このような宗教政治の実践は、政治的な観点から導出されたものではなく、あくまで「アートマーの観点から」導出されたのであった。すなわち、「アートマーの声」に従うなかで生じたものなのであった。それゆえに、晩年のガーンディーの世俗主義とは、〈宗教〉と政治の分離や、〈宗教〉を私事化してしまうことを目的（*sādhya*）とするものではなかった。そうではなく、世俗主義によって推奨される〈宗教〉の私事化は、あくまで〈宗教〉が公共的領域へと拡大していくことを可能にする唯一の手段／方法（*sādhan*）と考えられていたのであった。このような理由により、「宗教が個人的」であることと、「政治（*rājkārya*）」が「宗教の一部（*dharmik aṃg*）」であることは（Gāndhī 1961: 350）、ガーンディーのなかできわめて整合的なものと考えられていた。こうしたガーンディーの方法論的世俗主義とでも言えるものは、啓蒙主義的な「近代化（modernization）」や「理性（reason）」を推進しようとする目的論的世俗主義と根本的に性質を異にするものなのである。〈宗教〉が、「個人的性質（*vyaktigat sadguṇ*）」を越え出ていくための唯一の方法は、〈宗教〉が「個人的／アートマー的（*ātmik*）」であること、これがガーンディー晩年の世俗主義思想において意味されていたことなのである。

おわりに

本稿では、ビパン・チャンドラやK・サンガリーによって提示されたガーンディーの晩年における世俗主義に対する見解について批判的に吟味してきた。これらの議論においては、ガーンディーの前期から中期の思想的変遷が見落とされてしまっており、それゆえに、晩年の世俗主義において提唱されていた「根本倫理（fundamental ethics）」が、安易に「理性（reason）」に依拠する啓蒙主義的・ネールー主義的世俗主義と類似しているものであることが主張されていた。これに対して本稿では、中期以降のガーンディー思想の変遷、ことに彼の『自叙伝』に示される「アートマー」概念に対する関心の高まりを指摘し、ガーンディーの中期以降の「倫理（*nīti*）」概念が、「理性（*buddhi*）」に還元不可能な「アートマー」の観点から遵守された（*ātmānī dṛṣṭe pāḷelī*）」ものであったことを明らかにした。そして、このアートマー概念は、アドヴァイタともドヴァイタともつかない両義的な仕方で語られており、このような両義的な語りを可能とするアートマー概念が思想的に発展していくなかで、ガーンディーは、ブラフマチャルヤにおけるアートマーの「声（*āvāj*）」、身体実践である「サーダナー（*sādhanā*）」から得られる「宇宙（*brahmāṃḍ*）」に浸潤する「霊力（*śakti*）」といったタントラ的発想をも取り入れていくことになった。このようにして理解が深められていったガーンディーのアートマー概念は、晩年に提唱されたガーンディーの世俗主義と、それと一見矛盾しているように見られたブラフマチャルヤという宗教政治の実験を同時に行うことを可能にする形而上学的基盤を提供したのであった。

ガーンディーは、世俗主義そのものを目的化していたのではなく、あくまで世俗主義を通して、彼が生涯をかけて達成しようとしていた「独立宗教（*svatantra dharma*）」、すなわち、〈宗教〉を「人々／国民（*prajā*）」に開示しようとしていたと考えられる。彼は晩年に至っても、「我々全てが宗教を忘れ去った日は、我々の失脚の日である」と語っていた（Gāndhī 1956a: 338）。晩年のガーンディーの言動を書き記したマヌによる五つの『日記』のなかでも最後に書かれた『デリーにおけるガーンディージー（*Dilhīmaṃ Gāndhījī*）』（1966）において、晩年のガーンディーの次のような言葉が記録されている。

独立宗教（*svatantra dharma*）はまさに完全に可能なものである。だが我々はそれを見ていない。我々は神も見ていないのである。故に、私がしたいこと、そして、私がの六〇年間やってきたこと、それはまさにアートマダルシャンである。私はそこにおける完全な成功を言わない。だが、私は少しずつそれに近づいている。そして、私の全ての世俗的活動（*pravṛti*）は、その観点からこそ行われているのである。（Gāndhī 1966: 204-5）

※本稿は、二〇一二年度フルブライト奨学金「大学院博士論文研究プログラム」により行った、米国コロンビア大学における筆者の研究（"M. K. Gandhi: Non-violence and Experiments on Sexual Celibacy"）を基盤にして作成されたものである。この場をもって、同大学受入指導教授のアキール・ビルグラーミー先生に深謝申し上げたい。ブラフマチャルヤ思想の研究を、インドの世俗主義思想との関係から探究しようという発想は、まさに先生のもとで研究を進めるなかで得たものであった。

（1）　本稿では、頻繁に用いる以下の史料については、参照の容易さを考慮し、丸括弧内に、略記、巻数、頁数を記す。*Gāndhījīno Akṣardeh: Mahātmā Gāndhīnāṃ Lakhāṇo, Bhāṣaṇo, Patro Vagereno Saṃgrah*（以下、*GA* と略）、81 Bhāg, 1967-92, Amdāvād: Navjīvan Prakāśan Maṃdir; *The Collected Works of Mahatma Gandhi*（以下、*CWMG* と略）、100 vols, 1958-94, New Delhi: Publications Division, Government of India. また、次の史料については、丸括弧内に、略記とシリアルナンバーを記すことにする。*Sabarmati Ashram Papers*（以下、*SA* と略）、Sabarmati Ashram Preservation and Memorial Trust, Ahmedabad. *Gandhi Nidhi*

Papers（以下、*GN*と略）、National Gandhi Museum and Library, Rajghat, New Delhi. *N. K. Bose Papers*（以下、*NKB*と略）、Group 14, Correspondence, National Archives of India, New Delhi.

（2） サンスクリット語の「マハー（*mahā*; 偉大な）」と「アートマー（*ātmā*; 魂、霊魂、自己）」の複合語で、「偉大な魂」を意味する。ガーンディーに対する国民的尊称。

（3） B・パレクは、ガーンディーが、selfと*ātman*を区別していた点を指摘している。前者が、「個人の行為や選択による独特な歴史的産物であり、直線的な時間の継続の中で過去、現在、未来を繋げ、個性やアイデンティティの基盤となるもの」であったのに対し、後者は、「生まれもって継承された独自の気質、性向、傾向性、特質によって形成された独特な『心理的で霊的な構成物』」と考えられていたという（Parekh, 1989: 92）。本稿では、ガーンディー思想との関係で、「自己」という表記を用いる場合は、こうしたselfと*ātman*の両方の意味を含める。

（4） たとえば、アキール・ビルグラーミーは、次のように述べる。「［インド人たちが］イギリス人たちが強いた発想や制度に依存、また、それらから派生した手段によって、そうすべき［イギリス人たちを自国から離れるように要求するべき］ではないことは重要であった。この点はガーンディーの中で極めて深く吟味されており、そのことは彼の著作である『ヒンド・スワラージ』において詳細に描かれている。すなわち、仮に独立を獲得したとしても、ナショナリストや反植民地主義を掲げるインド人の心が、依然として認識的隷属（*cognitive* enslavement）から自由になっていないことに対する懸念である」（Bilgrami 2002: 81）。

（5） ガーンディーの思想が呼び起こしてきた様々な論争については、それだけで独立した研究がある。例えば、［Lal 2008; Raghuramaraju 2006; Nanda 1985］などを参照されたい。

（6） この"*ātmadarśan*"という語については、本稿第三節において詳しく論じている。現段階では、一時的に「自己実現」と訳す。

（7） 本稿で引用したグジャラーティー語史料の和訳は、すべて筆者自身による。

（8） なお、ガーンディー自身は、英語の"secularism"という言葉を使用していない。だが、"*secular*"という語は、しばしば英語史料において用いられ、四〇年代には、国家と宗教との関係について語られたヒンディー語の史料のなかでも、"sekular"という表記が見られる（*Sampūrṇ Gāndhī Vāṇmay*, 1999, Naī Dillī: Prakāśan Vibhāg, Sūcnā evaṃ Prasār Mantrālaya, Bhārat Sarkār, CD-ROM, vol. 97, p. 408）。これらの点を考慮しても、「ガーンディーが晩年に世俗主義を提唱していた」と述べることは可能であると思われるが、同時にそれが、ガーンディー独自のものであったことは強調されるべきであろう。

（9） サンガリーや他の研究でも指摘されているように、これまでしばしば論じられてきた「近代的ネールー」と「伝統的ガーンディー」という単純化された二項対立は適切ではない（Guha 1996; Parekh 1989; Sen 1998）。また、一般に「ネールー主義（Nehruvianism）」と言われるものと、ネールー自身の思想も大きく異なる。ネールーも近代化や宗教などに対する理解を後年に至るにつれ少なからず変化させていった。これらのことを考慮し、本稿では、「ネールーの思想」ではなく、あくまで一般に「宗教的中立性（*dharmanirpekṣā*）」として理解される「ネールー主義」という語を用いる。プリヤ・クマールによれば、*nirpekṣāta* は、中立性（neutrality）というよりは、「期待または熟慮のない完全なる無関心」を意味し、西洋型の政教分離思想に見られる中立性の発想と類似するものであると指摘する。クマールによれば、中立性を表す言葉としてより適切なのは、*nispakṣata* であるという（Kumar 2008: 25）。

（10）たとえば、ガーンディーは、しばしば、自身の主張が以前に述べた主張と「矛盾」する内容を含んでいると考えられるならば、常に、後に述べられた言葉をガーンディー自身の主張であると受け取るように述べた（*CWMG* 70: 203）。この点に関するより詳しい議論は、[Steger 2000: 168] を参照されたい。

（11）ブラフマチャルヤとは、ヒンドゥー教の四つの住期（*āśrama*）の一つで、一四歳から二〇歳にかけて、『ヴェーダ』や『ウパニシャッド』などの経典を学ぶ独身期、より広くは霊的鍛錬のための自発的な独身や性的禁欲の実践を意味する。

（12）独立直前の『ハリジャンバンドゥ』誌一九四七年六月八日号に公開した「ブラフマチャルヤ」に関する最初の記事（"*meṃ keṃ śarū karyuṃ?*"）で、ガーンディーは次のように述べている。「このような現状の中で、『ハリジャン』のために執筆に着手することは、世俗的観点（*laukik dṛṣṭi*）からは、狂っている（*gāṃḍpaṇ*）と言われるだろう。だが、世俗的観点からありそうもないことは、神の宮廷（*īśvarnā darbār*）の中では可能であり、平易なこととなり得るのである」。

（13）本稿におけるこの語の使用における注意点については、本稿脚注五参照。

（14）他の著作であるが、チャンドラも、この時期のガーンディーについて同様の見解を述べている（Chandra 2009: 328）。

（15）ちなみに、グジャラーティー語とヒンディー語では、一貫して同じ"*dharma*"という語が用いられており、両者の表記上の区別はない。しかしながら、ガーンディーがどちらの意味で、*dharma* という語を用いていたかは多くの場合、文脈によって判断が可能である。

（16）この時に読まれた日々の文献の記録は [SA. No. 8039; SA. No. 8039] に、文献リスト一覧については [*CWMG* 25: 82-87] を参照。

（17）[Suhrud 2010] の「前書き」を執筆しているゴーパルクリシュナ・ガーンディーは、パレクの指摘に対して、「グジャラーティー語のテクストと、デーサーイーの英訳は一対の作品として見なされるべきである」(Suhrud 2010: IX) として、デーサーイーの翻訳書の意義を強調する。その理由として、次のように述べる。「翻訳の多様性は、『欠陥』ではない。特にこの著作［『自叙伝』］においては、著者［ガーンディー］からの暗黙の承認印が押されており、『翻訳』の多様性は、諸々の理由から著者自身も行うであろう翻訳者による原文の言い換えなのであり、『改訂』と見なされるべきである」(Suhrud 2010: X)。このように翻訳テクストに関する評価は分かれているにしろ、ガーンディーの思想を原文テクストから掘り起こす作業の重要性自体に異議を唱える研究者はいないであろう。

(18) なお、一般的にインド哲学上の *buddhi* の概念は、英語の reason とは根本的に異なる意味を持つとされる。例えば、サーンキヤ学派において *buddhi* 概念は、心 (*antaḥkaraṇa*) を構成する一要素であり、存在の非顕現 (*avyakti*) のレベルにおける「精神原理 (*puruṣa*)」や「物質原理 (*prakṛti*)」とも存在論的な繋がりを持つと考えられている。ゆえに、神や形而上学的事象を捨象する啓蒙理性とは意味が異なる。しかしながら、ガーンディーの説く *buddhi* 概念は、このようなサーンキヤ学派的な意味とも異なるものであった。彼の *buddhi* は、反宗教的ではないものの、しばしば、アートマー概念との対比のなかで論じられた。このような彼 *buddhi* 概念の用語法は、例えば、トルストイやソローなどの西洋における超越主義者の思想を少なからず反映しているものと思われる。reason はこれらの思想家の間では、啓蒙的理性とは異なる形であるが、しばしば、神秘主義的性質のものとは対比的な概念であると語られた。例えば、ガーンディーが人生で大きな影響を受けたと述べるトルストイの *The Kingdom of God Is within You: Or, Christianity Not as a Mystical Doctrine, but as a New Life-Conception* (一八八四) にはそのような用語法が顕著に窺える。ガーンディーの *buddhi* 概念はともするとこのような一部の西洋思想家の reason 概念を逆翻訳したものともとらえられる。

(19) “*mahātmā*”, “*ātmadarśan*”, “*ātmanirikśan*”, “*antarātmā*”, “*ātmaśuddhi*”, “*aśuddhātmā*” といった複合語を含む。

(20) ガーンディーは、グジャラーティー語の “*nīti* (倫理)” を、英語で “ethics” や “morality” の両方の語を用いて訳していた。両者の使い分けに特定の規則は見当たらないように思われる。しかしながら筆者は、ガーンディーの “*nīti*” は、本稿で論じているように、しばしば、社会規範を逸脱することをも含意するので、「道徳」よりも「倫理」という言葉が訳語としてはより適切であると考えた。このような理由から、本稿では、“*nīti*” を一貫して、「倫理」と訳している。

(21) この両義性に関する哲学的考察については、[Bilgrami 2011: 96] を参照されたい。また、この点について、特筆すべきなのは、ガーンディーの〈宗教〉思想と、ラーマヌジャの被限定者不二一元論 (*Viśiṣṭādvaita Vedānta*) との類似性である。シャンカラの不二一元論 (*kevalādvaita*) と対照的に、ラーマヌジャの被限定者不二一元論においては、解脱とは、「単に［輪廻の］拘束から自由になることではなく、個別性を失わずに、超日常的領域（*paramapada*）における、霊魂（*jīva*）にとっての存在の肯定的状態をも意味するのである」（Chari 1987: 307）。しかしながら、ガーンディーが自らの哲学を体系化しなかったのに対し、ラーマヌジャがこの両義性を説明する精密な哲学大系を構築したことに両者の違いが見出される。

（22）その他のテクスト、殊に、ガーンディー自身も読んでいた『ヨーガスートラ』（2.41）や『バーガヴァタ・プラーナ』（3.20. 25, 3. 24. 36, 3. 26. 2, 10. 58. 8）にも言及が見られる。しかしながら、ガーンディー自身のサンスクリット語読解能力は限られたものであり、彼は多くの場合、翻訳された経典に依拠していた。ガーンディーが具体的にどこからアートマダルシャンの概念を取り入れるようになったのかを完全に明らかにすることはできないであろう。本節におけるアートマダルシャンの議論については、京都大学助教授の置田清和先生から多くの有意義なコメントをいただいた。ここに感謝の意を記します。

（23）たとえば、ラージチャンドラのグジャラーティー語で書かれた文書を編纂した約一〇〇〇頁に及ぶ文献があるが（Rājcandra 2010b）、未だに英語による翻訳は出版されていない。

（24）また、ガーンディーはここにおいて、ラージチャンドラの他宗教に対する寛容な多元主義的精神も高く評価している。

（25）ガーンディーは、ラージチャンドラの自著におけるブラフマチャルヤに関する議論（Rājcandra 2010a: 185-7）を、匿名で一九四七年六月一五日号の『ハリジャンバンドゥ』誌に掲載している。

（26）たとえば、チャンドラン・デーヴァネッセンは、「実在した生身の人間であるマハートマーの生涯とその闘争は、オカルト的要素を持ち合わせていなかったが故に、いっそう魅力的であった」と述べる（Devanesen 1969: 204）。また、マーガレット・チャタジーも次のように指摘する。「幸いにも、ガーンディーはブラヴァツキーの秘儀的智慧に関する主張には感銘を受けることがなかった。［……］沈黙の声（voice of silence）――彼女が使う表現の一つであるが――は、ガーンディーの耳を密教的領域ではなく社会的領域へと開いたのであった」（Chatterjee 2007: 30-1）。

（27）ちなみに、一九四八年一月三一日に、ガーンディーがナートゥーラーム・ゴードセーに銃で撃たれた時に発したと言われるガーンディーにおける人生最後の言葉は、「おお、ラーマ」であったと知られる。彼が死去する直前に発した言葉は、このように神の名であった。

（28）たとえば、アーバン・ヒューは、「近代以前に『タントラ主義』という独立した単一のカテゴリーというものは存在しなかった。そこにおいては、タントラと呼ばれる幅広い特定の歴史的史料があっただけであり、そこにおいては『タントラ』についての異なる対立する定義が含まれていたのである」と述べる（Urban 2010: 40）。

(29) ガーンディーは、一九四七年三月一四日に、ビハールで、スワーミー・アーナンダとケーダール・ナートジーに会い、彼らと一六日まで間、議論を続けた。N・K・ボースによれば、「彼らの議論は極秘に行われた」という（Bose 1974: 149）。ここにおいて、秘書ピャーレーラールが記しているところによれば、ガーンディーは明確に自身のブラフマチャルヤが「非正統（unorthodox）」なものであり、ウッドロフ卿のタントラ思想からも影響を受けていることを語ったとされる（Pyarelal 1958: 589）。また、ガーンディーがウッドロフ卿の『シャクティ』を読んだことは、彼自身の日記にも記されている（*SA*, No. 8039; *CWMG* 25: 85）。

(30) ［*GA*］によれば、一九二五年以前の時期におけるアートマダルシャンの言及は、わずか二回しか見られない（*GA* 9: 119; 13: 120）。しかしながら、一九二五年以降、その語の言及は増加する。この点で特筆すべきことは、アートマダルシャンについて論じられた一九二五年の文書（そこにおいては、ブラフマチャルヤと解脱に関しても論じられている）において、シヴァ神やパールヴァティー女神についても言及されていることである（*GA* 26: 402）。*SS* で論究されているとおり、タントラ思想において、パールヴァティー女神は、シヴァのシャクティであり、これらの両者の融合は、両性具有神であるアルダナーリーシュヴァラを形成するとされる。

(31) 一九二五年五月五日の英語の文書において最初に、"spiritual self-realization" という言葉は、イタリックで書かれた "*atma-darshan*" という言葉とともに現われる（*CWMG* 27: 41）。

(32) ガーンディー自身が語っていたように、「正統派（orthodox type）」とは異なる彼のブラフマチャルヤ思想は［*NKB*, No. 68］、彼の思想の中核にあるとされる五つの戒律（*yama*）のなかでも、特に誤解されてきたという。ガーンディーのもとを去った速記者R・P・パラシュラームは、一九四七年一月一日付、ガーンディー宛ての書簡において次のように書いている。「私はここに来てから、あなたに対する尊敬の念をことごとく失ったことを告白しなければなりません」「私にとって、あなたは家庭事情について完全な失敗を犯しているように見えます。あなたはヒマラヤ山に比す過ちを犯している」（*NKB*, No. 53, 57, 62）。また、晩年の実験について最初に執筆したN・K・ボースは、晩年の実験について論じた自著の出版許可を求め、一九五一年四月五日付で、ナヴァジーヴァン出版の責任者キショーリーラール・マシュルワーラー宛てに次のような書簡を出した。「私の観点からは、それらはガーンディー氏の生涯に関する最も重要な文書のいくつかであると思われます。［……］それらは［……］ガーンディー氏のより正確な理解にとって［……］必要不可欠であると思われます」（*NKB*, No. 99）。しかしながら、キショーリーラールは、「私はいかなる場所でもいかなる言語でもこのことの一切について決して出版しないように強く助言します」と述べ出版を拒否した［*NKB*, No. 96］。また、その他のやり取りは、［*NKB*, No. 95, 96, 97］に詳しい。

〈参考文献〉

Armstrong, Elisabeth, 2014, *Gender and Neoliberalism: The All India Democratic Women's Association and Globalization Politics*, New York: Routledge.

Bhargava, Rajeev, ed., *Secularism and Its Critics*, New Delhi: Oxford University Press.

Bilgrami, Akeel, 1994, "Two Concepts of Secularism," *Yale Journal of Criticism*, 7 (1), pp. 211–27.

——, 2011, 'Gandhi's Religion and Its Relation to His Politics', in Anthony Parel and Judith Brown, *The Cambridge Companion to Gandhi*, Cambridge and New York: Cambridge University Press.

——, 2014, *Secularism, Identity, and Enchantment*, Cambridge, Massachusetts: Harvard University Press. Bose, N. K. (1987), *My Days with Gandhi*, New Delhi: Orient Longman Limited.

Chandra, Bipan, 2004, "Secularism and Communalism," *Social Scientist*, 32 (1/2), pp. 3–29.

——, 2009, *History of Modern India*, Hyderabad: Orient Blackswan.

Chatterjee, Margret, 2007, *Gandhi's Diagnostic Approach Rethought: Exploring a Perspective on His Life and Work*, New Delhi: Promilla.

Chatterjee, Partha, 1994, "Secularism and Toleration," *Economic and Political Weekly*, 29 (28), pp. 1768–77.

Chari, Srinivasa, 1987, *Fundamentals of Viśiṣṭādvaita Vedānta: A Study Based on Vedānta Deśika's Tattva-Muktā-Kalāpa*, Delhi: Motilal Banarsidass.

The Collected Works of Mahatma Gandhi, 100 vols, 1958–94, New Delhi: Publications Division, Government of India.

Devanesen, Chandra D. S., 1969, *The Making of the Mahatma*, New Delhi: Orient Longmans.

Gāndhījīno Akṣardeh: Mahātmā Gāndhīnāṃ Lakhāṇo, Bhāṣaṇo, Patro Vagereno Saṃgrah (1967–92), 81 Bhāg, Amdāvād: Navjīvan Prakāśan Maṃdir.

Gāndhī, Manubahen, 1954, *Gāndhījīnī Noākālīnī Dharmayātrānī Dāyarī*, Amdāvād: Navjīvan Prakāśan Maṃdir.

——, 1956a, *Bihārnī Komī Āgamāṃ*, Amdāvād: Navjīvan Prakāśan Maṃdir.

——, 1956b, *Kalkattāno Camtkār*, Amdāvād: Navjīvan Prakāśan Mandir.

——, 1961, *Bihār pachī Dilhī*, Amdāvād: Navjīvan Prakāśan Maṃdir.

——1964, *Dilhīmaṃ Gāndhījī*, Bhāg 1, Amdāvād: Navjīvan Prakāśan Maṃdir.

——, 1966, *Dilhīmaṃ Gāndhījī*, Bhāg 2, Amdāvād: Navjīvan Prakāśan Maṃdir.

Gāndhī, M. K., 1947, *Satyanā Prayogo athvā Ātmakathā*, Amdāvād: Navjīvan Prakāśan Maṃdir.

——, 1979, *Hiṃd Swarājya*, Amdāvād: Navjīvan Prakāśan Maṃdir.

Gandhi, M. K., 1927, *The Story of My Experiments with Truth*, vol. I, Ahmedabad: Navajivan.

Gandhi Nidhi Papers, National Gandhi Museum and Library, Rajghat, New Delhi.

間永次郎（二〇一三）「M・K・ガーンディーにおけるナショナリズムと性：晩年『ブラフマチャルヤの実験』再考」、『アジア研究』第五八巻四号、三七～四九頁。

——、（二〇一四）「M・K・ガーンディーにおけるナショナリズムと性：晩年『ブラフマチャルヤの実験』再考（続）」、『アジア研究』第五九号一・二号、五四～五五頁。

Guha, Ramachandra, 1995, "Mahatma Gandhi and the Environmental Movement in India," *Capitalism Nature Socialism*, 6 (3), pp. 47–61.

Jolly, Nicola Christine, 2013, "A Critical Investigation of the breadth of Mahatma Gandhi's Religious Pluralism through an Examination of His Engagements with Atheists, Quakers, and Inter-Religious Marriage," PhD Dissertaion, University of Birmingham.

Jorden, J. T. F., 1998, *Gandhi's Religion: A Homespun Shawl*, London: Macmillan Press.

Kinnvall, Catarina, 2010, "Hindu Nationalism, Diaspora Politics and Nation Building in India," *Australian Journal of International Affairs*, 64 (3), pp. 274–92.

Kumar, Priya, 2008, *Limiting Secularism: The Ethics of Coexistence in Indian Literature and Film*, Minneapolis and London: University of Minnesota Press.

Lal, Vinay, 2008, "The Gandhi: Everyone Loves to Hate," *Economic and Political Weekly*, 10 (4), pp. 55–64.

Muralidharan, Sukumar, 2006, "Religion, Nationalism and the State: Gandhi and India's Engagement with Political Modernity," *Social Scientist*, 34 (3/4), pp. 3-36.

Nanda, B. R., 1985, *Gandhi and His Critics*, New Delhi: Oxford University Press.

Needham, A. D. and Rajan, R. S., eds., *The Crisis of Secularism in India*, Durham and London: Duke University Press.

N. K. *Bose Papers*, Group 14, Correspondence, National Archives of India, New Delhi.

Parekh, Bhikhu, 1986, "Gandhi and His Translators," *Gandhi Marg*, 87 (8/3), pp. 163-172.

——, 1989, *Gandhi's Political Philosophy: A Critical Examination*, Notre Dame: University of Notre Dame Press.

——, 1989, "Nehru's Conception of Politics," *The Indian Journal of Social Science*, 2 (4), pp. 453–69.

Parel, Anthony, 2006, *Gandhi's Philosophy and the Quest for Harmony*, Cambridge University Press.

Raghuramaraju, A., ed., 2006, *Debating Gandhi*, New Delhi: Oxford University.

Rājcandra, Śrīmad, 2010, *Ātmasiddhi Śāstra*, Agās: Śrīmad Rājcandra Āśram.

Rudolph, Lloyd I. and Rudolph, Susanne Hoeber, 2006, *Postmodern Gandhi and Other Essays: Gandhi in the World and at Home*, New Delhi: Oxford University Press.

Sabarmati Ashram Papers, Sabarmati Ashram Preservation and Memorial Trust.

Sampūrṇ Gāndhī Vāṇmay, 98 vols. 1999, Naī Dillī: Prakāśan Vibhāg, Sūcnā evaṃ Prasār Mantrālaya, Bhārat Sarkār (CD-Rom).

Sangari, Kumkum, 2002, "A Narrative of Restoration: Gandhi's Last Years and Nehruvian Secularism," *Social Scientist*, 30 (3/4), pp. 3–33.

Sen, 1998, "Secularism and Its Discontents," in Rajeev, Bhargava, *Secularism and Its Critics*, Oxford University Press.

Sharma, Arvind, 2013, *Gandhi: A Spiritual Biography*, New Haven: Yale University Press.

Srinivasan, T. N., ed., *The Future of Secularism*, New Delhi: Oxford University Press.

Suhrud, Tridip, 2010, *An Autobiography or The Story of My Experiments with Truth: A Table of Concordance*, New Delhi: Routledge.

White, David Gorden, ed., 2000, *Tantra in Practice*, Princeton, N. J.,: Princeton University Press.

Woodroffe, Sir John 1929, *Shakti and Shakta: Essays and Addresses on the Shakta Trantrashastra*, Madras: Ganesh.

第2章　W・ジェイムズの反帝国主義

――プラグマティズムと平和主義についての一考察

清水由希江

はじめに

一九世紀後半、南北戦争後のアメリカで生まれたプラグマティズムは、アメリカが帝国主義的な政策を進めた一九・二〇世紀転換期に再び広く世に問われ、アメリカの哲学として知られるようになった。歴史家ルイス・メナンドは、この「戦後」の哲学としてプラグマティズムを展開した世代が、青年期に経験した南北戦争の影響に注目し、一八七〇年代初頭にボストンやケンブリッジの若き知識人たちが「形而上クラブ」と名づけられたサークルに集い、イギリス経験論やドイツ観念論を批判的に論じた様子を描き出した（Menand 2001）。やがて各自の専門分野で大きな役割を果たしていく彼らの関心の根底には、戦争の大義をなす理想とはいかなるものか、悲惨な結果をもたらす理想が真理といえるのか、あるいは、理想や真理が誰にとってのものなのか、という問いを見ることができよう。

プラグマティズムは、端的にいえば、知をそれによって導かれる行為と不可分なものとみる思考方法の総称である。

チャールズ・S・パースやチョンシー・ライトらによる観念論と経験論への批判的検討を原点とする科学的探求の方法としてのプラグマティズムは、私たちが認識できる対象とそれを認識するための形式とは互いに独立ではない、という理解を軸として発展してきたといえる。

本稿では、初期のプラグマティストの一人で、心理学者であり哲学者であるウィリアム・ジェイムズ（William James 一八四二〜一九一〇）の平和主義を検討する。一八九〇年代後半のジェイムズは、「改革者としてのジェイムズ」（Perry 1935: 242）や「民衆の哲学者」（Cotkin 1999）と呼ばれるように、知識人として何をなすべきかを問いながら新聞や雑誌で批評活動を行い、一八九八年にアメリカがキューバをはじめとしたスペインによる植民地の統治政策をめぐって戦争をはじめると、反帝国主義の考えを明らかにしていった。なかでも、「戦争の道徳的等価物」と題されたエッセイは、アメリカの市民社会論として平和主義の立場を論じ、平和の思想に少なからぬ影響を与え、今日まで読み継がれている。一八九八年は、プラグマティズムの歴史にとっても重要な年であった。この年ジェイムズが、二〇年前に出されたパースの試論「いかにして概念を明晰にするか」（Peirce 1878）を取り上げて、はじめてプラグマティズムという語を用いている。ジェイムズの反戦の思想は、真理を探究するためのプラグマティズムの展開とともにあるといえる。

ジェイムズの社会批評は次世代の知識人に影響を与えた一方で、しばしば社会経済的な観点を欠く理想主義と評価される（Posnock 1997）。日本の戦後の平和思想を担ってきた一人である鶴見俊輔は、ジェイムズの「思想は経済現象に対する驚くべき無関心」ゆえに十分に明確に反帝国主義者たりえ反戦の思想を築きあげることができた、とその理想主義を評価している（鶴見 一九八六：八二〜八三）。アメリカの経済発展と政治力が強まるなか、プラグマティズムはそれを支えるアメリカのイデオロギーを表現する哲学として受けとられたが、一方でフランス社会学への影響にみられように「トランスナショナルな哲学の改革による社会運動」であるともとらえられる（Baciocchi and Fabiani 2012: 20）。今日までのプラグマティズムの思想を一概にまとめることはできないが、南北戦争の経験がプラグマティズムを通じて平和の思想のへと受け継がれてきたことは、プラグマティズムの歴史の一つの文脈として注目に値する。ジェイムズの場合、プラグマティズムと反帝国主義の立場をどのように結びつけ、また理想主義をどのようにとらえ平和の思想を形成していったのだろうか。

第一節　米西戦争と反帝国主義運動

米西戦争のはじまり

ジェイムズの反帝国主義を検討する前に、一八九八年の米西戦争の開戦について概観しておきたい。キューバの独立運動を厳しく弾圧していたスペインに対して、アメリカはこの年の四月に宣戦布告した。そのきっかけは、アメリカの権益を守るためにハバナに送った軍艦メイン号がキューバ沖に停泊中の同年二月一五日に爆発し沈没した事件であった。アメリカ政府の調査委員会は爆発の原因を特定できなかったが、ウィリアム・マッキンレー第二五代大統領は、最終的にその原因がスペイン側にあるとして開戦に踏み切った。その後、アメリカはスペイン領フィリピンのマニラを占領、続いてキューバでも独立軍との連携によりスペインの抵抗を制圧し、実質上支配するようになる。

米西戦争当時のアメリカでは、イエロージャーナリズムと呼ばれた誇張を用い感情的な反応を煽る報道が各新聞社の発行部数の獲得競争によって加熱しており、キューバ独立闘争に対するスペインによる圧政の残酷さが誇張されて報じられていた。こうした報道は、キューバやフィリピンの現地の人々へ同情を引き起こし、アメリカの介入を支持する世論の形成に寄与した。そのなかで起きたメイン号事件の衝撃は、アメリカ国民の危機として受け止められ、南北戦争後も国内に生じていた種々の対立を下火にすると同時に、世論を動かし開戦を後押しした。当時の熱狂的な世論については、今日もなお様々な視点から歴史記述がなされており、世論の影響力を人民による民主主義ととらえて戦争を正当化するもの、政治家や政策の失敗以上に無謀な戦争へと駆り立てた世論を批判するもの、反対に、世論に戦争回避の方針を潰されたマッキンレー大統領と大統領府の弱体を批判するものなどがみられる。これらの多様な解釈を比較研究したルイス・ペレズは、米西戦争が歴史記述によって「不要な戦争」から「避けられない戦争」として記憶されるようになった過程を明らかにしている（Pérez 1998: 80）。

反帝国主義連盟への参加

スペインとの戦争を支持する世論の影響下で政治決定がなされていくなか、ジェイムズは米西戦争を「不要な戦争」と考え、反帝国主義の立場を明確にしていく。キューバとフィリピンでの戦いが進む一八九八年六月一五日、ジェイムズはフランスの哲学者フランソワ・ピヨンに宛てた手紙のなかで、これからボストンでの「新たな『帝国主義』」に反対する会議に友人と出かけるつもりです」と記している。これは、ボストン・トランススクリプト紙上で呼びかけられた「ファニイル・ホール会議」と呼ばれるものである。ボストンのエリート層を中心とした超党派的参加者たちによって、アメリカ合衆国が植民地政策を採ることへの反対が決議されたこの会議は、後の反帝国主義連盟の先駆けとなった（Lanzar 1930: 7）。

同年一一月一九日に全国組織として成立する反帝国主義連盟は、その目的に共感するものであれば誰もが会員となることができた。そのため参加した人々の構成の多様さから活動形態は一様ではなかったが、その主な論調には、戦争の大きな経済的負担や国民の徴兵に反対するもの、また、植民地化によってアメリカ民主主義の伝統には相応しくない人民を含み込むことを批判するものがあった。そのため、総じてアメリカ国内の問題を優先する内向的な運動の性格や（横山 一九七四）、「アメリカ合衆国が海外に植民地を持つという初めての経験に不安を覚えた人々のアメリカの伝統的政策、政治的価値観を放棄することをためらった古い世代の一つの対応」（林 一九七五：九四）とその影響力について消極的な評価がなされてきた。

ジェイムズは反帝国主義運動に集った人々のうち、マグワンプスと呼ばれる一八八四年の大統領選挙で共和党の政策を批判し、民主党が指名したグロヴァー・クリーヴランド候補の支持へと転じた知識人のグループの一人であった（なお、マグワンプは闘争の指導者を意味する北米東部のネイティヴ・アメリカンのことばを語源とする）。南北戦争期にボストンを中心に活動していた奴隷制廃止主義者や新たな世代からなるマグワンプスは、南北戦争後の産業化にともなう社会変化のなか、政治的自由主義の理念を共有し、公的生活への献身を望む道徳意識を共有していた。彼らは「第一の政治的義務は自分自身に忠実であること」と考え、各自の理想を追求する「フリーランス」の改革者たちであった（Beisner 1968: 7）。ラルフ・バートン・ペリーは、ジェイムズについて、マグワンプスの一人として、公的な問題を批判的に考えることのできる少数派の側に立ち、自身も少数派であり続けようとし、「単に国家的なものや熱狂的な愛国心から自由で、地位や権力によらず優れた人間の性質を評価しようとした。そして国内政治については政党的な同盟による繋がりを持たず、合理性と公正さに重きをおいて票を投じた」と述べている（Perry 1935:

297)。

ジェイムズはピヨンへの手紙のなかで「メイン号の事故がなければいまだ平和でいられた可能性が多くあった」とメイン号事件をとらえたうえで、「ある程度は偶然に生じた外国での一連の出来事のために、国民の理想がいかにあっという間に変わってしまうか、これは歴史の興味深いエピソードです」(Corr. VIII: 372) と大衆世論の性格を分析している。ここでいう国民の理想とは、ジェイムズによれば、アメリカ人の自己意識を支えてきたヒューマニズムや慈愛の精神のことであり、それが攻撃的な感情へと転じたのである。メイン号の爆発の原因が不明のまま、事件に感情的に反応した世論が開戦への圧力となった過程について、「議会による開戦の事実上の宣言は、最後の瞬間においては『狂気の心理』、まさにヒステリー的な集団暴走の例でした」(Corr. VIII: 373) という記述には、アメリカの民主主義の基盤となるはずの政治システムについて危機感がみられる。大衆世論が政治決断に影響を与えた過程は、民衆参加による政治としてとらえられていない。ジェイムズはこれまでアメリカの自己意識を支えてきたヒューマニズムや慈愛の精神を認めたい一方で、そのような伝統的な道徳観を支えているアメリカ人の優越性という考えの危うさを見て取り、次のように述べている。

行為による興奮がいったん爆発すれば、税金が徴収され、勝利が成し遂げられる、といった具合に、古くからある人間の本能は、我々の国民が持っているあらゆる古びた体力や知力や勇気といった強壮さ、野心や征服の感覚といったものを引き出してきて、新たな需要をつくり出そうとします。我々はキューバを決して占領すべきではないのです。……私たちは(ある仕方で残忍さと野蛮さをいっぱい持っているというのに)自分の国にいて安全で、古い野蛮な野心のない、自らを他の人たちよりも道徳的に優れた国民であると、そして私たちは「道徳的な重み」によって偉大なる国際的な影響力を及ぼすよう運命づけられている、などといったことを信じてきました。そんなのは夢にすぎないのです！　人間の本性はどこでも同じです、最小の誘惑であらゆる古い軍事的な感情が沸きあがり、その感情ですべてを一掃してしまうのです。(Corr. VIII: 373)。

この手紙には、ジェイムズの反戦の基本的な考え方をみることができる。戦争による高揚感は人間の戦闘的な本能を呼び覚まし、さらなる戦争を求める心理状態を生み出してしまう。他国への同情も義務感による統治も道徳的優越性に由来する感情の表現であり、そのようなアメリカの自己意識は、正当化しえない戦争を理想化してしまう、とジェイムズは危惧していた。その点については、戦争支持にも保守的な反帝国主義にもみられる、アメリカの内向性を問題としていたといえる。

「フィリピンの混乱」

米西戦争は、一八九八年八月にはアメリカが勝利をおさめるかたちで停戦となる。同年一二月パリ平和条約により、スペインはキューバを放棄（のちにアメリカが保護国化)、プエルトリコ、グアム、そしてフィリピンがアメリカに割譲された（フィリピン割譲に対してアメリカは二〇〇〇万ドルを支払った)。戦後もアメリカが旧スペイン領の統治を続けることになり、反帝国主義者たちは、スペインの支配がアメリカにとって代わったにすぎないと批判した。フィリピンでアメリカが併合政策を準備しはじめると、それまでアメリカ軍とともに闘ったフィリピン独立軍はアメリカへの抵抗を組織していった。一八九九年二月にはエミリオ・アギナルドが率いる革命政府と米軍が交戦状態に入り、米比戦争が始まった。米西戦争は、「フィリピンの反乱」とされる米比戦争へと続いて長期化していくことになった。米西戦争の開戦の経緯が示すように、アメリカの他国への同情と征服の矛盾は、その後の海外での戦争にも引き継がれていく。米比戦争に関していえば、それが誰のためになされたのか、フィリピン内部においても一様に説明できず、今日まで争点であり続けている（中野 二〇〇七：五七）。

フィリピンがアメリカの交戦国となった後も、反帝国主義運動は一九〇〇年の大統領選挙でマッキンレー大統領の再選に反対して民主党のウィリアム・ジェニングス・ブライアン候補を支持したが、再選が決まるとそれを境に連盟の勢いはしだいに下火になっていった。だが、それ以降も活動を継続した一部の反帝国主義者は、アギナルドから革命政府の外交を託された香港のフィリピン中央委員会と連携しながら活動を維持していた。フィリピン中央委員会の前身で、国際貿易都市の香港で反植民地運動をとりまとめていた香港評議会を率いていたアングロ・アゴンシリオは、一八九八年にフィリピン側を代表してアメリカを訪れている。その秘書であったシクスト・ロペスは、その後もシンシナティの反帝国主義連盟を通じてフィリピンの現状について情報をパンフレット等で訴え、連盟とフィリピンの独立運動をつなげた一人であった（Zwick 1998: 70-74）。ジェイムズの親しい友人は、一九〇〇年にアギナルドの使者としてフィリピンに関する書籍を出版する目的で再び渡米したロペスについてニューヨークでの夕食会での印象を手紙で伝えている（Corr. IX: 359-362）。その手紙からは、フィリピンでの独立運動の実態についての情報が、アメリカ国内ではいかに限られていたかを窺うことができる。

この間、アメリカのフィリピン併合がもたらした惨状を知るにつれて、ジェイムズはマッキンレー大統領の統治政策とそれを支持する世論を道徳的観点から批判し、新聞等に意見を出していく。一八九九年三月一日付けのボストン・イヴニング・トランスクリプト紙に「フィリピンの混乱」（ECR: 154-159）と題した文章を寄せて、その後同月四日に「フィリピン問題」(ECR: 159-160)、一〇日に「フィリピン、再び」(ECR: 160-162)と同紙編集長宛の記事が立て続けに掲載されている。さらに五月に、「フィリピンの混乱」が一部修正されて反帝国主義連盟のパンフレットとして配布されている。鶴見が指摘したように、そこでのジェイムズの関心は経済的問題を無視し、道徳的側面に集中している。この一連の記事の論点を以下に整理してみたい。

「フィリピンの混乱」のなかでジェイムズは、「マニラやイロイロでのアギナルドの運動についての我々の対応は明らかに、間違いなく、海賊行為であり、日に日に実状が明るみに出るにつれて、アメリカ人は純粋かつ単なる海賊であることがわかってきた」(ECR: 155)と米軍の行動を強く批判している。フィリピンでの暴力行為は、私的な所有を可能にするために続けられてきた人々の努力の成果、そのおかげで自分の理想に従うことができる自由という、「大いなる人間世界においてもっとも神聖なもの」にとっての脅威であるとして(ECR: 156)、ジェイムズは、戦争による略奪や破壊の帰結を次のように説明している。

戦争は破壊を目的として、それ以外のなにも望まない、とモルトケは言った。そして、我々はみごとなまでに戦争の究極的な目標を実行しつつある。我々はこの島々に暮らす命を何千と、そして村々や街を破壊した。だから、この作戦が引き起こした延焼火災のすべてに厳に責任を問われるのは確かに我々なのだ。それでも、こうした破壊さえ私たちのおかした罪の最も小さな部分でしかない。我々はこの不運な人々の健やかな民族的な生活のあらゆる発芽を根の先まで破壊している。少なくともある一つの世代にたいして、彼らの神と人間への信頼を破壊してしまうことに確かに手を貸しているのである(ECR: 156)。

それぞれの場所での個人の日々の暮らしが奪われれば、道徳的営みの基盤が失われる。戦争がアメリカから遠く離れたフィリピンの人々の精神生活を破壊する暴力となるとき、文明化という大義のもとでの戦争は、結果としてアメリカ人が築いてきた道徳的理想をなし崩しにしてしまう。優越心からの同情は、それがこのような結果をもたらしていることからも、フィリピンとアメリカのどちらにとっても、道徳的世界を豊かにすることはない。そして、この戦争に直接関わる世代だけでなく、その現実が負っている過去や未来に生み出されるかもしれない現実も含めて、「一つの世代がつくることのできる以上の現実を一年のうちに破壊しているのである」(ECR: 157) とジェイムズは訴えた。

この議論は、帝国主義の問題をアメリカ的な価値の危機としてではなく、ヒューマニズムの危機としてとらえ直しているといえる。「文明は、大きく、うつろで、とどろき渡り、不正をしながら、こじつけをしていて、ただ残忍な勢いのほとばしりとこのような結果をもたらす不合理を混同している」(ECR: 157)。ジェイムズによれば、文明が理想とするものは、そのような大きな力によってなされるのではなく、より善い現実を徐々に作り上げようと努力する個々人の経験を通じてなされるものである。そして、その個々の現実が社会の道徳を組織する。文明はそのようにしてつくられていくのであって、他から与えられるものではない。

また、以上の一連の記事では、革命政府を率いるアギナルドを逮捕し、独立運動を支持する人々からアギナルドを切り離すというアメリカ政府の作戦が論点となっている。ジェイムズは、先の戦争でアメリカが手をとりあったアギナルドに対する処遇の変更について、「我々のアギナルドが何をしたのだというのだ?」と、米西戦争の当初目的が併合政策へと変容したことを批判した。そして、アギナルドが率いた独立運動は「フィリピン内部から立ち上がってきた民族の自己発展のための健やかな一部分」にすぎないことを強調した (ECR: 155)。アギナルドは独立運動の英雄であるが、フィリピンの独立運動を支える一人ひとりがつくり上げてきた現実があるからには、アギナルドを逮捕したとしても彼の代わりとなる別の指導者が現れて運動は続いてゆくだろうと、この作戦の有効性をジェイムズは疑っている。すなわち、アギナルドが率いる活動を一部の反乱者によるものとするアメリカ政府の見方とは異なり、米軍への抵抗の背後にはフィリピンに広く根をはった独立運動がある、という理解である。三年後にアギナルドがついに逮捕されたとき、ジェイムズは同様の観点を友人宛ての書簡に記している（Corr. IX: 452)。

「フィリピン、再び」におけるジェイムズの議論によれば、自分たちには、フィリピンの人々がつくり上げてきた現実のなかにある「フィリピンの魂の秘密」（ECR: 161）を知ることができず、それを知らずにいることすら気づかないでいるのである。遠く離れたフィリピンの現実について、アメリカのなかで慣れ親しんだ考え方をもって知ることができるものは、想像力をどれだけ働かせても、フィリピンの人々の現実とは異なるものであり続ける。そうして、フィリピンの現実について不可知論的な立場を示しながら、同時にジェイムズは「なぜ我々は自国にいながらお互いの魂を理解することさえできないのか」（ECR: 161）と問い、互いの内面的な経験の意義を知ることができないのは、フィリピンとアメリカという関係だけではなく、同じ国にいる人々のあいだでも同様であることを指摘する。多くの犠牲にもかかわらず求められる戦争は、他国の現実を見誤るだけでなく、国内の現実の様々な問題と向き合い、多様な意見を互いに認め合うことをいっそう困難にする。ジェイムズがフィリピン人との連帯を試みた一部の反帝国主義者と繋がりながら、アメリカへの反逆者とみなされるアギナルドの活動を支持したことは、フィリピンであれ、アメリカであれ、各人が置かれた場所で現実を作り出す活動が重要であるというヒューマニズムによるもので、そこにはアメリカの枠組みを超えてフィリピンの問題を捉えようとする視点をみることができる。文明化の理想や戦争の大義に魅了されてしまうことも、他者に対して不可知論的な立場をとることも、ジェイムズにとっては同じように現実の単なる傍観者になることを意味するものであった。

第二節　知識人としての社会批評

制度化された権力への批判

ジェイムズは、先のピヨン宛ての手紙で、フランスでのドレフィス事件における軍部の不正と、メイン号事件にはじまるアメリカの米西戦争を比較している。スパイ容疑に対して無実を主張していたフランス陸軍のドレフィス大尉を支持した小説家エミール・ゾラが「私は糾弾する」と題した大統領宛の質問状を一八九八年一月一三日の新聞に出したことをはじめ、フランスでの知識人の活動によってこの問題には大きな関心が集まっていた。同時期のフランスでの事件を注視しているように、この頃ジェイムズは知識人としての責任を意識しながら、新聞等に意見を送るようになっていた。反帝国主義の運動に先立つ一連の社会批評には、個人と社会の関係についてのジェイムズの基本的理解をみることができる。

ジェイムズが議論していた問題の一つに、マサチューセッツ州の医療制度改革による医師の登録制度の導入があった。ジェイムズは、この制度が大学の医学校における医療だけを正統なものとみなして民間療法による実践を規制すると疑問を示した。そして、特に精神医療の分野では、個人の関心によって有効と思われる治療法が制限されるべきではないし、また、医学の発展のためにもより広く多くの経験的な事実が蓄積される必要がある、と意見した

(ECR: 56-62)。この規制の背景には、民間医療として影響力をもつようになっていた宗教団体のクリスチャン・サイエンスの活動を抑圧したいという医師たちの思惑があり、ジェイムズは特定の集団に対する嫌悪感からの規制を危惧していたのである（Corr. VIII: 351)。

自らも医学校で学んだ医師でありながら、医療のための法整備を批判するジェイムズを理解した医師仲間は、一八七〇年代に神経科学の共同実験を通じて認識論的問いをともに深めたジェイムズ・ジャクソン・パトナムだけであった。孤立したジェイムズはこの旧友に宛て、「私の使命は、多方面に役立つかたちで物事を扱うことであって、一方の側だけから特定の陪審員に影響を与える（そう画策する）ことではないのです」と述べている。そして、医学校の医療でも厳密に科学的な態度が保たれていないとみるジェイムズは、「法による免許というのはまったくのいかさまです――ただかたちばかりの書面の威光にすぎず、その影であらゆる無知と誤用がまかりとおってしまいます」(Corr. VIII: 348）と訴えている。ここには、専門家の権威に寄ることなく、知識人として、問題となる状況をより多くの文脈のなかで検証できるようにしようとの意識がみられる。

当時、多方面で制度が整えられ、主流派の立場から規範がつくり出されるなかで、個人の自由を最優先するジェイムズの立場は一貫していた。けれども、ジェイムズが支持しようとするものは、私的な経済活動の自由を最優先させることと同義ではない。ある医薬品広告への意見では、公共空間において人々の健康不安を煽り立てながら治療法を提示する宣伝について、「私的な強欲が公共善を押しつぶそうとしている」(ECR: 142）と批判している。このような、商業上の情報の操作についての批判は、イエロージャーナリズムによる報道についてもいえることである。ジェイムズが各分野で主流の側にあるものがつくり出す仕組みを批判したのは、個々の自発性を抑制するような一方的な規則や制度を受け入れることができなかったのである。同時に、「社会的な進化によってもたらされるものは、必ずや個人をよりよく守るための法律によって規制される必要がでるところまで押し進む」(ECR: 142) と考えていた。すなわち、個々の自発的な活動から発展した社会においては、制度はそのような個人の活動を守るために必要であるとする立場である。

鶴見俊輔は、こうして主流派に迎合することなく「例外を愛する精神」こそ、ジェイムズのプラグマティズムの最も重要な特徴であるとし、「一つ一つの事実についての溺れるような愛情から来ている」(鶴見 一九八六：二三六〜二三七) と評価している。心理学者としてのジェイムズは、科学的な態度をもって個別な事例を扱い、多角的に観察し考察した。プラグマティズムは心理学研究に必要な方法であったが、心理学者としての姿勢は、社会的な事象についても同じように向けられており、ジェイムズの社会批評の軸となっているのである。

「人間のある種の盲目性について」

米西戦争が始まった一八九八年、ジェイムズは「人間のある種の盲目性について」と題されたエッセイを執筆し、心理学研究のなかでジェイムズが培った観察者としての態度を、道徳的な問題へと置き換えて論じている。またそのなかで、マッキンレー大統領のフィリピン政策を批判する前節でとりあげたフィリピンの記事においてジェイムズが「フィリピンの魂の秘密」と呼んだものが説明されている。すなわち、「自分とは異なる生物や人々の感情について理解できないという、私たち誰もが煩っている盲目性」(TT: 132) という主題である。この「盲目性」によって生じる問題とは、次のようなものである。

我々は実際的な生物であって、それぞれに誰もが限られた役割と遂行すべき義務をもっている。各人は自らの義務やその重要さや、そうした義務を呼び起こす状況の意義を強く感じるようになっている。しかし、この感じは各人のなかの重大な秘密であって、他人に同じように感じてほしいと期待しても無駄である。他人は自分にとって重大な秘密に心を奪われているので、我々の秘密に関心を向けることができない。それゆえに、我々が他人の生活の意義をはかろうとすると、我々の意見は愚かで不公平なものになる。それゆえに、他人の生活条件や理想の価値を絶対的なやり方で決めようとするならば、我々の判断は間違ったものになってしまう（TT: 132）。

「盲目性」についての論点は、他者の経験を他者の視点と同じように経験することができないという点にある。これは、他者の内面を知ることができない、という一見すると不可知論にとどまる立場にみえる。だが、ジェイムズの議論に沿うならば、私たちに見えている世界はそのように選択されたものであり、記憶や身体や物との固有の繋がりからなる親密な世界をつくりあげているからこそ各々の人生が意義づけられていると、「盲目性」の積極的な側面も強調されている。知とは誰にとっても常に同じように知られるものではないが、同時に、私たちの経験によって知られるものが他者のそれから独立しているわけでもない。ジェイムズの議論は、各々が盲目性とともに積み重ねている個々の経験を説明しながら、そうした経験が他の経験と部分的に共有されて繋がりあうような、より広い経験世界を視野に入れて、不可知論にとどまることを避けようとするのである。

ジェイムズは『心理学原理』のなかで、進化論的な観点から感情（feeling）の生成に注目して情動（emotion）を分析している。ある感情は、それに連動する身体的反応、本能、経験から学んだ反応を含めた様々な要素からなり、外部あるいは内部からの刺激でその構成要素は変化するために、これを情動としてとらえる限り、嬉しさや悲しさなど限られた感情の分類に当てはめることは不可能であると考えた（PP: 1069）。様々な感情は、記憶や観念などの心的イメージと結びついた動力発生的なものであり、その一方で、私たちが抱く観念が意味をもつのは、それがあらかじめ特殊な感情と結びついているからだと、分析している。それゆえに、「感情的な気質だけでなく、事物や状況への生き生きとした想像力をもつことが、感情豊かな生の必要かつ十分な条件」（PP: 1088）であると述べている。

このように情動を理解したうえで、私たちの想像力が「盲目性」という人間の本性上の事実によって限定されていることをジェイムズは指摘するのである。米西戦争と同じ年に書かれ、心理学の講義をまとめた本に収められたこのエッセイは、センセーショナルな報道によって掻き立てられる同情や憤激、あるいは戦争への熱狂的な感情についての、心理学者の観点からの批判として読むことができる。出版された本を友人に送った際、このエッセイについて「実に、私の個人主義的な哲学全体の基礎となる洞察です」（TT: 244）と述べていることからも、ジェイムズの思想展開のなかで「盲目性」が重要な概念であったといえる。

議論の背景には、心理学研究の実験や人々の行動観察による人間の認知能力の限界についての考察があることはいうまでもないが、科学としての心理学が解明してきた事実をもとに道徳を説いているのではない。心理を研究するジェイムズが自らの「盲目性」について考察し続けるという認識上の努力が、自分自身に忠実であろうとする道徳的意識とともに、「鈍感な観察者」（TT: 150）という自覚として道徳的意味をもって論じられるに至ったといえる。「実際的な生き物として我々は必然的に視力を欠いているために、我々の内的秘密のほとんどは他人には不可解である。我々はほとんど互いについて積極的な理解をもつことができないとしても、少なくとも我々自身が盲目であると自覚することで、暗がりを歩んでいくときにもっと注意深くなることができないだろうか？　祖先から受け継がれた恐ろしい不寛容や残忍さや積極的に真理に反する行いを免れることはできないだろうか？」（TT: 151）とジェイムズは述べている。

プラグマティズムによる「知の共和国」

観察者の「盲目性」に留意することは、すなわち「原初のものや、原理、『範疇』、必然と思われるものから目を離し、最後のもの、結果、帰結、事実に向かおうとする」（P: 46）プラグマティズムの基本的な態度を求めることなのである。ジェイムズはプラグマティズムによって、科学的探求がもとめる客観性の考え方を批判的に検討し、より広い経験世界の知をとらえるために不可知論にとどまることを回避しようとする。

ジェイムズによれば、「最も有能な探求者は最も繊細な観察者であって、そのような人は問題のある一面に熱心な関心を向け、同時に欺かれることのないように鋭い神経を働かせて均衡を保っている。科学は、検証の方法とよばれるところの一定の技術となるようにこの神経の使い方を系統立て」、その「技術によって検証された真実だけを信じている」（WTB: 26–27）。科学的な仮説は、ある仮説を生みだし、それを信じようとする探求者の主観的意識の働きがなければ、それが真であるかどうか確かめることもできない。科学の観察の客観性がこのような意味であるならば、その他の信念も真であるためには同じように検証を必要とする点で区別はない。

科学のためのプラグマティズムの考え方を一般化して、真理とは科学であれ私たちが抱く信念や観念であれ同じことを意味するとした同時代のF・C・S・シラーやジョン・デューイの考えに同意しながら、ジェイムズは次のようにプラグマティズムの真理観を説明する。

観念は（それ自身我々の経験の一部であるのだが）、ただ我々の経験の他の部分との十分な関係をつくるのに役立つ限りで真となるのである、それは経験の諸部分をまとめ、特殊な現象の果てしない連続に従う代わりに、概念的な近道によって経験の部分のあいだを動きまわることによる。我々が乗っかることができるいかなる観念も、いわば、事物を満足いくようにつなぎ合わせ、安心して機能し、単純化し、労力を減らしながら、私たちの経験のある一部から別のある一部へと上手く我々を運んでくれるいかなる観念も、ただその意味において真であり、そうする限りにおいて真であり、「道具的に」真である（P: 34）。

ある観念が経験の諸部分と関係しているように、経験世界のなかでは、知、感情、観念、そのほかの事物が混雑していて離れたり結びついたりしている。私たちの経験のなかでその部分部分が互いに関係しうるとするならば、私たちの判断は必ずしも純粋に知的なものとはならない。行動の指針となる仮説や命題が純粋に知的な判断によって選択することができず、しかも躊躇する間もなく迫られていて人生に関わるような「本物の選択（a genuine option）」をしなければならないときには、情動に従って行動の指針となる信念を選び取るべきである、とジェイムズはいう（WTB: 20）。つまり、ある命題が正しいか否か事前にわからないからといって、個人にとって重要な判断を下さずに不可知論にとどまるのではなく、命題の真実性をプラグマティックにとらえて実験＝行動することで、それが経験世界のなかで持ち得た価値を検証する過程を導くべきだというのである。

「盲目性」の自覚とともに、探求者が繊細な注意をもって信念の検証の過程を導くことができる経験世界のあり方をジェイムズは「知の共和国」と呼んだ。それは、他者の内面世界を知り得ないのだから互いに干渉すべきではない、という表面的な寛容や単なる傍観者にとどまるのではなく、個人が互いの考えを批難したり退けたりせずに「他者の心の自由を気遣い互いに謙虚に認め合う」ことによって「内面的寛容の精神」を実現することで成り立つとした(WTB: 33)。私たちがそれぞれにつくり出している様々な感情や観念や理想からなる親密世界のなかで経験を蓄積していくために、特定の知が支配的な地位をもつのではなく、それぞれの知からなる共和国の形式による社会をジェイムズは提示しようとするのである。

第三節　平和主義のユートピア

英雄主義の転換

個人にとっての理想や価値を認める一方で、ジェイムズは戦争を支持する立場による理想をどのようにとらえたのか。米西戦争へと駆り立てるイデオロギーに大きな影響を与えたセオドア・ローズヴェルトは、暗殺事件によるマッキンレー大統領の死去にともない、一九〇一年に副大統領から第二六代大統領となる。米西戦争に従軍しラフ・ライダーズと呼ばれる騎馬連隊の指揮をとったローズヴェルトは、フロンティアの神話を引き継ぎながら、「野蛮な者」との新たな戦いを、統一をもたらしたアメリカの逞しいパイオニアたちに連なるものと位置づけて、正当化した。ローズヴェルトによる「強壮的な生(The Strenuous life)」と題されたフィリピン統治に関する一八九九年の演説をここでみておきたい。

ローズヴェルトは、アメリカ人が果たすべき文明化の役割として、フィリピンの統治について次のように述べている。「マニラとサンチャゴに轟いた銃声は、我々に勝利のこだまを響かせていった。だが、我々に義務という遺産も置いていった。もし野蛮な無秩序を引き起こすためだけに中世的な暴政を行うのであれば、そのようなことは何一つはじめるべきではなかったということになる。仕事が為されなければならない。我々は自身の責任から逃げることはできない。もし我々が有能であるならば、仕事を為す機会に――現代的な文明をもたらすという偉大な仕事の一つに我々が相応しいことを示す機会に、感謝すべきである。うぬぼれから、我々が有する能力にのしかかる重圧を過小評価しないようにしよう。なによりもまず、我々自身の自尊心を評価する場合のように、相応しい真剣さと勇気、そして堅い決意をもってこの責任に向き合おう」(Roosevelt 2009: 5)。

ここでローズヴェルトが求める文明化のための献身は、軍の規律に従い訓練を受け、戦場で勇敢に戦う英雄主義にもとづいている。事実上二国間の戦争がアメリカによるフィリピン統治政策とみなされ、そうして文明化のための任務にあたることが、アメリカ人としての道徳的義務と読み替えられている。「強壮的な生」が主張する英雄主義は、戦争の理想へのロマンティシズムやアメリカの神話のもとで奮闘するもので、単なる戦争への熱狂だけではなく、理想と行為を結びつけ実現していくプラグマティズムとみることもできる。だが、ジェイムズが主張するプラグマティズムは、絶対的な理想を実現するためのものではない。破壊的な行為にいたる戦争や文明化の名の下に自らの生活と離れた現地の人々の統治を通じて理想の実現がなされるべきではない。

なぜ、遠く離れた場所での戦争や義務のなかで理想を追求しようとするのか。厳しい任務を遂行する「強壮的な生」が人々を惹き付けるならば、それを各々の日常のなかで実現することができるのではないか、というのがジェイムズの考えであった。この点について、一八九八年に書かれたエッセイ「人生を意義あるものにするのは何か」において、ジェイムズは自身の心境から分析している。大人たちの教育を行うために様々な施設を理想的に整えた避暑地であるニューヨーク州のショートカでの講演からの帰り道、温室のように守られた場所の平穏さに浸りきって、かえって残酷なものが引き起こすような興奮を求めてしまった心境を語っている。そのときに、電車のなかからみかけた一人の建設労働者が、危険な場所で孤軍奮闘する姿に、「自分の周りに広がる英雄的な行いをする広大な領域に気付いていなかった、それが目の前にある生き生きとしたものであるとみることができなかったのだ」（TT: 154）と二つの生活を対照的に描き出している。人を魅了する理想は、その知的な内容とその新しさによって高揚感や展望をもたらす。しかし、ある一つの理想と結びついた感情が同情から敵意へと一転し、平穏さが残酷さの欲求と隣り合うように、理想が理想だけで価値あるものになることはない。反対に、各々の理想のもとで、人々の誠実さ、勇気、忍耐などの努力がなされるときに人生が真に意義あるものとなる、とジェイムズは論じる（TT: 164）。そうして、戦争に見出された英雄的な価値とおなじものを、日常生活のなかに見いだす方法として、ジェイムズは反戦の戦いという道を示すのである。

「戦争の道徳的等価物」

ジェイムズの平和主義についての議論でもっともよく知られるのが一九一〇年に出版された『戦争の道徳的等価物』で、「国際的和解のための協会（Association for International Conciliation）」の依頼で書かれたものである。そこには、前節の二つのエッセイの議論が組み込まれているように、反帝国主義運動とともにジェイムズが徐々に発展させた考え方がまとめられている。戦争へと向けられた人々の道徳的義務の意識を、平和のための戦いに読み替えようとするジェイムズの視点が冒頭から次のように示されている。

戦争に対する戦争は休日の遠足やキャンプのようなものではなくなるだろう。政治の興亡や貿易の変動によって国や個人にもたらされる栄光や恥辱よりも良い代替物が提供されない限りは、軍事的な感情はあまりに深く我々の理想のあいだに根を張っていて抜き去ることができない。近代人の戦争との関係は、なにかとても逆説的なものがある。アメリカの北部と南部のすべての人に（それが可能ならば）、進軍と戦闘の記録を現在までの平和的な変化の記録に置き換えたいかどうか尋ねるならば、一握りの変わり者以外はほとんど誰もイエスと言わないであろう。私たちの祖先や、努力、記憶や遺産は、今日私たちが共に所有しているものの最も理想的な部分であり、この侵すことのできない精神的な所有物は、そのために流れたすべての血よりも価値がある。だが、その同じ人々に、同じような財産を獲得するために、冷血にも、今また内戦をはじめたいかと尋ねるならば、男であろうと女であろうと、一人としてその提案に票を投じはしないだろう。現代からみれば戦争は尊いかもしれないが、理想をかなえるためだけに戦争が行われるべきではない。否応なく強いられたときのみ、敵の不正義に対して他に代わる方法が残されていないときのみ戦争は許可される、と今では考えられているのである（ERM: 162）。

人々が守ろうとしている戦争の意義は、過去の先人たちの犠牲や努力の価値であって、戦争自体ではないはずだとジェイムズは見て取る。そして、軍事的な感情が高まる状況にあって、反戦の立場を戦争を怖れる「臆病な平和を支持する人々」（Roosevelt 2009: 1）とみなす批難を的外れなものにし、平和主義を歴史的な努力として示すことで、道徳的に魅力あるものにし直そうとするのである。戦争を支持し危険や犠牲を受け入れ、道徳的な義務を果たそうとする準備のある国民にとっては、安穏とした平和の理想を示すだけでは有効ではない。戦争がもたらす道徳感情と同じだけの強い高揚感を与えるような「道徳的に等価なもの」、すなわち、人々の情熱に応えながら、その具体的な帰結を戦争による破壊とは異なる方向へと導く平和主義の理想を示す必要がある、というのがジェイムズの発想であった。「戦争の道徳的等価」という概念は、人間の本性的な闘争性や古代から積み重ねられた軍事主義の道徳を認めたうえで、戦争に人々が見出す美徳の価値をプラグマティックにとらえ、それを平和主義による闘いのなかで市民的徳に置き換えて高めていくことを提案するものであった。

先の引用の冒頭の一文には、アメリカによる植民地統治の道徳的な気軽さに対する批判も読み取ることができる。一八六〇年代に古生物学者のルイス・アガシ率いる探検隊のブラジル調査に参加した若きジェイムズは、文明の側に立つ科学者の観点が現地の人々の現実を無視した支配的なものであることを実感している。アガシの調査旅行は現地での「事実」に向き合う緊張感を欠いた「休日のピクニック」(BEWJ: 97) であると揶揄し、ピクニックが都市の暮しを自然のなかに持ち込んで自然を愉しむように、ブラジルでの調査が表面的で、ある種の気楽さをともなったものであると当時の日記に記されている。ジェイムズにとってこの経験は、科学者の主観的側面やその文脈のもつ影響に配慮する必要を理解し、自然科学の実証主義の立場を批判的に検討してプラグマティズムに至る思考の端緒であった。つまり、プラグマティズムの成立過程には、理想を強制する帝国主義的なまなざしへの批判がすでに含まれていたのである。

戦場は「極限の生」を生きることを強いる (ERM: 163)。そのような生に惹き付けられた人々の注意を転換するには、平和主義による市民生活が、戦場に劣らぬ、あるいはそれ以上の勇気と努力による奮闘を求めるものでなければならない。ジェイムズは、市民的な闘いには、敵との戦闘以上に勇気が必要であると考えていた。その議論は、一八九七年、ボストン・コモンにマサチューセッツ五十四連隊を率いたロバート・グールド・ショウの記念碑が建立された際の除幕式の演説のなかで示されている (ERM: 64-74)。ジェイムズは、ショウが南北戦争の最も激しい戦場の一つであったフォート・ワグナーで勇敢に戦った以上に、黒人が兵士として南北戦争に赴くことに否定的な見方を突きつけられながらも黒人連隊を率いた事実を称えている。男らしい美徳としての勇敢さは、戦闘的な動物としての人間の本性であるため、いざとなればいつでも奮い立つものである。だが、周囲の無理解のなかで連隊を率いたショウの「いっそう孤独な勇気」という個人の奮闘的努力は、すぐに人々から忘れられてしまう。それゆえに、ショウが示した「市民的な徳」こそ演説家や詩人によって記憶されるべきものと、ジェイムズは記念碑の意義を述べている（ERM: 72）。そして、ショウとその連隊の奮闘をモデルとして、「国民にとって最も耐え難い敵は国外の敵軍ではない。それは常に国境の内側にいる。文明は常にこの内側の敵から救い出される必要がある」。そして、それゆえに「どこよりも祝福されている国とは、表面的な美辞などなく活動によって、日々この救済を行う人々の市民的な精神を有する国である」と説いた（ERM: 73）。

市民の孤独な闘いは、戦時中だけではなく、常に存在する。市民による奮闘は、戦争への理想が人々の戦闘的な本性を掻き立てながら瞬く間に広がるのと違い、人々の日々の実践のなかにあり、それを影響力あるものにしていくために努力は続けられなければならない。したがって、「平和のエコノミーは単なる気楽なエコノミーでありえない」とむしろ平和主義の厳しさをジェイムズは主張する。国を動かす戦争への熱狂を転換させるには、市民的な闘いへの「すべての住民の情熱が大きく沸き起こるまで火種を大きくし、そして軍事的名誉という古い道徳の廃墟に風を通して、市民的名誉による道徳の安定的な秩序が築き上げられる」（ERM: 171）まで、人々の努力によって維持されなければならない。このように、反戦の立場は、平和主義の継続的な闘いとして論じられているのである。

この平和主義のユートピアの秩序を現実につくり出すために、ジェイムズは徴兵制度そのものを市民社会のなかで役立つものとして組み替え、「自然に立ち向かう部隊をつくるべく、すべての若い住民を数年間のあいだ徴用する」

ことを提案してもいる。軍事主義が求める勇気や忍耐による道徳的な強さは、「石炭や鉄鋼の鉱山、貨物輸送列車、十二月の漁船、皿洗い、洗濯、窓ふき、道路の建設やトンネルの採掘場所、鋳造業や溶鉱炉、高層ビルの建築現場」での厳しい労働のなかでも鍛えられるというのである（ERM: 171-172）。この青年部隊の構想によって、社会のための厳しい労働を称えながら、ジェイムズは平和主義の理想的な市民社会を、「より高次な社会的水準での、奉仕と協同による、そして無限の、より名誉ある競争の雰囲気」を描き出した小説家H・G・ウェルズが描き出す社会主義のユートピアに重ね合わせてもいる（ERM: 172-173）。

ユートピアの目的は、反戦のための闘いというだけでなく、市民的な感情をつくり出す社会的関係そのものを築いていく作業にこそある。戦争へと駆り立てる愛国心は、日々の現実を忘れさせる虚ろな理想であり、戦争は理想を求める道徳的な生そのものを破壊する不合理な経験となる。ジェイムズは、個人の精神的自由を重視し、その自由によって可能となる個人の固有の経験が、社会の道徳的秩序を組織し発展させる力になることを示そうとした。言い換えるならば、ジェイムズの平和主義は、平和であることが各々の人に意味をなすような関係、すなわち、日常の生活のなかで各々が自らにとって意義あるものを追求できる社会をつくり続ける必要があることを示している。平和の理想はその絶え間ない営みのなかで実現されてゆくものとしてある。それは、帝国主義的な政策を進めるアメリカに対して、アメリカ社会へと目を向け直すよう促しながら、プラグマティズムによる経験世界の理想像として「知の共和国」の姿を描き出そうとするものであったといえる。

おわりに

本稿では、アメリカが海外領地獲得のための戦争を進めるなか、南北戦争後の思想としてのプラグマティズムを牽引したジェイムズが、いかに戦争のロマンティシズムに対して平和主義のユートピアを提示し、道徳論を組み立てたのかを検討してきた。ジェイムズは、戦争の不在としての平和主義ではなく、平和のための闘いとして平和主義をとらえ、戦争を支持する道徳感情が人々にとってもつ意義、すなわち愛国的な価値をみてとることで、その発露の方向性を変更することを試みたのである。そのために、勇敢さや強壮さという人類の戦いの歴史のなかで積み重ねられてきた美徳を、市民的な徳の闘いとしてとらえ直した。伝統的な価値をより広い文脈のなかで掘り起こすことで、そこに新しい意味を吹き込もうとしたのは、プラグマティズムによるジェイムズの戦略であったといえる。すなわち、ジェイムズ自身が説明するように「新しい真理は常に変化の仲介者であり調停者である。それは、最小限の動揺と最大限の連続性をもって古い意見を新しい意見へと融合させる」(P: 35) というプラグマティズムの立場が、ここでは新たな平和主義を示すための指針となっているのである。平和な社会の理想像を提示することは、ジェイムズが自らの思想をかけた反戦のための闘いであった。

ジェイムズ自身は、しかしながら、その平和の思想を実際的なかたちで具体的に発展させるに至ってはいない。「戦争の道徳的等価物」によって提示された国民皆兵制による青年部隊の構想に関しては、その理想主義とともに、第一次大戦の最中にランドルフ・ボーンが「徴兵制の倫理的代替物」で引き継ぎ、議論を発展させている。ボーンは、ジェイムズがあえて皆兵制の発想を持ちだしたのは、状況を転換させるためには、巨大な国家組織をもってする必要があったからだと理解したうえで、皆兵制の代わりとして義務教育と社会奉仕を組織する案を提示している (Borne 1916: 217)。そして、「我々は若者のエネルギーが単なる防衛や単なる骨折りの仕事に浪費されてしまいたくないのだ。我々に必要なのは、死に方ではなく、生き方を習うことなのだ。破壊のエンジンとなることではなく、教師や創造者となる方法、発明家やパイオニアになるための方法を学ぶことなのだ」（Bourne 1916: 219）と主張した。また、ジェイムズの構想は、一九三〇年代のニューディール政策のなかで若者の職業訓練として形成された「市民保全部隊（Civil Conservation Corps）」の設置の際に参照されている。その形成と活動への実際的な影響は少なく、その内容もボーンがジェイムズの議論をとらえ直してめざしたものとも異なるが、ジェイムズの名を冠した市民保全部隊のキャンプがあったように（Gower 1965: 486）、一つの思想的背景として「道徳的等価」という考え方が社会活動に与えた影響をみることができる。

ジェイムズの反戦の思想は、アメリカにとってはじめての海外での戦争であった米西戦争について、遠く離れた戦場の現実について知ることができないという認識から、敵と対峙する戦争においてではなくとも、アメリカ国民として果たすことのできる義務を示そうとしたものであった。戦争に反対する闘いという平和主義のかたちは、現代の戦争において、私たちが遠く離れた戦場についての断片的な情報の単なる傍観者とならずに、平和な社会のために貢献する具体的な方法を模索するうえでなお示唆的である。ジェイムズの理想主義に従うならば、個々人の社会との感情的な結びつきやそれゆえの社会への関心は、愛国的な情熱として掻き立てられて他国との戦争を準備する方向ではなく、社会そのものをつくり続けるための奮闘へと向けることができる。平和の思想には、そのための社会構想こそが求められているのである。

〈参考文献〉

ジェイムズの著作については、以下の略号を用いた。

The Works of William James. Frederik H. Burkhardt, Fredson Bowers and Ignas K. Skrupskelis. Cambridge: Harvard University

Press, 1975–1988.

P: *Pragmatism. 1975.*

WTB: *The Will to Believe. 1979.*

PP: *The Principle of Psychology Vol. II. 1981.*

ERM: *Essays in Religion and Morality. 1982.*

TT: *Talks to Teachers on Psychology and to Students on Some of Life's Ideals. 1983.*

ECR: *Essays, Comments, and Reviews. 1986.*

Corr. VIII: *The Correspondence of William James Vol. 8 1895–June 1899.* Ignas K. Skrupskelis ed.（Charlottesville: University Press of Virginia, 2000）.

Corr. IX: *The Correspondence of William James Vol.9 July 1899–1901.* Ignas K. Skrupskelis ed.（Charlottesville: University Press of Virginia, 2001）.

BEWJ: Machado, Maria Helena Pereira Toledo. *Brazil through the Eyes of William James: Diaries, Letters, and Drawings, 1865–1866.* Bilingual edition.（Cambridge: David Rockefeller Center for Latin American Studies, 2006）

Baciocchi, S. and Fabiani JL.（2012）"Durkheim's Lost Argument（1895–1955）：Critical Moves on Method and Truth", *Dunkheimian Studies*, 18: 19–40.

Beisner, R.（1968）*Twelve Against Empire: The Anti-Imperialists, 1898–1900*（New York: McGraw-Hill Book Company）.

Bourne, R.（1916）"A Moral Equivalent for Universal Military Service", *The New Republic A Journal of Opinions*, July 1, 7（87）: 217–218.

Cotkin, G.（1994）*William James: Public Philosopher*（Urbana: University of Illinois Press）.

Gower, C.（1965）"'Camp William James': A New Deal Blunder?", *The New England Quarterly* 38（4）: 475–493.

林義勝（一九七五）「十九世紀末におけるアメリカの反帝国主義者連盟　その運動と論理」『アメリカ研究』九：九四～一一六。

Lanzar-Carpio, M.（1930）"Founding of the Anti-Imperialist League", *Philippine Social Science Review* 3（1）: 7–41.

Menand, L.（2001）*The Metaphysical Club.* Reprint（London：Flamingo）.

中野聡（二〇〇七）「第一章　刻まれた征服戦争」『歴史経験としてのアメリカ帝国　米比関係史の群像』岩波書店、二一～六四頁。
Peirce, C. S.（1878）"How to Make Our Ideas Clear", *Popular Science Monthly*, 12: 286-302.
Perez, L.（1998）*The War of 1898: The United States and Cuba in History and Historiography*（Chapel Hill: The University of North Carolina Press）.
Perry, R. B.（1935）*The Thought and Character of William James, Vol.II*（Boston: Little Brown and Company）.
Posnock, R.（1997）"*The Influence of William James on American Culture*" in Ruth Anna Putnam（ed）, *The Cambridge Companion to William James*（Cambridge: Cambridge University Press, 1997）, pp. 322-42.
Roosevelt, T.（2009）*The Strenuous Life: Essays and Addresses,*（Mineola: Dover Publications）.
鶴見俊輔（一九八六）『アメリカ哲学』講談社。
横山良（一九七四）「アメリカ反帝国主義運動試論――その諸グループと帝国主義理解を中心に」『史林』五七、（三）：五四～一〇二。

第3章　自然の「美しさ」をめぐる争いと制度(1)

――アメリカ国立公園局によるミッション66計画を事例に

寺崎陽子

はじめに

『組織人類学の手引書（A Companion to Organizational Anthropology）』（二〇一三年）を編集したD・ダグラス・コーキンズ（D. Douglas Caulkins）とアン・T・ジョーダン（Ann T. Jordan）によれば、組織に対する人類学的研究が二〇年ほど前から急増している。多くの人類学研究者が大学だけではなく企業や政府機関、NGOなどで働くようになり、彼らが自らの経験をもとに執筆活動を展開しているからだという。また、何よりグローバリゼーションによって研究者の意図とは関係なく、伝統社会における政府機関やNGOなど、組織の影響を見過ごせなくなったとしている。しかし、コーキンズらも認めているように、組織を研究対象とすることは、人類学の世界で主流にはなっていない。指標となるような理論や分析概念がないことを、彼らは複雑な組織を様々な角度から議論することを可能にするものとして前向きにとらえているが、実際には各々の研究者がそれぞれに組織を対象とした研究発表を行なっているのが現状だといえるであろう（Jordan and Caulkins 2013）。

本稿では、フランスの科学人類学者ブルーノ・ラトゥール（Bruno Latour）の近代批判と、アメリカの社会学者ジョン・W・マイヤー（John W. Meyer）を中心とする新制度派の組織論を手がかりに、公的および官僚的組織の実態を批判的に検証する視点について考えたいと思う。具体的な事例として、筆者がこれまで調査してきたアメリカ国立公園局による大規模な公園開発事業「ミッション66（Mission 66）」を取り上げる。アメリカでは、一八七二年に世界初の国立公園となるイエローストーン国立公園が誕生して以降、自然および歴史的・文化的に優れた地域や建造物の保護政策が進められてきた。一九一六年には内務省に国立公園局が設置され、第二次世界大戦後の一九五〇年代半ばから一九六〇年代半ばにかけては、抜本的な制度改革と全米を視野に入れた包括的な公園開発計画「ミッション66」が、一九六六年の国立公園局創設五〇周年記念を飾る事業として施行された。

いまではアメリカ国土のおよそ三．六％（日本の国土面積の実に九〇％にも及ぶ）が国立公園システムの保護区として指定され、その総数は約四百にも及ぶ壮大なものとなっている。(2) また、自然保護の観点から国立公園政策は世界的にも広まり、今日では様々な国や地域で国立公園という名の付く自然保護地域が見られるようになった。アメリカ国立公園局はグローバルな自然保護運動を牽引する役割も果たしてきたのである。こうした国際的にも導入が進められる国立公園政策を「発明」（Nash 1970: 726）し、グローバルな自然保護運動において確固たる地位を築いてきたアメリカ国立公園局を対象に、制度や組織とは何かを問い、その実践を批判的に分析するために、本稿では、ラトゥールの近代論を参照する。

ラトゥールは、『虚構の「近代」――科学人類学は警告する』（川村久美子訳、二〇〇八年）において、組織研究の重要性を示唆しながらも、研究者が「近代人」であることを理由に、その困難さを指摘している。彼によれば、近代的思考とは「人間と非人間」あるいは「自然と文化」を断絶させ、混沌とした現実のつながりを「整然と切り分け」て解釈することで成立してきた（Latour 1993＝2008: 27-29, 32）。たとえば、私たちが日々接する新聞の紙面には、「科学、政治、経済、法律、宗教、テクノロジー、フィクションから成る複雑なもつれ（imbroglios）」が存在しているが、「近代人」はそうした「もつれ」など認識せず、科学と政治などとそれぞれ分断して理解するのである（Latour 1993: 2-3＝2008: 10-12）。人類学だけは自然と文化の混ざり合いを見据え、「縫い目のない布地を適切に扱いつつ、冷静にそれを分析するという習慣」をもつと評価したが、ただそれも「未開人」に向けられた視線だから可能なのであり、自分たちの社会を「縫い目のない布地」ととらえることはできないと批判した（Latour 1993＝2008: 20-22）。彼はさらに異種混淆した現実を否認し「分離（separation）」（Latour 1993: 13＝2008: 32）[3]の思考実践を続ける近代世界は、逆に抑えきれないほどのハイブリッドを増幅させるという「パラドクス」（Latour 1993＝2008: 28）であると諫め、次のように組織研究の方法を指摘した。

> もし近代世界の文化人類学というものが可能なら、その仕事は自然科学などのハードサイエンスを司る部局を含めて、「近代政府」のすべての部局の組織を明らかにすることだろう。また、それらの部局がどうして分離してしまうのか、それらを連結するさまざまな仕組みがあるのかどうか、あるとすればどのようなものなのかを解明することだろう（Latour 1993＝2008: 35）。

アメリカ国立公園局を近代的な組織の一例ととらえるならば、ラトゥールのいう「分離」の概念は、その組織構造にどう反映されているだろうか。また、近代の「パラドクス」は、国立公園政策の発展の影でどのような問題を引き起こしているのか。本稿では、今日のアメリカ国立公園システムの土台を築いたとされるミッション66が立案され、施行されていく過程を通して、組織がハイブリッドな現実を覆い、「もつれ」などないかのように国立公園政策を支えていく実態について批判的に問いたいと思う。

そのために、本稿ではラトゥールの近代批判に加え、社会学の組織論を参照したいと考えている。アメリカの社会学者ジョン・W・マイヤー（John W. Meyer）を中心とする新制度派組織論は、「公式組織（formal organization）」（Meyer and Rowan 1977: 340）と呼ばれるいわゆる官僚的組織を、従来の組織論が技術的に統制された組織形態としてとらえてきたことを批判し、合理性や効率性の観点をほとんど認めない組織の理論化を進めている点で注目されている（金子 一九九三：四〇六～四〇八、佐藤と山田［二〇〇四］二〇一〇：九～一一）。とくに、新制度派組織論の基本論文の一つとされる「制度化された組織――神話と儀礼としての公式構造」（Meyer and Rowan 1977）[4]は、ラトゥールのいう異種混淆した現実を、組織の実践のなかに見据えた議論を展開しているといえる。ただ、両者のアプローチはかなり異なるため、まずは本稿で参照したい新制度派組織論について確認し、そのうえでミッション66について具体的に検証していくことにしたい。

第一節　制度と組織の実践

多くの組織論のなかでも、ここで取り上げる新制度派組織論の特徴は、組織の実態を技術的な側面から論じるのではなく、制度的な側面からとらえようとしている点にある。マイヤーらによると、「制度」とは「文化的ルール

（cultural rules）」のことを指し、「制度化」とは、「ある一定の集合体や活動のパターンが、規範としても認識としても定着し、（公式の法律としても、慣習や知識としても）合法（lawful）であるとして実質的に当然のこととなるプロセス」のことである（Meyer et al.［1987］2009: 67–68）。彼らは、国立公園局のような官僚的組織（公式組織）は制度を取り入れ、制度化を進めることによって、組織がそれをとりまく文化と適合し、そのために組織の「正統性」（legitimacy）が保たれていると示唆する（Meyer and Rowan 1977: 343-344）。これは、従来の組織論が官僚的組織の構造を技術的な側面からとらえ、組織の活動を統制する優れた形態だとしたことに異を唱えるものであった（金子 一九九三：四〇六～四〇八、佐藤と山田［二〇〇四］二〇一〇：一八三～一八七）。マイヤーらによれば、そもそも官僚的組織は、従来の組織論が主張するように「公式の青写真にそって機能」してはいない（Meyer and Rowan 1977: 342）。組織のなかでは、政策や規則が実施されていなかったり、技術が効果的ではなかったり、あるいは活動の評価が曖昧であったりということが頻繁に起きているのである（Meyer and Rowan 1977: 342-343）。それにもかかわらず、官僚的組織が浸透しているのは、その構造が合理的だという「正統性」が確保されているからだとする（Meyer and Rowan 1977: 343）。彼らは制度化されたモノを「神話」と表現し、組織と制度の関係を次のように記している。

制度化されたプロダクト、サービス、技術、政策、プログラムは、強力な神話として機能し、多くの組織はそれらを儀礼的に取り入れる。しかし、制度化されたルールに従うことは、しばしば効率性の評価基準と著しく矛盾し、また逆に、効率を上げるために活動を調整し統制することは、組織の儀礼的な服従を弱め、組織に対する支持や正統性を犠牲にすることになる。制度的ルールを反映させた組織は、儀礼的な服従を維持するために、公式構造

(formal structures)と実際の業務活動との間にギャップをつくり、緩やかに連結させて、公式構造を技術的活動の不確実性から緩衝させる傾向にある(Meyer and Rowan 1977: 340-341)。

すなわち、制度が組織の正統性を支えているのは、制度化された政策や技術などが「神話」であるからだとし、また、組織の活動を効率性の原理で厳しく管理することは、「神話」の崩壊につながる可能性があるため、制度的ルールは「儀礼的」に運用されることが肝要だとした。そしてさらに、「儀礼的」な実践を許容し、効率性の問題と衝突させないために、組織の構造と実際の活動との間に「ギャップをつくり、緩やかに連結」させていると説くのである。このように彼らの態度は、官僚的組織の合理性や効率性をほとんど認めず、また権力や機能という視点から議論することも拒むものである。その代わりに彼らは「神話」や「儀礼」、あるいは「ギャップ」や「緩やかな連結」という言葉を用いて、組織における言説と実践が矛盾を内包しながら効率性を装っているのだと主張する。それは、官僚的な組織構造の合理性が自明視され、「制度」が人為的なものを超えた統制を組織にもたらすかのように考えられてきたことを批判するものであった(Meyer and Rowan 1977: 343-344)。

マイヤーとローワンは、こうした官僚的な組織の特徴を「脱連結(decoupling)」[5](Meyer and Rowan 1977: 356)という言葉で概念化し、以下のように命題を提示している。

命題四　制度化された組織において、活動を統制し調整しようとすると、矛盾や正統性の喪失につながるため、構造の要素は活動から脱連結され、それぞれの要素からも脱連結される(Meyer and Rowan 1977: 357)。

つまり「脱連結」とは、制度と実際の行動とが乖離する状態を示し、そうした特徴が組織を矛盾による衝突からまもり、組織の正統性の維持につながるというのである。マイヤーらによれば、新制度派組織論にとって、近代国家のようなアクターの価値と活動とが不一致であるのは当然のことで、実在論者やミクロ現象学の議論が、そうした現実に困惑するのは、彼らが組織の政策や技術あるいは構造を、「活動を統制する手段」ととらえてしまい、外的な要因と適合するためにあるという視点を持たないからである（Meyer et al. 1997: 155）。外的な要因とは、すなわち文化的なことを指し、組織は制度を取り入れ文化的環境と適合することで正統性を確保し、また、「儀礼的」実践や「脱連結」という側面をもつことで、活動を効率的に統制していることを装うのである。マイヤーらは、組織がいかに制度化を通して合理性のお墨付きを得ながらも、その言説と実践が散漫とした現実のなかにあるのかということを明らかにしたのである。

こうした新制度派組織論の組織に関する議論は、ラトゥールが警鐘する近代の「パラドクス」と通じるものがあるだろう。ラトゥールは「分離」と表現し、マイヤーらは「脱連結」という言葉を用いているが、互いに近代の思考実践が現実を切り分けることによって合理性を装い、しかし実のところ、両義性や混淆性を増幅させていることを示唆する。近代社会における公式組織は、高度な制度化によって、価値と実践、あるいは価値と価値や事象と事象とを巧みに分割し、ラトゥールの言葉を借りるならば、「ハイブリッド」を生産しつづけながら、それに蓋をし「もつれ」などないかのように振舞う「近代構築の事業」（Latour 1993＝2008: 28）を支えているのである。

本稿で取り上げる「ミッション66」は、国立公園局の創設五〇周年となる一九六六年までに、一〇年間をかけて全米の公園を整備した大規模かつ包括的な公園開発事業であった。道路やビジターセンターをはじめとする多くの利用施設が公園内に建設され、公園局の組織体制が整えられていった。すべては詳細な計画のもとに実施され、国立公園行政による自然地域の保護活動を効率的かつ合理的に行うものだと考えられていた。しかし、ミッション66をきっかけに、国立公園局はそれまで友好な協力関係にあった自然保護団体と激しく対立するようになる。両者の間で、自然の「美しさ」をめぐり齟齬が生まれていたのである。自然保護団体からすれば、ミッション66による公園開発は自然を破壊するものにさえ映った。これは、ミッション66による「合理的・効率的」な事業計画の水面下で、自然保護の意味や価値、あるいは行動がますます多様化し、現実の「もつれ」が抑えきれずに表面化したものだといえるだろう。つまり、アメリカ国立公園局は、多くの制度を取り入れ、綿密に計画した組織体制を整えることで組織の正統性を確保し、今日まで続く国立公園行政の骨格をつくることに成功したが、しかしミッション66はその過程において国立公園行政の異種混淆を増幅させ、自然保護政策を合理性の装いの影で曖昧にするものでもあった。自然保護団体の反発は、その「パラドクス」が引き起こした問題だといえるだろう。

　次に、ミッション66が立案され、施行されるまでの道のりを詳述し、国立公園局という組織が、自然を護るという名目のもと公園開発事業に着手し、組織改革を実行していくなかで自然保護をめぐる価値と実践、あるいは価値と価値とが衝突しないよう「脱連結」させていくプロセスを考察する。ミッション66によって、国立公園局は公的行政機関としての正統性を強めるが、他方でまさに彼らが保護しようとする自然の美しさをめぐって自然保護団体から厳しい批判を浴びるというプロセスから、近代の思考実践の「合理性」について問いたいと思う。

第二節　エコパーク・ダム開発論争からミッション66へ

ミッション66は、アメリカが好景気に沸いた一九五〇年代、ダム開発をめぐって展開された自然景観の保護運動が一つの契機となって計画された。まずは、アメリカが経済的繁栄を享受するなかで、自然の美しさの保護を求める運動が熱を帯び、国立公園を管理する国立公園局に注目が集まっていくプロセスを追う。

第二次世界大戦が終結すると、アメリカの国立公園には大勢の人が押し寄せ、大変混雑するようになった。イエローストーン国立公園では、一九四一年に約五八万人であった利用者数が、戦時中に一旦は六万人ほどにまで減少していたが、一九四六年になると戦前の利用者数を大幅に上回る約八〇万人にまで増加し、さらに一九四八年には一〇〇万人を超えた[6]。この利用者数の著しい増加の背景には、アメリカが終戦直後から一九五〇年代にかけてめざましい経済成長を成し遂げたことや、モータリーゼーションが進展したことが挙げられるだろう。このときアメリカでは、かつてないほどの中産階級が創出された。彼らは女性が専業主婦として家を守る伝統的な家庭を重んじながら、郊外に住宅を構え、自家用車を所有し、そして消費大国へと進む豊かな生活を享受したのである（有賀［二〇〇二］二〇〇八：二九～三九）。国立公園はアメリカ社会の繁栄を背景に、中産階級の家族が休日を過ごす場として急速に需要が高まっていった。

しかし他方で、国立公園局の規模は戦時中に縮小されたままほとんど回復せず、職員たちは押し寄せるビジターを前に、恒常的な予算と人員不足に悩まされる日々が続いた。当時の国立公園局長は、自然保護団体「レッドウッド保護連盟（Save the-Redwoods League）」の元事務局長で民間人として初めて局長に就任したニュートン・B・ドゥルーリー（Newton B. Drury）であった。彼は、専門誌『アメリカン・フォレスト』において、国立公園局の窮状を「ジレンマ」と表現し、公園の「利用（use）」を改善したくてもできない状況にあると訴えている［Drury 1949］。しかし、ドゥルーリーが実際のところ感じていた「ジレンマ」とは、公園利用の拡大による自然への影響だったともいえるだろう。ドゥルーリーは厳格な自然保護主義者で、公園内でのレクリエーションにはもともと批判的であった（Sellars［1997］2009: 142–143）。そのため、彼は国立公園局長として組織の苦境と予算の拡大を訴えつつも、自然資源への影響を懸念する自然保護団体に対しては、「金がなければ、危害も加えられない」と言って安堵させたという（Sellars［1997］2009: 174）。

国立公園の「自然」にとってさらに脅威だったのは、国立公園局と同じ内務省に属する「水利再生利用局（Bureau of Reclamation）」の存在であった。[7]水利再生利用局は、経済界からの強い後ろ盾を受けて組織の勢力をのばし、貯水池をレクリエーション活動に利用することを「口実」に、保護地域である国立公園内におけるダム建設についても企てていったのである（Harvey［1994］2000: 24–25, 61–62; Sellars［1997］2009: 178）。そのなかでも、コロラド州とユタ州にまたがるダイナソア国立記念物公園のエコパーク（Echo Park）[8]と呼ばれる場所に計画されたダム開発は、ヨセミテ国立公園のヘッチ・ヘッチィー渓谷のダム建設以来となる論争を全米で巻き起こし、国立公園局を変える大きな転機となった。

ダイナソア国立記念物公園内のダム建設計画は、「コロラド川貯水計画（Colorado River Storage Project）」という、コロラド川の上流に大小複数のダム・貯水池を設けて、灌漑用水や水力発電を近隣の州に供給するという一大プロジェクトに含まれていた。興味深いのは、戦時中に水利再生利用局がダム開発のためにダイナソア国立記念物公園内での調査を申し出た際、国立公園局がそれを拒否せず受け入れたことである（Harvey［1994］2000: 30–34; Sellars［1997］2009: 177–178）。ダイナソアは国立公園よりも格下の国立記念物公園であったため、エコパークがどのような場所であるのか公園局内でもあまり知られておらず、国家の一大プロジェクトに参画する利得を優先してしまったという。しかし、これはその後の展開や、ドゥルーリーが熱心な自然保護運動家であったことを考えると皮肉といえるであろう（Harvey 1994: 30–34, Sellars［1997］2009: 177–178）。ドゥルーリーは一九五〇年四月になって、ようやくエコパークのダム建設計画に正式に反対を表明するが、これは当時の内務長官オスカー・チャップマン（Oscar Chapman）の意向にそぐわなかったため、彼は翌年三月に局長を退任することになった。その際、彼は陸軍工兵隊と水利再生利用局によって国立公園の「美しさと有益性が破壊、あるいは荒廃」させられると恨み節を述べるのであった（Annual Report 1950: 303; Sellars［1997］2009: 178）。後任には公園局創設の頃からの功労者であったアーサー・E・デマレイ（Arthur E. Demaray）がひとまず務め、その後一九五一年一二月に、国立公園のレクリエーション開発に積極的な人物として知られていたコンラッド・L・ワース（Conrad L. Wirth）が就任した（Sellars［1997］2009: 179–180, Harvey 1994: 102–103）。

国立公園局を水利再生利用局の脅威から救い、ダイナソア国立記念物公園内のダム建設を阻止したのは、シエラクラブやウィルダネス協会をはじめとした自然保護団体である。彼らは新聞や雑誌などのマスメディアも精力的に活用して反対運動を展開し、世論の形成に成功したのであった（Harvey 1994; Sellars［1997］2009: 179; 上岡 二〇〇二：一二六～一三二）。とりわけシエラクラブの会長ディヴィッド・ブラウアー（David Brower）の活躍は広く知られている。彼が下院小委員会（House Subcommittee）の公聴会において、水利再生利用局が公表したダムの蒸発量の推計に誤りがあることを指摘し、ダム建設そのものの有効性に疑問を呈したことは、多くの国民の関心をエコパークに

ダイナソア国立記念物公園のクオリイ・ビジターセンター（Quarry Visitor Center）
出所：National Park Service Historic Photograph Collection.

向かわせることになった（Harvey 1994: 168, 193-205, 上岡 二〇〇二：一二八～一三〇）。

ただ、このとき自然保護団体が最も尽力したのは、エコパークの「美しさ」を国民に知らしめることであっただろう。生態系に則した環境主義が台頭するのは一九六〇年代に入ってから（マコーミック 一九九八：五五～五七）であり、このとき問われていたのは「ウィルダネス（Wilderness）」という人間を圧倒する自然の「美しさ」だったのである。ブラウワーが制作した『これがダイナソアだ（*This is Dinosaur*）』（一九五五年）は、自然保護運動に向けて作られた最初の啓発本とも称されているが、実に全体の四割を風景写真が占めていた。また、ピュリツアー賞作家バーナード・デボート（Bernard DeVoto）は、『サンデー・イブニング・ポスト』に寄せた「私たちの国立公園が壊されてもいいのか？（Shall We Let Them Ruin Our National Parks?）」（一九五〇年）というエッセーのなかで、エコパークを俯瞰的にとらえた写真を載せ、「あなたは、この原生（wild）の壮大さを、子供たちに見せるためにそのまま残したいですか？」と国民に問いかけたのであった（DeVoto 1950: 17）。

エコパークの「美しさ」が広くアメリカ国民の間に知れ渡るなかで、多くの団体や個人がダム建設反対運動に加わり、そのなかには、たとえば女性クラブ連合（General Federation of Women's Clubs）など、自然保護活動に直接的には関わりのない団体も含まれていた。このときアメリカでは、様々な違いを乗り越えて、エコパークにあるウィルダネスの美しい風景を護ることで一致していたといえるであろう。新聞などのマスメディアもこぞってダイナソア国立記念物公園内におけるダム建設反対運動を取り上げるようになっていた。一九五六年三月、下院においてついにエコパークのダム建設の中止が決定する。「コロラド川貯水計画」を施行させるためには、エコパークをその法案から外すことが最善だと判断されたのである（Harvey 1994）。

このエコパークのダム論争によって、ダイナソア国立記念物公園を管理する国立公園局にも、国民の関心が向くようになった。再びデボートは、「国立公園を閉鎖しよう（Let's Close the National Parks）」（『ハーパーズ・マガジン（*Harper's Magazine*）』一九五三年）という、タイトルに直裁的メッセージを含んだコラムを執筆して、国立公園局の窮状を訴え、大きな反響を得たという。彼はそのなかで、国立公園局は予算も人員も足りず「八方塞がり」に陥っていること切々と語り、公園政策の失政によって美しい自然風景が破壊されてしまうのであれば、それが改善されるまで公園を閉鎖しようと呼びかけたのであった（DeVoto 1953; Miles 2009: 132–133, Sellars［1997］2009: 182）。

また、内務長官のマッケイは、一九五五年一一月にエコパークのダム建設計画の廃止を発表した際、国立公園局によって「ダム」ではなく「道路」をつくると国民に約束した（Harvey 1994: 278, Sellars［1997］2009: 180）。実のところ、すでに国立公園局は、国民から注がれる公園局への関心を追い風に、ミッション66の計画案作成にとりかかっていた。マッケイはそのことにふれ、エコパークの「美しさ」を国民が享受できるようにすることを約束したのであった。ただ、このときはエコパークを護ることで国立公園局も自然保護団体も市民も同じ思いを共有しているようであったが、実際には、それぞれの利害があり、様々な「美しさ」の解釈があった。次に詳述するように、国立公園局はミッション66を周到に準備し、多くの道路や利用施設の建設計画に加え、レクリエーションをはじめとする政策や技術の制度化をはかり、さらに業務の専門性を高めていくことで、議会や国民の承認を得ていった。それは自然保護をとりまくハイブリッドな現実を、巧みに「脱連結」させるプロセスであり、様々な立場による自然への関心を取り込み、国立公園局の正統性を維持する基盤をつくるものであったといえる。

第三節　ミッション66と組織の制度化

ミッション66の原案は、ワースが一九五五年二月のある週末に予算獲得の方法を思案していた際に浮かんだという。彼の回想録『公園、政治、そして国民（Parks, Politics, and the people)』（一九八〇年）によれば、これまで国立公園局がなかなか予算を獲得できず、また獲得してもしばしば中断されてしまうのは、議会に軽視されがちな小規模な事業ばかりを申請していたからであった。他方で、道路局（Bureau of Public Roads）や水利再生利用局、陸軍工兵隊は、ダムや高速道路の建設など大規模かつ中断が困難な事業を申請して、高額な予算を順調に得ていたのである。そこでワースは、国立公園局も各公園の個別事案を細々と申請するのではなく、一大プロジェクトとして全米の公園環境を刷新する事業計画を立てれば、予算獲得の道が開けると考えた。世論が国立公園局に関心を寄せているなかで、劣悪な公園環境を抜本的に改善させるためには何が必要なのか、その全体像をわかりやすく提示すれば、議員たちも興味を示すはずだと彼は考えたのである。各々の公園ではなく、全米の公園を対象とすれば利害関係が複雑になるため、易々とは中断させることもできないと彼は踏んだ（Wirth 1980: 238–239）。

ワースは、すぐに草案作成のために動きだし、その案はほどなくして「ミッション66」と名づけられた。名前の由来は、職員たちがワースの案に賛同し、強い「使命（mission）」感をもったことと、国立公園局創立五〇周年にあたる一九六六年の完成を目標に、一〇年間の公園開発事業として計画されたことにあった（Wirth 1980: 239–241）。彼は草案作成のために七名で構成された「ミッション66委員会」を発足させ、さらに、職員たちの提案によって、その上司ら七名による「運営委員会」も設置し、二つの委員会によって草案づくりが行なわれることになった（Wirth 1980: 239–240）。

ワースが職員に宛てた「ミッション66に関する覚書」からは、ミッション66に対する彼らの「使命」感とともに、それが財政や人事なども含め、国立公園局の様々な業務の専門性を高めて、官僚的組織構造を整えるものであったことがわかるであろう。

一九六六年には、国立公園局の創設五〇周年を迎えます。その時までに、国立公園局の景勝地と歴史的地域を過剰な利用からまもり、また同時に、公園における公共娯楽のために最適な機会を提供するという難しい問題を解決させるために、私は、私たちがミッション66と呼んでいるプロジェクトを始動させました。〔中略〕ミッション66の目的は、保護、公共利用、インタープリテーション、開発、人材、法律、財政など、公園運営すべての局面に関わる問題にたいして集中的に調査を行い、そして、一九一六年の法令に基づく国立公園局の義務と一致するように、利用と保護に関する包括的で統合的なプログラムを作りだすことにあります（Wirth 1980: 242）。

すなわちワースは、ミッション66を通して、国立公園運営をめぐる様々な「もつれ」を、明確に「分離」して制度化し、国立公園局の「義務」、すなわち正統性を獲得することを訴えたのである。彼が自著で強調するように、委員会のメンバーらは国立公園政策の歴史や法律を再検証することからはじめ、各公園の実態やマスタープランの内容を精査したり、あるいは各地方の公園を訪問してまわるなど、入念に全米の公園を調査したうえでミッション66の事業計画を作成していった（Wirth 1980: 242-251）。ワース自身も造園技師であったが、国立公園局ではミッション66がはじまる少し前から大量の造園技師が雇われるようになったという。そして、実際にミッション66が施行されると、彼らが設計する公園のマスタープランに沿うことが常に求められたという（Sellars［1997］2009: 184-185）。そうした細部にわたる公園運営の構想は、自然のもつ価値や意味をも包含するものだったといえるであろう。

一九五六年一月、ワースはミッション66計画の承認を得るために、アイゼンハワー政権の閣議で発表する機会を得た。そこで彼は、国立公園が「バケーションランド」として経済効果があること、労働人口が増すなかで国民の身体的、精神的、スピリチュアルな健康増進に役立つことを力説した（Dilsaver ed. 1994: 193-196）。さらに、国立公園の「本当の産物」とは、「政府への誇り、土地への愛、アメリカの伝統に対する信念」だとし、そのイデオロギー的な価値と意義について語った（Dilsaver ed. 1994: 196）。つまり彼は、政府や国民が、国立公園の自然に対して愛国の心などの象徴的価値を見いだしていることを理解し、国民の身体や精神に関わる様々な価値観と結びつけながら、ミッション66計画を提案したのである。それは、アメリカ社会を背景とした多義的な自然観を、制度として公園政策に組み込み浸透させること、すなわちマイヤーらが主張する組織をとりまく文化的な環境に適合させ、「実質的に当然のこと」として、国立公園を「制度化」させる計画だったといえるであろう。アイゼンハワー大統領は、ワースの周到な計画に即座に賛同したとされる（Wirth 1980: 255-256）。

ミッション66は一九五六年七月から施行され、その一〇年間にわたる公園開発事業によって、一一九七マイルの新車道の建設と一五七〇マイルの車道の補修工事が行なわれ、また、一一四のビジターセンター、二つのトレーニング・センター、一二三九の職員住宅、二二一の事務所、五七五のキャンプ場、七四二のピクニック場、一五〇二の駐車場、五八四の公衆便所、九の火災監視塔、五三五の上下水道などが新しく建設された（Wirth 1980: 262-270, Sellars［1997］2009: 184）。そのなかでも、ミッション66を代表する施設「ビジターセンター」は、綿密な計画による国立公園局の制度化を具現化しているだろう。ビジターセンターとは案内所であると同時に、博物館でもあり、事務所でもあり、警備所でもあり、休憩所や売店でもあり、一つの建物のなかに複数の行政的機能を細分化して併存させ、公園を訪れる幅広い層の人々が活用できるようにしたものと考えられるからである。新制度派組織論の理論に沿っていえば、アメリカ社会に広く容認されている制度（「文化的ルール」）を取り入れ、アメリカの文化的環境と適合した国立公園局の官僚的組織体制を整えるものであろう。同時に、利用サービスの細分化（「脱連結」）によって、制度と活動とのずれ、あるいは自然に対する多義的な価値や認識の衝突を防ぎ、組織の合理性と正統性を保持すると考えられる。

今日の国立公園は、いわば誰もが訪れることのできる場所である。大自然を楽しみたい人も、家族でピクニックをしたい人も、あるいは調査や研究、学習のために公園を訪れる人も、それぞれが公園に見いだす価値にもとづいて利用し、それを享受することができる。国立公園では自然をとりまくハイブリッド性はきちんと「切り分け」て、ビジターに提供されるのである。それはビジターセンターの機能だけではなく、国立公園局の組織図（**図1**）が、業務の専門性によって細分化されていることからもわかるであろう。様々な政策や技術は制度化され、それに則した専門部署がつくられる。すなわち、それらは「脱連結」し、互いに矛盾しないように「ギャップ」を保ちながら「緩やかに

図　ミッション66施行時の国立公園局組織図

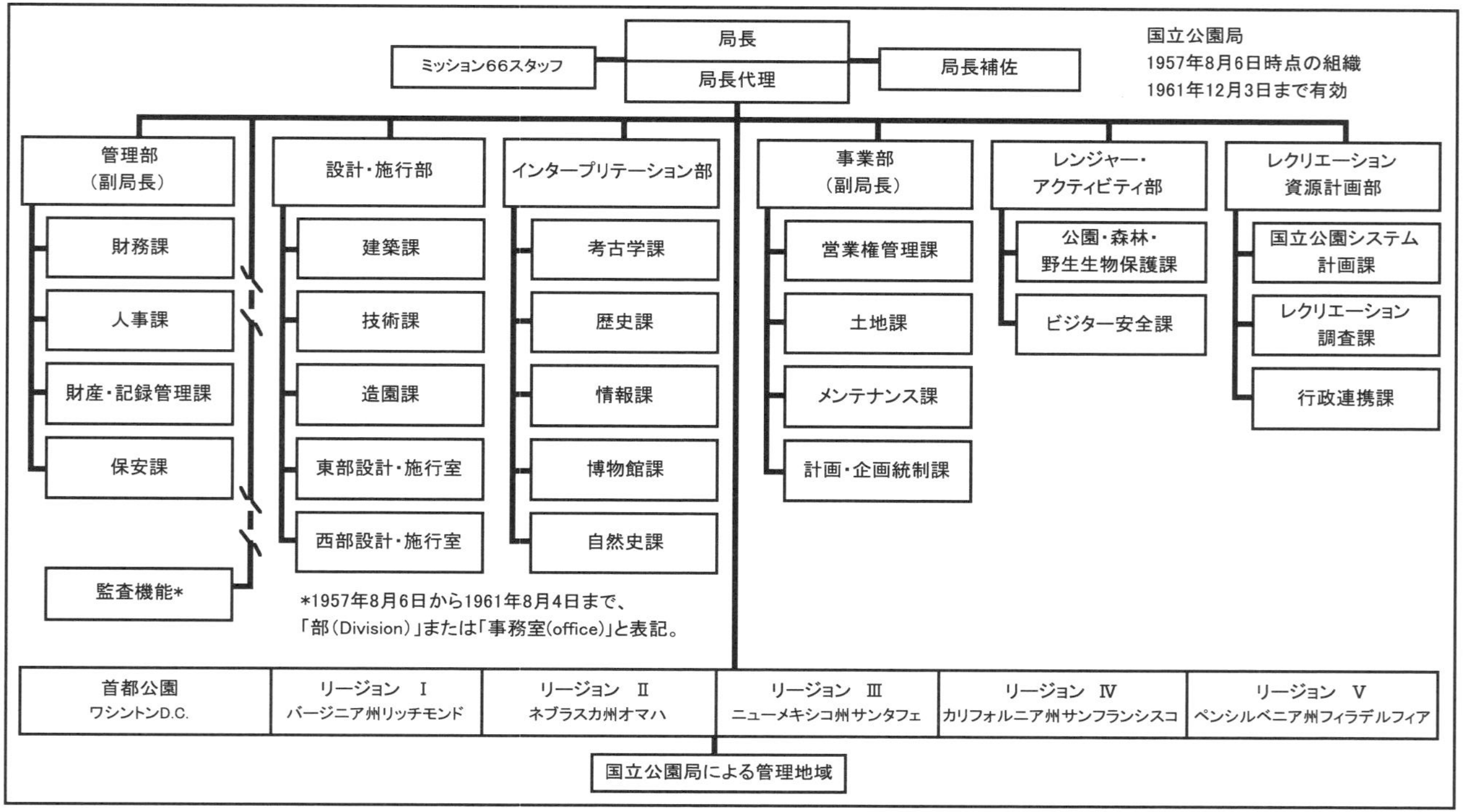

出所：Russ Olsen, *Administrative History*（1985）。筆者が組織図を写し、翻訳を加えたもの。

連結」しているといえる。マイヤーらが、組織の要素間の「脱連結」は制度の「儀礼的」な運用を支えるために肝要だとしたように、ひとたび政策や活動に対する厳格な評価が下されれば、組織への支持は揺らぎかねない。その良い例が、シエラクラブなど自然保護団体によって、ミッション66が真っ向から批判されたことであろう。

第四節　ミッション66とウィルダネスの意味

自然保護団体は、はじめからミッション66に反対だったわけではなかった。彼らも国立公園政策の改善は必要だと考えていたのである（Cohen 1988: 136–139）。しかし、ミッション66が施行されると、彼らはすぐに激しい抗議活動を展開した。なぜなら、ミッション66は国立公園を「近代的」かつ「都会的」に変貌させる計画であることが、すぐに明瞭となったからである（Sellars［1997］2009: 185）。それまで公園内の建造物は、周りの自然風景と調和するように丸太や石を使った簡素なものが主流であった。それらは「田舎風」であり、フロンティア時代の「原始的なアメリカ」を彷彿とさせていたという（Sellars［1997］2009: 187）。しかし、ミッション66がつくる道路や建物は、しかし、あまりにも近代的なもので、それだけが周りと馴染まずに突出しているようであった（Sellars［1997］2009: 185–187, Heald 1961）。

ワースは、自然保護団体から抗議が相次ぐなか、『国立公園のウィルダネス（The National Park Wilderness）』（一九五七年）という冊子を発行し、多くの風景写真とともにミッション66はウィルダネスを保護するためにあることを強調した。しかし、これはかえって自然保護団体を逆なでしてしまう（Sellars［1997］2009: 187–191）。たとえば、ブラウアーは翌年一月に「ウィルダネスに関する公園局の新しいパンフレットを批評する者によって『ミッション65』が提案される」という挑発的なエッセーを『国立公園マガジン（National Parks Magazine）』（1958年）に寄稿し、国立公園局の言うウィルダネスは「大きくて自然的」なだけで、「道路わきのウィルダネス（roadside wilderness）」だと、ミッション66を痛烈に批判したのである（Brower 1958: 5, Sellars［1997］2009: 188）。さらに、ブラウワーはより厳格な自然保護政策を求めて、シエラクラブやウィルダネス協会などの自然保護団体が中心となり活動を展開していたウィルダネス法案[9]の制定に協力するよう、国民に呼びかけた［Brower 1958: 47］。ワースはこの記事にひどく憤慨し、掲載した国立公園協会を非難したという（Sellars［1997］2009: 192）。ブラウアーもワースも、両者ともにウィルダネスの保護を訴えていた。しかし、その内実がいかに異なるのかがこのとき明白となったのである。

ワースは、あるときシエラクラブの初代会長で自然保護の父とも称されるジョン・ミューア（John Muir）を引用し、ミッション66を彼の功績と重ねて演説したことがあった（Wirth 1958）。彼からすれば、ミッション66が建設する道は、「ジョン・ミューアが提唱していたように、人々をウィルダネスへと導く、ウィルダネスの道」なのである（Wirth 1958: 7, Sellars［1997］2009: 192）。彼はミッション66によるヨセミテ国立公園内のタイオガ・パス・ロードの改修工事に対して、激しく反発するシエラクラブが理解できず、なぜそこまで反対するのか幹部たちに問いただしたことがあるという。シエラクラブの会長だったブラウアーは、「これまでのシエラクラブとは違うからだ」と答えたとされるが、実際に彼らは国立公園局にたいして友好的な態度で接してきたことを後悔していたのである（Wirth 1980: 359, Sellars［1997］2009: 189, Cohen 1988: 139–142）。なぜなら、シエラクラブからすればミッション66の工事は、「つま先立ち」（Adams 1958: 173）して歩行するような道だったものを、地形を削りとって道路へと変えてしてしまう酷いものだったからである。

ワースは、自然保護団体からの厳しい抗議に加え、ケネディ政権の発足によって求心力が衰えたこともあり、ミッション66の完了を待たずに一九六四年一月に退任した（Miles 2009: 160-161）。ただ、後任のジョージ・B・ハーツォーグ・ジュニア（George B. Hartzog, Jr.）もまた、ミッション66の精神を引き継ぎレクリエーションを中心とした公園開発を進め、さらに環境教育にも力を入れたとされる（Sellars［1997］2009: 205-206, 209-210）。一九六二年にレイチェル・カーソンの『沈黙の春』（青樹簗一訳、一九九二年）が出版され、殺虫剤・農薬による深刻な公害がアメリカ社会に衝撃をもって受けとめられたこと、その後、生態系を重んじた「環境主義」を求める運動が広まったこと（マコーミック 一九九八：六四）を考えると、環境教育は当時の社会状況に則した国立公園局の制度化を、さらに進めるものであっただろう。ただし、自然保護団体からの不信感が消えることはなく、ウィルダネスの保護政策に関わる国立公園局のいわば「儀礼的」実践や「脱連結」は、その後も厳しい評価によって、たびたび露わになるのである。(10)

おわりに

ミッション66は、エコパークの「美しい」自然風景をダム開発から護るために展開された自然保護運動を契機に、国民の関心が国立公園局にも向けられたことに後押しされて、計画・施行された。国立公園局はミッション66を綿密に計画し、多くの道路や施設を建設するだけではなく、様々な政策や技術を制度化して、幅広い人々の支持を獲得し、国立公園局の正統性を高めることに成功した。ビジターセンターの普及と利用者層の幅広さはそれを象徴しているであろう。しかし他方で、シエラクラブをはじめとする自然保護団体は、ミッション66は自然風景を壊すものだと痛烈に批判した。両者ともに、ウィルダネスの保護をめざしてきたにもかかわらず、まさにその自然保護をめぐって埋め難い対立が生じたのである。これは、組織が制度化によって正統性を確保するとともに、矛盾を内包していくことを示しているであろう。国立公園局は、自然保護地域を管理する組織としての確固たる地位を築いていったが、しかし同時に、自然保護の分野で批判を浴びるのである。すなわち、マイヤーらが主張するように、組織の制度化を合理性や効率性の観点からとらえるのではなく、「矛盾」あるいは「パラドクス」を内在させていくプロセスだととらえることができるであろう。

本稿では、一つの試みとして、アメリカ国立公園局の公園開発事業ミッション66を事例に、公式（官僚的）組織の実態を批判的に問う視点について考察した。その際に、ラトゥールの近代批判とマイヤーら新制度派の組織論を参照したのは、ともに「分離」や「脱連結」といった概念と、「パラドクス」や「もつれ」、あるいは「神話」や「儀礼」といった言葉で、近代の思考実践の合理性を疑い、異種混淆とした現実を見据える姿勢を提供していると考えたからである。彼らが問うように、組織を合理性の観点から議論するのではなく、むしろ矛盾があるものとしてとらえ、分析していくことはできないだろうか。

いまや国立公園政策は世界的に広がり、身近な存在になりつつある。しかし他方で、国立公園は自然と人間の間に境界線を引き、自然を対象化して人間との共存を否認するものだという批判もあるだろう。アメリカの国立公園では、基本的にそこで人々が暮らすことは認められていない。そのために、国立公園の設置にともない、先住民などそこで暮らしてきた人々の生活や文化・慣習をどう認め、どう維持するかが、たびたび論争となる。しかし、それでも国立公園が急速に普及しているのは、それが今日の環境問題に対応するために機能的に必要な自然保護政策だからではなく、国立公園を管理する公式組織が自然をとりまく多様な営みや認識の違いを、合理性の装いによって巧妙に覆い隠すものだからであるとはいえないだろうか。本稿では、詳述することができなかったが、組織のなかでは思想やイデオロギー、感情も「脱連結」され、まさに悟性に働きかける合理性の装いが、組織をより強力な存在としていると考えられる。

たとえば、アメリカ国立公園局ではインタープリテーションという、日本語では「自然解説」としばしば訳される仕事が制度化されている。[11] その仕事に携わるインタープリターたちは、国立公園政策の必要性を国民に理解してもらうための重要な役割を担っており、公園を訪れる様々な人々に対応できるように、あらゆる角度から「ストーリー」を紡ぎだす訓練を受けている。ビジターが混乱しないように、あるいは、偏った意見をもつ人々にも公園の大切さを理解してもらえるように、異種混交とした国立公園の自然の意味や価値を整理し、それぞれに適した解釈を加えて「ストーリー」を組み立てるマニュアルが存在するのである。そうして語られる「ストーリー」は、理路整然であればあるほど、国立公園の普遍的な価値を示すものとされるであろう。しかし、ラトゥールの視点に立てば、現実の「もつれ」を、「科学、政治、経済、法律、宗教、テクノロジー、フィクション」と「切り分け」る新聞の紙面と変わりはなく、その「合理性」は疑い深いものとなる。彼らの解説は、実のところそこにある異種混淆とした現実を見過ごし、さらにハイブリッドを増幅させていると考えられる。また、マイヤーらからすれば、そうした混淆性を補う仕組みを組織はもっている。近代社会における組織を分析するうえで重要なことは、組織の抱える「矛盾」あるいは「パラドクス」をいかに見据え、組織の実践を議論していくことではないだろうか。

（1）本稿は、二〇一三年に一橋大学大学院社会学研究科に提出した博士学位請求論文「自然の意味と制度――米国国立公園システムをめぐる価値の創造と組織の実践」の一部（主に序章と第三章）をもとに、修正を加え再構成したものである。

（2）アメリカ国立公園システムの概要については、ホームページ（www.nps.gov）で確認できる。ここでは二〇一五年版の概要を参照のこと（www.nps.gov/news/upload/NPS-Overview-2015 update-2-5.pdf）。

（3）ラトゥールは、「二重の分離」（一九九三＝二〇〇八：三二）という言葉を使って、人間と非人間の分離と、その分離を認識しないための「純化の働き」と「翻訳の働き」（1993＝2008: 27）の分離という、二つの分離実践があると主張している。詳しくは、ラトゥール（一九九三＝二〇〇八）の第一章と第二章を参照のこと。

（4）タイトルの日本語訳は、佐藤と山田（二〇〇四＝二〇一〇：一八四）『制度と文化』を参照。なお、この参考文献の第五章には、本稿で参照したマイヤーらの論文の詳しい解題がある。

（5）「decoupling」は、「デカップリング」、「脱連結」、「分離」などと訳される。ここでは、岩橋（二〇〇四：三二）、井上（二〇〇七：六九）を参照して「脱連結」とした。なお、筆者の学位論文（二〇一三）では、ラトゥールの議論との関連性を強調するために「分離」と訳している。

（6）アメリカ国立公園システムの保護区（unit）のビジターに関する統計は、ホームページで確認することができる（http://www.nature.nps.gov/assets/redirects/statsRedirect.cfm.）。ここではSellars（［1997］2009: 173）も参照。

（7）「水利再生利用局」というのはあまり馴染みのない名称だが、水源管理を専門に行なっていることを表すために採用した。上岡（二〇〇二：一二四）では、「土地開発局」と訳されている。

（8）ダイナソア国立記念物公園は一九一五年に指定された。その当時は、恐竜の化石の保護を目的とした、わずか八〇エーカーの小さな公園であった。しかし、ルーズベルト政権が森林政策を見直したことによって、一九三八年にユタ州からコロラド州にまたがる20万エーカーもの原生地域が含まれることになった。このときに公園の名前を変えなかったことが、後のエコパークのダム論争に少なからず影響したとされる。また、エコパーク（Echo Park）という名前は、一八六九年にその地を訪れた地質学者ジョン・ウェズリー・パウエル（John Wesley Powell）が名づけたとされる。グリーン川とヤンパ川が合流する地点で岩壁に向かって声を出すと、それが反響し、音楽を奏でるようになるという（Harvey 1994: 5-9, 15）。

（9）ウィルダネス法案（一九六四年にウィルダネス法（Wilderness Act）として制定）は、国立公園局や林野局などが管轄する保護区内に存在する原生自然をウィルダネス地域として指定し、その地域における人の活動を原則禁止するものである。そこでは人間は

「留まることのないビジター（visitor who does not remain）」と定義される（16 U. S. Code § 1131）。エコパークのダム建設論争の後に、ウィルダネス協会やシエラクラブなどが中心となって制定に向けた運動を展開したが、しだいに国立公園局に対する不信感を現わすものともなっていったといえるだろう（Sellars［1997］2009: 191-194, 上岡 二〇〇二：一三八～一四〇）。

（10） Sellars（［1997］2009）には、国立公園局における生物学的な観点からみた管理体制とその評価について詳細に記述されている。

（11） アメリカ国立公園におけるインタープリテーション業務の制度化については、寺崎（二〇一三）で検証している。

〈参考文献〉

Adams, Ansel, 1958, "Yosemite-1958: Compromise In Action," *National Parks Magazine*, 32（135）: 166-175, 190.

Brower, David R., 1958, "'Mission 65' is Proposed by Reviewer of Park Service's New Brochure on Wilderness" *National Parks Magazine*, 32（132）: 3-6, 45-47.

Cohen, Michael P., 1988, *The History of the Sierra Club: 1892-1970*, San Francisco: Sierra Club Books.

DeVoto, Bernard, 1953, "Let's Close the National Parks," *Harper's Magazine*, 207（1241）: 49-52.

———, 1950, "Shall We Let Them Ruin Our National Parks,?" *Saturday Evening Post*, 223（July 22）: 17-19, 42-48.

Dilsaver, Lary M. ed., 1994, *America's National Park System: The Critical Documents*, Lanham, MD: Rowman & Littlefield Publishers.

Drury, Newton B., 1949, "The Dilemma of Our Parks," *American Forests*, 55（6）: 6-11, 38-39.

Harvey, Mark W. T.,［1994］2000, *A Symbol of Wilderness: Echo Park and the American Conservation Movement*, Seattle: University of Washington Press.

Heald, Weldon F., 1961, "Urbanization of the National Parks," *National Parks Magazine*, 35（160）: 7-9.

Jordan, Ann T. and Caulkins, D. Douglas, "Expanding the Field of Organizational Anthropology for the Twenty-first Century," Caulkins, D. Douglas and Ann T. Jordan ed., 2013, *A Companion to Organizational Anthropology*, Wiley-Blackwell, 1-23.

Latour, Bruno, 1993, *We Have Never Been Modern*, translated by Catherine Porter, Cambridge, MA.: Harvard University Press.（＝二〇〇八、川村久美子訳・解題『虚構の「近代」——科学人類学は警告する』新評論）。

Meyer, John W. and Brian Rowan, 1977, "Institutionalized Organizations: Formal Structure as Myth and Ceremony," *American Journal of Sociology*, 83（2）：340-363.

———, John Boli, and George M. Thomas, 1987, "Ontology and Rationalization in the Western Cultural Account," George M. Thomas, John W. Meyer, Francisco O. Ramirez, and John Boli eds., *Institutional Structure: Constituting State, Society, and the Individual*, London: Sage, 2-37.（Reprinted in Georg. Krüecken and Gili S. Drori eds., 2009, *World Society: The Writings of John W. Meyer*, New York: Oxford University Press, 67-88）.

———, John Boli, George M. Thomas and Francisco Ramirez, 1997, "World Society and the Nation-State," *American Journal of Sociology*, 103（1）: 144-181.

Miles, John C., 2009, *Wilderness In National Parks: Playground or Preserve*, Seattle: University of Washington Press.

Nash, Roderick, 1970, "The American Invention of National Parks," *American Quarterly*, 22（3）: 726-735.

Olsen, Russ, 1985, *Administrative History: Organizational Structures of the National Park Service 1917 to 1985*, US. National Park Service,（Retrieved March 8, 2015, www.nps.gov/parkhistory/online_books/olsen/adhi.htm）.

Sellars, Richard West, [1997] 2009, *Preserving Nature in the National Parks: A History*, New Haven: Yale University Press.

Stagner, Howard R., 1957, *The National Park Wilderness*, Department of the Interior, National Park Service,（Retrieved December 26, 2012, http://www.cr.nps.gov/history/online__books/wilderness/wildernessc.htm）.

Stegner, Wallace, eds., 1955, *This Is Dinosaur: Echo Park Country and Its Magic Rivers*, New York: Alfred A. Knopf.

Wirth, Conrad L., 1958, "Wilderness in the National Parks," *Planning and Civic Comments*, 24（2）: 1-8.

———, 1980, *Parks, Politics, and the People*, Norman: University of Oklahoma Press.

有賀夏紀（[二〇〇二] 二〇〇八）『アメリカの二〇世紀（下）』中央公論新社。

井上祐輔（二〇〇七）「制度化される組織と、制度化する組織／行為主体――一九九〇年代半ばまでの『社会学における新制度派組織論』についての一考察」『経営研究』五八（一）：六五―八七。

岩橋建治（二〇〇四）「新制度派組織論の変容」『京都経済短期大学論集』一二（一）：二七―四五。

カーソン、レイチェル（一九九二）『沈黙の春』青樹簗一訳、新潮社。

金子雅彦（一九九三）「知識社会学的組織論の視点――社会学的新制度派組織論を中心に」『社会学評論』四三（四）：四〇六―四二〇。

上岡克巳（二〇〇二）『アメリカの国立公園――自然保護運動と公園政策』築地書館。

佐藤郁哉・山田真茂留（[二〇〇四] 二〇一〇）『制度と文化――組織を動かす見えない力』日本経済新聞出版社。

寺崎陽子（二〇一三）『自然の意味と制度——米国国立公園システムをめぐる価値の創造と組織の実践』、一橋大学大学院平成二五年度博士論文。

マコーミック、ジョン（一九九八）、『地球環境運動全史』石弘之・山口裕司訳、岩波書店）。

政府刊行物

U. S. Department of the Interior. National Park Service, *Annual Report of the Director National Park Service to the Secretary of the Interior*, 1950, Washington, DC（Retrieved February 14, 2015）https://ia902706.us.archive.org/6/items/annualreportofdi4650nati/annualreportofdi 4650 nati.pdf

第4章　育てる身体と感覚——『養蚕秘録』に見る人間と蚕の関係

沢辺満智子

はじめに

養蚕、それは蚕という虫に桑を与えて育てることで、虫の変態の結果としての繭を収穫するという技術的実践であり、繭を出荷することで現金収入を得るという生業である。昨今、日本に長く伝わって来た養蚕業は衰退をたどり、蚕たちは人知れず日本の土地から姿を消そうとしている。虫に囲まれ暮らす生活は、快適な現代人の暮らしからは、まったくの異境の世界にすら思える。しかし、その虫は三世紀からすでに日本に生息し始め、近世においては各藩指導のもと養蚕が奨励され、さらに明治以降の近代化政策のもとでは、絹産業は国の基幹産業となった。少し前の日本の多くの農村では、蚕を飼っているのがあたりまえの風景だった。

蚕は決して強い生き物ではなかった。古来より家畜化されてきた蚕は、自らの力だけでは育つことができず、湿度や温度などの微妙な環境の変化によっては、すぐに死んでしまう。養蚕とは、そうした弱い虫の命を資本として成立する生業である。虫を育てるため、養蚕農家は自らの皮膚を介して蚕の柔らかさ、硬さなどの様子を感知する。蚕の青みがかった皮膚が糸を吐く直前に飴色へと変わる様や、桑を食べる音と脱皮の間に訪れる静寂、そうした虫の命の変化の一つひとつを、自らの身体を介して感じとり、状況を把握しながら、次の技術を組み立てていく。養蚕という営為のなかで、身体感覚に頼る技術的実践は、生きものである蚕という命を起点として繰り返し立ち上がる。

本稿では、養蚕文化の特異性に接近する方法として、この身体感覚に注目する。蚕という虫との暮らしのなかで、人はいかに外部環境を感じてきたのか。感覚に着目することから見えてくる世界は、人間と蚕が相互的に影響を与え合い、複雑に入れ組み合うことから形成されている。人間と蚕とを、飼育する人間／飼育されるモノというように、一方向的な関係としてとらえることは不可能であることが、本稿の議論を通して明らかとなる。

第一節　養蚕技術確立期としての明治前

安政六年（一八五九）、それまで鎖国をしていた島国・日本が世界に開かれたとき、欧米の人々の欲望を喚起した日本の産品は、生糸だった。近世まで地場産業の域を出なかった蚕糸業は、明治政府によって富国強兵政策に組み込まれると、強力な中央集権化政策のもとに、飛躍的に発展することとなった。養蚕が盛んだった上州（群馬県）富岡町には官営製糸工場が設立され、明治五年からフランス式器械が稼働を始めた。開国当初はフランスをはじめとする欧州への輸出が主だった日本産の生糸だが、明治半ばにはアメリカが中心となっていき、第一次世界大戦以後は経済力をつけたアメリカへの輸出がほぼすべてを占めていくようになる。アメリカの旺盛な市場に支えられ、日本の生糸生産量は明治・大正を通して急速に増加、昭和四年には日本の養蚕農家数は実に二二〇万戸まで増えた。当時、日本からアメリカへ渡った生糸の大半は、女性用の絹のストッキングとなってアメリカ女性たちの足を飾っていたのである。

こうして日本の農村には、この決して生命力が強いわけではない蚕という虫が溢れ、農家はこの虫の命を資本とした生業に奔走した。日本は、養蚕という虫の命を資本として成立する生業によって、近代化を遂げたと言っても過言ではない。

日本の近代化と富国強兵政策が、この生糸輸出により獲得した外貨で達成されたことは知られるところだが、近代というモーメントで蚕糸業の急激な成長が可能だった要因の一つに、すでに前近代において日本の養蚕技術の基礎が形成されていたことが指摘されている。明治以前の養蚕技術について書かれた一九六〇年発行の『明治前蚕業技術史』には、次のように書かれている。

「わが国の養蚕は遠く神話時代に初まり、古代においても徐々に発達を続け、奈良時代、平安時代、室町時代にかけて一層広く全国に普及し、蚕糸の技術も我が国独自の改良が行われるようになったのであるが、これより年を経た江戸時代には更に飛躍的に発展して、その技術も基本的には現行の水準に近い程度まで進歩を遂げたものであったことは明治前科学史において特に注目されているところである。」

『明治前蚕業技術史』でいわれる 現行の水準 とは本の発行年代からして昭和三〇年代と考えられる。日本での養蚕絶頂期は、先に述べたように昭和初めであるが、その時代の養蚕業を支えた技術の基盤が、すでに江戸時代には形成されていたと言える。

日本の養蚕技術の基盤となっている明治以前、前近代における養蚕技術とは、いったいいかなるものだったのか。本稿では、江戸時代に書かれた養蚕技術の手引書「蚕書」の分析を行うことから、明治以前における養蚕技術とその周辺に築かれた人間と蚕との関係をとらえる。

第二節　分析のアプローチ――感覚への視座

「蚕書」を分析するにあたって本稿で注目するのが、蚕を育てる人間の〝感覚〟についての記述である。ここで述べる感覚とは、人類学者David Howesの定義に従っている。Howesによれば、感覚（sense）とは、心と身体、概念ともの、自己と環境を媒介するものである。人々がそれぞれに暮らす文化圏で、いかに他者や環境と関係しあっているのか、その関係性のあり方が感覚（sense）に現れるのであり、よって異なる時代や環境に生きるのであれば、当然ながら感覚も異なって形成される（Howes 2003）。

従来、感覚は伝統的に心理学や神経生物学などで論じられ、生物学的機能からとらえられる傾向があった。しかし近年、Howesに代表されるように、感覚に着目した人類学的研究が蓄積されつつあり、そこで主張されるのは、異なる文化や歴史的時代により、感覚も異なって生きられ、価値づけられ、理解されるということであった。こうした感覚の理解や価値づけに対する着目の高まりの背景には、デカルト以降の近代科学思想が保持してきた主体／客体、心／身体といった二分法に対する反省が関係している。人間は、実際に生きる世界との間において、モノや環境によって媒介されながら、ダイナミックに関係性を取り結ぶ世界像を形成し、それらのネットワークのなかで日々生きている（ラトウール二〇〇八）。そこでは、時にモノは、それ自体が自らの意志を持って振舞っているかのような様態を見せるのであり、決して静的で受動的なモノではない。しかし、これまで人類学を含む西洋科学は、そうしたモノの動的な性質を充分にとらえきれず、主体／客体、心／身体といった二分法モデルを保持してきた傾向がある。この見方は人類学の物質文化研究の傾向にも窺えると言える。構造主義、ポスト構造主義の影響を受けた象徴人類学や解釈人類学は、モノを意味が付与された記号や言説などのモデルからとらえる傾向が強く、その焦点はモノが何の意味を象徴・表象しているのかという解釈の作業が中心となっていた。つまり、ここでのモノとは、社会関係を反映するもの、意味が書き込まれるものであり、人間の絶対的な精神によって意味づけされる受身的なものだった。

一九八〇年代以降、ラトウール、ジェルなどが中心となって、二分法的見方が批判され、モノのエージェンシーが議論されるようになると（ラトウール 二〇〇八、Gell 1998）、身体への注目も高まっていった。生物学的知識を基盤に普遍的なものとみなされていた身体を、経験や特性が相互に関連しあった全体的なものとしてとらえるべきだと指摘されるようになり、それまで身体感覚の経緯や、その価値づけが充分に検討されていなかったことを反省する動きが強まる。

こうした流れのなかで、一九九〇年以降に盛んになってきたのが、感覚の人類学（the anthropology of the senses）であり、それはいかに人々が他者や、環境と関係しあっているのかを理解するうえで、感覚（sense）の重要性を提唱する認識論的アプローチであった［Howes 2003: 54］。感覚（sense）に着目した人類学的研究のはじまりには、Paul Stoller による“The taste of ethnographic: the senses in anthropology”（1989）が挙げられるが、そこでStoller は、メルロ＝ポンティの現象学に依拠しながら、インフォーマントたちの感覚的経験を豊かに描写し分析した。単に感覚的経験を書くことで民族誌の記述をより鮮やかに豊かにするというためではなく、インフォーマントへの考察をよりフィールドの真実に忠実なものにするための手法であり、科学的（scientific）な記述にするためだったとStollerは述べている（Stoller 1989: 9）。

Stollerとともに、感覚の人類学に影響を与えた人物にNadia Seremetakisが挙げられる。Seremetakisの研究は、産業化経済社会以前のギリシャにおける感覚の重要性に対してのノスタルジアから刺激を受けて展開された。Seremetakisは、自らが子ども時代を過ごしたギリシャの田舎にある祖母の家での暮らしを、豊かな感性を通して描き出し、人々がいかに感覚的経験によって結びつけられるのかを指摘した。さらに、artifacts（もの）を、それらが保ってきた感覚の歴史（sensory history）としてみなし、感情的かつ歴史的な堆積としてものをとらえる視点を述べた（Seremetakis 1996）。ものを人々の記憶を刺激し、感情を誘発するものとして、多感覚的にとらえる視座を開いたSeremetakisの功績は、物質文化研究の文脈においてもきわめて大きい。

二〇〇〇年に入ってからの、感覚の人類学的研究の蓄積としては、Judith FarquharやKathryn Linn Geurtsらの調査が挙げられる。Farquharは、中国における漢方薬の味や匂いが果たす役割の分析を行い、中国人にとって、味という感覚的経験も薬の効能と切り離されずに理解されていることを指摘し、西欧での二分法的思考（body and mind/emotion and cognition）を批判的に検証した（Farquhar 2002）。Geurtsは、南ガーナと、アメリカにディアスポラとして暮らすAnlo族のアイデンティティを、彼等の感覚の方向づけ（sensory orientations）に求めた。特に、アンロコミュニティにおける乳幼児のケアを詳細に記述することから、人間の感覚が歴史的・文化的に形成されていることを指摘した（Geurts 2002）。

Farquharや Geurts等による近年の新たな感覚人類学は、それぞれ特定の文化的コンテクストにおいて機能する感覚の意味やその使用に注目することから、人間が外部環境といかなる関係性を構築しているのかを説く。Howesによれば、これらの感覚の人類学的研究において、文化とは、異なった感覚の方法（ways of sensing）、または感覚の技術（techniques of the senses）の身体化として理解される［Howes 2006］。上述のような感覚の人類学的研究のアプローチに依拠しながら、本稿でも「蚕書」を〝感覚〟という視点から分析していくことで、近世における人間と蚕との関係性への接近を試みる。

第三節　蚕書の誕生背景

徳川幕府の統治下において比較的平和な時代が長く続くなかで、各地の城下町の生活は向上し、特に幕府が置かれた江戸は都市文化が花開いていった。こうしたなかで、絹の需要が大きくなっていったが、それらの供給は主に大陸からの生糸輸入に頼っていたため、海外に流出する金銀が無視できない額となっていた。そこで幕府は貞享二年（一六八五）、輸入生糸量を制限する令状を発布する。さらに正徳三年（一七一三）には、国内の養蚕を奨励する御触書を発行する。これを受けて、各藩では養蚕奨励政策を開始する。しだいに養蚕業は発達し、こうした背景のなかで盛んに作られていったのが、養蚕技術についての手引書「蚕書」であった。

日本で発行された蚕書の最初期に当たるものとして、元録一五年（一七〇二）に津軽藩の藩命によって野本道玄により著された『蚕飼養法記』がある。津軽藩では不作が続き飢饉も経験していたため、安定した年貢徴収のためには養蚕を進める必要が早くからあった。『蚕飼養法記』は、養蚕技術、製糸技術、蚕種技術[1]、栽桑技術のすべてにわたって近世中期にいたるまでの経験的な蚕糸技術を編成したものであるとされる。

野本道玄は、津軽藩の茶道役であったが、蚕書を著述した人物の職種も様々ある。最も多いのは蚕種を販売する蚕種家で、その次が養蚕を大規模に行っていた富農、その他にも、医者や学者と称された人たちも蚕書を著している。蚕種家が著者として多い理由について、伊藤智夫は、蚕種家は蚕種販売のために各地を歩き、その土地先々で技術を見たり、また指導したりしていたため養蚕技術の見聞も広まり情報も集まって、蚕書の執筆には都合がよかったからだと述べている（伊藤 一九九二）。また、これら蚕書の読み手側であるが、豪農、村の支配人、生糸問屋、蚕種製造家、先駆的な農民などが上げられる。

江戸期には実に、約一〇〇冊にも及ぶ蚕書が刊行されているが[2]、養蚕という一つに限った分野において一〇〇冊もの手引書が刊行されていることは珍しく、当時いかに養蚕の作柄の安定と技術について関心が高かったのかが窺える（井上 一九九七）。また伊藤智夫は、多数の蚕書が著されている背景として、幕府の養蚕奨励や諸藩の養蚕振興もさることながら、民間の熱意と意欲が多数の著書の出現を可能にしたと述べている（伊藤 一九九二）。

数ある蚕書のなかでも、他の蚕書における引用度も高く、近世における科学的・研究的態度が高いと評価されているのが蚕書『養蚕秘録』である。『養蚕秘録』は、享和三年（一八〇三）に、上垣守国によって書かれた。上垣守国は宝暦三年（一七五三）、但馬国（現兵庫県）養父郡西谷村蔵垣に農家の三代目として生まれる。養父郡は、出石郡とともに出石藩を構成していた。一八世紀ごろ出石藩は仙石氏によって治世されていたが、文政五年（一八二二）には、家老仙石左京が財政改革に着手しており、生糸の専売制を始めている。

上垣守国は、郷土の養蚕を発展させるために、他国の盛業地を視察する必要を認め、一八歳の頃、奥州まで旅に出ている。信州、関東平野を横切って、岩代国伊達郡・信夫郡へ至って、技法を習得して帰ったとされる。そして蚕種製造を試み、それを商売として利益を上げた。さらに、上垣守国は一八世紀末から一九世紀にかけて盛んに輸入される中国の農書を含む和漢の古典を読み、それらを多数引用しながら『養蚕秘録』を執筆した（井上 一九八一b）。最古の蚕書『蚕飼養法記』と比べると、その約一〇〇年後に書かれた『養蚕秘録』は、はるかに高い科学的・研究的態度で養蚕について記述していると言われる。さらに、神話や仏教、儒教にもとづく精神論も、より充実して記述されている。また、この『養蚕秘録』は一八四八年にフランスで、ホフマンの翻訳のもと出版されており、さらに一八六五年にはフランス版が、イジドレ・ドローロによって翻訳されている（井上 一九八一a）。フランス、イタリアはヨーロッパにおける養蚕大国であったが、江戸後期における日本の養蚕技術が、いかに国外からも注目されていたのかがここに窺える[3]。

続いて本稿では、この近世に書かれた『養蚕秘録』の記述を具体的に見ていくこととする[4]。

第四節 『養蚕秘録』に書かれた育てる身体

蚕書のなかでも科学的・研究的態度が高いと評価されている『養蚕秘録』だが、その冒頭は、『日本書紀』における蚕の起源神話から始まっている。その起源神話とは、男神・月夜見尊《ツクヨミノミコト》が剣で女神・保食神を討ち殺し、その死体に粟や小豆、ひえとともに蚕が化生することを説くものである[5]。このように、『養蚕秘録』の構成は、養蚕技術の手引書とはいえ、内容は技術的、実務的な話に終始せず、蚕の起源神話を引用しながら養蚕の尊さ、神聖さを説いたりというように人文的な要素も強く、読み物としての物語性を持ちあわせている。養蚕秘録の冒頭は「日本蚕始りの事」として、日本での養蚕の歴史を先の神話に依拠しながら説明しているが、その記述の後に、養蚕業を政策的に重要視した歴史上の人物として聖徳太子が挙げられている。

太子曰、蚕を養ふは、父母の赤子を育つるがごとし。蚕を思ふ事我子を思ふごとくせよ。寒暖陽気の加減平生我身分に倣ひて、温ならす、冷ならす、平和なる様陽気を廻らし、昼夜間断なく精力をつくすべしとおしへ給ふ。（「上巻・日本蚕始りの事」）

このように、聖徳太子は自分の子どもと同様に、蚕も育てるべきだと説いた人物として紹介されている。蚕を飼育するにあたって、室内温度に注意するように述べられているが、そこで温度の加減は〝平生我身分に倣ひ〟計るようにと書かれている。つまりそれは、日頃自分が快適だと感じることに合わせ、暖かすぎず、寒すぎないように、蚕室の温度を調整するということである。しかし当時まだ、日本に温度計は入っていないため、温度が数値化されることは無かった。たしかに蚕は〝温度の虫〟と言われるほどに、飼育環境の温度に敏感な虫である。寒すぎれば桑を食べず、暑すぎればそれで病気になってしまうことも頻繁に生じる。蚕の飼育環境の温度を適温に保つことは、養蚕業の基本かつ核であるが、ではいかにして快適さを計っていたのか。

蚕出なば、常に我家の順気を考え、我身の時服袷又は単物にてもよき程にすべし。北風にて冷きと思はば、戸廻りをさすべし。南風にて暖ならば、三方の戸を開き、大に暑しと思はば、四方皆開き、高窓など明て涼しき風をも入るべし。（「中巻・家内陽気加減の事」）

上述の文章は、蚕の孵化後は常に室内環境に気を配らねばならないと述べるが、その時、自分の服装が袷か単物でもよいくらいの状態にすると良いと述べている。それにもとづいて、戸をどの程度開けるか調整せよと述べている。次の文章も、同じように服装と室内環境について言及されている。

諺にも春蚕は煙で飼へ、夏蚕は風で飼へといへる事あり。然れども火は、口伝あるものにて、其心得なき人は、必焼べからず。兎角陽気は、前にいふごとく、常に我身袷にて能程にすべし。(「中巻・桑の若芽をもって蚕掃落す仕方の事」)

これは、暖をとるために火を焚く場合の注意である。火の使い方についてよく知らない人は行うべきではないと述べ、基本は袷の着物を纏ってちょうどいい気温に調整せよ(常に我身袷にて能程にすべし)と述べている。こうした袷や単物とは、当然ながら日本独自の衣服文化であり、『養蚕秘録』で登場してくる身体は、そうした衣服を纏うことを前提とした身体である。そのうえで感知される身体感覚を頼りにしながら、適温を計るよう説いているのである。よってここでは、袷や単物といった衣服は、単に身体に纏うものとしてではなく、自らの身体と外部環境との関係性を知るうえでの一つの重要な道具として機能していることがわかる。

聖徳太子の言う〝人間にとって快適であることが、蚕の飼育環境に最適である〟という教えは、繰り返し文中に登場するが、例えば、「心得違にて年々蚕不作したる事」(『養蚕秘録中巻』)においては、下記のように聖徳太子について再び言及されている。

温気を好むとて、むさむさとほめき気の籠るは、至て悪し。只何となく長閑にて心よしと思へる程に、陽気をとる事肝心なり。聖徳太子の教給ふにも、蚕は父母の赤子を養ふごとしと有り。（「中巻・心得違いにて年々蚕不作したる事」）

上述の文書は、ある国の領主が養蚕を地域に普及しようとして、関東地方の蚕書を取り寄せ、そのとおりに実践したところ不作となったエピソードを紹介した後に書かれている。関東地方で書かれた蚕書には、家の戸を開け放った涼しいところで蚕を育てるように書かれていたため、領主はそのとおりに実践したところ、蚕がほとんど死んでしまった。涼しくしすぎたことが原因であり、人間が心よし[6]と感じる程度に、暖かくしなければならないと説いている下りである。

なぜ関東地方の蚕書で書かれたとおりに涼しい状況にしたにもかかわらず、蚕が死んでしまったのかについては、涼しさの定義が地域ごとに異なるからだと説明している。関東地方の場合、家の構造が通風を計りながらも、暖かい空気が充満するようにできている。そうした家の構造を前提とした涼しさというのは、「袷、単物にても心よしと思へる陽気」であると説く。そして、家々の構造に関係なく一概に〝涼しく〟するのは、養蚕の基礎知識を知らない証だと批判している。少し暖かいくらいの気候を蚕は好むと述べるが、暖かくてもむしむしと暑すぎるのはいけないので、「何となく長閑にて心よし」と思える程度に暖かいことが重要であると書かれている。その際に、聖徳太子の「蚕は父母の赤子を養ふごとし」という言葉が引用されるのだ。

たしかに、両親が自らの乳児の世話を行うとき、親自身は自らが心地よいと思える環境を作ることで、乳児を育てる環境を整える。ただし、そこで心地よいと思える環境を作るのは、親自身のためではなく、あくまで乳児のためだ。

自ら言葉で主張できない乳児に代わって、親が自らの身体感覚を駆使し、乳児の身体感覚に接近する。その意味において、親の身体感覚というのは、乳児の身体の感覚となる。ここで聖徳太子が述べるのは、乳児のように蚕を育てよということであり、つまりそれは蚕の感覚を、飼育者である人間の身体を介して感覚せよという教えとも言える。

時代は変わるが、今日でも養蚕業を営む群馬県富岡市相野田地区の養蚕農家Fさん（八一歳、女性）は、筆者のフィールドワーク中に次のように筆者に述べた。

「心地いいな、って思う環境を作ってあげるっていうこと。それが大事。人が気持いいなって思う環境が、お蚕にとっても気持がいい環境だから。」

Fさんは、養蚕期間中、頻繁に蚕が飼育されている小屋に行って、戸を開閉して風を入れたり、暑さが厳しいときは、小屋の回りに黒い網をかけて暑さを凌いだりと工夫をしていた。Fさん自らの身体が心地よいと感じることができる環境を作ることが、蚕を上手く育てるうえ重要となると考える姿は、近世に描かれた『養蚕秘録』と重なる。

ここまでの説明で、養蚕の営為にとって、外部環境を人間が「心よし」と感じる状況に設定しなければならないことは理解できたが、はたしてその指標となる「心よし」の状況とはいかにして体得できるものなのか。

余所に戸をさすを見て、手前の戸をさすべからず。余所に戸を明るを見て、手前の戸を開べからず。陽気は家々にて違ふべし。唯手前の陽気を能覚へて、加減する事肝要なり。（「中巻・家内陽気加減の事」）

上述には、他の家が戸を開けているからといって自分の家もそうすればいいというわけではないと説き、気候は各々の家で異なるので、自分の家の気候を良く知って覚えることだと述べている。それぞれの家の構造や立地条件などに合わせて、個々人が自ら最も適切な環境を見いだしていかなければならないということであり、他人は基準にならない。養蚕に最適な環境を作るには、まず自分の家の構造についてよく知り、そのうえで自らが「心よし」と感じることができる状況を軸に据えながら、それを把握できるような身体を作っていかなければならないということである。このように『養蚕秘録』が養蚕技術の手引書として繰り返し強調することとは、養蚕技術には固定化・普遍化されるような手法がないということであり、それぞれ個別の環境に対応しながら、臨機応変に飼育者が自らの身体感覚を駆使することが重要だということである。

按ずるに、事は馴て知るの理あり。此老女数年の間、朝夕津居山の嶺に雲のかかるを見慣て、天性自然に覚しならん。養蚕の業もこれにおなじ。一通定りたる法を覚えて後は、日夜我家の陽気をおぼゆること大事なり。陽気は家々によりて異なるべし。(「下巻・小嶋村の老女雲気を見る事」)

ある老婆が長い間、朝晩の津居山にかかる雲を見て、自然に天気の判断法を身につけるように、養蚕の仕事を体得するうえで重要なのは、繰り返しの経験であることを指摘している。養蚕の基本的なやり方を一通り身につけたら、その後は昼夜とも自分の家の気候の状況を体で覚えることが必要となる。「心よし」と感じることができる状況を適切に作るには、経験の積み重ねこそが必要であり、そうしなければ養蚕を的確に行うための感覚は形成され得ない。

このように『養蚕秘録』は、外部環境を感知できる適格な人間の感覚を養蚕技術の基盤としながら、同時にその感覚とは、各々の身体が配置される飼育環境（家の構造、立地条件）と不可分な形で構築されていくものだと考えている。ここで描かれる身体とは、西欧科学が見いだしてきたような科学知に依拠した普遍的かつ固定的な身体では決してありえず、それぞれの個別な経験特性が組み込まれながら形成される身体なのだ。

第五節　人間の身体と蚕の接近

養蚕秘録には、「蚕を養ふは、父母の赤子を育つるがごとし」と聖徳太子が述べていたと書かれているが、母親が乳児を育てるとき、一般的には、母の身体は乳児の身体と物理的に非常に近いところに存在する。乳児は母親の身体に抱かれ、その乳房を咥える。皮膚は頻繁に接触し、互いの皮膚温度を感知し合う。

蚕出て七八日より十五六日迄、蚕母は蚕の傍を去らず、手入れの手段、其家の向き、万事気を付べき事専要也。
（「中巻・桑の若芽をもって蚕掃落す仕方の事」）

上述の文書は、蚕が孵化してからしばらくは、蚕の片時も離れずに世話をするように説き、その飼育者は 蚕母 と書かれている。蚕に付きっきりの姿は、乳児の側で四六時中世話をする母親そのものとみなされたのだろう。次の挿話からも、蚕の飼育過程において、人間の身体が非常に蚕と近い所に置かれていたことが窺える。天気が不順で寒い日々が続くなか、それを乗り切った 至極才覚の人 が行った養蚕方法についての紹介の挿話である。

其時ある国に、至極才覚の人有て、兼て八畳づりの紙帳を用意いたし置たり。是をつりて、中に棚を立、夜は家内の人、此中に寝て暖にし、又少しは炭火など入れ、昼は紙帳をまくりあげて、少づつ風を入れ、ほめかぬ様にし、戸廻り風邪の出入程よく加減をし、或は家内所々に火を焼、昼夜秘術をつくし育けるに、諸国の蚕は、弐歩方もなく不作せし故、桑は沢山下直にて、糸は至て高直なり。此人は常に替らぬ上作して、思ひのままに利得を得しとかや。(「中巻・寒気を凌し例の事」)

異常な寒さを乗り切るために、ある蚕飼育者は、八畳吊りの紙帳(紙製の蚊帳)を吊るしてその中に蚕棚を組み立て、夜中は自らその中に入って眠り、人間の身体の熱を使って蚕を温めたという事例である。こうした事例から窺えるのは、いかに人間の身体が、物理的に蚕の近くに存在していたのかということである。

『養蚕秘録』を離れるが、中国の養蚕農家女性等への聞き取りを一九九五〜一九九六年に杭州市、蘇州市で行ったJulie Broadwinは、農家の女性たちが過去に蚕種の孵化のために、蚕卵紙を自らの乳房等の身体に貼り付けて温めていたことを示している(Broadwin 1999)。蚕が卵から孵化することを助けるために、女性たちが自らの体温を使っていたのだ。実はこうした姿は、『養蚕秘録』の次の記述からも、過去に日本でもあったということが推測できる。

何れのとしにても、八十八夜前後には、蚕生れ出るなり。此ときおそきとて、日の照る所におき、或は懐中に入、又は夜着蒲団につつみ、あるひは火の近所に置き、急に種を暖め、無理に出さんとする事甚悪し。(「中巻　蚕生まれ出る時心得の事」)

ここには、「どんな年でも、八十八夜前後には蚕が生まれる。生まれる時期が遅いからといって、日の当たるところに置いたり、または懐の中に入れたり、夜着や蒲団に包んだり、火が近い所に置いて、孵化させようと無理することはいけない」と書かれている。人々に禁じる形で書かれてはいるものの、蚕種の孵化を促そうと、蚕種を懐にいれたり、夜着に包んだりしながら温める場合があったことがここから推測される。ここに描かれるのは実際に蚕種と人間の皮膚とが物理的に密着している状態であり、人間の皮膚の暖かさは、直に蚕種に伝わることとなる。

蚕が幼虫の飼育過程において人間の身体感覚に頼るということは先に述べたとおりだが、この記述は、孵化というステージ、つまり虫の命の誕生そのものが、人間の身体を基盤とするケースが過去にあったという可能性を示している。人間の身体を介して蚕が誕生するという姿は、〝蚕母〟という言葉が生まれる背景をより明快にする。単に、幼い時期を世話するというだけならば、〝母〟でなくてもいいはずだが、命の誕生そのものを掌る役割を飼育者の身体が宿すのであれば、飼育者は〝母〟以外に適切な形容がないからである。

このような姿が実際に存在していたとすると、もはや人間と蚕とは、飼育する人間／飼育される虫としての異界種の距離を持った関係ではとらえきれなくなってくる。むしろ、命の誕生を担う母と、その子どもというきわめて密接な関係が強調されるようになる。蚕は、虫ではありながらも人間の子としても存在することとなるのだ。

人間の子として蚕をとらえるならば、蚕も人間と同じように身体で感覚する機能を持つと考えられても不思議ではない。そのうえで、人間が「心よし」と価値づけをともなって感覚する環境が、蚕の飼育によって最適な環境であるということは、蚕も人間と同じように外部環境を感覚するだけでなく、同じように感覚への価値づけも行っているという認識が前提となる。だが、この「心よし」という状況とは、言葉を見れば自明なように、心の状態のことを指している。蚕が人間と同じように感覚への価値づけを行えるとするならば、蚕は心を持たなければならなくなる。だが

『養蚕秘録』の記述を検証してみると、蚕は確かに心の働きを持った虫としてとらえられていることがわかる。

元より蚕は情を備たる霊虫にて、尋常の虫とは違ひ、其席を去らず居て、桑も我前に来れば喰、来らざるとて、彼方此方歩み廻り、卑しく育つ虫にはあらず。此理を考、随分気を付、桑の宛ひ様等、むらなき様にすべし。其中には、心はげしき蚕も有れば、又大様成蚕も有べし。彼厚飼にする時は、達者成蚕弱き蚕の上に登り、桑を喰ふ故、下に敷れし弱き蚕は、桑喰ふ事あたはず。じっとして上に成りし蚕外へ行を待、頭を低て居る。(「中巻・蚕に大小出来ざる心得の事」)

(現代語訳:いうまでもなく、蚕というものは、人間とおなじように情を持っている霊虫であって、一般の虫とは違うのである。たとえば、蚕は自らのいる場所から動かずにじっとしていて、桑の葉も自分の前にくれば食べるけれども、桑がないからといってあちらこちらと歩きまわり、餌をあさるような育ちの卑しい虫ではない。この道理を頭に入れておき、桑の与え方に多い少ないのむらがないよう充分気をつけなければならない。もちろん、なかには気性の激しい蚕もいるし、のんびりした蚕もいるものだ。そのため、密飼にしたときは元気な蚕が弱い蚕の上によじ登って桑を食べてしまうから、下に敷かれた弱い蚕は桑を食うことができない。じっとして上にいる蚕がよそへ行くまで、頭を低くして待っている)[7]。

「情を備えたる霊虫」「心はげしき蚕」などと形容され、さらに、餌のために積極的に動き回らない虫の性質は、蚕の心理的特性(卑しくない)から説明される。蚕は尋常の虫とは異なり、心ある虫と考えられているのだ。よって蚕は、人間と同じように外部を感覚するだけでなく、さらにその感覚を心の状態を介して価値づけることもできる生物とみなされるわけである。先に『養蚕秘録』からの引用で、「温気を好むとて、むさむさとほめき気の籠るは、至て悪し。只何となく長閑にて心よしと思へる程に、陽気をとる事肝心なり」という一文を挙げた。ここで温気（暖かい気候）を好む主語にあたるのは蚕であるが、その蚕が好むような環境とは、人間にとって「何となく長閑にて心よし」と感知される環境だった。ここからわかるのは、人間と蚕の感覚への価値づけがきわめて類似したものとして理解されているということだ。この意味において、温度や湿度を知覚する人間の〝感覚〟とは、単に人間の身体と外部環境を媒介するだけでなく、人間と蚕とを媒介するものとしても機能しているのである。

　これまで見てきたように、命の誕生から成長過程すべてを通して、蚕の一生は人間の身体と切り離すことができない。言葉を発することができない蚕に代わって、人間は自らの身体を介して蚕の感覚に接近しようと試みるのであり、そしてその感覚に対する価値づけを通して、蚕の生きる外部環境を把握し、整えようとする。よって、ここで描かれる人間とは、西洋近代が見いだした人間像のように、自らの意志や理性によって主体的に技術を組み立てるような存在では決してあり得ないのである。むしろ、ここで中心になって自由に振舞うことができるのは、常に蚕という虫のほうなのだ。人間は自らの感覚を介して、蚕の感覚を受身的に感受しようとする存在であって、そこに依拠することではじめて技術を組み立てていくことができる。『養蚕秘録』に描かれた世界内では人間と蚕の間に、飼育する人間と飼育される蚕といった一般的な能動／受動の関係性は成立し得ず、むしろ人間の方が蚕に拘束される存在である。そしてここでは、どれだけ蚕に対して人間が受動的になれるか、蚕に拘束されることを許容できるか、という程度が養蚕技術の向上と密接に関係しているのである。

第六節　「金色姫」伝説に見る蚕・人間の感覚

最後に、『養蚕秘録』にも収録されている蚕の起源を語る民間伝説についてふれたい。これまで、『養蚕秘録』に書かれた養蚕技術の検証を通して、蚕と人間が、飼育する／飼育されるといった一般的な能動／受動の関係性は成立し得ないことを見てきた。そこでは逆に、人間の方が蚕に拘束される存在であったが、それは人間が自らの身体感覚を通して蚕の感覚に接近しようとするがゆえに生じる関係性であった。こうした人間と蚕との関係は、蚕の起源を語る民間伝説にも端的に現れている。

先に述べたように、『養蚕秘録』冒頭にも記載されている古事記の蚕の起源神話は、男神に殺された女神の死体に蚕が生まれたことを伝えるが、女性の身体（死体）に蚕が生まれるというモチーフは、養蚕起源を説く神話・民間伝説にも共通して見られる。ここでは、「金色姫」伝説についてふれたい。この伝説については、『養蚕秘録』のなかでは、「天竺霖異大王の事附り蚕居起異名の事」[8]として収録されている。その内容は次のようなものだ。

その昔、天竺の国に金色姫という娘がいた。その実母は重い病にかかり亡くなり、王は後妻の后を迎えるが、継母は金色姫の存在を疎み殺そうと考えた。初めは人間が住めない獅子山に連れていくが、姫は獅子に助けられ、その背中に乗って戻ってくる。二度目は、鷹が多く住む山へ連れて行くが、姫は鷹に養われ助けられる。三度目は、陸地からはるか彼方の草木も育たない島へ姫を船で流すが、ここでも漁師に発見されて死なずに戻る。四度目に継母は、王がいないことを見計らい、姫を庭に埋める。すると埋めた所が金色に光り、王が指示してそこを掘らせると、姫が死なずに顕れた。姫の行く末を案じた王は、桑の木をくりぬいた船に姫を乗せて海へ流す。船は常陸国豊浦へ漂着し、村民が姫を助けたが、姫は死んでしまう。村民は姫を棺にいれて弔ったが、ある夜、夢枕に姫が現れたので、翌日棺をあけると、そこには無数の蚕がいた。

蚕が女神の生き返りであることを教えるこの伝説は、養蚕信仰の本山として昭和半ばまで栄えた茨城県つくば市神郡豊浦にある蚕影山（こかげさん）神社の縁起でもあった[9]。上記の物語の説明の後、『養蚕秘録』には次のように書かれている。

> 此故に蚕初の居起を獅子の居起と云、二度めの居起を鷹の居起、三度めを船の居起、四度めを庭の居起といへるは、彼姫天竺にて、四度の難に遇給ひし事をかたどりて、かくは名づけし事とぞ。（「上巻・天竺霖異大王の事附り蚕居起異名の事」）

蚕は四度脱皮する生体であるが、ここでは過去に女神が天竺で四度殺されかけたことが、蚕の四度の脱皮を「獅子・鷹・船・庭」と呼ぶ要因となっていることについて説明している。『養蚕秘録』は近世の書物であるが、ここで説明されるように蚕の脱皮を数える農家は、昭和半ばまで少なくなかった[10]。

「金色姫」伝説に見られるように、蚕の起源を語る神話や民話の多くは、蚕が女性の身体と生得的に深く繋がっていることを伝えており、蚕神は多くが女性視されて現れる[11]。さらに、金色姫伝説は、蚕の脱皮する生体が、蚕の母体となっている金色姫の生命の危機の経験と結びついて生じていることを伝えていた。蚕は脱皮する前にその準備のため、それまで止むこと無く食べていた桑の摂食を止め、頭を上げたまま静止する。生きている間にこの脱皮が四度繰り返される。養蚕農家は脱皮期の蚕の状態を「死んだように」静かだと形容することがあるが[12]、たしかにそれまで活発に摂食を続けていた姿から比べると、静止した蚕の姿から死のイメージが喚起されてもおかしくはない。だが、こうした蚕の静止した状態が、人間の身体の危機（人間が暮らせない場所に置かれる危機）と関連づけられてイメージされる背景には、人間が自らの身体感覚を、蚕の身体の状態に拡張しようと試み、そこから外部環境を感覚しようとする姿勢がある。蚕の感覚に対して、人間自らの感覚を介して接近しようとする受身的な姿勢が基盤になければ、金色姫伝説のようなイマジネーションは決して派生し得ないはずだからだ。そしてここで重要な点は、蚕が女性（女神）であったというイマジネーションは、身体から切り離された女神の精神だけが、蚕に宿っているというような形での結びつきでは決してあり得なかったということだ。常に身体の感覚を介した、よって感覚の基盤となる物質性をともなう身体を介した蚕と女性（女神）の結びつきであったという点だ。であるから蚕の起源神話・民話において、常に蚕は人間の具体的な身体のうえで化生しなければならないのである。

おわりに

感覚の人類学を牽引してきたDavid Howesによれば、感覚の人類学とは、日常生活のなかで感覚を区別し、価値づけ、関連づけ、結合するその方法について知るための学問であり、そこでの感覚とは心／身体、概念／もの、自己／環境とを媒介するものとして理論化される。デカルト以降の近代科学思想が形成してきた二元論をいかに乗り越えるのか、そのための試みでもあった（Howes 2003）。

そして本稿では、近世の養蚕技術手引書『養蚕秘録』という蚕書を、人間の〝感覚〟に着目しながら分析したが、そうした手法から明らかになったことは、飼育者が自らの身体感覚を介して蚕の感覚までに接近しようと試みる姿であった。そうした試みが強化されるほどに、人間はたしかに蚕によって拘束される受身的な存在となっていくが、そうした受動性こそが、養蚕技術の核となっており、技術の向上と密接に結びついていた。さらには、神話や民話といったイマジネーションの世界の基盤ともなっていた。

『養蚕秘録』において、人間は常に、具体的な身体をともなった存在としてしか現れず、身体から独立する自由な精神などは持ち得ない。身体、それが派生させる感覚を持つがゆえに、人間は外部に常に拘束される存在でもあるが、同時にその感覚があるからこそ、自己と環境、心と身体における緊密な繋がりを常に持つことができ、そこから蚕を育てる技術を組み立てる。

本稿では近世に書かれた蚕書を分析対象としたが、先に述べたように、近世の養蚕技術とは、明治以降に日本が絹産業を通して殖産興業、富国強兵を行っていく時代における養蚕業の基盤となった技術でもあった。明治以降、たしかに科学技術の発展とその知は、蚕の生体改良に貢献し、時代を追うごとに蚕の生体は強くなっていき、年に一度しかできなかった養蚕もしだいに多回育が可能になり、養蚕は農家にとって副業から主業となっていった[13]。しかし、養蚕の技術そのものは、『明治以前蚕業技術史』で述べられていたように、すでに近世の時代において、近代以降の養蚕技術と大きくは違わない程度の水準が形成されていたのである。であるならば、本稿で見てきたような養蚕技術が派生させる人間の豊かなイマジネーションも、前近代・近代という枠組みを越えて、一定の連続性を保っていたのではないだろうか。『養蚕秘録』に描かれた人間の姿を、近世の時代までの姿と言い切ってしまうことは適切ではないと思われる。

西欧の人類学はこれまで、未開社会という名のもとに見いだしたフィールドにおいての近代産業化の過程を、生産から社会関係が排除され、機械的に均一化がなされていくプロセスとして認識する傾向が強かった（森田 二〇〇三）。

本稿では、明治からの近代化以降の養蚕技術について詳しくふれることはできなかった[14]。しかし、先にも述べたように、筆者が今日でも養蚕業を営む農家で聞き取りを行った時、養蚕農家は人間が気持いいと思える環境が蚕にとっても気持がいい環境という近世の蚕書にも通じる考え方のもとに、飼育環境を整えていたことは事実である。日本の近代産業化過程が、養蚕という命を育てる在来技術を基盤とし、それを強力に普及させることから成立してきた事実を考えることは、近代産業化過程を生産の均一化過程ととらえるような既存の認識枠組みを、批判的に再考する視座へも繋がっているのではないだろうか。

(1) 蚕の卵のことを蚕種と言う。
(2) 元禄一五年に刊行された『蚕飼養法記』以来、慶応三年までの一六五年間に約一〇〇点が刊行、著述された[井上 一九八一 a]。
(3) 『養蚕秘録』は、ドイツ人医師のフランツ・フォン・シーボルトによって日本からオランダに持ち込まれている。イタリア語版が出版された一八六五年頃は、フランス・イタリアでは蚕種の微粒子病が大流行しており蚕糸業が危機的状況にあったため、日本の蚕種が大量に輸入されていた。こうした日本産蚕種の飼育のためにも、日本の養蚕技術に対する関心がヨーロッパ、特にイタリアで高まっており、一八六〇年代~七〇年代には、日本の養蚕に関する情報、出版、評論のブームが起っていた[Zanier 2006]。
(4) 『養蚕秘録』の全文は、『日本農書全集35 養蚕秘録・蚕飼絹篩大成・蚕当計秘訣』(一九八一)のなかに収録されており、本稿ではそれを資料として参照する。
(5) 蚕の起源神話は常に女神殺しのモチーフと重なっている。蚕は傷つけられた女神の身体の上に生まれるが、この女神殺しのテーマは、民間信仰における伝説でも一貫されている。蚕の起源を語る民間伝説には「金色姫」「おしらさま」があるが、「金色姫」はインドから日本に流されてきた女神の死体の上に蚕が生まれたことを語り、「おしらさま」は馬に恋した娘が、殺された馬の皮に包まれて昇天し、蚕となったことを語る。神話・伝説に見る蚕の誕生は、常に女性(死んだ女性)の身体が重要な役割を果たしている。
(6) こころよし(心良)とは、『日本国語大辞典』によれば、①心がきれいである、という意味と、②気持がよいさま、を表す。ここでは②の意味。

（7）現代語訳は、『日本農書全集35　養蚕秘録・蚕飼絹篩大成・蚕当計秘訣』に記載されている訳を参照。

（8）天竺とはインドのことを指すと考えられている。

（9）金色姫と結びつく蚕影信仰は、関東地方から中部地方などまでに広まっていた。江戸時代には、別当の蚕影山吉祥院桑林寺が積極的に「蚕影山大明神」の信仰を広めたようで、結城一帯の蚕種業者も応援したとみられる［安中市ふるさと学習館 二〇〇四］。

（10）群馬県現前橋市出身の詩人・文芸評論家の伊藤信吉（一九〇六～二〇〇二年）の詩「新年」（一九七六年）には、「シジ、タケ、フナ、ニワ。昔の田舎で飼育した蚕はそういう呼び名の四眠脱皮の夜をくぐった」と書かれている。脱皮する前に、蚕が運動を止め静止する状態のことを〝眠〟と呼ぶ。

（11）蚕神の代表的なものには、稚産霊神（ワクムスビノカミ）、保食神（ウケモチノカミ）、蚕影明神、絹笠明神などが挙げられるが、すべて女性神と考えられている。

（12）沢辺フィールドノート（二〇一二年五月）より。

（13）蚕の生体強化には、遺伝学を応用して開発された一代交雑種の開発と配布（国立原蚕種製造所で大正三年から始まる）が役割を果たす。また、年に一度の養蚕から、年に多数回可能にしていく技術に、大正一三年（一九二四）の人工孵化法の確立がある。

（14）近代以降の養蚕技術変遷と、その養蚕農村への影響については沢辺修士論文『育てる技術と地域コミュニティ』においてまとめている。

〈参考文献〉

安中市ふるさと学習館（二〇〇四）『「養蚕の神々」繭の郷に育まれた信仰』安中市ふるさと学習館。

伊藤信吉（二〇〇二）『現代詩文庫1040　伊藤信吉詩集』思潮社。

伊藤智夫（一九九二）『ものと人間の文化史　絹1、2』法政大学出版。

井上善次郎（一九九七）『まゆの国』埼玉新聞社。

――――（一九八一a）「〈解読1〉養蚕技術の展開と蚕書」『日本農書全集35　養蚕秘録・蚕飼絹篩大成・蚕当計秘訣』四四三～四七四頁、農山漁村文化協会。

――――（一九八一b）「〈解読2〉『養蚕秘録』」『日本農書全集35　養蚕秘録・蚕飼絹篩大成・蚕当計秘訣』四七五～四八五頁、農山漁村文化協会。

クロード・レヴィ＝ストロース（一九七九）『構造・神話・労働』みすず書房。
日本学士院日本科学史刊行会編（一九六〇）『明治前蚕業技術史』日本学術振興会。
ブルーノ・ラトゥール、川村久美子訳（二〇〇八）『虚構の「近代」――科学人類学は警告する』新評論。
森田敦朗（二〇〇三）「産業の生態学に向けて――産業と労働への人類学的アプローチの試み――」『民族学研究』六八（二）一六五～一八五頁。
山田龍夫・他編（一九八一）『日本農書全集35　養蚕秘録・蚕飼絹篩大成・蚕当計秘訣』社団法人農山漁村文化協会。
Broadwin, Julie, 1999, *Interwining Threads: silkworm goddesses, sericulture workers and reformers in Jiangnan 1880s-1930s*, Doctoral thesis of University of California, San Diego.
Farquhar, Judith, 2002, *Appetites: Food and Sex in Post-Socialist China*, Duke University Press.
Gell,Alfred, 1998, *Art and Agency: an Anthropological Theory*, Oxford: Clarendon Press.
Geurts, Kathryn Linn, 2002 ,*Culture and the Senses: Bodily Ways of Knowing in an African Community*, University of California Press.
Howes, David, 2003, *Sensual Relations: Engaging the senses in culture and social theory*, University of Michigan Press.
――――, 2006, '*Charting the sensorial revolution*', *The Senses and Society*, 1（1）, pp. 113-128.
Seremetakis, C. Nadia, 1996, *The senses still*, The Senses University Of Chicago Press.
Zanier, Claudio, 2006, *SEMAI setaioli italiani in Giappone*（*1861-1880*）, CLEUP.

第Ⅱ部

経験

第5章　非政治的な価値をめぐる政治性——広島と人道主義

根本雅也

一見まったく非政治的な行動も、つまり本人が政治をやろうと思っているわけでもなく、また権力状況に影響を与えようという意図など少しもなくやったような私的な行動も、現代の微妙なコミュニケーションの配線構造を伝って、結果的に政治的に影響を及ぼす。そのかぎりでは政治行動です。（丸山　二〇一〇、三五五頁）

はじめに

核兵器の禁止を訴えることは、自国や他国の政治に干渉する行為であり、本来的には政治的な行為である。しかし、広島においては、その行為はしばしば政治的ではないとされてきた。より正確に言えば、核兵器は、人類の滅亡をもたらしうるという点で、政治的な問題というよりも、それを超えた人類の課題であるととらえられ、その廃絶は人類全体を救う人道的な行為であると強調されてきた。本論では、核兵器の存在を人類の問題ととらえ、人類のために行動するという考え方を一種の人道主義（日本語の「ヒューマニズム」）ととらえる。広島において、なぜ、どのようにこの人道主義が形づくられてきたのか。なぜ核兵器に反対することは政治的ではないと主張されたのか。そして、その展開の帰結とはどのようなものであったか。これらを記述することで、本論は、核兵器をめぐる人道主義的な態度の形成と展開の背後にある力学を明らかにし、非政治的な価値を志向することの政治性について検討することを目的とする。(1)

原子爆弾の投下という出来事をとらえる複数の視点と政治性

本論の主題をより明確にするために、「一九四五年八月六日に原子爆弾がどこに落ちたのか」という問いを、仮にグーグル・マップのようなインターネットで利用できる地図の上で考えてみたい。オンラインの地図で、「広島」と入力すると、広島県広島市の場所が表示される。この地図を拡大すれば、市内に存在する町々や細かな通りが映し出され、さらには通りにある家や通行人の姿まで把握することも可能である。逆に、地図を縮小すれば、「広島」は点となって日本という国の一部として見えるし、さらには世界地図の中に「広島」を見ることができるだろう。

「一九四五年八月六日に原子爆弾がどこに落ちたのか」という問いに対して私たちの多くが即座に思いつくのは、原爆は「広島」という地域あるいは都市に投下されたという答えだろう。しかし、地図を拡大していけば、原爆は、都市という抽象的な空間ではなく、当時広島に暮らしていた個々人の上に投下されたともいえる。他方、地図を縮小していけば、原爆は（広島を含む）日本という国に落とされたという答え方もできよう。さらに、「世界で初めての」という文言を加えるならば、原爆は世界に投下され、人類全体がこの出来事を経験したと言えるかもしれない。つまり、「どこに原爆が落ちたのか」「誰が原爆を経験したのか」という問いに対する「答え」は、単に地理的な事柄を表すのではない。それは、その問いに答える者が、原爆をどのように解釈しているのかに密接に関わっている。そのため、たとえば、もし誰かが「原爆の惨禍は世界に核兵器の恐ろしさを伝えているのだから、広島は人類の犠牲であった」と言うなら、その人はこの出来事をグローバルな視点から眺め、普遍的な意義を見出そうとしていると言える。逆に、「広島が原爆を受けたのは、日本がアメリカの敵として真珠湾を攻撃したからだ」と言うなら、その人は「広島」をナショナルな視点から眺めていることになる。要するに、原爆という未曽有の暴力的な出来事を解釈する視点は複数ありうるということであり、実際、戦後の歴史のなかで「広島」は様々な角度からとらえられ、位置づけられてきた。

一方、解釈の複数性は、それぞれの視点によって強調点が変わることを意味している。インターネット上の地図のように、その地図を拡大するのかあるいは縮小するのか、どこに焦点を当てるかは作為の結果であり、その境界線を引く者によって異なる。この点において、誰がどこに境界線を引くのか、つまり、どこに焦点を当て、いかなる意味を取り出し、何を後景へと退けるのかは恣意的であり、しばしば政治的な判断をともなうことになる。

核兵器をめぐる「人類」という視点

核兵器を人類の問題としてとらえ、その廃絶を訴えることは、「当たり前」だと考えられるかもしれない。実際に世界に存在するといわれる核兵器の数（約一万七〇〇〇発といわれる）を考えれば、核兵器を用いた戦争が地球規模で影響を及ぼすことは疑いえない。そのため、核兵器が一つの国の問題ではなく、国際的な問題であることは明らかであるし、だからこそ、人類全体が取り組まなければならないというのもまた然りであろう。

しかし、本論で議論したいのは、この認識の当否ではなく、この考え方の背後にある力学である。このことは、核兵器の問題を「人類」という視点でとらえ、行動することの「自明性」を疑うことであり[2]、ミシェル・フーコーの「事件化」という方法に近い。

……事件化とは何を意味するのか、といえば、まず自明性を断ち切ることです。……すべての人にたいしておなじように押しつけられる自明性とかに準拠される傾向のあるところで、あえて「特異性」を浮かび上がらせることです。〔中略〕さらに、事件化とは、後に自明で普遍的で必然的なものとして機能することになるものを、ある時点で形成した色々な合流、衝突、援護、封鎖、力のゲーム、戦略などを、再発見することでもあります。(Foulcault 1984: 147)

本論は、核兵器をめぐる人道主義的な考え方の「自明性」を疑い、「あえて『特異性』を浮かび上がらせる」とともに、「ある時点で形成した色々な合流、衝突、援護、封鎖、力のゲーム、戦略などを、再発見」することを試みる。そのため、本論は、広島の社会運動と広島市行政に焦点を当て、核兵器をめぐる人道主義の形成と展開のプロセスをたどる。

結論を先に述べるならば、広島において、人道主義を強調した社会運動は、「人類」という包括的なカテゴリーを掲げることで、あらゆる立場の人々をまとめることをねらっており、それは核兵器の問題とその反対行動を政治的な立場を超えたものとして強調していくことと表裏一体であったということである。そして、その結果の一つとして生じたのは、広島市行政の台頭であった。つまり、本論は、社会運動や行政による人道主義の強調が結果として行政権力の拡大へとつながる過程を明らかにし、それを通じて非政治的な価値の背後にある政治性について論じていく。

第一節　反核の人道主義の形成

まず、核兵器をめぐる人道主義的な視点と行動がどのように広島（および日本）で生まれ、広まったのかについて検討する。ここには二つの段階がある。一つは、核兵器の存在を「人類」という枠組みでとらえることであり、もう一つは、「人類」のために核兵器反対を訴えるという姿勢である。前者は戦後直後より広島においてみられ、後者は一九五〇年代半ばに生まれた原水爆禁止運動とともに日本全国に広まった。

原爆による戦災の意味づけ――人類にとっての教訓

占領期において、広島市行政が原爆による破壊という出来事に見出したのは、人類や世界にとっての意味であった。原爆の投下は、日本の戦争および世界大戦の終結に寄与しただけでなく、世界の人々の教訓となり、将来の戦争の抑止につながると主張された。たとえば、現在の平和記念式典の原型となる、一九四七年八月六日に開催された第一回平和祭[(3)]において、当時の広島市長・浜井信三は、平和宣言として次のように述べている。

この恐るべき兵器［原爆］は恒久平和の必然性と真実性を確認せしめる「思想革命」を招来せしめた。すなわちこれによって原子力をもって争う世界戦争は人類の破滅と文明の終末を意味するという真実を世界の人々に明白に認識せしめたからである。これこそ絶対平和の創造であり、新らしい人生と世界の誕生を物語るものでなくてはならない。(浜井 一九六七、一〇六～七頁)

核兵器による戦争は「人類の破滅」をもたらすという点で、広島の戦災は世界への教訓となると考えられた。そして、広島市行政やメディアは、この考えに呼応する「No More Hiroshimas(ヒロシマを繰り返すな)[4]」という標語を盛んに使っていくようになった。

ただし、原爆の惨禍に対して肯定的ともいえる意味を与えることは、占領という時代背景も影響していたように思われる。占領下において、原爆に関する報道は検閲の対象であった。アメリカに対する批判を抑えるためにも、原爆による人的な被害について言論が統制された(Braw 1991)。しかし、原爆の投下について批判するのではなく、広島の戦災が世界への「教訓」となるとして意義を強調することは、占領政策に適うものであった。GHQは平和祭の開催に協力的であり、第一回平和祭にはダグラス・マッカーサーがメッセージを送ってもいる(宇吹 一九八九)。

広島の上に今迄にない強力な武器が投下された。かくて戦争は……新たな意味をもつことになった。即ちあの運命の日の諸々の苦悩は、凡ての民族すべての人々に対する警告として役立つ。〔中略〕これが広島の教訓である。(広島市編 一九八二、四〇一頁)

広島の戦災が「凡ての民族すべての人々」への「警告」であり「教訓」であるとしたマッカーサーのメッセージが、広島市長の平和宣言と似ているのは明らかであろう。「人類」という視点から原爆による戦災の重要性を強調することは、占領下において、その体制に矛盾しない形で生まれたものであった(5)。

核兵器反対と「ヒューマニズム」――原水爆禁止運動の誕生

戦後、広島市行政は復興をめざすなかで「平和」を都市の理念として掲げた。しかし、占領下において、市行政は核兵器反対のための直接的な行動をとることはなく、そうした行動は活動家といった一部の人々に限定されていた。だが、一九五〇年代半ばになると、核兵器に反対する社会運動（原水爆禁止運動）が全国的に高揚する。一九五四年三月、ビキニ環礁で行われたアメリカの水爆実験によって、焼津船籍の第五福竜丸が被災した。このビキニ事件は、船員の容体や魚の汚染状況とともに報道され、日本の人々の間に放射線の汚染に対する不安と怒りを生み出した。というのも、魚を貴重な――輸入に頼る必要のない――たんぱく源としていた当時の日本の人々にとって、漁業は基幹産業の一つであったからである。こうして、核兵器の使用や実験の禁止を求める署名運動が全国各地で開始され、瞬く間に広がった。この署名運動は、活動家だけでなく、主婦や保守層など多様な人々によって支持され、一年余りで三〇〇〇万の署名を集めることに成功した。

原水爆禁止の署名運動において強調されたのが、核兵器を人類への脅威ととらえ、「人類の生命と幸福」を守るために核兵器に反対するという人道主義であった。これは東京都杉並区の署名運動においてスローガンの一つとして掲げられ、残りのスローガンとともに、全国化した運動においても引き継がれている。そこで、全国でも成功例として知られる杉並区の署名運動がどのように人道主義的な立場を標榜したのかを検討しよう。

杉並区の署名運動が掲げたスローガンは三つあった。第一は、「原水爆禁止のために全国民が署名しましょう」である。これについて、杉並の署名運動の指導者的地位にあった国際法学者・安井郁[6]は、署名運動が「特殊の活動家のみの運動となったり、一党一派に偏したりする」のではなく、「全国民が……原水爆禁止を要求する一点で結びつく」運動となるべきことを表すと説明している（安井 一九五五、五九頁）。言い換えれば、このスローガンは、「国民」というカテゴリーのもとに、あらゆる立場の人々がまとまることを主張しているといえる。第二のスローガンは、「世界各国の政府と国民に訴えましょう」であった。安井は、「原水爆禁止署名運動が特定の国家を対象とする感情的な反対運動になってはならないことを示したもの」と述べる。安井は原水爆禁止の要求をアメリカに向けることは当然であると認めながらも、運動の発展のためにも、「感情的な反米運動」に陥ることなく、「人類を脅威するものに対して憤」るべきだとし、「世界」全体に訴えることを強調している（安井 一九五五、六〇頁）。第三のスローガンは、「人類の生命と幸福を守りましょう」であった。安井は、原水爆禁止署名運動が「政治運動」ではなく、「原水爆の脅威から人類の生命と幸福を守ろうとする、ヒューマニズムの運動」と位置づける。

> 第三のスローガンは、原水爆禁止署名運動がその本質においてヒューマニズムの運動であることを示したものです。一部の人々は、この署名運動は激越な政治運動となるのではないかと心配していました。これにたいして私たちは、これが原水爆の脅威から人類の生命と幸福を守ろうとする、ヒューマニズムの運動であることを強調したのです。（安井 一九五五、六〇頁）

三つのスローガンの根底には一つの共通点がある。それは、署名運動が「特定の活動家」の運動や「特定の国家を対象とする」運動、「激越な政治運動」となることを避けるという意図である。つまり、署名運動は、共産党といった左翼政党との結びつきを強化するのではなく、幅広い支持層を獲得しながら運動を発展させていこうとしていた。そのために掲げられたのが「ヒューマニズム」であり、「人類」のために「全国民」がまとまり、「世界」に対して訴えていくという姿勢であった。この点で、人道主義は「政治運動」と対置されるものであった[7]。

以上をふまえると、原水爆禁止運動において人道主義が強調されたのは冷戦という時代状況が関係しているといえるだろう。当時の社会運動は、左翼政党の関係者が中心となり、親ソ反米路線をとっていた。しかし、初期の原水爆禁止運動は、一部の活動家による運動ではなく、より広範な支持層を獲得することをねらっていた。そのため、特定の国（特にアメリカ）のみを批判するのではなく、人類と世界のために核兵器に反対するという態度を強調していったのである。反核の人道主義が形づくられた背景には、このような政治的な力学があった。

第二節　超-政治的な立場としての人道主義の強調
——原水爆禁止運動の分裂と広島

広島においてもビキニ事件を契機として署名運動が高揚し、原水爆禁止広島県協議会（広島県原水協）が設立された。この組織の中心には大学教員といった地元の知識人がおり、主婦などの幅広い支持層によって支えられていた。また、広島市行政も運動に協力・参画しており、たとえば、一九五六年二月には広島市長を会長、広島商工会議所会頭と市議会議長を副会長とした半官半民の組織として原水爆禁止広島市協議会（広島市原水協）を設立している。

広島において核兵器反対をめぐる人道主義が特に強調されるようになったのは一九六〇年代であり、その担い手は原水爆禁止運動の関係者であった。その背景には、原水爆禁止運動における内紛と分裂がある。全国の運動の連絡組織であり、「中央」とも称された原水爆禁止日本協議会（日本原水協）は、一九六〇年代前半、激しい内部抗争を経験していた。そこで、原水爆禁止運動が分裂する過程についてまず概観しておこう。

原水爆禁止運動の分裂――諸政党による争い

全国に広まり一大勢力となった原水爆禁止運動は、徐々に各政党の介入を受け、内部に軋轢が生じていった。そのため、運動は一九五〇年代末から六〇年代前半にかけて二度分裂している[8]。

第一の分裂は日米安全保障条約の改定が引き金となった。いわゆる安保闘争に日本原水協が組織的に関与した結果、これに反発する保守派が運動から離れた。これらの一部は、新しい団体（核禁会議）を結成し、独自に核兵器反対運動に取り組んでいった。

第二の分裂は、結果として原水禁運動の勢力を二分した。もともと幅広い層に支えられた原水禁運動はしだいに日本共産党と日本社会党・総評が大きな勢力を占めるようになり、両者は運動のあり方をめぐって争い始めた。特に論点となったのが社会主義国の核実験に反対する姿勢である。日本共産党は親ソ反米路線を強め、社会主義国による核実験に賛同する立場をとった。これに対して、社会党支持者などは「いかなる国の、どのような核実験にも反対する」立場を主張した。両者が激しく対立し、日本原水協はしばしば機能停止に陥った。

こうした混乱に対して、広島県原水協は各地の団体と協力しながら運動の統一と再建を訴えていった[9]。しかし、混乱が解消することはなく、一九六三年八月に広島市で開催された第九回原水爆禁止世界大会において分裂は決定的となった。翌年には、運動の再建を訴えてきた広島県原水協が日本原水協から距離をとり、長崎県原水協および静岡県原水協とともに被災三県連という組織を結成して、独自の大会を開催した。さらに、一九六五年には、被災三県連は日本社会党などとともに原水爆禁止日本国民会議（日本原水禁）を設立した。こうして、日本の核兵器反対運動は、日本原水協、日本原水禁、核禁会議という諸政党が関与する三つの「全国組織」に分かれた。また、広島では原水禁運動に加えて被爆者運動も分裂することになった。

広島における人道主義の強調――政党による争いを超える立場の提唱

先に言及したように、原水爆禁止運動が二度目の分裂へと向かうなかで、広島県原水協は運動の再建を求めて独自に行動していった。その際に彼らが強調したのが人道主義であった。そこには二つのねらいがあったように思われる。一つは、原水禁運動に混乱をもたらしている、政党の争いに対する批判である。もう一つは、運動の再建であり、あらゆる立場の人々が諸政党による争いを超えて核兵器反対の運動に参加できるようにすることである。

では、広島の運動関係者は実際にどのように人道主義を主張したのだろうか。一九六三年七月、社会党と共産党の対立の影響によって日本原水協が組織として機能停止するなか、広島県原水協の役員である作家・田辺耕一郎は原水禁運動の再建を訴える論考を雑誌『思想』誌上で発表している。彼は、原水禁運動が「政党の介入と主導権争い」の場となり頽廃していると批判し、それを広島の原水禁運動が持つ「ヒューマニズム」と対置させる。

われわれの［運動］はビキニ水爆実験の死の灰で始まった原水禁運動ではなく……史上最初の原子雲の下、大量殺戮と都市壊滅の炎の中からノー・モア・ヒロシマズの生命の叫びにはじまった……。われわれは日本原水協の対立・抗争・分解の底を流れているデスペレートな頽廃を悲しむと同時に、被爆地広島のその歴史的使命を再確認するものだ。〔中略〕われわれのヒューマニズムの泉は人類的反省の基地として慰霊碑とともに涸れることはない。（田辺 一九六三、一三四頁）

田辺によれば、広島における核兵器反対の根底には、日本原水協とは異なり、被爆の経験があり、「ヒューマニズム」が存在しているという。そのうえで、田辺は、こうした「ヒューマニズム」を基調とすれば、「対立と分裂でなく、それとは反対に、広汎な国民大衆の生活と心につながった原水禁運動の統一の場を、もう一度再建して、一致点を見出してゆける」と述べ、運動の是正を求めた（田辺 一九六三、一三五頁）。

また、広島市原水協の会長であり、広島県原水協の代表委員も務めていた当時の広島市長・浜井信三も、人道主義的立場の重要性を訴えている。浜井は、核兵器に反対する広島市民の声はいかなる思想信条をも超えたものであると指摘する。

……余りにも非人道的なああしたこと〔原子爆弾による惨禍〕が再び世界にくりかえされてはならない。これが広島市民の一致した叫びであり、願いである。この絶叫、この悲願は、もう思想をも政治をも宗教をも越えての絶叫であり悲願である。（浜井 一九六三、二〇頁）

浜井にとって、原爆を経験した広島市民はいかなる国の核兵器にも反対し、その「叫び」は「思想をも政治をも宗教をも越え」たものであった。そして、浜井もまた、政党が左右する運動のあり方を批判し、「原水禁運動は、大きなひとつの一致、いかなる個人的、党派的立場をも超えた人道主義一本の線でしか進められるものではない」と主張したのである（浜井 一九六三、二一〇頁）。

田辺や浜井のように、広島県原水協の関係者は、政党による争いを批判し、それを超えた人道的な観点から核兵器反対を訴えることの重要性を主張した。彼らは、核問題を人類の問題であると強調することで、政治的な立場によって相争う人々を一つにまとめようとしていた。広島における人道主義の強調は、政党による政治的な争いへの批判であり、それを超える結集点——超-政治的な価値——の提唱でもあったのである。

第三節　核兵器反対行動の非政治化——分裂以後の広島の社会運動

超-政治的な価値としての人道主義の強調は、その後、広島の社会運動のあり方に大きく影響を与えていくことになる。それは、政党による争いを超えて一つにまとまるために、政治的な要素が後景に退くという点で、核兵器反対行動が非政治化する過程でもあったように思われる。

原水爆禁止運動の分裂以降、広島では、分裂した団体が各自で行う原水禁運動とは異なる、核兵器反対運動が次々に生まれた。これらの新しい運動に共通していたのは、その方法として、核兵器反対をただ訴えるというよりも、原爆被爆の「原体験」の存在に着目し、その継承に焦点を当てたことである。たとえば、一九六〇年代半ばから後半にかけて、原爆による人的な被害を解明し、記録の作成・公開をめざした被災白書運動や、被爆当時の町の戸別地図を復元し、追跡調査を通じて死没者の数や被害の全容を明らかにしようとした被爆地図復元運動と原爆被災全体像調査が生まれた。また、原爆ドームといった、被爆した建物や被災資料などに対する関心が高まり[10]、それらの保存が叫ばれるようになった。一九六〇年代末になると、「被爆体験の継承」という言葉が一つのスローガンとして定着し、広島では原爆について教える平和教育が行政や教職員組合を通じて組織的に取り組まれるようになる。

では、なぜこの時期に「原体験」とその継承に焦点が当てられたのだろうか。その理由の一つは、被爆から二〇周年あるいは二五周年（四半世紀）といった節目に当たる時期であったことが、消えゆく原爆の足跡を残そうとする動きを促したといえよう。しかし、これらの運動に関わった団体や個人の資料からは、もう一つの理由が浮かび上がる。それは、政治的な立場を超えて、あらゆる人々が参加しうる社会運動を創出することであり、そのために、誰にとっても重要で、誰も反対できないであろう「原体験」の記録や保存という方法に着目するということである。

以上のような広島の核兵器反対運動の変化を具体的に説明するために、二つの社会運動について検討しよう。

談和会と被災白書運動

被災白書運動は、一九六〇年代中頃に広島で生まれ、全国の知識人を巻き込んで展開した運動である。この運動は、広島の地元紙・中国新聞の論説委員によって提唱され、当初、談和会という団体が呼びかけた。

談和会は、広島を中心とした地元の大学に職を持つ知識人の団体である。これらの知識人はもともと広島の原水爆禁止運動を一緒にけん引していたが、運動の分裂によって互いに組織を異にするようになった。その反省をもとに、いずれの原水禁団体にも参加しなかった知識人が結成したのが談和会であり、そこには分裂した原水禁団体の指導者的地位にいた知識人も参加していた。
被災白書運動の目的は、原爆や水爆による被害の全貌の解明と記録であり、それを日本政府の公式の白書として発表する（させる）ことであった。しかし、一方で、被災白書運動は、核兵器反対運動の再建をねらっていた。談和会の幹事・今堀誠二（当時、広島大学教授）は次のように説明している。

私たちが白書運動を提唱したのは、核兵器の全面禁止を実現し、被爆者救援の実効をあげるためであって、具体的な成果を狙うためのプロジェクトであることは言うまでもない。白書を作ることは、誰人も不賛成を唱える理由がないから、もしそうした運動が盛り上がれば、拒否できない点に、強みがある。運動論としては、日本における原水禁運動の歴史を踏まえて、国民運動を再建する手がかりにしたいと考えているわけである。（今堀　一九六五、一九五頁）

今堀たちは、原爆による惨禍の解明と記録の作成を誰もが「拒否できない」取り組みであるととらえ、被災白書運動が原水禁運動に代わる「国民運動」となる可能性があると考えた。原爆による被害の解明と記録の作成は、それ自体を目的とした一方、分裂した核兵器反対運動を再度まとめようという試みでもあった[11]。

原爆ドームの保存運動

原爆ドームは、広島県物産陳列館（後に産業奨励館と呼ばれた）として戦前に建てられ、原爆によって破壊された建物である。爆心地の近くでありながら、完全に倒壊することなく、原爆による破壊の跡を残していたため、戦後に「名所」の一つとなった。その保存については戦後にたびたび議論されたが、保存を求める声も撤去を求める声もあり、また保存の具体的な方法もなかったため、所有者である広島市行政は原爆ドームをそのまま放置していた。

しかし、一九六〇年頃より、原爆ドームの保存を求める声が強まっていく。市行政を保存決定へと向かわせた契機の一つは、分裂した原水禁運動の諸団体と被爆者団体などによる保存の要請であろう。というのも、保守・革新を超えてドーム保存を求めたこの要請を受けてすぐ、広島市長・浜井信三は保存が技術的に可能かどうかを調査する予算の計上を公言したからである［中国新聞 一九六四年一一月二三日］。この調査の結果を受けて、一九六六年にはドームの永久保存が市議会で決議され、広島市行政は保存工事を全国の人々からの募金によってまかなう募金運動を提唱し実施している(12)。

広島市行政や保存を要請した地元の社会運動は、原爆ドームの保存を核兵器反対行動の一つとしてとらえていたように思われる。たとえば、広島市行政が全国に募金を訴えるにあたって出した趣意書には、次のように書かれている(13)。

広島原爆の遺跡は、ただ広島の惨害の記念物であるばかりでなく、人類が破滅と繁栄の岐路に立つ原子力時代の「警告」であり、人類がその過ちを二度と繰り返してはならない「戒律」であります。〔中略〕これを残すことは、ひとり、広島の子孫に対するわたくしたちの責務であるばかりでなく、世界の良心が同胞に対してになう当然の使命であると存じます。〔広島市 一九六八、二四頁〕

広島市行政や広島の原水禁団体などは、原爆ドームを「広島の惨害」のしるしとしてとらえるとともに、そこに

「人類」への「警告」と「戒律」という意味を見出し、その保存を世界の「同胞」に対して取り組まなくてはならない「使命」だと訴えた。ドームを保存することは、核兵器の恐ろしさを伝え、それに反対する意思を表明することでもあった。

運動の方法という点では、原爆ドームの保存運動は、被災白書運動と同様に、あらゆる立場の人々が参加しうる行動と考えられた。たとえば、広島市行政にドーム保存を要請した原水禁団体や被爆者団体の行動は、実際に原水禁運動の分裂後になされた初めての協調行動であったし、浜井信三市長もそれを汲んで迅速に動いた。また、募金運動の終了後、広島市行政は広報紙のなかで募金運動を「原体験」にもとづく「誰もが参加できる国民的な平和運動」だったと総括している。

原爆ドーム保存の募金運動は、誰もが参加できる国民的な平和運動であるといえる。わたくしたちは、こんごも、〝原体験〟にもとづく国民的視野に立った平和運動がすすめられることを期待している。(広島市広報室広報課 一九六七、三頁)

この文章に表れているように、原爆ドームの保存という「原体験」に着目した取り組みは、政治的立場やイデオロギーを超えて、あらゆる人々が結集できると考えられていたのである。

核兵器反対運動における変化――人道主義にもとづく包摂と非政治化の傾向

被災白書運動や原爆ドーム保存運動に表れているのは、核兵器反対を訴える方法の変化であろう。原水爆禁止運動の分裂を受けて、広島で生まれた新たな社会運動は、政党による主義主張の争いを乗り超えるために、ただ核兵器反対を訴えるのではなく、「原体験」とその継承に着目した。「原体験」にもとづいた社会運動であれば、いかなる政治的な立場にある団体や個人であっても参加することができると考えられたからである。ここには、政党やイデオロギーといった政治的なものを超え、社会運動として一つに「まとまること」を重視する姿勢が表れているといえよう。

しかし、一方で、「原体験」や継承への着目という方法の変化は、核兵器反対運動の目的自体にも変化をもたらしている。かつての原水爆禁止運動は、核兵器禁止を掲げ、そのための行動を中心とした。もちろん、「原体験」と継承に焦点を当てた社会運動においても、核兵器の禁止は最終的な目標であろう。しかし、これらの運動にとって、まず達成すべき目標は「原体験」の解明や記録、保存といった継承となっている。そのため、核兵器を禁止させるための日本政府などへの直接的な働きかけといったことは後景に退き、「原体験」の継承が前景化する。原水禁運動の分裂後に広島で生まれた社会運動には少なくともそのような力点の移行があった。

この力点の変化は、その性格から言えば、核兵器反対行動の非政治化の過程であるといえるのかもしれない。あらゆる立場の人々を包摂し、一つにまとまるために、誰も反対しない記録やモノの保存に焦点を当てる。これは、まとまることを重視するがゆえに、争いの火種となるような具体的な政治的主張や行動を社会運動から取り除くことの裏返しでもあるだろう。政治的な立場を超えようとすることは、一方では、政治的なものを避ける態度に通じていたように思われる。[14]

第四節　人道主義・非政治化・権力――広島市行政の拡大

社会運動において強調された人道主義的な立場は、広島市行政によっても主張されていく。それは、一方では、市行政の行動の論理となり、独自の施策を展開させた。しかし、他方で、それは政治的な行動（社会運動）を排除する根拠となり、行政の拡大を支えていくものとなる。本節は、核兵器をめぐる人道主義と広島市行政の結びつきについて探ることにしたい。

平和の取り組みにおける広島市行政の台頭――山田市政の発足と独自の施策

一九六〇年代後半以降、広島市行政は平和や原爆に関連する施策に積極的に取り組み始めた。これを進めたのが、一九六七年春に広島市長に就任した山田節男[15]である。それまで計四期にわたって市長を務め、「原爆市長」とも呼ばれた浜井信三の後継として市長に当選した山田は、留学経験があり、英語が堪能で物事を国際的な視点から考える人物であった。そのせいか、山田は広島市という都市のアイデンティティとして原爆の経験を何よりも重視した。山田は市議会で次のように述べている。

世界人類最初の原爆の洗礼を受けて、これほど悲惨な目にあってるということの事実を……私は三二億の人類の平和のために……世界に訴えることもできるし、また世界の人類の将来の文明の核兵器の全面的戦争が何をもたらすかということは……私ども二〇数万の犠牲者によって世界にこれを示しておる。〔中略〕これは、東京、あるいは、名古屋、大阪といえどもまねることのできない……広島が持つ世界的意義というものです。（昭和三二年九月第七回広島市議会定例会会議録）

山田は「原爆の歴史」を他の都市にはない「広島が持つ世界的意義」であるととらえ、その実態を世界に伝え、平和を訴えていくことが重要だと考えていた。

山田節男は「国際平和文化都市」という都市像を新たに掲げ、平和に関する施策をより積極的に推し進めた。たとえば、山田は、一九六七年秋に「世界平和の確立と人類の福祉の増進のために、広島の悲劇を人類全体の悲劇とし、再びかかる愚を繰り返さぬよう……積極的に平和文化運動を企画推進すること」をめざして、広島市行政の一局として平和文化センターを創設した〔昭和四二年九月第七回広島市議会定例会会議録〕。また、他国の核実験に広島市長の名前で抗議電報を打ち始め、平和のための国際会議を開催してもいる。特に市行政が注力したのが「原体験」の継承であり、被爆地図復元運動と原爆被災全体像調査（前節参照）を市の事業とするなど、原爆被害を中心として諸種の記録の作成を手がけたほか、市教育委員会を通じて平和教育にも着手した。一方、被爆者に対する援護拡充のため、政府への陳情や独自の援護措置を実施してもいる[16]。

こうした平和に関する施策の拡大の背後では、市行政と地元の社会運動との関係性が変容していた。山田の前任である浜井信三は、市長として広島市原水協の会長に就任していたほか、民間団体である広島県原水協の役員も務めており、地元の社会運動と密接に関わり、ともに行動していた。しかし、山田が市長になると、地元の社会運動から一定の距離をとり始める。たとえば、山田は、市長が会長を務めてきた半官半民の団体・広島市原水協の会長就任を拒否した。そして、自らが社会運動に関わるのではなく、逆に地域の社会運動の中心にいた知識人たちの一部を、市長の諮問機関として新たに設置した平和文化推進審議会のメンバーに迎え入れている。山田市政は、一方では地元の社会運動と協調し、他方では距離をとりながら、市行政を母体として平和や核兵器の問題に独自に取り組んだのである。こうした市行政と社会運動の関係性の変容は、それまで社会運動が担っていた活動を市行政が代わりに行っていくという点で、市行政の権力の拡大でもあったといえるだろう。

人道主義にもとづく排除ともう一つの非政治化

山田市政が社会運動から距離をとり、独自の施策を展開する行動原理となったのが人道主義である。人道主義の主張は、核兵器を人類の問題ととらえ、人類を救うことを目的とすることで、いかなる政治的立場をも超えて人々が一つにまとまることが可能であり、またそうあるべきだと期待するものであった。しかし、政治的な立場を超えて一つにまとまるはずであるという期待は、逆に政治的なものやまとまらないものに対する批判へと転化しうる。山田節男は、広島市原水協の会長就任を拒否した理由について、市議会の答弁で次のように述べている。

……核兵器の使用は絶対に人類の生存のために許しちゃならぬと、絶対的な人類共通の一つの生き残るための全体の一つの命令があるわけであります。したがいまして、この運動に関して、イデオロギーだとか、政治的なバックとか、党派とか……複数の形で……あるべきでないという私の信念であります。〔中略〕一つの運動として……ポイントは、ひとつでありますから……この原水禁に関する限りにおきましては、これは単一にならないのがおかしい……。（昭和三二年七月第五回広島市議会会議録）

山田にとって、核兵器の問題は「人類共通」の課題であるため、その反対運動においては「イデオロギー」や「政治的なバック」「党派」によって左右されるのではなく、「一つの運動」としてまとまるべきであった。それゆえに、山田は、分裂した原水禁運動に対して関わることを固辞したのである。

このように、原水禁運動の分裂を乗り越えるために導入された人道主義は、広島市行政にとって原水禁運動などの社会運動から距離をとり、独自に行動する根拠となった。人道主義の強調は、前節で指摘したように核兵器反対行動から政治的な要素を後景化させる一方で、社会運動を排除する論理にもなり得たのである。

平和記念公園の聖域化——行政権力の拡大と非政治化の具体例

人道主義と非政治化、行政権力の結びつきは、特に平和記念公園という空間において明確に表れることになる。

平和記念公園は、広島平和記念都市建設法（一九四九年）をもとに造成された、市中心部にある公園である。設計を担当した丹下健三は、この公園に慰霊と「平和を作り出すための工場」という機能を加え、市民が集まり、祈るとともに、平和のために何か行動を起こす場所として構想した（丹下　一九五〇、一六頁）。実際、一九五〇年代半ばに原水爆禁止運動が盛り上がると、平和記念公園は核兵器に反対する団体や個人にとって平和のために行動する象徴的な場所となった。

しかし、原水爆禁止運動が混乱し、また学生運動が盛んになると、平和記念公園は争いの場所ともなる。これが顕著に表れたのが、一九六三年八月五日に平和記念公園を会場として開かれた第九回原水爆禁止世界大会であった。この大会は、社会党と共産党の対立から大会準備が進まなかったばかりか、大会直前に社会党・総評が不参加を表明し、さらには大会会場を学生運動の若者が一時占拠したため、機動隊の投入という事態にまで至り、混乱を極めた。

こうした混乱を受けて、平和記念公園において「静かな祈り」を求める声が高まり[17]、山田節男は広島市長として平和記念公園の聖域化を提唱した。ここでの聖域化とは、公園を平和のための静かな祈りの場所とすることであり、そのために市公園条例にもとづいてメーデーを除くデモや集会の不許可と露店営業の許可取り消し、芝生(慰霊碑前の広場)の立ち入り禁止などが実施された[18]。それによって、山田は、平和公園を誰もが祈ることができる場所にしようとしたのである。

しかし、一方で、平和公園を「祈りの場」とする聖域化は、公園管理の強化であり、社会運動に対する規制でもあった。それまで自由に立ち入ることができ、また集会が開催されていた原爆慰霊碑前の広場は立ち入り禁止となった。これに対して、広島にあった社会運動の諸団体[19]は、基本的に平和記念公園の聖域化に反対した。たとえば、日本原水協系の広島県原水協の関係者は「どうも困ったものだ。聖域化の名目で平和公園からわれわれの運動を締め出そうとしている」と述べ、原水禁国民会議系の広島県原水協の関係者もまた「平和記念公園を騒動の場にしたくないという考え方ならわかるが、聖域化の名で平和運動まで押えるのは慰霊碑にまつられている霊も決して喜ばないだろう」とコメントしている(中国新聞 一九六九年七月三〇日)。また、ある女性は、当時行われた市行政共催のシンポジウムにおいて次のように聖域化を批判している[20]。

〔平和公園で〕私たち数十名が集って反戦の歌をうたったり、反戦に関する討論をしているとき、市のほうから何らかの抗議がきます。平和公園とは私たちにとってどんなものなのでしょうか。美しい観光地、静かな祈りの場所として大切にしておかねばならぬところなのでしょうか。私は平和公園からこそ真の平和への闘いの火の手があげられるべきだと考えます。だからこそ平和公園が私たち平和を願う人間たちの大集会場でありたいものです。そういう場所に開放されたいものです。[21]（平和を語る市民集会開催委員会 一九六九、三五頁）

この女性の主張からも理解できるように、社会運動にとって、平和公園は平和のために祈る場所ではなく、何よりも平和のために行動する場所であった。

社会運動からの反発にもかかわらず、広島市行政は聖域化を取りやめることはなかった。市行政は、平和公園において、核兵器に反対するために一つにまとまることをあらためて主張するとともに、そのために祈りという行動を強調した。先のシンポジウムで聖域化を批判する女性に対して、市長代理としてシンポジウムに出席していた助役は次のように応答している。

広島市の中心であるところの平和公園が、原水爆禁止の世界に対する叫びの中心であることは、私たちもこれを確信しておるのであります。〔中略〕平和公園の中で……日本の国民、世界の人が一つになっていく。……ただ、何らかの動きが、一方的にいくようなことに流れないようにということを期待しておるわけです。〔中略〕それで願わくは、真に広島の本当の平和のために、全国民が一つになっていける運動のひとつとして、秩序ある静かな祈りのこもった集会をお願いしたいと思います。（平和を語る市民集会開催委員会 一九六九、六一～六四頁）

この助役は、核兵器禁止を訴えるために、「何らかの動きが、一方的にいくようなことに流れないように」人々がまとまることを強調する。そして、国民や世界の人々が「一つになっていける」ために、「静かな祈り」という行動を提唱した。平和公園という空間において、まとまることが重視され、まとまらないものは公園から排除される。そして、一つにまとまるために重視されたのが、「静かな祈り」という非政治的な行動であったのである。

平和記念公園の聖域化には、人道主義にもとづく包摂と排除の両面が表れているといえるだろう。平和公園は、一方で、誰もが訪れ、一つにまとまることのできる場所となった。しかし、そこには「静かな祈り」という条件が付く。そのため、「静かな祈り」以外の行動（すなわち政治的な行動）をとる人々にとって、平和公園は排除される場所となった。そして、この包摂と排除の境界線を引くのが、公園の管理者である広島市行政である。平和公園という空間に表れたのは、人道主義的な態度であり、非政治化であり、そして行政権力の拡大だったのである。

なお、その後、「静かな祈り」は平和公園における行動の基調となり、聖域化は受容されていくこととなる。この一つのモーメントとして、最後に一九七一年八月六日の出来事について記述しておこう。一九七一年八月六日、佐藤栄作が歴代の首相で初めて広島市の式典に参列した。佐藤の式典参列に反対していた新左翼系の反戦運動の学生たちは、実力阻止を訴え、全国から広島市に集結した。広島市主催の式典は午前八時から始まった[22]。広島市長・山田節男などの後に続いて佐藤が献花を行おうとした時、若い女性が慰霊碑前の階段を駆け上がり、叫びながら佐藤に近寄った。女性は警官に取り押さえられ、引きずり出された。献花の再開後、式典会場の外（公園内）から爆竹音が鳴り響き、煙が立ち上った。献花が終わり、八時一五分に平和の鐘が鳴らされ、黙祷が捧げられた。それを合図とするかのように、若者数名が四方から慰霊碑前に叫びながら乱入した。彼らも警官によって場外に引きずり出された。

翌日、地元紙・中国新聞は、朝刊のコラム「天風録」において、式典を妨害した若者について次のように批判した。

祈りを全く持たない彼らは、「ヒロシマ」と無縁のアニマルにすぎない▲世界が敬虔に鎮魂と平和を祈る式典。それをいいエサとばかりにかぎ寄りかき乱した行為は、彼らの多彩な反社会権力の中でも最も卑しい。〔中略〕まじめな抗議と人間性の冒とくとは別事である▲式場を出る佐藤首相へ「人間を返せ」と彼らは呼びかけた。さよう、まさに彼ら自身「人間」を失ってしまった存在である。（中国新聞　一九七一年八月七日）

おわりに

核問題をめぐる人道主義は、核兵器の存在を人類の課題としてとらえ、その廃絶を人類のための行動として強調する。本論で検討したように、このような人道主義の形成と展開の背後には政治的な力学が深く関係していた。占領や冷戦といった時代状況や原水禁運動の分裂という特殊な事情のなかで、核兵器に反対するために、超-政治的な価値として人道主義が唱えられた。しかし、超-政治的な立場を志向することは、政治的なものを避け、排除する非政治的な立場にも通じ、非政治的な立場は行政権力の拡大へとつながるものであった。人道主義は、一度強調されると、新たな力学を生み出し動かしていくことになったのである。

本論の目的は、核兵器をめぐる人道主義を否定することでもなければ、社会運動を擁護することでも、広島市行政を批判することでもない。本論が明らかにしようと試みたのは、一見、政治的ではないように思われる価値がその背後に持つ政治性である。人道主義という非（超）政治的な価値の形成の背後には政治的な力学が存在し、それは新たな力学を生み出しうる。冒頭に挙げた丸山真男の言葉のように、政治的なものを避けようとすることが、結果として、政治的な力学を生み出し、その歯車を回すことがある。本論はそうした事例の一つであろう。

人道主義のような言葉や考え方は、私たちを常に惹きつける。しかし、それらを額面どおりに受け取るのではなく、それらが誰によって掲げられ、何が起きつつあるのかを批判的に眺める。そのような「まなざし」を培うことこそ、「平和」という言葉が軍事化や戦争の大義名分として用いられる現代社会においてますます求められているように思われる。

(1) 本稿は、二〇一二年に一橋大学大学院社会学研究科に提出した博士学位請求論文「原子爆弾による惨禍と苦しみの意味をめぐる制度と体験者――広島市行政・日本政府・社会運動・被爆者」の内容の一部をもとにしつつ、大幅に手を加えたものである。また、本稿の内容については、二〇一四年三月に広島で行われた第五回戦争社会学研究会大会シンポジウム「被爆者をめぐる運動・調査と広島」において口頭発表を行っている。

(2) あくまで「自明性」を疑うことであり、「人類」という枠組みでとらえ、行動すること自体を否定しているわけではないことに留意されたい。

(3) 平和祭と平和記念式典の歴史については宇吹暁の著作（宇吹 一九九二）が詳しい。第一回平和祭は、当時のNHK広島中央放送局長が広島市民の平和への意志を世界に表明しようという提案から始まった（浜井 一九六七）。

(4) 「ノーモア・ヒロシマズ」という言葉は、アメリカ人ジャーナリストによって取材された広島の牧師・谷本清が一九四七年秋に八月六日に世界の平和を祈る運動を提唱したことに由来する（宇吹 一九八九）。この呼びかけが「ノーモア・ヒロシマズ」と海外で報道され、これを受けてアメリカ北部のバプテスト連盟の人々が八月六日を世界平和デーとすることを提唱した。このスローガンが広島の側に逆輸入され、その後使用されるようになった。

(5) 原爆による戦災に肯定的な意義を見出すことをGHQによる一方的な押し付けとしてのみとらえることはできないだろう。というのも、戦災からの復興をめざす際に、広島市は原爆による戦災の特殊性を強調することで、日本政府から特別な優遇措置を受けようとしていたからである（石丸 一九八八）。原爆による戦災に対して肯定的ともいえる意味を与えることは、広島の人々にとって、復興をめざす手段の一つでもあったように思われる。

(6) 安井郁は、一九四三年に東京大学の教授となったが、戦後に教職追放された。一九五三年には東京都杉並区立公民館の館長となり、地域の主婦たちの社会教育活動にあたった。杉並区の署名運動の指導者的地位についたほか、一九五四年八月に発足した原水爆禁止署名運動全国協議会では事務局長、翌年発足した原水爆禁止日本協議会では初代理事長となった。安井郁と原水爆禁止署名運動の関わりについては丸浜の著作（丸浜 二〇一一）が詳しい。

（7）初期の原水爆禁止運動の歴史を辿った藤原修もまた、杉並区の署名運動を事例として、初期の原水爆禁止運動が超党派の「非政治的」運動として進められたことを指摘している（藤原 一九九一、三六頁）。

（8）原水爆禁止運動の分裂の経緯は、宇吹暁が『広島新史 歴史編』のなかでまとめている（広島市編 一九八四、二七五〜二八八頁）。

（9）原水爆禁止世界大会は、一九五五年八月に広島で第一回大会が行われて以降、毎年開催されていた。

（10）特に一九六八年には様々な原爆被災資料が発見され、「被災資料ブーム」と呼ばれるほどであった。この頃に被災資料関するシンポジウムが広島で開催されている。

（11）被災白書運動は、結局、一般の人々の支持を得ることができず、その目的を達成することはなかった。

（12）原爆ドーム保存の経緯の概要は、浜井信三の自伝（浜井 一九六七）や広島市が編纂した原爆ドーム保存記念誌（広島市 一九六八）に記されている。

（13）引用箇所の文章は、原水禁団体や被爆者団体が提出した要請書の文言と似通っている。

（14）超-政治的な立場から政治的なものを避けようとする態度は、次節で広島市行政を事例として説明するが、原爆被爆者による体験を語る活動の変化にも表れているように思われる。被爆者が組織的に体験を語り始めたのは、原水爆禁止運動の興隆した一九五〇年代半ばであった。注目を集めた被爆者が各地に招聘され、体験を語ったが、その目的は、主に原爆被害者の救援と原水爆禁止を訴えることにあった。しかし、被爆者による体験を語る活動が「語り部活動」や「証言活動」として組織化された一九八〇年代の広島においては、その目的は主に「継承」と教育となっている。たとえば、「証言活動」に取り組む団体として一九八四年に結成されたヒロシマを語る会は、「被爆の体験の風化」と修学旅行生の増加を結成の理由として挙げている（ヒロシマを語る会編、一九九四）。他方、同会は、同じ趣意書に「会員は……この会の中にはセクトを持ち込まない」旨を記しており、既存の社会運動（特に原水禁運動）と距離をとることを暗に示唆している。つまり、一九八〇年代における体験を語る活動は、単に「継承」を目的としたというよりも、その目的に特化しており、直接的な政治運動ではなく、学生などに「伝える」という教育的活動に主眼を置いていたといえるだろう。

（15）山田節男は、広島県賀茂郡（現東広島市）で生まれた。一九二三年に東京帝国大学を卒業後、イギリスに留学している。原爆を経験していないが、戦後、広島県出身の参議院議員として広島平和記念都市建設法の制定に尽力した。山田は二期目を務めている最中の一九七五年に病気で亡くなった。なお、政治的な背景として、山田は国会議員時代に当初社会党に属し、その後、社会党右派から生まれた民主社会党に関わっており、革新ではあるが、そのなかでは右派ともいえる位置にあった。これは前任者の浜井信三も同様である。「保守王国」とも呼ばれる広島の強い保守の地盤のなかで、山田も浜井も市長選を保守派の候補者と争った経験を持つ。

(16) 山田市政の施策については、広島平和文化センターによる出版物(財団法人広島平和文化センター 一九九七)や広島市の史書(広島市編 一九八三)等を参照した。なお、原爆被爆者に対する独自の援護措置は、山田が市長に当選した一九六七年に市議会に補正予算として提出され、「死亡葬祭料」の支給などが行われた(広島市編 一九八三)。

(17) 第九回世界大会の翌年、一九六四年には、市行政は八月六日を中心とした三日間において平和公園の慰霊碑前の広場の使用が制限されている。山田節男による「聖域化」は、この方針を拡大したものであった。

(18) 広島市公園条例は一九五二年四月に公布されたものが、一九六四年度末に改正・公布されている。第四条「行為の制限」では、「市長の許可を受けなければならない」行為として「競技会、展示会、集会その他これらに類する催しのために公園の全部又は一部を独占して利用すること」が挙げられている。つまり、山田節男は新たに規則を設けたのではなく、既存の条例を厳格に適用したということになる。ただし、被爆者団体などが核実験の度に行う慰霊碑前の座り込みは排除されたことがなく、山田自身も一度座り込みに参加している(中国新聞 一九七三年八月二七日)。

(19) 一九六〇年代後半、広島における社会運動は多様化していた。地域の一大組織であった原水爆禁止運動は分裂により、複数の団体へと別れていた。また、分裂に嫌気がさし、原水禁運動から離脱する人々もおり、継承などを目的とする社会運動も生まれていた。さらに、新左翼系の運動が広島にも広がっており、べ平連や中核派などの運動が活発化していた。新左翼系の若者たちは、広島の既存の社会運動とはほとんど結びつかず、独自に行動した。

(20) 一九六九年八月二日に開催された「被爆体験の継承と平和教育」という集会。広島市と第二回平和を語る市民集会開催委員会が共催した。

(21) べ平連などの若者たちは、実際に聖域化に対する反対行動を展開している。たとえば、広島のべ平連は、公園内でギターを鳴らし反戦歌を歌う集会を継続的に開いた。一九六九年八月六日には「平和公園は祈りの場だけか」「平和公園を反戦の広場に」という立て看板を出して歌ったという(毎日新聞 一九六九年八月七日)。また、同日夜には、全共闘の学生を中心に約千人が慰霊碑前の広場に入って集会を強行した(中国新聞 一九六九年八月七日)。彼らは「平和公園をわれわれの手に取り戻そう」といったシュプレヒコールを上げていた。

（22）式典の様子は中国新聞（一九七一年八月六日、七日）にもとづいている。午前一一時までに五九名が逮捕された（中国新聞 一九七一年八月六日）。

〈参考文献〉


石丸紀興（一九八八）「『広島平和記念都市建設法』の制定過程とその特質」『広島市公文書館紀要』一一号、一～五六頁。

今堀誠二（一九六五）「原水禁と被災白書の運動」『世界』二三一号、一八六～九六頁。

宇吹　暁（一九八九）「原爆体験と平和運動」藤原彰・今井清一編『十五年戦争史四』青木書店。

宇吹　暁（一九九二）『平和記念式典の歩み』ひろしま平和文化センター。

財団法人広島平和文化センター（一九九七）『（財）広島平和文化センター20年誌――センターの歩み』財団法人広島平和文化センター。

田辺耕一郎（一九六三）「原水爆禁止運動の反省と再建」『思想』四六九号、一〇三〇～一〇三八頁。

丹下健三（一九五〇）「平和都市建設の中心課題」『新都市』四巻八号、一四～一七頁。

浜井信三（一九六三）「売名平和運動を拒絶する――広島五十万市民の悲願」『自由』五巻一〇号、一八～二三頁。

浜井信三（一九六七）『原爆市長ヒロシマとともに三十年』朝日新聞社。

広島市編（一九八二）『広島新史資料編Ⅱ（復興編）』広島市。

広島市編（一九八三）『広島新史行政編』広島市。

広島市編（一九八四）『広島新史歴史編Ⅱ』広島市。

広島市（一九六八）『ドームは呼びかける――原爆ドーム保存記念誌』広島市。

広島市広報室広報課編（一九六七）「平和のシンボルとして永遠に」『広島市政と市民』二四二号、二～三頁。

ヒロシマを語る会編（一九九四）『生かされて』ヒロシマを語る会。

藤原　修（一九九一）『原水爆禁止運動の成立戦後日本平和運動の原像』明治学院国際平和研究所。

平和を語る市民集会開催委員会（一九六九）『被爆体験の継承と平和教育』。

丸浜江里子（二〇一一）『原水禁署名運動の誕生　東京・杉並の住民パワーと水脈』凱風社。

丸山真男（二〇一〇）「政治的判断」杉田敦編『丸山真男セレクション』平凡社、三四二～三九〇頁。

安井　郁（一九五五）『民衆と平和』大月書店。
Braw, Monica, 1991, *The Atomic Bomb Suppressed: American Censorship in Occupied Japan*, Armonk, New York: M.E. Sharpe.（＝二〇一一、重沢敦子訳『検閲　原爆報道はどう禁じられたのか』時事通信社。）
Foucault, Michel, 1980, "Table ronde du 20 mai 1978. Debat avec Michel Foucault," Perrot, M. et al., eds, *L'impossible prison*.（＝（一九八四）尾崎浩ら訳「歴史と権力」桑田禮彰ら編『ミシェル・フーコー　一九二六〜一九八四』新評論、一四二〜六三頁）

第6章　十五年戦争と元・兵士の心的外傷《トラウマ》

――神奈川県の精神医療施設に入院した患者の戦後史

中村江里

はじめに

戦争と兵士の精神疾患の問題は、歴史的には第一次世界大戦時ヨーロッパ・北米諸国における「シェル（砲弾）・ショック shell shock」「戦争神経症 war neurosis」から注目されるようになり、ベトナム戦争帰還兵の症例研究と運動によって「心的外傷後ストレス障害（PTSD: Post Traumatic Stress Disorder）」という診断名が生まれた。現代でも、アフガニスタン・イラク戦争の帰還米兵の間では、戦争による死者よりも帰還後の精神疾患に苦しむ人々の方が多いことが問題となっている(1)。

日本においても、一九三一年の満州事変から足かけ一五年にわたる戦争でこれまでにない規模の人々が戦地へと動員されるなかで、兵士の精神疾患は当時「戦争神経症」「戦時神経症(2)」（以下煩雑さを避けるため括弧は省略する）と呼ばれ、軍部や国家の関心事となった。一九三八年に精神疾患兵士の専門治療機関として国府台陸軍病院が、一九四〇年に精神疾患を対象とした傷痍軍人療養所である武蔵療養所が設立されたことはその証左であろう。

戦時中、精神神経疾患や頭部戦傷患者として傷痍軍人武蔵・下総療養所に収容され、重症であったり家族などに引き取られなかったりした元兵士たちの多くは、戦争が終わっても引き続き国立療養所に残ることになった。これら国立療養所に取り残された元兵士たちの戦後については、ジャーナリストによる先駆的な仕事が貴重な記録となっている。TBSのプロデューサーであった吉永春子は、一九七〇年・七一年・八四年の三回にわたる「さすらいの未復員」シリーズで国立武蔵療養所に残る精神障がい患者を取材し、国立下総療養所を取材した清水光雄は、『最後の皇軍兵士』という詳細なルポルタージュを出版した。また、人文・社会科学領域で戦争精神疾患兵士の研究を切り拓いた清水寛の研究（二〇〇六年）でも、吉永の仕事に触発される形で国立療養所の患者への聞き取りを行っている。

これらの聞き取りのなかでたびたび登場する「未復員」という言葉は、もともと戦後における戦傷病者援護の先駆けとなった「未復員者給与法」（一九四七年）に由来するが、それ以上の意味も込められている。すなわち、彼らの心身を蝕む傷の深さであり、まさに彼らにとってはまだ「戦争が終わっていない」ということである。また、彼らが自らの傷を認識しようとせず、敗戦で日本が大きく変わったこともまったく知らないかのように、過去の戦争体験のなかだけで生きている、という意味である。

戦争と心の傷に向き合うことを阻まれていたのは、「未復員」だけではない。戦時中に軍隊における精神神経疾患が軍事医療において注目を集めたにもかかわらず、戦後は陸海軍の解体とともに彼らへの関心は消失してしまい、戦後も吉永や清水が何度か「未復員」について問題化する契機はあったものの、公的な戦争の記憶から彼らの存在は排除されていたと言えるだろう。日本社会において、圧倒的な衝撃体験が人間の心身に及ぼす影響に対する関心が広まるのは一九九五年の阪神・淡路大震災と地下鉄サリン事件以降であると言われているが、いわば戦後五〇年以上もの間、戦争とトラウマの問題を社会が忘却し続ける「潜伏期間」（下河辺 二〇〇〇：一五）が存在したということである。

本稿では、第一節で終戦直後の国府台陸軍病院の状況について確認したうえで、第二節ではこの「潜伏期間」にあたる一九五〇～六〇年代において神奈川県の精神病院に入院した元兵士たちの戦時体験とその心身への影響を、精神医学のトラウマ理論に依拠しつつ整理し、彼らが社会との関係のなかでどのような困難を抱えていたのかを明らかにする。また、第三節ではこの長期的な「潜伏期間」をもたらした要因を探るべく、戦後日本の精神医学や社会における戦争神経症の位置について分析したい。

第一節　終戦直後の国府台陸軍病院

終戦直後の国府台陸軍病院の様子については、新井尚賢・斉藤茂太など何名かの医師が記述しているが、患者の病像変化については、一九四二年七月から終戦後約二ヵ月まで国府台陸軍病院の第五内科で勤務していた細越正一が詳細な記録を残している[3]。細越は終戦後約三週間にわたって三五名の神経症患者を観察した。軍医たちは突然の終戦で患者が動揺することを恐れたが、「事態は予想に反して平穏」であり、「患者はただ一日も早く帰宅することを切望するのみ」であった（細越 一九四五a：六九）。

細越は、観察した患者を第一群（内地発病）二三名、第二群（外地発病）七名、第三群（再入院患者）五名の三種類に分類した。このうち、第一群は、岐阜県から送られてきた一例を除くすべての患者が国府台陸軍病院付近の部隊から送られてきた患者であり、病像は固定されておらず、「意識性が強かった」のだと言う。これに対して、第二群と第三群は病像が固定され、二次的な症状が現れていた。

観察の結果、病状を快復した者は一〇名で全体の二九％に相当するが、これをさらに各群に分けると、第一群が九名（九〇％）、第二群が〇名、第三群が一名（一〇％）であった。総じて、内地発病患者たちは快復が著しかったが、外地から送られてきた第二群と入院を繰り返していた第三群は快復が認められず、むしろ第三群の二例は症状が悪化した。この事例が悪化した理由について、深刻な生活難が予期されることと、家族との不和を細越が挙げているのは重要であろう。軍事社会学者のデーヴ・グロスマンは、心的外傷後の反応の大きさを規定するものとして、最初のトラウマの強度だけではなく、トラウマを負った個人に対する社会の支援構造もきわめて重要な因子となると指摘している（グロスマン 二〇〇四：四三八）。細越も、「全快に近い状態」で去っていった多くの神経症患者が、「終戦による新たなコンプレックス」によって「悪化こそすれ病像の好転は望まれなかったと考える」と憂慮している。

第二節　旧国府台陸軍病院入院患者の戦後

一　目黒克己による二〇年後の予後調査

細越の予測は、終戦の二〇年後に行われた目黒克己による調査で的中することとなった。当時、国立国府台病院および国立精神衛生研究所に勤務していた目黒克己は、旧国府台陸軍病院に入院していた戦争神経症患者二二〇五名のうち、頭部外傷を合併したものを除き、一九四一年から一九四四年一二月の間に退院したものから二二五名を抽出し、このうち生存が確認された一七六名に対して予後調査を行った[4]。

調査は、まず二回にわたって質問用紙を郵送して行われ、郵送方法によって回答が得られたもののうち、さらに家庭訪問を了承した者には直接の面接が実施された。しかし、郵送回答の返信率は、第一回が一七六例中一〇四例で五九・一％、第二回が一〇四例（第一回返信者）中三五例で三三・六％にとどまった。さらに「今後いっさいこのような連絡をしないでくれ、今回かぎりに願いたい」という返信が多く、家庭訪問による面接に応じたのはわずか二〇例にとどまり、距離の関係などで面接が実現したのは一三例であった。

第一回郵送法によって得られた知見は、以下のとおりである。

(1) 被調査者のうち、完全に症状がなくなり、さらに仕事も結婚もしている「社会適応群」は五六％強であった。

(2) 症状はほぼ消失し、医学的には治癒しているが、職もなく未婚のままであり必ずしも社会に適応しているとは言えない「社会不適応群」が一八％いた。

(3) まだ本人が過去の神経症が治ったとは考えていない「未治群」が二五％いた。

つまり、戦後二〇年経っているにもかかわらず、全体の四三％の人が社会に適応するのに何らかの問題を抱えている（と考えられている、もしくは本人がそう感じている）という結果が出たのである。

目黒は当時のカルテに記載された病名を、約二〇年後の診断基準で病像別に分類し直している。この病像別に見ると、入院時にヒステリーのような転換症状（失立失歩など平時の市民にみられるものより劇的・原始的な症状）や、不眠・幻覚・妄想・自殺を主とする精神症状を呈していた患者の予後が、自律神経症状や急性意識障害を主としたものに比べて悪かった。その理由として、転換症状を起こすものには「ヒステリー人格」のものが多く、精神症状を示すのは「素因的なものの度合いの高い神経症群」であることを目黒は挙げている。ここでは、症状が固定化し、難治性のものを患者の「人格」や「素因」の問題として説明しているが、本稿後半の第三節では、トラウマへの適応という枠組みでこうした症状を理解する視点を示す。

さらに、ここで想定されている「社会適応」とは、有職で既婚であることとほぼ等しく理解されていたが、心的外傷の「回復」とはそのような限定的な理解で良いのだろうか。生瀬克己は、戦時中の傷痍軍人援護が「勤労」と「妻帯」という当時の「普通の市民＝一流市民」としての指標に大きく規定されていたことを鋭く指摘した（生瀬 二〇〇三：二一一）が、そのような障がい者の「社会適応」の理解とおそらく無関係ではなかっただろう。

二　戦後日本社会における戦争神経症の位置

現在から見ると以上のような再考の余地はあるが、戦後日本社会において戦争神経症患者の予後調査を行った例は、目黒の調査を除いて存在しない。また、日本の精神医学では長らく内因性疾患である精神分裂病（現在は統合失調症と呼ばれる）の研究が主流であったが、目黒の研究は戦争によるストレスに着目したものである。その先見性はいくら強調してもし過ぎることはないだろう。

とりわけ強く印象に残るのは、患者の多くが調査を受けること自体を拒否したことである。これは戦後日本社会における戦争神経症や精神疾患の置かれていた位置と無関係ではないと思われるので、調査を行った目黒克己氏へのインタビュー(5)にもとづいて、この点をさらに掘り下げて考察したい。

目黒が戦争神経症の研究を始めたきっかけは、国立国府台病院で受け持った一人の「未復員」患者（生活給付金や医療費も国費で出していた）であったという。入所した当時の所長は宮崎達博士であった。目黒が勤務したのは四〇床神経科病棟と呼ばれる木造建ての病棟で、ここは「加藤正明先生を始め戦時神経症患者を治療していた伝統のある病棟だった」と目黒は振り返る。目黒と看護助手の若い女性以外は軍歴があり、軍医として召集されていた人も多く、国立国府台病院には「硫黄島会」というものもあった。

目黒が患者と面接した時の様子を聞くために、筆者は「戦時中に国府台陸軍病院に入院していたことは、どのような経験として被調査者に記憶されていましたか」と質問した。これに対して、目黒は以下のように回答した。

現在はそうでもないですが、調査した時点では精神病患者に対する差別があり、精神病であるということだけで日本の社会の中で切り離されていましたね。たとえ症状が軽くても本人も親族も言わないし、言えば就職も結婚もできない、出世もできないというのが普通でした。彼らは精神病であるということ自体を恥と考えていたし、その延長線上で返事をしない人々が多数いました。調査の依頼の葉書には「当時貴方が〇年から〇年にかけて入院していた国府台陸軍病院の当時の状況についてお知らせください」とのみ書いて慎重を期しましたが、それでもダメでした。会ってくれた人も、完全に部屋を閉め切った状態で話を聞きました。たとえ治ったとしても、過去に精神病であったことは絶対に人には話さなかったようです。例えば戦後になって結婚した人も、家族には話していなかったんじゃないでしょうか。

目黒の証言からは、かつて国府台陸軍病院に入院していた人々が、精神疾患への社会的偏見のために戦時の入院体験すら語ることが困難であった状況がわかる。家族にも社会に向けても語られず、当事者にも認められずに闇へと葬り去られた戦争のトラウマは、おそらく目黒の調査の対象者以外にも存在したことだろう。また、元軍人だけでなく多くの民間人や日本軍に生活の場を踏みにじられたアジアの戦争被害者のなかにも存在したと思われる。

次に筆者は、戦後日本の精神医学界や一般社会で戦争神経症がどの程度認知されていたかについても尋ねた。目黒によれば、「戦争神経症」という言葉は「精神医学の専門家だけで使われていた言葉」であり、広く人口に膾炙した言葉ではなかったという。さらに、精神医学界で目黒の研究がどのように受け止められたかについては以下のように語った。

「戦争」とついていれば全て悪いものというのが日本中の常識でした。「反体制」の人びとは、戦争神経症の研究に対しても批判的で、「国府台の医師達も物好きだ」という感じで、戦後の精神医学界の中では「右寄り」だと言われましたね。精神医学は内村祐之以来左翼的な流れで〔医学の中でも――引用者補足〕疎外されていて、その中でさらに戦争について研究していたら「あー何やってんだ」という感じで無視されましたよ。だから当時戦争神経症について発表したら驚かれました。〔目黒の研究報告を――引用者補足〕関心を持って聞いていたのは、調査対象になった国府台陸軍病院の患者のカルテを書いた主治医ばかりでしたね。

こうした戦争神経症への無関心の背景には、日本の精神医学において長らくストレスが軽視されてきたことがあると目黒は指摘した。目黒は当時からストレスと精神障がいという観点から戦争神経症に関心を抱いており、「日本のストレス研究の中では変わっていた」という。戦後二八年目にグアム島から残留日本兵の横井庄一が帰還した事件があったが、目黒によればアメリカではこのような事件が起きると普通精神科医も救出に行くにもかかわらず、日本では内科医が行き、精神科医を出さなかった。その理由は、「一般社会はストレスに関する知識が低く、精神科医は精神病を診る医師であり、帰還兵を精神病扱いには出来ないということでした」と目黒は語った。その当時、目黒は厚生省の行政官だったため、内村祐之や土居健郎らに「なぜ精神科医を派遣しない」と批判されたが、「あなた方は日本の精神医学界の指導者として、ストレスや神経症を軽視してきたじゃないですか」と反論したという。目黒によれば、「精神分裂病を診るのが本物の精神科医」だという風潮が根強くあり、ストレスに起因するものは長らく軽視されてきた。

このようなストレス軽視の研究状況に加えて、前述のような戦後日本社会で広く見られた軍隊と戦争に対する強い忌避感は、アカデミズムのあり方をも規定するものであった[6]。国府台陸軍病院の院長であった諏訪敬三郎は、「この種の研究は公表すると必ず差し障りがあるので、五〇年は口を閉じていた方が良い」と目黒に伝え、目黒はその後様々な取材依頼が来ても一切拒否していたという。心的外傷の歴史を記したジュディス・ハーマンは、「歴史は心的外傷をくり返し忘れてきた」と指摘したが、戦後日本における軍隊と戦争に対する拒否反応は、戦争神経症を研究の主題とすることすら躊躇させるものであり、その歴史を忘却することにつながったと言えるだろう。

第三節　神奈川県の精神病院入院記録から見た元・兵士の心的外傷《トラウマ》

以上、国府台陸軍病院の終戦時・戦後の患者の状況を中心に述べてきたが、本節では公文書館で保存・公開されている神奈川県の精神病院の入院記録を分析したい。このような資料を用いた分析には、以下二点の意義がある。

第一に、「はじめに」でふれた「未復員」の取材や研究は、戦時中精神神経疾患の特殊治療施設とされた武蔵・下総療養所の入所者を中心に進められ、総じて彼らを家族や郷里から切り離された存在として描いてきたが、実際には「未復員」達は全国各地に存在していたものと思われる。筆者は、これまでの研究のなかで、いくつかの統計にもとづいて戦時中の精神疾患兵士の発生・移送の実態について分析し、少なくとも日本の総力戦期においては精神疾患兵士のうち内地に還送された者はかなり限定的であったことを示した（中村 二〇一三）。とりわけ、太平洋戦線における患者はほとんどが戦地で治療も受けられなかったものと思われる。精神疾患を発症したものの戦地に取り残された人々のなかには死亡した者も多かったと考えられるが、なかには戦争が終わって生きて帰った人々もいただろう。これらの人々は、吉永らが対象とした国立療養所だけではなく、全国の他の精神医療施設で治療を受けたり、あるいは家族と生活したり、地域のなかで生きてきたのではないだろうか。

第二に、「未復員」に関する諸作品は聞き取りという手法を用いて行われてきたが、戦争体験者の多くが世を去ってしまった今日においては、文字史料を用いて戦争の歴史叙述を深めていく必要がある。本稿が着目する精神病院の医療アーカイブズは、その専門性ゆえにこれまでの戦争史研究では着目されてこなかったと言えるが、フォーマットに沿って記入され、組織的に残された大量のデータを利用することができる。また、そこには患者の言動のみならず、家族や地域住民との関係も記録されているのである。

一 使用する史料について

本節では、一九五〇〜六〇年代における神奈川県の精神病院入院記録を分析することによって、患者の戦時〜戦後の状況や、入院の経緯、家族との関係を明らかにする。

今回用いた入院記録は、神奈川県立公文書館所蔵の以下のものである。(7)

・「昭和二七年精神障害者入院許可関係綴」(以下、【史料群1】と表記する)

・「昭和三四年精神障害者診察保護申請関係綴」(【史料群2】)

・「昭和三七年度精神障害者措置入院関係書類(一冊の一)」(【史料群3】)

また、【史料群3】については、「昭和三七年度精神障害者措置入院関係書類(二冊の二)」というファイルのなかに、重複すると思われる四例(症例24・25・37・38)の医療保護申請書類が存在したため、適宜参照した。

これらの史料には多くの個人情報が含まれているため、同文書館では、氏名・住所・誕生日など個人を特定できる情報をマスキングしたうえで公開している。

当時の精神病院の入院形態について確認しておくと、一九五〇年五月一日公布の精神衛生法により、「病院以外の場所に精神障害者を収容」することが禁じられ、私宅監置が禁止された。その代わりに定められたのが、措置入院制度と同意入院制度である。措置入院は都道府県の知事の権限による強制入院であり、知事は、指定医の診察の結果、「精神障害者であり、かつ、医療及び保護のために入院させなければその精神障害のために自身を傷つけ又は他人に害を及ぼすおそれがある」と認めた時、国・都道府県立精神病院または指定病院に入院させることができた(加藤 二〇〇一:五〇五)。同意入院は精神障害と診断され、医療および保護のために入院が必要と認められる場合、患者本人の同意がなくても保護義務者の同意で入院させることができ、一種の強制入院とも言われる(加藤 二〇〇一:五七六〜五七七)。上記史料は、入院の形態という点では史料群1と3が措置入院、史料群2が同意入院に分類される。

各史料群に記録が残された人数は以下のとおりである（括弧内は本稿の対象となる男性の人数）。史料群1…五〇（三三）人、史料群2…六六（四三）人、史料群3…三四九（一九六）人。このうち軍歴が書いてある者四一名を対象とし、そのなかで戦後頭部外傷や脳膜炎になった者二名を除外した三九名についての分析を行った。三九の症例一覧は、**表1・表2**のとおりである（措置入院か同意入院かで書類の項目が異なるため、入院の形態によって分類した）。なお、軍歴について記載はないものの出生年から見て軍歴がある可能性が高い例も少なからず存在するが、断片的な資料から判断するのは困難であるため、本稿では取り扱わない。また、この病がどのように記録されるかということは、戦争・軍隊経験が人間の精神に与えるインパクトについて、記録する側（医師）や、患者の情報を提供する側（患者自身や家族）がどのように認識しているかということにも依存すると思われるが、その点についても最後に考察してみたい。

二　患者入院記録の分析

(一)　戦時中に発症した例

まず発症の時期について確認しておくと、①戦時中に精神疾患を発症し、戦後再発あるいは継続している者が一一名（うち一名は頭部外傷後の精神障がい）、②終戦後に発症した者が二七名、不明が一名である。職業については、一六名が無職でその他は何らかの職業が記入されていたが、人夫などの不安定な仕事を転々としていたり、体調が良い時に漁業や農業などの家業を手伝うという事例もしばしば存在した。また、婚姻については、内縁関係を含めて既婚が一二名、離婚・死別が四名、他は不明（恐らく多くは未婚）であった。

以下ではまず、戦時中に発症した例について確認してみよう。

◆戦時期の神奈川県の精神病院

戦時中に精神神経疾患を発症した兵士の治療施設として、これまでの研究では国府台陸軍病院のみが注目を集めてきたと言って良いが（清水 二〇〇六、野田 一九九八）、陸海軍病院以外の病院に入院する患者も存在した。

たとえば【症例3】は、小児期特に著患なく、尋常科六年を中等度の成績で卒業。性質は「やや我儘なところ」はあるが、交際も良く快活な方であった。家業の漁業に従事していた一六歳の頃、「精神異常」があった。この時は自然に治癒したが、上海事変に応召して帰還後に再び「精神異常」があった。家業を怠り不機嫌で外出徘徊がちとなり、常に家人に乱暴行為をくり返し、時に附近の家に水をかけたり留守中の他家に上り放尿した。一時警察にも保護され、一九四一年一〇月、鎌倉脳病院（現在の藤沢病院）に入院した。退院後も症状は一進一退であり、一九四二年～四三年にも再入院している。復員後は、精神鑑定が行われる二ヵ月前（一九五二年七月頃）までは比較的良く仕事もしていたが、その頃から不眠、真夜中の徘徊、独語が続いていた。鑑定の結果、措置入院の必要ありと判断され、鎌倉脳病院に入院することとなった。

一九三一年設立の鎌倉脳病院は、一九四二年から軍人の入院が増加した（藤沢病院 一九八二：一五）。また、日本で五番目の公立病院として一九二九年に設立された芹香院（現在の神奈川県立精神医療センター）には、一九四四年に入ると野比海軍病院で「一日中、さかだちのしっぱなしとか全く動かないというはでな病像をもつ患者が続出した」ため、溢れた患者が回されてきた。軍人の患者は一般の患者に比べて、治療や入浴、食事などの面で優遇されていたという。さらに、こうした患者の間には軍隊の規律が残されており、盗食をしたり集合時間に遅れた患者は、下士官クラスの患者が「軍人精神注入棒」で尻を五〇～六〇回殴るというしごきを受けた、と当時の職員は証言している（鈴木 一九七九：九八）。海軍には国府台陸軍病院のような精神神経疾患専門の治療機関はなく、精神疾患に対してどのような対応がなされていたか不明な部分も多いが、芹香院のような民間の治療施設に送られたケースもあったようである。(8)

◆戦争で心身を傷つけられた兵士たち

以下の事例からは、長期にわたる戦争の中で複数回にわたり召集を受け、心身を傷つけられた人々の姿が浮かび上がってくる。【症例23】は無口でおとなしく、高等小学校卒業後実業補習学校に通い、大工をやっていたが、一九三七年五月に召集を受けた。中国戦線で左臀部と左下腿に銃創を受けたが、一九四二年七月に再召集を受け、一九四三年四月に召集解除となった。その頃から家で寝てばかりいた。高等小学校卒業後農業をしていた【症例24】も二度の召集を受け、一九四四年頃から独語・空笑・外出徘徊・不眠・粗暴行為・衝動行為があった。医療保護の申請書類を見ると、一度目の帰郷時から「精神に異状をきたして」いたという。

複数回の戦地派遣の問題は、現代においてもアフガニスタン・イラク戦争へ送られた米兵の心身を蝕んでいることが指摘されている。二〇〇九年五月の時点で戦地へ送られた米兵は約二三〇万人、そのうち約一〇〇万人は二回以上派遣されていた。(9)兵員の供給に苦しむアメリカ国防総省は、外傷性脳損傷や心的外傷後ストレス障害（ＰＴＳＤ）などの医学的に戦闘不適格と認定された兵士までも再度戦地へ派遣してきた（反戦イラク帰還兵の会 二〇〇六：二二九～二三〇）。かつてないほど多くの兵士が戦地へ送られた十五年戦争期の日本は、こうした心身のリスクと「いつ戦地へ送られるかわからない」という恐怖を強いられる社会であったと言えるだろう。「兵士であること」は、まさしく細越正一が述べたごとく「拘禁状態」に近い環境に身を置くということであった（細越 一九四八）。

また、戦時中に数多く生み出された「傷痍軍人」には、「傷痍軍人五訓」に示されるような「再起奉公」が求められていたが、以下の事例はそれが困難であった人々の存在を浮き彫りにする。【症例5】は真面目な工兵上等兵だったが、右眼負傷のため失明、除隊となる。帰還後結婚、三人の子どもが生まれる（うち一人死亡）が、春秋には眼の痛みを訴え、痛み出すと焼酎を飲むことが多くなった。漁により生計を立てていたが一九四二年頃から「異常」があり、一九四三年頃から鎌倉脳病院に三、四回入院した。最後の退院は一九五四年四月頃でそれからは医療を受けていない。退院後は落ち着いて漁に出たり山へ薪木を取りに行ったりしていた。一九五八年一二月以降は漁にも出ず、終日酒を呑んでいることが多くなった。

一家の収入は患者の軍人恩給（月三二五〇円）のみで「生活費 不足」と記録されているが、軍人恩給について記載があったのはこの事例のみであるため、おそらく精神疾患ではなく戦傷による失明に対して支給されていたものであると思われる。日中戦争以降、国策として傷痍軍人との結婚が奨励され（生瀬 一九九七）、当時の新聞には傷痍軍人と結婚した妻の献身的な働きぶりを讃える記事が掲載されているが、この事例からは、そのような「美談」が実際の傷痍軍人やその妻の直面した困難を削ぎ落としたうえで描かれていたことがわかる。

◆応召前に精神病院への入院歴がある例

徴兵検査の際、「精神ノ異常アル者」は丁種で不合格となったが（陸軍軍医団 一九四三：一九〜二〇）、在郷軍人の健康状態に関しても、軍が各市町村役場に作成させた「在郷軍人名簿」と呼ばれる簿冊で管理されていた（小

澤 一九九七：四九〜五六)。この名簿で精神病院への入院歴まで管理していたかは不明であるが、今回分析した資料の中には応召前に精神病院への入院歴がある事例が二例あった。【症例20】は精神分裂病で慶應病院に一ヵ月入院していたが、一九四三年九月応召し、北支に従軍、すぐ分裂病となり旅順の陸軍病院に入院した。また、【症例34】は一九四〇年頃から精神沈鬱となり自殺念慮があった。一九四一年頃、約一年間芹香院に入院していたが、一九四四年召集された。

国府台陸軍病院の院長であった諏訪敬三郎は、戦後すぐに「今次戦争に於ける精神疾患の概況」という論文で陸軍の精神疾患について総括している。そのなかで、戦時軍隊内の精神疾患は「戦争の為新に発生するもの」と「異常者が入隊後環境順応困難となり或は症状増悪して発見せられた者」の二種類存在するが、数・質の点で実際上重要なのは後者の方であると諏訪は結論づけた（諏訪 一九四八：一二〇）。

心的外傷の表出の仕方・受け止められ方については、外的環境からの脅威・圧迫の質や強度と内的な要因（遺伝や過去の生育史・生活環境など）のほか（和田 二〇〇〇：三三八〜三四〇）、外傷的な出来事が起こったコンテクスト（ヴァン・デア・コルク 二〇〇一：九）や体験後の周囲のサポート（宮地 二〇一三：一二三）といったその人のおかれた文化・社会状況など様々な因子が指摘されており、これらの要素が複合的に関わっていると思われる。そのような視点に立つと、この諏訪の総括はやや単純化しすぎていると言えるだろう。また、入営前の素因を重視する立場に立つとしても、すでに精神病院への入院歴がある人物が戦地で精神疾患を発症したとすれば、選兵の際のスクリーニングが機能していなかったということであり、軍の行政管理に問題があったと言えるだろう。清水（二〇〇六）は、本来兵役を免除されるはずの知的障がい者までもが戦地に送られたことを指摘したが、これは軍事医学的に軍務に適さないと考えられるような人々にも依存せざるを得ないほど日本の軍隊が構造的な問題を抱えていたことを示している。このような「帯患」入隊者は、疾病の戦争との関連性を軽視されてしまい、兵役義務の履行に伴う精神的・身体的負担に対する国家の責任が免責されることにつながったと考えられる。

◆「疾病利得」と結びつけられた「戦時神経症」

戦時中に「戦時神経症」の発症要因を分析した国府台陸軍病院の軍医桜井図南男は、神経症は何らかの目的を持っている「心因性反応」であり（桜井 一九四一：一六五七）、病気を望むのは病気になった方が都合が良いからであると説明した[10]（桜井 一九四二：三六〜三八）。

【症例2】は、高等小学校卒業後、軍属・工夫として南方へ行き、一九四四年兵役に服したが、朦朧状態を発して精神病舎に収容され、兵役免除となった。戦後、この患者の精神鑑定を行った医師は、「彼のこの状態は心因動機があって発したものと推定される」と記録しているが、この「心因動機」とはおそらく桜井が考えた神経症の発症メカニズムと同様であろう。

国府台陸軍病院の軍医たちは、患者が病気を望む動機とは、具体的には兵役免除や「不当な」恩給の要求であると説明した。戦争終結後、陸海軍省は解体され、一九四六年二月の勅令第六八号により、重度の傷病者に対する傷病恩給を除いて軍人恩給は廃止された――すなわち、戦後発病することで得られる「疾病利得」はなくなってしまったにもかかわらず、この症例も含めて、戦争が終わって一〇年〜二〇年を経てもなお継続する精神疾患が存在したのである。したがってここでは、「疾病利得」とは異なった、戦争と精神の病に対する考察が要求されていると言えるだろう。

(二) 帰還兵の精神疾患――トラウマ反応という視点からの読み直し

(1) 心的外傷後ストレス障害(PTSD)

戦争や災害などの圧倒的なトラウマ体験が人間の身体および精神にもたらす影響として、今日では心的外傷後ストレス障害(PTSD)がよく知られている。二〇一三年に改訂された米国精神医学会の『精神疾患の分類と診断の手引き(DSM)』第五版では、PTSDを①過覚醒(覚醒亢進)、②再体験(侵入)、③回避、④否定的認知・気分の四つの症状群に分類している。宮地(二〇一三)は、これにもとづいてPTSDの症状について説明している。PTSDの診断基準は、DSMの改訂ごとに実証的な研究をもとに変更がなされてきたものであり、「常に検証されるべきオープンな仮説」である(宮地二〇一三:三一)。しかし、精神のバランスを崩した人々の内面や「二次的利得」ではなく、「何がその人のバランスを崩したのか」という外部に存在するトラウマ体験に注目するなかで発展してきた議論であるため(宮地二〇一三:三三、ヴァン・デア・コルク二〇〇一:一〇)、本章でもPTSDをはじめとしたトラウマ反応という視点から症例の読み直しをしていきたい。

以下では、**表1・2**の三九例のなかで戦時中の頭部外傷(症例8)と進行麻痺(症例30・35)による精神障がいの三例を除く三六例について、各症状について見ていきたい。

四つの症状のうち、多くの事例に当てはまるのは過覚醒(三〇例)と否定的認知・気分(二三例)である。過覚醒とは「過度の緊張や警戒が続く状態」であり、具体的には、不眠、理由もなく怒り出す、仕事がまとまらない(集中困難)、衝動行為として記録されているものが当てはまると考えられる。また、否定的認知・気分とはDSM-Vから

表１　措置入院患者一覧

症例No.	史料群No.	生年又は年齢	診断名	職業	結婚	発病年	鑑定結果
1	1	昭和27年7月21日時点で30歳	精神病質（意思薄弱性）	呉服商	既婚（二度離婚）	復員後	自他の安全に危険を及ぼす惧れが充分にあるため、相当長期間、適当な施設に収容され、保護、指導、訓練を受ける必要を有する。
2	1	大正13年	覚醒剤中毒性精神病	無職	既婚	戦時中	覚醒剤の脱慣には最低二週間前後の隔離観察を必要とするため約一週間収容されるのが自他の安寧を保つために必要である。彼の将来については適当な監督・指導を要するが、これを長期間精神病院に収容するのは至当ではない。
3	1	昭和27年9月9日時点で52歳	精神分裂症	漁業	既婚	戦時中	精神分裂症に罹患し、相当陳旧性のものにして人格崩壊状態にあり。現在夜間不眠、不安、外出、徘徊等の行為あり。且つ病識は全然欠如せるため、当分入院加療の要あるものと認む。
8	3	大正12年	精神分裂病	無職	不明	昭和19年	要措置（12ヵ月以上）
9	3	大正14年	精神分裂病	無職	不明	昭和28年	要措置（12ヵ月以上）
10	3	大正8年	精神分裂病	無職	既婚	昭和26年	要措置（1年以上）
11	3	大正14年	進行麻痺	無職	既婚	昭和27年	要措置（1年以上）
12	3	大正6年	精神分裂病	無職	不明	昭和20年（戦後）	要措置（1年以上）
13	3	大正13年	精神分裂病	無職	不明	昭和34年	要措置（1年以上）
14	3	大正4年	精神分裂病	漁業	既婚	戦時中	要措置（6ヵ月）
15	3	大正14年	精神分裂病	無職	不明	昭和20年（戦後）	要措置（1年以上）
16	3	大正4年	精神分裂病	工員	不明	昭和22年	要措置（1年以上）
17	3	大正15年	精神分裂病	人夫	不明	昭和30年	要措置（1年以上）
18	3	大正7年	精神分裂病	人夫	不明	昭和35年	要措置（1年以上）
19	3	大正13年	精神分裂病	駐留軍傭兵	不明	昭和21年	要措置（1年以上）
20	3	大正2年	精神分裂病	無職	不明	昭和14年	要措置（1年以上）
21	3	大正12年	精神分裂病	無職	既婚	昭和20年（戦後）	要措置（1年以上）
22	3	大正6年	精神分裂病	農業	不明	昭和20年（戦後）	要措置（1年以上）
23	3	大正6年	精神分裂病	無職	不明	昭和16年	要措置（1年以上）

24	3	大正5年	精神分裂病	農業	不明	昭和18年	要措置（1年以上）
25	3	大正14年	精神分裂病	無職	不明	昭和21年	要措置（1年以上）
26	3	大正14年	精神分裂病	農業	既婚	昭和30年	要措置（1年以上）
27	3	大正14年	精神分裂病	農業	既婚	昭和34年	要措置（1年以上）
28	3	大正14年	精神分裂病	新聞販売業	不明	昭和20年	要措置（1年）
29	3	大正12年	精神分裂病	鍛冶工	不明	昭和30年	要措置（1年）
30	3	大正7年	進行麻痺	農業	不明	昭和29年	要措置（約1ヵ年）
31	3	大正2年	精神分裂病	工員	不明	昭和26年	要措置（12ヵ月）
32	3	大正11年	精神分裂病	元工員	不明	昭和28年	要措置（12ヵ月）
33	3	大正11年	精神分裂病	船員	不明	昭和25年	要措置（12ヵ月）
34	3	大正4年	精神分裂病	農業	離婚	昭和15年	要措置（12ヵ月）
35	3	大正7年	進行麻痺	潜水夫	内縁	昭和34年	要措置（1ヵ年）
36	3	大正10年	精神分裂病	農業	既婚	昭和33年	要措置（1ヵ年）
37	3	大正15年	精神分裂病	無職	不明	昭和20年	要措置（1ヵ年）
38	3	大正8年	精神分裂病	無職	不明	昭和27年	要措置（1ヵ年）
39	3	明治38年	老人性精神病？	無職	妻子戦災死	不明	要措置（6ヵ月）

出所：筆者作成。

表2　同意入院患者一覧

症例 No.	史料群 No.	生年又は年齢	職業	結婚	発病年	申請者	保護義務者
4	2	大正14年	家具職人	離婚	昭和21年	母	母
5	2	明治34年	漁業	既婚	昭和17年	地区担当民生委員	妻
6	2	大正10年	無職	未婚	復員後	実兄	実兄
7	2	大正6年	不安定	離婚	昭和30年	ケースワーカー	知人医師

出所：筆者作成。

追加された症状で、「強い情動に耐えられなくなって感情を感じなくなり、心が萎縮してしまう現象」（麻痺）と、「自己や他者や世界へのネガティブで強固な思い込み」（否定的認知）を含んでいる。具体的には、感情鈍麻、嫌人、無為、寡黙などと記録されているものが当てはまると考えられる。二つの症状は一見相反するように見えるが、「全く緘黙不動であるが急に亢奮、全く支離滅裂な事を言い出す」（【症例22】）というように、多くの患者に混在して見られた。

一方、回避（トラウマ体験と関連するものやトラウマを思い起こさせるものを持続的に避ける行動）に該当するものは記録されていなかった。また、再体験（事件の時の記憶や感覚、その時見たものや聞いた言葉・音、においや味、触覚や身体感覚が甦ってくること）も、明確にそれとわかるのは【症例37】のみである。【症例37】は小学校卒業後、満州開拓青少年義勇兵となり、今回の事例のなかでは最年少である。発病は一九四五年頃とされており、一九四八年国立国府台病院でロボトミー手術を行っている。一九五八年神奈川精神病院に入院した時には、無為・自閉・幻聴・妄想・独語・拒絶症を示しており、「現在も飛行機の音を聞くと興奮する」と記されている。

但し、書いていないからといって回避や再体験などの症状が存在しなかったとは言えないだろう。医師や患者自身がその症状が重要だと思わなければ記録には残らないからである。

また、幻覚と妄想は、二三例と多くの症例で見られる。幻覚と妄想は精神分裂病の症状として考えられてきたため、今回の措置入院での診断名も、**表1**に見られるように圧倒的に精神分裂病が多くなっているものと思われる。しかし、戦争神経症・PTSDに関する数多くの欧米の研究書を翻訳してきた中井久夫は、多くの戦争神経症患者が統合失調症として治療されてきた、というアラン・ヤングの指摘をふまえたうえで、統合失調症の特徴的な症状とされる幻覚症状が、PTSDのフラッシュバックではないか、と指摘している（中井 二〇〇三：九八〜一〇〇、一〇五）。また、沖縄戦を体験した高齢者の診療経験から、沖縄戦とトラウマについて研究している蟻塚亮二も、「喪失体験やトラウマ反応の結果としての幻聴や、視覚のモノトーン化など『トラウマ後の知覚の変容』はとても多い」と指摘している（蟻塚 二〇一四：九三）。

今回見た事例のなかでは、幻聴の内容は詳しく書かれていないが、「ガスがもれている」という幻臭（【症例9】）や「隣人を人殺しして防空壕の中に沢山死体がある」（【症例34】）、「人が自分を殺す」（【症例36】）などの妄想や「異常体感」などの記述に、戦争トラウマが影響しているかもしれない。

(2) その他のトラウマ反応

ハーマン（一九九九）やヴァン・デア・コルク（二〇〇一）らのトラウマ研究では、暴行・性的虐待・家庭内暴力・拷問および戦争などにおける長期的・反復的なトラウマ体験の方が、限局的なトラウマ体験より深刻な影響を与える傾向があることを指摘しており、単回性のトラウマを想定したPTSDの診断基準を批判的に再検討してきた。戦争・軍隊のように、戦地で殺し殺される恐怖、厳格な上下関係、飢えや病に苦しみながらの果てしない行軍など人間関係に関わる種々のストレスにさらされる経験は、単回性のトラウマを想定するよりも複雑性PTSDの枠組みで理解した方が良いように思われる。

DSM-ⅣのPTSDの定義の作成に携わった委員会は、膨大なトラウマ研究から中心となる症状を抽出し、**表3**に示した、「他に特定されない極度のストレス障害」（disorders of extreme stress not otherwise specified: DESNOS）という試験的な診断基準にまとめた。これらのうちの一部は、DSM-Ⅳにも反映されている。ここで挙げられているのは、身体・情動・認知・行動・人格など様々な機能に与えられる影響であるが、以下ではいくつかの事例で当て

表3　他に特定されない極度のストレス障害（DESNOS）

A　感情覚醒の制御における変化
（1）慢性的な感情の制御障害
（2）怒りの調整困難
（3）自己破壊行動および自殺行動
（4）性的な関係の制御困難
（5）衝動的で危険を求める行動
B　注意や意識における変化
（1）健忘
（2）解離
C　身体化
D　慢性的な人格変化
（1）自己認識における変化：慢性的な罪悪感と恥辱感、自責感、自分は役に立たない人間だという感覚、とりかえしのつかないダメージを受けているという感覚
（2）加害者に対する認識の変化：加害者から採り込んだ歪んだ信念、加害者の理想化
（3）他者との関係の変化
（a）他者を信頼して人間関係を維持することができないこと
（b）再び被害者となる傾向
（c）他者に被害をおよぼす傾向
E　意味体系における変化
（1）絶望感と希望の喪失
（2）以前の自分を支えていた信念の喪失

出所：ヴァン・デア・コルク 2013：231。

はまる項目について見ていきたい。

◆自己および他者への攻撃性

易怒性や衝動行為などが多くの事例で見られたことは「過覚醒」の所でも指摘したが、こうした怒りや不安の感情を制御できないために、自己や他者への攻撃として現れることがある。今回の事例では、二九例において自己または他者あるいは両者への攻撃が見られた。

暴力的であることは、軍隊においてはある意味で生存技術であるが、市民社会においては許容されない。ベトナム復員兵の経験した情緒的混乱について論じたシャータンがいみじくも指摘したように、「軍隊の現実が市民の現実にとって代る時、感情や行為や認知のスタイルも変化する……この新しい認知の仕方、体験の仕方を身につけるということは人格の完全な変容を意味する」のである（シャータン 一九八四：七三）。さらに、暴行の対象は、ほとんどが家族（とりわけ妻）である。敗戦後の日本社会を「虚脱」というキーワードで鋭く論じた歴史家のジョン・ダワーは、戦後の犯罪発生率について、「警察の記録を見ると、降伏後の無法状態はそれほど深刻ではなかったとの印象を受ける」と述べているが（ダワー 二〇〇一：一一七）、ここでは親密な領域における暴力は見落とされてしまっている。また、今回みてきた事例では、暴力をふるった夫の方は入院していても、暴力をふるわれた妻に対するケアは行われていなかった。

トラウマを受けた人々は、感情制御の問題に対して何とかコントロールを取り戻そうと様々な方法を試みるが、それが時に自傷行為や性的逸脱、過食・嘔吐、薬物・アルコール乱用などの自己破壊的な行為になることも少なくない（ヴァン・デア・コルク 二〇〇一：二一一）。近年の小児期の虐待に関する調査では、嗜癖（依存症）がトラウマ体験と深い関係を持ち、トラウマ症状への必死の対抗手段や「自己治療」の試みとしてとらえるべきではないかという知見も出ている（宮地 二〇一三：六四〜七〇）。

【症例1】と【症例2】は覚醒剤中毒の事例である。覚醒剤は戦時中軍隊において航空兵に対して使用されていたが、戦後巷間にも流れ出て社会問題となり、一九五一年六月には覚醒剤取締法が施行されるに至った（新井 一九五四：一二六〜一二八）。このような嗜癖がどの程度復員兵の間に存在したかは明らかでないが、薬物乱用が問題となったベトナム復員兵の社会適応に関する研究では、アルコールや薬物の乱用者の場合、「他の復員兵のサンプルでは認められるような多くの症状が隠されてしまっているという可能性はある」と指摘されている（ニースほか 一九八四：一〇二）。

【症例1】は一九四五年六月三重航空隊において飛行機搭乗、軍行動中、不時着の際衝撃を受け、その後、人柄が一変して感情暴発の反応を示すようになり、殊に飲酒後には異常酩酊の状態となってたびたび興奮・暴行するようになった。暴行は年々悪化していたため、横浜脳病院に入院中、神奈川県知事宛に、「完全治癒しない限り収容施設から退院させない様に」と家族や近隣住民を含む計一九名の者から連名で嘆願書が提出されている。

◆セクシュアリティをめぐる困難

妻に対する暴行は、しばしば「嫉妬妄想」をともなうものであった。先に紹介した【症例5】は、一九五八年末頃から妄想が強くなり、一九五九年一月頃からは終日酒を呑み、電波がくるので悪事がなされると困るから夜も眠ってなどおれないと、夜も眠らずにいることが多かった。彼は妻が床下に男をかくまっているから物がなくなると主張して妻に乱暴し、妻が警察とぐるになっており、家の周辺にいつも警察がきて立ち聞きしていると怒っている。

また、婚姻関係にない女性に対する性的な関係の制御困難もいくつかの事例で見られる。【症例6】は復員後好んで飲酒するようになり、飲むと他人にむやみに喧嘩をふっかけた。職に就いても長くて二ヵ月と働けず、最近では家でぶらぶらしており、近所の娘が結婚すると俺の妻を取ったと刃物を振り回して婚家へ暴れ込み、近所の無関係の者四、五軒がこの被害にあっていた。隣家の婚家に出刃を持って暴れたところを調布警察に保護され、家人が引き取ったという事例である。その他、「唐突に性的な話を始める」（【症例9】）、「女の人に変な素振あり」（【症例16】）、「兄嫁にキスする」（【症例22】）、「親戚の若妻を自分の嫁になる人だなどという」（【症例29】）などの例が挙げられる。

戦時中、「戦争寡婦」をめぐる風紀が当局によって問題化されたが（早川 二〇〇四：一二二〜一二三）、これは銃後の女性たちの「貞操」が兵士たちの士気を維持するうえでいかに重要であったかを示しているだろう。また、米兵と陽気に騒ぐ「パンパン」の姿が日本人男性に「情けなさ」や「誇りを傷つけ」る光景として受け止められた（ダワー 二〇〇一：一六二）。これらの事例のように、患者たちに見られた「嫉妬妄想」や性的な関係制御の困難は、「寝取られる」ことの恐怖がマスキュリニティをいかに不安定なものにするかという問題とも関わっているかもしれない。

◆解離

解離とは、自我の統合性が薄れ、切り離されることであり、主なものとしては離人感（自分の身体が自分のものとは感じられないなどの症状）や非現実感がある（宮地 二〇一三：二一五）。今回分析した事例のなかでは、「自分の魂がもち去られた」（【症例29】）という患者の言葉が記録されている。

解離は、トラウマにさらされている間、自分を圧倒してしまうような感情から自分自身を保護するための有効な方法である一方で、急性のトラウマが過ぎ去った後は、日常の機能を妨害するものになってしまう（ヴァン・デア・コルク 二〇〇一：二一七）ことが指摘されている。

◆身体化障害

現在、トラウマ反応にはＰＴＳＤ以外にも様々なものがあると考えられており、下痢や胃痛などの身体的不調もその一例である（宮地 二〇一三：二一五）。

蟻塚が診察した沖縄の高齢者のなかには、八年前に腰椎の圧迫骨折で足に力が入らなくなって車いすで生活し、二年前に息子が亡くなってから落ち込んで眠れなくなったという女性がいる。蟻塚が沖縄戦のトラウマ反応だろうという見立てのもとに治療を続けるうちに、不眠は治り、歩けるようにまでなった。米軍の上陸直前に、家族とともに艦砲射撃のなかを死体を踏みながら逃げ、途中で妹と祖母が亡くなったという辛い戦争体験から、「足に力が入らない」という身体化障害が引き起こされたのではないか、と蟻塚は指摘している（蟻塚 二〇一四：二二八～二三二）。

今回の事例のなかでは、「心気妄想」（【症例15】、【症例18】、【症例39】）と記されている患者がいるが、こうした「身体に異常がないにもかかわらず患者が訴える体の不調」の背景に、戦争のトラウマが隠れているケースも存在したかもしれない。

このような「身体化障害」は、戦時中に数多く見られた。一九四四年から弘前陸軍病院で軍医として戦地から送られてきた患者を精神科病棟で診療した津川武一は、肺結核や腸閉塞など「それらしい病名」が付けられて転送されてきた重症患者が、検査をしてみると客観的所見が見いだせないことに気づき、その症状は、もはや自分たちが戦争には耐えられない、再び戦地に送り返されたくないという患者の「宣言」であり、彼らは「戦争精神病」であると考えた。「疾病への逃避」に対して厳しい目線を向けた国府台陸軍病院の軍医達とは対照的に、津川は彼らの生存戦略を密かに支援しようとした。公然と反戦は唱えないものの、戦争を賛美することは絶対にせず、患者に対しては「どいつもこいつも戦争の役に立たない落伍者ばかりだ、再び戦争に行けないように除役してやるか、一生陸軍病院で飼ってやるかするから」と言うことで信頼を得たようである（津川 一九七五：一七六〜一八五）。

国府台陸軍病院の軍医たちが、「戦時神経症」のなかでとりわけ関心を寄せたのも、こうした「自覚症状のみを主として他覚症状に乏しい患者」たちであった（中村 二〇一三：五六）。しかしながら、エイブラム・カーディナーが「異常な身体的症状を示すことが、時には『記憶』の適応的な形態でありうるのかもしれない」と書いているように（カーディナー 二〇〇四）、「心の傷」が広く受け入れられない社会にあっては、こうした体の不調の訴えこそが、病者たちの「言葉」であったのだろう。

おわりに

以上、神奈川県の精神病院に入院した患者を中心に、戦時中精神疾患を発症した例や、復員後に心身の変化や社会への不適応などが見られた事例を紹介してきた。まず戦時中については、これまで知られてこなかった、海軍の患者の存在や、陸海軍病院以外での治療の実態が明らかとなった。これは、戦争神経症への対応が、軍の治療施設だけではなく、民間の医療施設でもかなり行われていたことを示していると思われる。

復員後の変化については、ＰＴＳＤの症状に該当すると思われるものだけでなく、種々の身体の不調やアルコール・覚醒剤への嗜癖など様々なトラウマ反応が見られた。第一節・第二節との関連で言えば、これらの患者の多くが経済的に不安定であったと考えられることは、細越・目黒の指摘に沿ったものと言える。一方、目黒へのインタビューによれば、調査の際には初めから家族に会うことは期待せず、本人からしか話を聞いていないため、家族の話は全然出てこなかったそうであるが、本稿では、神奈川県の精神病院入院患者を事例に、患者と家族の関係についても明らかにしてきた。少なからぬ患者が結婚をしており、妻をはじめとする家族への暴力がしばしば見られた。ＤＶ被害の深刻さが認識されるまでは親密な領域における暴力は「暴力」とみなされてこなかったが、就労と婚姻を要件とする「社会適応」の概念自体を再考する必要があるのではないだろうか。もちろん、家庭内での暴力がない事例も存在するのであり、今回紹介した多くの事例は「自傷他害のおそれがある」という理由で入院に至った措置入院のケースであるので、そのような点で資料のバイアスもあることは考慮しなければならない。

さらに、第二節の目黒のインタビューで語られた、戦後の精神医学における戦争や軍隊への忌避感情は、戦争神経症研究の停滞につながっただけではなく、患者の記録の残し方にも影響したのではないかということを指摘しておきたい。ベトナム復員兵の家族療法について研究したスタントンとフィグレーは、「退役軍人管理局内外での精神衛生にたずさわる大部分の人たちは一般的な軍隊体験や、特に戦闘体験についてクライエントに尋ねることは稀である」と指摘している（スタントン＆フィグレー 一九八四：二二六）。第三節で扱った精神病院の入院記録では、措置入院の場合、二名の医師による精神鑑定書が書かれるが、同じ人物に対して一人は軍歴について書いているのに対し、もう一人は書いていないというケースも存在した。本稿では片方について軍歴が書いてある場合は検討の対象としているが、両方とも軍歴が書いていない場合は対象から外している。

目黒のインタビューでもふれられていたように、医師の側だけでなく患者の側にも戦争体験について語ることへのためらいがあっただろう。戦後日本社会における戦争や軍隊への忌避感を敏感に察知しただけでなく、「辛い体験」が「当たり前」という感覚もあったと思われる。以上の点を考慮すると、本稿で検討した以外にも「隠れた戦争トラウマ」が存在しているかもしれないということを最後に書き添えておきたい。

【謝辞】本稿執筆のための資料収集にあたって、公益財団法人トヨタ財団より二〇一三年度個人研究助成を受けました。また、第二節のインタビューで貴重なお話をご提供いただいた目黒克己氏に、この場を借りて御礼申し上げます。

（1）二〇一二年一月の米国退役軍人省のデータでは、戦地での死者は六三二四人（三〇九人の自殺者を含む）であるのに対し、三八五七一一人が何らかの精神疾患で治療を受けている。参照URL：「常識を求める帰還兵の会」がウェブ上で公開している、アフガニスタン／イラク戦争の被害報告　http://veteransforcommonsense.org/wp-content/uploads/2012/01/VCS_IAIR_JAN_2012.pdf

（2）国府台陸軍病院の軍医であった斎藤茂太の回想によると、「『戦争が原因でおこる』神経症という印象を一般に与えるおそれがあるという陸軍省当局の意向に遠慮して、わざわざ『戦時』神経症などとよんだ」ということである（浅井　一九九三：五七）。

（3）以下の内容は、特に注のない限り、［細越　一九四五b］による。

（4）以下の内容は、特に注のない限り、［目黒　一九六六］による。

（5）以下の内容は、二〇一三年六月一九日に行った目黒克己氏への聞き取りにもとづく。聞き取りは目黒氏の自宅で行われた。目黒氏の略歴は以下のとおりである。一九三二年一二月リオデジャネイロ生まれ。国分寺で育ち、立川高校、慶應医学部卒業。中学一年の時立川飛行場へ動員されて空襲も受けた。家は代々医者である。一九六二年国立国府台病院神経科病棟へ勤務の後、ハーバード大学医学部へ一年間国費留学。帰国後クラーク勧告によって厚生省精神衛生課へ移動。厚生省退職後は国会の承認人事である社会保険審査会で、主として厚生年金をはじめ社会保険のクレームを審査する社会保険審査会委員を務めた。その他経歴多数。現在は医療法人高仁会の顧問で、昔研究所で開発した精神科のデイケアの指導をしている。

(6) 吉田（二〇〇二）が指摘するように、筆者の専攻する歴史学もまたその制約から自由ではなかった。

(7) 各史料の請求記号は以下のとおり。史料一…一二〇〇四一六五四八、史料二…一一九九五〇三五〇六、史料三…一一九九四一三二〇六、史料四…一一九九四一三二〇五。

(8) 元海軍軍医の黒丸正四郎（神戸大学名誉教授）は、海軍の精神医療についてのインタビューのなかで、「陸軍と違って、それまでの海軍には精神病患者やその治療についての関心、配慮は全くありませんでした〔中略〕徴集の陸軍とは違い海軍は全員志願でしたからよけいにそんな風潮が強かったのでしょう」と述べている（黒丸　一九九七）。

(9) 「戦略ミス　重いツケ」『毎日新聞』二〇〇九年五月二一日。

(10) 桜井図南男の戦時神経症論については、拙稿（二〇一三）で分析した。

〈参考文献〉


浅井利勇編（一九九三）『うずもれた大戦の犠牲者——国府台陸軍病院・精神科の貴重な病歴分析と資料——』国府台陸軍病院精神科病歴分析資料・文献論集記念刊行委員会。

新井尚賢（一九五四）「精神医学的見地からみた犯罪現象の変遷」刑事学研究会編『法務資料第三三一号　本邦戦時・戦後の犯罪現象（第一編）』法務大臣官房調査課。

蟻塚亮二（二〇一四）『沖縄戦と心の傷』大月書店。

小澤眞人・NHK取材班（一九九七）『赤紙』創元社。

エイブラム・カーディナー、中井久夫・加藤寛訳（二〇〇四）『戦争ストレスと神経症』みすず書房。

加藤正明ほか編（二〇〇一）『縮刷版　精神医学事典』弘文堂。

デーヴ・グロスマン、安原和見訳（二〇〇四）『戦争における「人殺し」の心理学』筑摩書房。

黒丸正四郎（一九九七）「海軍の精神医療——黒丸正四郎先生に聞く」『精神医療』第一二号、八二～八五頁。

桜井図南男（一九四一）「戦時神経症ノ精神病学的考察　第一篇」『軍医団雑誌』第三四三号。

桜井図南男（一九四一）「戦時神経症ノ精神病学的考察　第二篇（其の一）」『軍医団雑誌』第三四四号。

清水　寛編著（二〇〇六）『日本帝国陸軍と精神障害兵士』不二出版。

清水光雄（一九八五）『最後の皇軍兵士——空白の時、戦傷病棟から——』現代評論社。

チャイム・F・シャータン「ベトナム復員兵のストレス病——持続する感情障害——」フィグレー編前掲書、七一～八一頁。

鈴木敦子（一九七九）『あすを拓く——芹香院・五〇年の精神医療』非売品。

M・ダンカン・スタントン、チャールズ・R・フィグレー「ベトナム復員兵の家族療法」フィグレー編前掲書、一二一五～一二三五頁。

ジョン・ダワー、三浦陽一・高杉忠明訳（二〇〇一）『敗北を抱きしめて』岩波書店。

津川武一（一九七五）「戦争精神病の人たち」『シリーズ現代史の証言4　帝国軍隊従軍記』汐文社。

中井久夫（二〇〇三）「トラウマとその治療経験——外傷性障害私見」『徴候・記憶・外傷』みすず書房、八二～一一六頁。

中村江里（二〇一三）「日本帝国陸軍と『戦争神経症』——戦傷病者をめぐる社会空間における『心の傷』の位置」『季刊戦争責任研究』第八一号。

生瀬克己（一九九七）「一五年戦争期における〈傷痍軍人の結婚斡旋〉運動覚書」『桃山学院大学人間科学』一二号。

エドガー・P・ニースほか「ベトナム復員兵薬物乱用者の退役二年後の適応状況」フィグレー編前掲書、九八～一〇三頁。

野田正彰（一九九八）『戦争と罪責』岩波書店。

ジュディス・L・ハーマン、中井久夫訳（一九九九）『心的外傷と回復〈増補版〉』みすず書房。

早川紀代（二〇〇四）「家族法の改正——戦時および戦後——」吉田裕編『日本の時代史　二六　戦後改革と逆コース』吉川弘文館。

反戦イラク帰還兵の会、アーロン・グランツ、TUP訳（二〇〇九）『冬の兵士——イラク・アフガン帰還米兵が語る戦場の真実』岩波書店。

藤沢病院編（一九八二）『藤沢病院五〇周年史』非売品。

古山高麗雄（二〇〇三）『フーコン戦記』文春文庫。

細越正一「続第五内科回顧録」（一九四五年一〇月二五日—一九四五a）陸上自衛隊衛生学校編『大東亜戦争陸軍衛生史　巻六　軍陣内科・軍陣精神神経科・軍陣レントゲン科・軍陣病理』五八～六九頁。

細越正一「終戦直後における戦時神経症病像の変化について」（一九四五年一〇月二五日—一九四五b）陸上自衛隊衛生学校編『大東亜戦争陸軍衛生史　巻六　軍陣内科・軍陣精神神経科・軍陣レントゲン科・軍陣病理』九〇～一〇七頁。

宮地尚子（二〇一三）『トラウマ』岩波新書。

目黒克己（一九六六）「二〇年後の予後調査からみた戦争神経症（第一報）」『精神医学』第八巻一二号、九九九〜一〇〇七頁。

吉田　裕「戦争と軍隊——日本近代軍事史研究の現在」『歴史評論』二〇〇二年一〇月号。

吉永春子（一九八七）『さすらいの〈未復員〉』筑摩書房。

陸軍軍医団（一九四三）『昭和十八年度　軍陣衛生要務講義録第一巻』。

和田秀樹（二〇〇〇）「外傷性精神障害の精神病理と治療」『精神神経学雑誌』第一〇二巻第四号、三三五〜三五四頁。

第7章　黒人運動の「外交」

――全米黒人向上協会（NAACP）、国際連合と冷戦

小阪裕城

はじめに

一九四七年一〇月二三日、全米黒人向上協会（National Association for the Advancement of Colored People: NAACP）[1]が「世界へのアピール」（An Appeal to the World）と題された請願を国連人権委員会に提出した。

「米国において人種憎悪とカースト的束縛が復活している。そしてこうした危険な潮流の復活の問題は、単に米国のみならず、全ての国々にとっても同様なのだ。一体いつになったら諸国家は、国外のみならず、国内にこそ敵が存在するのだということを学ぶのだろうか。米国を脅かしているのはロシアではなくミシシッピであり、スターリンやモロトフではなくビルボやランキンであり、同胞に対してなされる内なる不正は外国勢力の侵略行為よりもはるかに危険なのである。[2]」

請願は、戦後の米国における人種差別と暴力に抗議し、国際社会の注目と国連の介入を求めるものだった。だがそれは上記のごとく、一九四七年の国際情勢を鑑みるならばきわめて挑戦的といえるレトリックとともに、国際社会の眼前に示されようとしていたのである。第二次大戦の経験によって、戦後世界平和の担い手とされた国連や、その設立目的の一つとして掲げられた「人権」に対する期待が高まっていた。そのような期待が国際政治の現実と交錯する時、何が起こったのか。そして、アフリカ系アメリカ人（以下、黒人）の運動にとって、戦後の国際人権の潮流とは何だったのだろうか[3]。

近年、アメリカ史研究の領域では、公民権運動史やその前史をグローバルな文脈に位置づけて再評価を試みる研究の蓄積が急速に進んでいる[4]。けれども、本稿の関心はそうしたアメリカ黒人史の研究史に接続することよりもむしろ、多様な主体が織り成すグローバルな政治過程を解明する手法としてのグローバル・ヒストリーの重要性が提起されていることをふまえ[5]、黒人運動の動きに注目することで、戦後直後の世界政治の一つの断面を明らかにすることにある。換言すれば、本稿の課題は、大戦直後の国際秩序と国内秩序の絡み合う様相を考えることにある。そしてその際に注目していきたいのは、NAACPが国際人権をどう認識し、どう使おうとしていたか、という点である。国連は米ソ冷戦のアリーナだっただけでなく、マイノリティが権利を主張するためのプラットフォームになろうとしていた。「人権」もまた冷戦外交のプロパガンダの道具だっただけでなく、マイノリティにとっての「抗議の言葉」となろうとしていた。反人種主義、脱植民地化、国際人権といったトランスナショナルな諸潮流を考慮に入れることで、冷戦だけを特権化しない形で戦時・戦後の国際／国内秩序が相互に作用しあい、再編されていくプロセスを捉えるとともに、その再編過程が黒人運動の側にどのような影響をもたらしたのかという点について考えてみたい[6]。

第一節　第二次世界大戦のもたらしたもの

Ｅ・Ｈ・カーが戦後世界平和は革命的な社会変革をともなわなければならないと指摘したのは、世界の人々や運動が戦後国際秩序の構想に関心を持ち、変化を求める動きを前にしてのことだった。総力戦であり、人種戦争であった第二次世界大戦の特質は、各国の社会において著しい人口移動、産業構造の変化をともなうとともに、政治的・社会的地位の向上を企図した人々の意識化を促していた。戦争の経験は植民地においても帝国支配の動揺と解体を促す契機となっていた。[7] 米軍に所属して各地に展開する黒人兵士たちの境遇を調査すべく、世界各地の戦線を視察して回ったＮＡＡＣＰの事務局長ウォルター・ホワイト（Walter F. White）によれば、「二次大戦は黒人に世界の他の有色人種や抑圧される人々との連帯感を与えた」のであり、「米国における黒人の闘いは、インドや中国、ビルマ、アフリカ、フィリピン、マラヤ、西インド、南アにおける帝国主義と搾取に抗する闘いの一部なので」あった。[8]

米国の人種状況を世界的な文脈のなかで把握していたのは、ホワイトに限らなかった。二〇世紀の初頭より、アメリカ黒人は国際政治を人種という要因によって把握する視点を発展させていた。ＮＡＡＣＰの創設者の一人でもあるＷ・Ｅ・Ｂ・デュボイス（W.E.B. Du Bois）は、第一次世界大戦後のパリ講和会議に合わせてパン・アフリカ会議を組織し、植民地支配のもとにあるアフリカの独立運動との協力を模索していた。と同時に、当時大国として台頭し、パリ講和会議の場で人種平等条項案を提出していた日本に期待をかけ、世界の有色人種解放のリーダーとして認識するようになっていた。[9] 一九三五年のイタリアによるエチオピア侵攻は、アメリカ黒人と海外の抑圧された人々がパラレルな関係にあるという認識を強化する契機となった。デュボイスはこの時、アフリカ人とアメリカ黒人が置かれた境遇のリンクを指摘し、「世界の人種問題が解決されない限り、アメリカの黒人問題が解決されることは考えられない。」と述べていた。[10]

反ファシズムの理念と帝国の維持という、二次大戦下の連合国の理念と政策の間の矛盾が顕現した場所の一つがインドだった。イギリス帝国の総力戦に動員される一方で、反英独立運動が展開されていた。アメリカ黒人はそのようなインドの闘いに関心を寄せ、自分たちの経験と結び付けようとしていた。[11] 両者の連帯は双方向的なものだった。マハトマ・ガンジーは米大統領フランクリン・D・ローズヴェルト（Franklin D. Roosevelt）に宛てた書簡において、「個人の自由や民主主義のために世界を安全にするために戦うという連合国の宣言は、インドやアフリカが英国によって搾取され、また、米国が黒人の問題を抱えている限り空疎なものに聞こえるだろう。」と、米国の黒人問題に言及していた。[12] 他方、四三年にはインドの反英独立運動がさらに激化したが、アメリカ黒人はインド情勢に大きな関心を寄せていた。NAACPもまた英首相チャーチルに対し、逮捕されたガンジーの解放を要求したのだった。[13]

そうした反植民地主義と反人種主義の潮流に、女性の地位や労働者階級の経済的社会的権利意識の普及といった潮流が合流することで、戦後へ向けた世界的な流れが形成されていく。戦後世界を司る原理として「国際人権」を求める運動がこうして台頭した。再びホワイトの表現を借りれば、二次大戦が終わろうとしていた時期にあって世界には「持てる者が排他的に維持しようとしている自由と繁栄の分け前を求める、持たざる者たちの決意の風が吹いている」のだった。[14]

第二節 「人権」と人種主義をめぐる国際／国内政治

(一) 国連憲章と「人権」

世界大戦は欧州の荒廃や帝国支配の動揺によって「力の真空」を生じせしめたが、他方で各国の社会秩序を流動化させていた。内外の秩序の動揺がどう絡み合い、再編されていくのか。そこにアメリカ黒人はどのような機会を見出し、行動したのだろうか。

第二次大戦中に連合国によって掲げられた「四つの自由」や大西洋憲章といった理念に触発され、世界の国々や知識人、市民社会は戦後国際秩序の構想に関心を持ち、その中核となる国際連合へ期待を寄せ始めていた[15]。NAACPもその例外ではなかった。国連憲章を完成させるべく各国代表が集った一九四五年のサンフランシスコ会議の場においても、積極的に国際人権にコミットし、自らのものとして体得しようとするデュボイスやホワイトらNAACPの姿があった。

ホワイトらは、米国代表団の顧問団体の一員としてサンフランシスコに来ていた。当時、米国務省は、国際機構の創設に向け、アメリカ外交の民主的な基盤を創出することを試みていた。それは、孤立主義的な世論のゆえに国際連盟に加盟することができなかったという「歴史の教訓」をふまえたものだった。国務省は米国内の各種市民団体を招き、米外交の近況や戦後に向けた米国の構想について逐一説明するとともに、諸団体による積極的なコミットメントを求めていた[16]。

では、国務省の招請に応じたNAACPの思惑は何だったのだろうか。アメリカ黒人にとっての前大戦の「歴史の教訓」は、戦後の黒人を標的とするリンチや人種暴動の発生と、雇用からの黒人の排除であり、米国の闘う総力戦への黒人の貢献がまったく報いられなかったことであった。さらに、パリ講和会議において日本の人種平等条項案が欧米によって葬り去られたことも忘れ難い教訓であった。第二次大戦後にも同様の憂き目を見ることを避けるためには、国連を中核とする戦後秩序の形成過程で一定の影響力を持つ必要があるとされた。デュボイスは国務省に対して、サンフランシスコ会議に米国代表団顧問の一員としてNAACPが参加できるようロビー活動を展開した[17]。その努力が功を奏し、四五年の四月二日、国務省はサンフランシスコ会議米国代表団顧問の一員としてNAACPを正式に招請した[18]。NAACPは、事務局長のホワイトを米国代表団顧問に任じ、デュボイスとメアリ・M・ベシューン（Mary Mcleod Bethune）の二人を副顧問とする陣容でサンフランシスコ会議に臨んだ。

開会にあたってトルーマン大統領（Harry S. Truman）は、前任者であるローズヴェルト大統領の戦後構想を引き継ぎ、人権について宣言することの重要性を強調していた[19]。だが、すでに前年のダンバートン・オークス会議で起草されていた国連憲章草案の人権条項は、抽象的な上に内政不干渉原則によって有名無実にされていた。主権を侵されることを恐れる国務長官ステティニアス（Edward R. Stettinius）は、サンフランシスコに集った顧問諸団体に対して、ダンバートン・オークス草案以上の「人権」の承認を確保する見込みはないと明言していた。そのような米国代表団の消極姿勢に抗して、顧問団を構成する宗教団体やユダヤ人団体が「人権」の重要性を強調した。ホワイトもまた、植民地やその他の従属地域の人々のことを「人権」の概念の枠内に含めることの重要性を主張したのだった[20]。

だが、米政府にはなかなか「人権」に踏み込むことができない理由があった。たしかに「人権」は国際的に一致して推進されるべき課題だった。二次大戦の惨禍とホロコーストの衝撃は、「人権」の国際的保護を喫緊の課題として浮上させていた。それは戦後構想の一環として、大西洋憲章などを通してすでに表明していたアメリカ外交の国際公約でもあった。他方、国家主権への執着も根強く存在した。「人権」を強調され、国家主権が制約されてしまうおそれのある国連憲章では、南部の保守派や議会の反発を招き、米国の国連への加盟を再び妨げられてしまう。それだけは回避しなければならない。それがアメリカ外交にとっての「歴史の教訓」であった。

ところが、会議ではインドやエジプト、フィリピン、フランス、キューバ、ニュージーランドなど多くの国々から人種平等を求める修正案が提起される。[21] NAACPを含む米国代表団の顧問諸団体もまた声明を発表し、「人権」を求めていた。[22] 国家主権の論理と、「人権」を求める声とが交錯するこのジレンマは、やはり内政不干渉原則を保障する国内管轄権の設定によって解消されることになる。憲章第一条はその第三項において、「人種、性、言語または宗教による差別なく全ての者のために人権及び基本的自由を尊重するように助長奨励することについて、国際協力を達成すること」を謳った。他方、第二条ではその第七項において、「この憲章のいかなる規定も、本質上いずれかの国の国内管轄権内にある事項に干渉する権限を国際連合に与えるものではな」いとされていた。国連の目的として「人権」が強調されつつ、その保護の実施はあくまで各国の責任においてなされるべきものであるとされたのである。

完成した国連憲章について、デュボイスは批判的だった。彼の問題意識は、主権国家からなる国際連合において、特にアフリカの植民地住民の声は誰が代表するのかという点にあった。[23] ホワイトもまた、「憲章は妥協に基づいて作られたあらゆる文書同様に不完全な文書であり、地平線の彼方にわずかに希望が見えるだけである」と表現し、批判した。[24]

(二) 戦後のアメリカ社会

大戦の終結にともない、アメリカ黒人を取り巻く状況は悪化した。総力戦体制に組み込まれたことで一定の経済的向上を見ていた黒人労働者たちは、戦争が終わるや失業の危機に直面する。[25] 一九五〇年までに黒人の失業率は白人の二倍に達した。賃金面でも人種間に大きな格差が生じ、黒人の賃金は白人を大きく下回った。さらに黒人に対するリンチも頻発する。特に帰国したばかりの黒人復員兵に対するリンチ殺害事件が目立っていた。[26]

このような米国内の人種問題は、国際社会の耳目を引くこととなった。米国内で生じたリンチや様々な人種差別事件が、各国メディアによって大きく報じられたのである。それに加えて、訪米した外国人もまた深刻な人種差別の現実に直面し、国際問題となった。一九四七年七月、インド政府代表として米国を視察中だったロイ (Bidhan Chandra Roy) がイリノイ州のレストランで料理提供を拒否された。ロイはこれを「アメリカのカースト制度」と呼んで非難した。ロイはガンジーの専属医でもあったが、そのことが事件の注目度を高めていた。[27] 同年、世界的知名度を誇ったダンサーであるジョセフィン・ベーカー (Josephine Baker) が、ニューヨークにおいて三六件のホテルから黒人であることを理由に宿泊を拒否された。彼女はフランスのメディアを通じ、アメリカの人種差別の実態を非難した。[28] ハイチの外相もまた、やはりニューヨークのホテルで宿泊の延長を拒否されていた。[29] 各国からの抗議を受け、国務省は国内の人種主義について、外国の目を気にするようになる。各国に駐在する大使館・領事館は、任地における米国の人種問題に関する新聞報道や現地からの抗議の声を収集し、本国に報告していた。[30]

こうして世界の注目が米国の人種状況に集まりつつあった一九四六年六月、全米黒人会議 (National Negro Congress: NNC) が請願を国連事務総長トリグヴェ・リー (Trygve Lie) に送った。この請願は、米国の黒人が日々直面する不公正の実態を暴露し、国連による調査を要請していた。ジョモ・ケニヤッタやエンクルマら、後にアフリカ独立のリーダーとなる著名なアフリカ黒人も署名に加わったことで、請願は大きな反響を呼ぶことになった。イラク紙やソ連紙もＮＮＣ請願を報じ、米国の黒人差別の実態を大きく取り上げた[31]。

ＮＮＣ請願は国連において激しい抵抗に直面することになった。内政干渉に反発する国々は、この問題は純粋に米国の国内問題であると主張した。国連憲章の明記する国内管轄権を根拠に、ＮＮＣ請願の受理を拒絶したのである。

しかしながら、アメリカ黒人はそのような論理では納得しなかった。そもそも国連の目的の一つとして、経済的社会的あるいは人道的問題の国際協力が謳われていたではないか。ＮＡＡＣＰのヒューストン（Charles H. Houston）は、国連には国内の個別具体的な事件の調査に関与する権限はないかもしれないが、人権侵害が国家的レベルに達していたり、侵害の状況を政府が是正することができない場合には米国政府の政策自体が問題なのであり、国家の政策というレベルにおいて国連は司法権を行使しうると主張した[32]。また、当時米国は、ソ連がポーランドで自由選挙を実施しないことを非難していたが、そのことも国内管轄権の主張への疑念につながった。ヒューストンによれば、「南部の選挙権剥奪を許している合衆国の政策は、ポーランドの選挙やフランコ・スペインにおける民主的権利の否定と同じく、国際的な問題なので[33]」あった。アメリカ黒人に言わせれば、そもそも米国において自由選挙が実施されていないのである。矛盾は明らかだった。

㈢　南アフリカのインド系住民差別問題とインドの国連外交

国内管轄権によってＮＮＣの請願は阻まれたが、同時期にさらなる問題が生じていた。インドが南アフリカにおけるインド系住民の差別問題について国連に提訴したのである。一九四六年六月二二日、インド政府は国連事務総長トリグヴェ・リーに宛てた書簡において、南アでインド人が長年にわたって差別を受けてきた歴史を紹介するとともに、国連憲章の理念を今こそ実行に移すべきであると主張した。そして、この問題が国連総会の議題の一つとして取り上げられるよう主張したのである。(34)

二度の世界大戦は米国同様、南アでもマイノリティの地位向上と人種間の緊張を招いていた。白人が英連邦軍の一員として従軍する一方で、アフリカ人が戦時の労働需要に応え、製造業へ進出した。都市部でのアフリカ人の増加は、四〇年代には新たな大衆運動の展開につながった。都市の黒人人口の急速な増加は、極度の住宅不足の状況を生み、高額な家賃は都市周縁部のスラムの形成を促し、スラムを撤去しようとする当局との間で対立が生じていた。抗議デモや通勤バスのボイコットが繰り返された。アフリカ人労働者による労働争議も頻発した。四〇年代までに勃興しつつあったこうしたアフリカ人大衆運動は、既存の南アの秩序を動揺させるものであった。地位を脅かされた白人の恐怖感こそが、その後の南アの行方を決定しようとしていた。(35)

南アのインド人住民が直面していたのは、このようなイギリス系白人とオランダ系のアフリカーナー、アフリカ人といった諸民族集団が緊張を孕みつつ織り成す南アの階層的な政治・経済・社会構造の流動化と再編の過程であった。インド人の多くは都市部へと流入し、商業に進出していったが、彼らの成功への反感を背景にして、選挙権剥奪をはじめとする様々な差別的諸立法が進んでいた。高まる反アジア人のアジテーションは、四三年にはナタールでアジア系住民の土地取得を制限する法として結実する。さらに一九四六年、南ア政府はインド人の商業活動と居住の双方における完全に隔離する法律（Asiatic Land Tenure and Indian Representation Act）を可決した。一九四六年の第一回国連総会においてインド政府が反発を示したのは、このような南アの政策に対してだった。インドによれば、南ア政府によるインド人住民の自由と人権に対する一連の政策は国連憲章違反であった。インドは、国連憲章一〇条および一四条に照らし、インドはこの問題を総会に送った。インドによる提訴は、NNCのケースとは異なり、正式な独立はまだだとはいえ、国連の正式な加盟国によるものであったがために、易々と退けることはできなかった[36]。

国連憲章第一〇条および一四条は、総会が憲章の射程範囲内にあるいかなる問題についても議論し、平和的解決のための勧告を出すことができると規定する。と同時に、前述のように国連憲章は、個々の国家の国内管轄権に属する問題については射程に入らないということも明示している。国連憲章の孕むこのような両義性は、論争の余地を提供した。ある者は憲章に人権を拡張させる可能性を見出した。だが、別の者は憲章に内政不干渉原則を見出し、利用しようとした。相異なる二つの解釈が国際秩序と国内秩序のはざまで「人権」をめぐる国際政治のダイナミズムを生み出すことになったのである。

そして、インドの国連外交は多くの人々を触発した。米英を含む各国の人々がインドを熱烈に支持していた。一方の南アが主権国家をアクターとする舞台として世界を見ていたのに対し、「インドは、国家のみならず人々が大きな役割を演じ、新たな連帯を打ち立てられるような空間を見出していた[37]。」

一九四六年一〇月、インドの提起した問題は総会に持ち込まれた。インド政府は、南アのインド系住民に対するこれまでの処遇は、四六年の差別的立法は人権と自由の点において国連憲章に違反していると主張した。対する南ア政府は、南アは憲章に含まれるいかなる人権侵害もなしていないと反論した。南アによれば、国連憲章は国際的に広く承認された権利の規定を作っておらず、加盟国は国連憲章のもとでは具体的な義務を課せられないはずだった。南アは、問題となっているインド系住民は紛れもなく南ア国民であり、国連憲章第二条第七項に定める国内管轄権に属する問題であると主張した[38]。

一二月、総会は、南ア政府に対してインド系住民の処遇を両国間の協定と国連憲章の関連条項に沿うものにするよう勧告する決議案の投票に移った。米国や英連邦諸国など一五カ国が南アを支持し、七カ国が棄権するなか、アジア・アフリカ諸国三二ヵ国がインドを支持し、決議案は可決された。これは歴史的な決議だった。世界の歴史上、国際機構が人種問題と闘う姿勢を公式に示したのはこれが初めてのことだった。[39] この時のインドの国連外交には世界中が注目し、国連に希望を見出した。他方、米国はこの事態を憂慮した。インドの問題提起は、一度は国内管轄権の論理で葬り去ったNNC請願を復活させかねないものだったからである。

(四) 米国トルーマン政権の公民権改革

国際社会の目が米国内の人種状況に注がれる状況にあって、トルーマン政権は対応を迫られていた。一九四六年一二月、トルーマンは大統領行政命令九八〇八を発令し、公民権に関する大統領諮問委員会（President's Committee on Civil Rights）を設置する。先に述べたように、黒人復員兵に対するリンチ殺害事件が相次ぎ、国際社会の関心も高まっていた。また、NNC請願がそれに拍車をかける状況をもたらしていた。四六年九月には全米群衆暴力反対緊急委員会（National Emergency Committee Against Mob Violence）が組織され、ホワイトらがトルーマンに面会し、政権の対応を訴えていた。[40] 行政命令は、それに応えたものだった。

諮問委員会は一〇回にわたる会議を経た後、一九四七年一〇月二九日、その最終報告書である「これらの権利を保障するために[41]」を発表した。諮問委員会は議論の過程で国務長官マーシャルに対し、米国の公民権問題の国際的な影響について意見を求めるなど、人種問題がアメリカの国際的地位を脅かし、国益を損なう恐れがあるということを意識していた[42]。最終報告書は、米国における人種主義の記録と問題点を提示したうえで、連邦政府の責任として権利の保障を推進することを促し、さらに委員会による具体的な行動計画を勧告するものだった。後半には国務省のディーン・アチソンの書簡が引用され、「この国におけるマイノリティ差別の存在は、他国との関係に好ましからざる影響を与えている。」として、国務省として人種差別撤廃政策が進められることが要望されている[43]。トルーマン・ドクトリンが謳ったように、冷戦が生活様式をめぐる戦いとなりつつある以上、国内の人種状況の改善は急務だった。

第三節　「世界へのアピール」とその挫折

㈠　請願の作成

NNCによる請願提出行動を受け、NAACPの特別調査部の責任者であるデュボイスは、国連総会におけるNAACPによる請願提出を提起する。デュボイスにとって、この種の請願を出すことの必要性は、南アのインド人やパレスチナのユダヤ人、あるいはインドネシア人などといった人々も同様に請願を作成しているという事実からも明らかだった。デュボイスの手元には、インドの不可触民の活動家であるアンベードカル（B. R. Ambedkar）からも、同様に請願を作ることを示唆する書簡が届いていたのだった[44]。デュボイスの提案は承認され、デュボイスの指揮のもと、レイフォード・ローガン（Rayford W. Logan）ら四人が執筆を担当したこの請願の草稿は、一九四七年初頭には各所に回覧され、修正・補足が加えられた。[45] だが、この請願の作成時期は、米ソが冷戦へと向かっていく時期と重なっていた。

この時期の米国外交を、デュボイスとホワイトはどのように認識していたのだろうか。デュボイスの立場は明確だった。四七年四月には黒人紙『シカゴ・ディフェンダー』において、トルーマン・ドクトリンを批判し、米国外交の根底にある反共主義を非難している。彼は、世界の人種問題の根本には貧困があるとし、貧困撲滅の希望を社会主義と国連に見出していた。[46]

三〇年代以来アメリカ共産党と対立し、反共的だったホワイトも、ソ連と対立を深める米国を支持していたわけではなかった。一九四六年三月、英首相チャーチルがミズーリ州フルトンで「鉄のカーテン」演説を行い、米国民に対してソ連の脅威を喚起すると、ホワイトは演説を「責任ある人間による、現代史において最も危険かつ皮肉なものの一つ」であると訴えた。[47] ホワイトはさらに同年四月、『シカゴ・ディフェンダー』紙において、イラン問題をめぐってソ連と対立する米英の偽善をこう非難していた。英国がギリシアやエジプト、インドネシアやイラク、そしてパレスチナに駐兵し続けている限り、英米がイランにおけるロシア軍のプレゼンスを重大視するのは理解に苦しむことであり、「英国と米国は、他国民のハウスキーピングを批判する前に自分たちの家をまずきれいにしろ、というソ連の主張は完全に正しい」のだと。[48] 反共主義者であることと、冷戦外交を肯定するということは必ずしもイコールではなかったのである。

(二) 植民地問題をめぐる温度差

一見するところ請願提出に向けて歩調を合わせているかのように見えるデュボイスとホワイトだったが、実のところある問題において認識の相違が生じていた。実は、デュボイスは早くも一九四六年の初頭より、アフリカの植民地問題についてNAACPとして国連に訴えることを提起していた。[49] だが、アフリカの人々の声をNAACPが代表・代弁するというデュボイスの提案に対して、ホワイトは懐疑的だった。[50] 結局、植民地問題をめぐる請願の作成についてNAACPの承認は得られなかった。最終的に四七年一〇月に国連人権委員会事務局に提出される請願「世界へのアピール」は、米国におけるアメリカ黒人に関するものであり、アフリカの問題や人種と植民地主義のリンケージの視点が欠如するものとなったのである。デュボイスは、NAACPがアフリカ問題にコミットする姿勢が薄いことについてたびたび不満をあらわにしている。[51]

第一節で確認したように、ホワイトにアフリカに対する問題意識がなかったわけではない。しかし、NAACPの運動を指導する立場として、脱植民地化を追求する方法論が、デュボイスとは異なっていた。デュボイスがパン・アフリカ会議のような形での連帯を模索したのに対し、ホワイトは後に見るように、アメリカ外交に対する影響力を確保し、アメリカ外交を通じた植民地問題の改善を志向したと考えられるのである。そのような両者の間の齟齬は、国際人権と国家権力の関係についての認識の差異というもう一つの論点とも関わってくるのだった。

三　請願の提出

ＮＡＡＣＰは出来上がった請願を国連で提出すべく動き出した。四七年の一月二九日にはデュボイスが国連人権委員会を傍聴し、早くも請願の草稿を人権委員会事務局のジョン・ハンフリー（John Humphrey）に手交した。一方、ホワイトはデュボイスに対し、米国国連代表団の一員であり、さらに国連人権委員会の議長に就任していたエレノア・ローズヴェルト（Eleanor Roosevelt）に、請願提出について相談することを提案した。[52]ローズヴェルトはＮＡＡＣＰの理事会（Board of Directors）の一員でもあり、これまでにも運動と政権の間の窓口として、政府が様々な不公正や事件の調査・解決に乗り出すよう影響力を行使してくれていた。ＮＡＡＣＰにとって、彼女の存在は運動戦略上、欠かすことのできない重要な資産だった。彼女に、助言と協力を求めるのは当然だった。

だが、ローズヴェルトはＮＡＡＣＰの動きに難色を示すことになる。世界人権宣言の成立過程を紐解けばわかるように、国連人権委員会もまた、人権の定義をめぐって東西が激しく争う冷戦の舞台だった。[53]国際人権章典の完成を自らの使命とするローズヴェルトは、さらなる火種を持ち込むことを嫌がった。

困難は冷戦だけではなかった。国連憲章に国家主権の論理が色濃く刻まれた結果、制度・手続きの問題がネックとなって立ち塞がったのである。九月一一日、デュボイスは国連事務総長トリグヴェ・リーに対し、国連総会の場において請願を公式に提出したいと打診した。デュボイスは、制度上は不可能だということは承知しているとしたうえで、それでもＮＡＡＣＰの声明を聞く場を設けてほしいと訴えるとともに、事務総長の臨席を希望した。[54]しかし、事務総長にはそのような権限はなかった。[55]デュボイスは人権委員会事務局のハンフリーに対し、総会か経済社会理事会の場における請願の提出・発表について打診する。だが、ハンフリーの回答もやはり制度面の問題を指摘するものだった。

加盟国政府によって取り上げられない限り、正式な提出は不可能だというのである[56]。

ホワイトらは各国の国連代表団にも協力を打診したが、それに対する米国代表の一員ウォーレン・オースティン（Warren Austin）上院議員の回答も制度上の困難を指摘するものであった。総会での議題化はすでに締め切りを過ぎており、特段の「政治的緊急性」がない限りＮＡＡＣＰの望む形での議題化は難しいというのである[57]。

デュボイスは粘った。この請願はすでに人権委員会事務局に提出しているものであり、たとえ公式の議題化は無理だとしても、この請願の完成版を今こそ総会の公式の代表者たちの前で発表したいのだと。議題化そのものは次年度以降でも構わないというデュボイスは、米国代表団に対し、請願の公式発表の機会を作るための協力を打診した。さらにハンフリーにも粘り強く働きかけ、人権委員会の事務局が公式に請願を受け取る場を設けることを打診した[58]。その結果、ハンフリーは一〇月二三日の正午に請願提出の場を設けると回答した[59]。

デュボイスは提出の場を一大イベントとすべく、各国代表やメディアにも請願提出について告知するなど、各所に働きかけた。一方、ホワイトもローズヴェルトに宛て書簡を書いている。彼は請願発表を「セレモニー」と表現し、会場に多数の高名なゲストを招いていること、ＮＡＡＣＰのもとには各国のメディアや、英ソ、南ア、ハイチ、リベリア、ポーランド、インド、アルゼンチンといった国々の国連代表部から請願の写しを求める要望が多数寄せられていることなどを伝えた[60]。米国の人種問題に世界の関心が集まっていることをホワイトも意識していた。だが、ローズヴェルトの反応は、自分は米国政府代表という立場にあるのでホワイトらの期待に応えることはできないという素っ気ないものであった[61]。同じくオースティンもまた、米国代表団が協力できることは何もないとした[62]。

一九四七年一〇月二三日、ＮＡＡＣＰは国連人権委員会事務局を前にして声明を発表し、その請願を提出する。すでに経済社会理事会によって、人権委員会には受け取った請願についていかなる行動を起こす権限はない旨が決議されていたが[63]、このNAACP請願はソ連によって取り上げられることによって、人権委員会の下部組織である差別防止及びマイノリティ保護に関する小委員会（Sub-Commission on Prevention of Discrimination and Protection of Minorities）における議論の的になる。この小委員会そのものが冷戦のポリティクスの産物であったことは[64]、請願の前途を暗示していた。

(四) 請願の提出後

小委員会においてNAACPの請願を議題として取り上げることを主張したのはソ連だった[65]。それに対し、小委員会における米国代表ジョナサン・ダニエルズ（Jonathan Daniels）が反対の論陣を張った。黒人問題について大統領は既に調査を指示し、改善に取り組んでいるのだということを断ったうえで、このような特定の問題のためだけに国連が行動するのは不公平であり、世界の様々なマイノリティから人権委員会に寄せられているすべての請願を受理・検討する仕組みをまず作るべきだと主張したのである[66]。冷戦が生活様式をめぐる戦いとして本格化するなか、国連人権委員会はまさにその舞台となりつつあった。そのような状況にあっては、NNC請願の時のように国内管轄権を持ち出して反対するだけでは分が悪かった。そこでダニエルズは、NAACP請願だけを特別扱いするのではなく、その他のあらゆる請願と同様に処遇すべきだという論法を用いているのである。人権委員会にはその設立時より、世界各国の様々なマイノリティからの請願が送られてきていた。そうした請願の山を前にした時、ソ連や西欧諸国、オーストラリアといった国々もまた脛に傷を持つ身であった[67]。ダニエルズの論法は有効であった。小委員会はまず、人権を規定した効力のある文書がないことには請願を精査しても意味がないとし、すべての請願を取り上げるメカニズムを作ることを主張したダニエルズの提案とともに、NAACP請願を取り上げることを主張したソ連提案をも却下したのだった。

NAACPのメンバーでもあったローズヴェルトは、請願の議題化に反対せざるを得なかった事情を二度にわたってホワイトに報告している。米国は世界各国のマイノリティから寄せられたすべての請願を取り上げることを提案していたが、それは否決された。そのようななかで、NAACPという一つの団体のみを特別扱いすることはできない。それは米国を攻撃することに躍起になっているソ連を利するだけである。それゆえに、米国代表団としては、NAACP請願だけを取り上げることを主張したソ連の提案に反対せざるを得なかったのであるとローズヴェルトは述べた[68]。ダニエルズの論法やローズヴェルトの釈明に、「人権」をめぐる冷戦にあって、自国に不利な動きを「人権」の旗手としての一定の体裁を保ちつつ封じ込めようとする米国外交の狡知を見て取ることもできよう。

第四節　その後のNAACP

(一)　確執

かくして四七年一二月の時点において、請願活動は行き詰まりに直面していた。この時期、デュボイスとホワイトら主流派との間の路線対立が露になり始める。

四七年一一月、ジュネーヴでの人権委員会を控えたローズヴェルトはNAACPに対し、これから起草される国際人権章典に明記されるべき、権利の履行方法（implementation）について助言を求めた。これを受けてホワイトは、NAACPとしての見解をローズヴェルトに送るべく、デュボイスに意見を問うた[69]。

だが、デュボイスの返事は、ローズヴェルトに対する失望と不満を露骨に示すものであった。目下、人権に関する問題は、人権についての声明などではなく、人権侵害について何ができるのかという具体的適用の問題である。国連人権委員会はNAACPの請願権を否定した。人権委員会にできることは、「内々に」我々の請願を受理することだけなのである。NAACPのやるべきことはただ一つ、請願を国連の議題とするために、支持国を確保することである[70]。先に見たように、主権国家からなる国際連合において請願が取り上げられるためには、制度の問題がネックとなった。いずれかの協力国の手によって請願を提起してもらう他に道はなかった。デュボイスは積極的な活動を継続する。「世界へのアピール」の翻訳・出版について各国に打診するとともに、四八年の総会での請願の議題化について協力を求めた[71]。

四八年六月三〇日、デュボイスはニューヨークの米国国連代表団オフィスにて、エレノア・ローズヴェルトと一時間半にわたって会見を持った。

NAACPの請願を総会の議題とすることは良からぬ結末をもたらしかねないという国務省の懸念を代弁するローズヴェルトに対し、デュボイスは、アメリカ黒人の苦境に対する国際的な行動が期待できないであろうことは承知しているると述べつつ、それでも世界は、米国における状況がどんなものなのかを正確に知らなければならないと訴えた。そのことによって、世界は米国の人種問題についての曖昧な情報に依存することがなくなり、事実にもとづいた声明を出すことができるようになるのだった。また、デュボイスは、もし米国がこの問題を総会に出すことを望まないのであれば、他の国が代わりに総会に提起する可能性をも示唆した。

ローズヴェルトは、ソ連やその他の国々が米国を攻撃する口実として利用される恐れがあると指摘し、それはとても恥辱的なことであると述べる。ローズヴェルトにはこれまでにも米国の人種主義批判に対しては、他国にも同様の問題があることを指摘することで対応してきた経験があった。これが総会の議題ともなれば、彼女とその同僚たちは不快な立場に置かれることになるだろう。彼女は米国国連代表を辞任する可能性も示唆した。

デュボイスは、国際機関の前に事実を提起することは必ずしも恥辱的なことではないと応じた。たしかに非友好的な人物や組織によって利用される可能性はあるだろう。しかし、それは真実を押し殺す（suppress）理由にはならないのである。デュボイスはNAACPの草創期の経験を引き合いに出す。NAACPがリンチや差別に関する情報を収集し事実を公表しようと企てていたとき、それはやめたほうがいいと助言してきたたくさんの仲間がいた。そのような行為は、NAACPに対する不利な批判を招くだけであると。それでもわれわれは譲らなかったし、それは正しかったと信じているとデュボイスは述べる。ローズヴェルトとの会見は平行線のまま終わった。[72]

他方、デュボイスとは対照的に、ホワイトらは米国国連代表団への協力を続けようとしていた。人権委員会が起草中の宣言案には「正しくない」事項が含まれており、起草プロセスを注視していく必要があったのである。[73] 国連総会における米国代表顧問としての参加を国務省から要請されると、ホワイトは受諾を決めた。顧問団体候補の名簿には、NAACPの他には人種マイノリティを代表する団体の名が記載されていなかった。ホワイトにとって、自分たちNAACPが米国外交の一員として代表されることが何よりも重要だった。[74]

四八年八月二〇日、ホワイトはデュボイスに、国連総会に出席するため渡仏する旨を伝え、NAACPとしての方針について意見を求めた。[75] それに対し、デュボイスは、依然として総会における請願の議題化にこだわりを見せる一方、総会にて採択される世界人権宣言についてはもはや言うべきことは何もないとした。権利についての一般的な声明ではなく、「普遍的に認められる権利の具体的な適用」をこそ求められているのだと彼は繰り返す[76]。ホワイトはもはや関心を示さなかった[77]。九月七日のNAACPの会議において、国連における人権について議論がなされたが、そこでは、請願の問題と、起草されつつある人権宣言・規約における人権の履行という長期的な課題とを混同してはならないという指摘がなされた[78]。

こうして米国の国連外交に対する協力を継続しようとするNAACP理事会を、デュボイスは痛烈に批判した。米国外交が反動的性格を露にしつつあるにもかかわらず、その顧問として国連に参加することは、帝国主義への同調に他ならなかった[79]。

ホワイトの反論で興味深いのは、顧問諸団体が米国代表団に異議を申し立てたサンフランシスコ会議の経験を忘れたのかという問いかけである。パリでも同様に米国代表団に対して主張していくべきだろうとホワイトは述べる[80]。彼にとって、NAACPが国際政治の場に関与し、一定の影響力を保持することこそ重要なのだった。米国政府を敵に回し、現実性の低い請願の総会への持ち込みに拘泥し続けるわけにはいかなかった。すでにデュボイスとホワイトらとの間にはこの年の大統領選の支持方針を巡る亀裂が生じていたことが、請願の問題は両者の対立に拍車をかけた。NAACPはデュボイスとの雇用契約を四八年いっぱいで打ち切ることを決定した[81]。

(二) その後のNAACP

一九四八年九月九日、国連総会を前にして、米国代表団に顧問団体の一員として再び加わったホワイトは、国務省関係者と会談を持った。そこでホワイトは、人種差別の問題を国連総会に持ち込むことはデュボイスが個人的に進めてきた「ペット・プロジェクト」だったとしたうえで、ホワイトにはこの問題を国連総会に押し上げる意図はないことを言明した(82)。請願によって悪化した国務省との関係を修復しようとしているかのような「弁明」である。

エッシェンをはじめとする先行研究は、請願挫折後のＮＡＡＣＰが、米国の冷戦政策に積極的に協力することによって、見返りに国内の公民権運動を有利に進めつつ、同時にアジア・アフリカに対する米国の外交政策にも反共のロジックを駆使することで影響力を行使しようとするようになっていったという変化を指摘する。上記のホワイトの「弁明」も、こうした先行研究が議論してきたような変化の一局面だといえよう。

だが、先行研究においては、ＮＡＡＣＰが「国際人権」のフィールドから離脱していったことが示唆される一方で、ＮＡＡＣＰがその後も米国国連代表団や国務省にコミットし、国際社会における人権の問題を注視し続けた事実が閑却されていると言えないだろうか。以下ではその点を少し掘り下げ、その意味を試論的に考察してみたい。

まず、ＮＡＡＣＰは請願の挫折後も、国際人権の場を注視し、国務省や国連代表団に対して批判的な見解を表明し続けていた。その点を確認できるのは、請願作成にも関与し、デュボイスが失脚した後にＮＡＡＣＰの国連および植民地問題担当の顧問となったレイフォード・ローガンの言動である。彼はホワイトに歩調を合わせ、世界人権宣言の草案についてＮＡＡＣＰの取るべきスタンスを提言した。世界人権宣言の起草過程において、ローズヴェルトをはじめとする米国代表団は、上院の反対を招くような条項を人権宣言に挿入することを避けようとしていた。だが、ローガンの見るところ、一部の条項がひとたび宣言から除外されてしまえば、後に起草・制定される国際人権規約において、その内容を復活させることは一層困難になってしまう。彼は宣言案・規約案の様々な条項について論点を提起するが、なかでも特に宣言草案の二〇条、すなわち個人や団体の国連への請願権を維持することの重要性を強調する。また、差別無くすべての人が政府に参画する権利を規定した宣言案二一条についても同様であった。これは英国が植民地住民の参政権につながりかねないために反対していたのだった。NAACPとしては、この二つの条項の人権規約への挿入を主張していくべきであり、結果としてもし必要ならば宣言への挿入をもって手を打つこともやむをえないだろうとローガンは指摘する。[83] 彼は国務省との会合においても、人権規約案から国連への請願権が漏れている問題を提起したが、国務省サイドからは国家主権原理の強調によって応じられることになる。[84] このように、人権宣言における請願権の確保にこだわったNAACPであったがその努力は報われず、個人請願権を規定した二〇条は、四八年の人権委員会における起草過程において、最終的に削除されてしまった。

さらに、一九四九年以降の人権規約の起草プロセスにおいてNAACPの目に映ったのは、世界人権宣言では明記されていた経済的社会的文化的権利をめぐる条項（二二〜二七条）が、人権規約の草案では切られかねない状況に陥っていたことである。NAACPはそれらの権利を包摂した規約案を支持するよう米代表団に訴えている。[85]

結局、一九五一年一二月の国連総会は、起草されるべき国際人権規約は、政治的市民的権利と経済的社会的文化的権利とに分けた形で、二つの独立した規約として完成させていくという方針を決定した。この展開を報告したローガンは、前者の政治的市民的権利に関する規約においてすらも自動執行性を有した条約（self-executing treaty）にはならないのだという国務省の見解を伝えている。人権規約の各種権利条項に効力を持たせるためには、米国議会による立法措置を経なければならないのである。ローガンによれば、「それ（議会による立法）がなされるまでは、個人は法廷に行き、規約に明記された権利の履行のために訴えることができない」のだった。

請願後のNAACPが大きく関心を寄せていたもう一つの問題は、植民地を含む途上国の問題であった。デュボイスがNAACPを去った翌一九四九年、国務長官に就任したアチソンに対して、ホワイトは祝辞を述べつつ、そこで彼は植民地や信託統治下の低開発地域に対する援助の問題を提起した。それは、ホワイトが顧問団体の一員として米国代表団に参加した折に、そうした地域に対する援助計画がまったく欠如していることを痛感した経験に由来する問題提起だった。[86]ローガンもまた米国の発展途上国に対する開発援助計画であるポイント・フォー・プログラムに関する下院外交委員会の公聴会に出席し、アジアやアフリカにおける労働者の権利保護について、米国国連代表団顧問の資格で発言した。[87]

とりわけＮＡＡＣＰが請願の挫折後も注視し続けていたのは、アフリカにおける旧イタリア植民地の問題だった。旧イタリア領であったリビア、エリトリア、ソマリアを国連の直接的な信託統治のもとに置くという一九四五年の取り決めとは裏腹に、リビアを英国の、ソマリアをイタリアの信託統治下に置き、南部エリトリアをエチオピアに譲渡するというプランが英伊の間で持ち上がり、米国もまたそれを支持していた。ＮＡＡＣＰはこの動きに激しく反発し、反対のキャンペーンを展開する。すなわち、他団体と共同で声明を発表するとともに、一九四五年の時点でのポジションに回帰するよう、トルーマン大統領やアチソン国務長官に働きかけた。さらに、国連による直接の信託統治を勧告する国連事務総長トリグヴェ・リーに対し、ＮＡＡＣＰとして彼を支持する旨を表明したのだった。[88]

このように、請願の挫折が明らかになり、デュボイスを解雇した後のＮＡＡＣＰは、米国の冷戦政策を受容し、一定の協力関係を維持しつつ、同時に米国の国連外交を注視し、人権と植民地の問題において批判的見解を発信し続けていたのだった。

㈢　ＮＡＡＣＰと国際人権

このように、先行研究の提示するイメージとは裏腹に、ＮＡＡＣＰの国連および国際人権への関心は請願の挫折後も継続していた。では、結局のところ、NAACP請願をめぐる路線対立であらわになった対立軸は何だったのだろうか。

論点は二つあった。一つは、国際人権と国家権力の関係についての認識の差異であり、それに付随するもう一つは、脱植民地化を追求する際の方法論の差異だった。デュボイスが国際社会の前で米国の人種主義を告発することに執着していたのに対し、ホワイトらは米国の国連外交への関与を通じて、国際社会に対するアメリカ黒人の影響力を維持することにこだわっていた。ホワイトらは、国連には米国の人種問題に介入する能力はないということを見抜いていた。この点で興味深いのは、国連人権委員会による人権宣言および規約の草案を精査するとともに、請願をめぐる人権委員会の議論について報告したNAACPのダドレー（Edward R. Dudley）からホワイトへの覚書である。このなかでダドレーは、宣言案は米国の黒人の地位に対して寄与するところはほとんどなく、世界のマイノリティの苦難を緩和するのにも役立たないだろうと述べ、合衆国憲法を引き合いに出して、現時点ではマイノリティの地位向上はやはり所属する国家の政府に依存せざるを得ないと示唆している。[89] 国際人権の潮流にもかかわらず、黒人の地位向上は結局のところ、国家権力、すなわち政府による公民権政策にかかっていた。[90]

念頭に置いておくべき重要なことは、この時期のNAACPが米国内において、後の公民権運動の進展につながっていく重要な法廷闘争を展開し、成果を挙げつつあったことである。特に一九四八年の、人種差別的な住宅協定（restrictive covenant）を禁止した「シェリー対クレマー（Shelley v. Kraemer）」裁判では、米司法省がNAACPの側に立ち、アミカス・ブリーフ（amicus curiae brief、法廷助言書）を最高裁に提出していた。[91] 公民権改革に向けて、米国トルーマン政権が動き出し始めていた。そのような状況にあっては、国際社会の舞台で米国を糾弾し続けることは愚策だったと言える。ゆえに、一九四八年の大統領選ではホワイトらNAACPはトルーマン陣営のキャンペーンに協力するとともに、米国務省及び国連代表団への協力を継続したのである。

だが、それでもNAACPは決して米国の国連外交に無批判に協力し続けていたわけではなかった。人権および植民地の問題において、米国外交に協力しつつも、その動きを注視し、イシューによっては批判的な見解を発信し続けていたのである。同様に米国の人種問題を世界的な問題の一部としてとらえていたホワイトとデュボイスとの間には、植民地の問題への取り組みにおいて相違が存在していた。デュボイスが各国のラディカルな独立運動家との連帯を図り、国連で代表されない植民地住民の声を代弁することにこだわり続けたのに対して、ホワイトらはNAACPがアフリカの人々を代表することには消極的だった。その運動目標の主眼はあくまでアメリカ黒人の問題にあったと言える。植民地の問題については、あくまで米国政府に対して影響力を行使し、米国外交を通じて列強に改善を求めていくというのがホワイトらのスタンスだった。

そして、ホワイトが米国外交への関与を通して、国際政治の場におけるNAACPの影響力を保持することを企図していたこと、結局は実を結ばなかったとはいえローガンが人権宣言のみならず、将来的に起草される国際人権規約までも視野に入れたうえで請願権の確保にこだわっていたこと、世界人権宣言には明記された経済的社会的文化的権利を人権規約から除外しようとする動きに反対の意思を示していたことは、NAACPの「外交」や、その国連および国際人権についての認識を考えるうえで示唆的である。NAACPは、国連および国際社会の現実を冷徹に見据え、米国政府との関係を断ち切ることなく、同時に国際社会の場におけるマイノリティの影響力を保持する方向に目標を定めようとしていた。

すなわちNAACPの「外交」は、米国の国連外交に関与することで国際人権の潮流に継続的に参画し、作られつつある世界人権宣言や国際人権規約の起草過程に影響力を行使することを企図するものだった。規約から経済的社会的文化的権利が漏れることに反対したこと、規約の自動執行性の有無を気にしていたことは、それらを背景にして、米国内の公民権改革に有利な国際環境・国際規範を創出することによって、植民地問題の改善やアメリカ黒人の地位向上という課題の双方に寄与しようとしたと言えるのではないか。

彼らの「外交」を考えるうえでふまえておくべきコンテクストとしては、当時、国連憲章を中心とする国際人権の規範に依拠し、それを法廷闘争や改革の根拠として適用しようとする動きが見られたことがある。たとえば「サイプス対マギー（Sipes v. McGee）」判決では、NAACPもまたアミカス・ブリーフを提出し、国連憲章五五条および五六条[92]は国連加盟国に対して人種による差別的慣行を禁止する拘束力のある義務を課しているという主張を展開している[93]。この時期、帰化不能外国人の土地取得を禁止する法（Alien Land Law）をめぐって争われた一九四八年の「オオヤマ対カリフォルニア州（Oyama v. California）裁判では、少数意見として四人の最高裁判事が、国連憲章五五条、五六条に照らし、同法を無効であると論じていたことも併せて考えれば[94]、NAACPは、アメリカ黒人の地位向上は政府の公民権改革にかかっているものの、国際人権の潮流が創り出そうとしていた国際法や国際規範が、国内の法廷闘争を闘ううえで武器の一つとなりうる可能性を意識していたのではないかと推測される。

NAACPにとって、国連はデュボイスが追求したような、主権国家に改革を強制するアクターにはなりえなかった。人種状況の改善は結局のところ、各国の公民権政策にかかっていたし、脱植民地化の問題は米国外交を通じて影響力を行使していく他なかったのである。彼らにとって、国連とはむしろ長期的に見たときに、「人権」という国際道義のスタンダードを設定し、各国の政策の正当性の方向性をゆるやかに規定することによって、法廷闘争を展開するアメリカ黒人の地位向上に資するような国際環境を生み出すアリーナであった。このような見方こそが、運動を展開するなかで彼らが築き上げていったリアリズムだったといえるのではないか。デュボイスのような形で請願の提出と議題化という短期的課題にこだわることをしなかったのは、国際社会のなかでマイノリティが発言する回路の確保を企図したがゆえだったと見ることができるだろう。

おわりに

NAACPの「外交」は再び隘路に直面することになる。アイゼンハワー政権期になると、国家主権を脅かしかねない国際人権の潮流に対する議会の反発が沸点に達し、政府の条約締結権を制限することを企図した憲法修正案（ブリッカー修正）が提出されるのである。冷戦外交の観点から政府の条約締結権に固執するダレス国務長官は、修正案の廃案と引き換えに、一九五三年の四月、米国は各種の人権条約には批准しない旨を宣言するに至る。[95]こうして米国外交自体が国際人権の場から退いていったことによって、必然的にNAACP「外交」の国際人権への回路も断たれていったのだった。その後のNAACPは、二つの道を辿ることになる。一つ目は、国内の公民権運動の展開において、米国の人種主義がソ連のプロパガンダの格好の標的となり、それが自由民主主義陣営のリーダーたらんとする米国の国益を損なっていることを強調する、「冷戦市民権」の道である。[96]そして、二つ目の道が、後に駐リベリア大使となるダドレーや、国務省の要請を受けて人種主義批判のプロパガンダに対抗するための語り部の役割を演じ、ケニア独立の際にはその憲法の起草に協力したサーグッド・マーシャル[97]（Thurgood Marshall）のキャリアパスが如実に示すような、米国外交に協力しつつ、白人の排他的クラブであった国務省の人種統合を求め、政策決定の過程に黒人の声を反映させることであった。[98]

一九七〇年代から八〇年代のヨーロッパで見られるような、国際人権の枠組みが各国の人権運動を促進し、独自のトランスナショナル・ネットワークを発展させていくような「人権の国際化」を追求するには、この時期の黒人運動の眼前にはあまりに大きな障壁が横たわっていた。戦後世界秩序の形成期における彼らの歴史経験を再考することは、マイノリティが抗議のコトバとしての国際人権法を駆使し、自らの直面する不正義を国連に提訴する今日の国際政治・国際法秩序の来し方行く末を再考するうえで意義のある作業となるだろう。

（1）ＮＡＡＣＰは米国において最も著名な公民権運動団体の一つである。その通史としては、たとえば Patricia Sullivan, *Lift Every Voice: The NAACP and the Making of the Civil Rights Movement*, The New Press, 2009 を参照。

（2）A summary of this petition by W.E. Burghardt Du Bois. The Records of the National Association for the Advancement of Colored People, Group2, Box A637, Folder 1, The Library of Congress, Manuscript Division.（以下、NAACP records, LC と略記）

（3）「国際人権」の歴史を概観するものとして、Paul Gordon Lauren, *The Evolution of International Human Rights: Visions Seen*, University of Pennsylvania Press, 2003.

（4）そうした研究の多くは、冷戦という国際環境がアメリカ黒人の運動に「追い風」として有利に働いたことを指摘する。すなわち、冷戦の展開にともなって国内の人種問題が国際化されたことは、黒人公民権の問題に対して政権が改革のイニシアティブをとることを促した。運動の側も冷戦に積極的な機会を見出して利用していた。Mary L. Dudziak, *Cold War Civil Rights: Race and the Image of American Democracy*, Princeton University Press, 2000.; Azza Salama Layton, *International Politics and Civil Rights Policies in the United States 1941-1960*, Cambridge, 2000.; Thomas Borstelmann, *The Cold War and The Color Line; American Race Relations in the Global Arena*, Harvard University Press, 2001. もちろん、黒人公民権運動にとって冷戦は桎梏ともなった。戦間期より黒人運動はラディカルとも結びつきを深め、アジアやアフリカの反帝国主義運動と連帯し、国際機関の創設にも影響力を及ぼそうとするなど、国際主義的な歴史を有していたが、そうした国際主義的な運動は米国の掲げる理念の正当性を損ないかねず、米国の冷戦外交にとってきわめて不都合なものだった。その結果、冷戦政策の展開によって、アメリカ黒人の運動が国際主義や国際人権に依拠した活動を展開する余地が狭められていく。歴史家のエッシェンやアンダーソンらは、ＮＡＡＣＰをはじめとする冷戦期のアメリカ黒人運動の、国際的な「人権」運動という舞台からの離脱と、公民権運動という形へのアジェンダの限定化という問題があったと指摘する。Dudziak, *op. cit.*; Penny M. Von Eschen, *Race Against Empire: Black Americans and Anticolonialism, 1937-1957*, Cornell University Press, 1997.; Carol Anderson, *Eyes Off the Prize: The United Nations and the African American struggle for Human Rights, 1944-1955*, Cambridge University Press, 2003.; 中野耕太郎（二〇〇三）「市民権改革の始動」紀平英作（編）『帝国と市民　苦悩するアメリカ民主政』山川出版社。

（5）入江昭（二〇一四）『歴史家が見た現代世界』講談社現代新書、田中孝彦（二〇〇九）「グローバル・ヒストリー――その分析視座と冷戦史研究へのインプリケーション」日本国際政治学会（編）『日本の国際政治学4　歴史の中の国際政治』有斐閣。

（6）Akira Iriye, "Historicizing the Cold War", Richard H. Immerman and Petra Godde, ed, *The Oxford Handbook of the Cold War*, Oxford University Press, 2013.; Amy L. Sayward, "International Institutions", *ibid*.

（7）Edward Hallett Carr, *Conditions of Peace*, The Macmillan Company, 1943, pp. xxiii-xxiv.; 上杉忍（二〇〇〇）『二次大戦下の「アメリカ民主主義」』講談社、木畑洋一（二〇一四）『二〇世紀の歴史』岩波新書。

（8）Walter White, *A Rising Wind*, Doubleday Doran, 1945, p. 144.

（9）マーク・ガリキオ（著）伊藤裕子（訳）（二〇一三）『アメリカ黒人から見た日本、中国一八九五～一九四五ブラック・インターナショナリズムの盛衰』岩波書店。

（10）Borstelmann, *op. cit.*, p. 28.

（11）ガリキオ『アメリカ黒人から見た日本、中国』、前掲、九七頁。

（12）Mr. Mohandas K. Gandhi to President Roosevelt, 1 July 1942, *Foreign Relations of the United States*（*:FRUS*）, *1942. Vol. 1*, pp. 677-678.

（13）"Hull and Halifax Confer on India", *New York Times*, February 21, 1943.

（14）Walter White, *op. cit.*, p. 155.

（15）Elizabeth Borgwardt, *A New Deal for the World: America's Vision for Human Rights*, The Belknap Press of Harvard University Press, 2005.

（16）Andrew Johnstone, "Creating a "Democratic Foreign Policy": The State Department's Division of Public Liaison and Public Opinion, 1944-1953", *Diplomatic History*, Vol .35, 3,（2011）, pp. 483-503.

（17）Du Bois to The Secretary of State, March 10, 1945. Edited by Herbert Aptheker, *The Correspondence of W.E.B.Du Bois: Volume III*, The University of Massachusetts Press, 1978, pp. 6-7.

（18） Benjamin Gerig to Du Bois, April 2, 1945. *ibid*, pp. 7-8.
（19） H・S・トルーマン（一九九二）『トルーマン回顧録［1］』恒文社、二〇四頁。
（20） Mary Ann Glendon, *A World Made New: Eleanor Roosevelt and the Universal Declaration of Human Rights*, Random House, 2002, p. 17.
（21） Lauren, *op. cit.*, p. 181.
（22） "Statements By Consultants", *FRUS, 1945, Vol. 1*, p. 532.
（23） Du Bois to the Editor of the New York Times, November 1, 1946, The Papers of W. E .B. Du Bois（マイクロフィルム資料、一橋大学附属図書館所蔵）, Reel 59, Frame 00120-00123.
（24） Walter White, *A Man Called White*, The University of Georgia Press, 1995, p. 298.
（25） 戦後の黒人労働者が直面した雇用における人種差別の構造については、トマス・J・スグルー（二〇〇二）『アメリカの都市危機と「アンダークラス」』明石書店を参照。
（26） Dudziak, *op. cit.*, Ch. 1.
（27） "Illinois Restaurant Bars Gandhi's Doctor", *New York Times*, July 25, 1947.
（28） 荒このみ（二〇〇七）『歌姫あるいは闘士　ジョセフィン・ベーカー』講談社、二二四～二二五頁。
（29） Memorandum of Conversation, January 15, 1947, RG 59, Decimal File, Box 4687, 811. 4016. 1-1547, National Archives, Washington D.C.（以下、NA）
（30） RG 59, Decimal File, Box 4686-4687, NA.
（31） American Legation in Baghdad to the Secretary of State, June 10, 1946, ibid 811. 4016. 6-1046, NA. American Embassy in Moscow to the State Department, August 26, 1946, RG 59, Decimal File, Box 4686, 811. 4016. 8-2646, NA.
（32） ジョン・ホープ・フランクリン（一九七八）『アメリカ黒人の歴史』研究者出版、四五三頁。
（33） *ibid.*
（34） *Year Book of the United Nations: 1946-47.*, United Nations Publications, 1947, pp. 144-148.
（35） 峯陽一（一九九六）『南アフリカ「虹の国」への歩み』岩波新書、第三章。
（36） "India And The U.N." *New York Times*, June 25, 1946.

(37) Manu Bhagavan, *The Peacemakers: India and the Quest for One World*, Harper Collons, 2012, p. 77.
(38) *Year Book of the United Nations, op. cit.*, p. 144.
(39) Paul Gordon Lauren, *Power and Prejudice: The Politics and Diplomacy of Racial Discrimination*, Westview, 1988, p. 183.
(40) Dudziak, *op. cit.*, pp. 23-24.
(41) *To Secure These Rights: The Report of President Harry S Truman's Committee on Civil Rights*, Bedford, 2004.
(42) Robert K. Carr to the Secretary of State, May 23, 1947, RG 59, Decimal File, Box 4687, 811. 4016. 5-2347, NA.
(43) *To Secure These Rights, op. cit.*, p. 165.
(44) Memorandum to the secretary, August 1, 1946, The Papers of the NAACP（マイクロフィルム資料、早稲田大学中央図書館所蔵）, Part 14, Reel 16, Frame 00244.
(45) Memorandum to Mr. White, January 6, 1947, The Papers of W. E. B. Du Bois, Reel 60, Frame 00488.
(46) 千葉則夫（二〇〇三）『W・E・B・デュボイス　人種平等獲得のための闘い』近代文芸社、一六五頁。
(47) "Comment by N. A. A. C. P on Ex Prime Minister Winston Churchill's Address on March 5th at Westminster College, Fulton, Missouri", NAACP records, Box A616, Folder11, LC.
(48) Eschen, *op. cit.*, pp. 101-102.
(49) Memorandum to Mr. White, March 26, 1946, The Papers of W. E. B. Du Bois, Reel 59, Frame 00176.
(50) Memorandum to Dr. Du Bois from Mr. White, March 28, 1946, ibid, Frame 00177.
(51) Memorandum to Mr. White, November 14, 1946, *ibid.*, Frame 00257.; Letter to Padmore from Du Bois, December 30, 1946, ibid, Frame 00375.
(52) Memorandum from Mr. White to Dr. Du Bois, 1947. 1. 29, *ibid.*, Reel 60, Frame 00506.
(53) Glendon, *op. cit.*; 西崎文子（一九九二）「世界人権宣言とアメリカ外交」有賀貞（編）『アメリカ外交と人権』日本国際問題研究所。
(54) Du Bois to Trygve Lie, September 11, 1947, The Papers of W. E. B. Du Bois, Reel 60, Frame 00925.
(55) Wolliam H. Stoneman to Du Bois, September 29, 1947, *ibid.*, Frame 00971.
(56) John P. Humphrey to Du Bois, October 9, 1947, *ibid.*, Frame 00973.

(57) Warren Austin to Smythe, October 9, 1947, *ibid.*, Frame 01076.

(58) Du Bois to Humphrey, October 16, 1947, *ibid.*, Frame 00977–00979.

(59) Du Bois to White, October 17, 1947, *ibid.*, Frame 00582'

(60) Walter White to Eleanor Roosevelt, October 20, 1947, *The Eleanor Roosevelt Papers: Volume 1: The human rights years 1945–1948*, Charles Scribner's Sons, 2007, pp. 632–633.

(61) Eleanor Roosevelt to Walter White, October 22, 1947, *ibid*, p. 634.

(62) Austin to Du Bois, October 21, 1947, The Papers of W. E. B. Du Bois, Reel 60, Frame 01078.

(63) ECOSOC Resolution 75（v）

(64) Glendon, *op. cit*, p. 36.

(65) Draft Resolution proposed by Mr. A. P. Borisov, December 1, 1947, E/CN. 4/SUB. 2/24, The Papers of the NAACP, Part14, Reel14, Frame 00512–00513.

(66) Summary Record of the Thirteenth Meeting, E/CN. 4/Sub. 2/SR/13, *ibid.*, Frame 00514–00522.

(67) Lauren, *The Evolution of International Human Rights, op. cit.*, pp. 217–218.

(68) Roosevelt to White, December 8, 1947, The Papers of the NAACP, Part14, Reel15, Frame 00130.; Roosevelt to White, January 20, 1948, *ibid*, Frame 00129.

(69) Memorandum from Mr. White to Dr. Du Bois, November 18, 1947, *ibid.*, Frame 00175.

(70) Memorandum to Mr. White from Dr. Du Bois, November 24, 1947, *ibid.*, Reel 14, Frame 00422.

(71) January 22, 1948, The Papers of the NAACP, Part 14m Reel 17, Frame 00019.

(72) Memorandum from Du Bois to White, July 1, 1948, The Papers of W. E. B. Du Bois, Reel 62, Frame 00835.

(73) Memorandum to Mr. White from Mr. Wilkins, May 10, 1948, The Papers of NAACP, Part14, Reel14, Frame 00576; Memorandum to Mr. White and Mr. Marshall from Mr. Wilkins, May 17, 1948, *ibid*, Frame 00590.

(74) Memorandum from the secretary to the Committee on Administration, July 13, 1948, *ibid.*, Reel 15, Frame 00209.

(75) Memo from Walter White to Du Bois, August 20, 1948, *ibid.*, Frame 00852.

(76) Memorandum to Mr. White, August 23, 1948, *ibid.*, Frame 00853.

(77) Memorandum from Mr. White to Dr. Du Bois, August 24, 1948, *ibid.*, Frame 00854.

(78) Problems concerning Human Rights for discussion at the Meeting September 7th in Mr. White's office, The Papers of the NAACP, Part 14, Reel 15, Frame 00338-00344.

(79) Memorandum, September 7, 1948, The Papers of W. E. B. Du Bois, Reel 62, Frame 00859.

(80) Memorandum to Dr. Du Bois from Mr. White, September 13, 1948, The Papers of W. E. B. Du Bois, Reel 62, Frame 00865.

(81) September 15, 1948, *ibid.*, Frame 00872.

(82) Memorandum of Conversation, 1948. 9. 9, RG84, subject files, 1946-1963, Box5, NA.

(83) Memorandum to Mr. Walter White on the Geneva Draft of the Declaration on Human Rights and the Draft of the Covenant on Human Rights, The Papers of the NAACP, Part 14, Reel 15, Frame 00345.

(84) Logan to White, March 6, 1948, *ibid.*, 00115.

(85) Logan to White, December 5, 1951, NAACP records, GroupⅡ, Box A404, Folder5.

(86) White to Acheson, January 31, 1949, Box 1, Walter Francis White and Poppy Cannon White Papers, Beinecke Rare Book and Manuscript Library, Yale University.

(87) Summary of Testimony of Rayford W. Logan, House Foreign Affairs Committee Hearings on Point iv, October 5, 1949, The Papers of the NAACP, Part 14, Reel 17, Frame 00107～00110.

(88) Statement adopted by a conference called by the National Association for Advancement of Colored People in support of an International Trusteeship for the Former Italian Colonies and Southwest Africa and for the Independence of Indonesia, 1949. 4. 6, NAACP records, Group Ⅱ, Box A322, Folder9, LC.; Roy Wilkins to Harry S. Truman, 1949. 9. 28, *ibid.*, Box A323, Folder1, LC.; Roy Wilkins to Dean Acheson, 1949. 9. 15, ibid.; Roy Wilkins to Trygve Lie, 1949. 9. 29, ibid.

(89) Memorandum to Mr. White from Edward R. Dudley, February 4, 1948, The Papers of the NAACP, Part 14, Reel 15, Frame 00113.

(90) 実際、ホワイトはトルーマン政権の公民権改革を高く評価していた。White, *A Man Called White, op. cit.*, pp. 332-333.

(91) Sullivan, *op. cit.*, pp. 354-355.

(92) 国連憲章五五条はC項において「人種、性、言語又は宗教による差別のないすべての者のための人権及び基本的自由の普遍的な尊重及び遵守」を促進することを掲げる。五六条は五五条の目的のために国連および加盟国が協力して行動することを誓約する。

(93) Problems concerning Human Rights for discussion at the Meeting September 7th in Mr. White's office, op.cit., The Papers of the NAACP, Part 14, Reel 15, Frame 00340.

(94) Duane Tananbaum, *The Bricker Amendment Controversy: A Test of Eisenhower's Political Leadership*, Cornell University Press, 1988, pp. 5-11. 当時の国家主権とグローバルな人権規範の境界の流動化については、Mark Philip Bradley, The Ambiguities of Sovereignty: The United States and the Global Human Rights Cases of the 1940s and 1950s, *The State of Sovereignty: Territories, Laws, Populations*, edited by Douglas Howland and Luise White, Indiana University Press, 2009, pp. 124-147.

(95) "Statement by Secretary Dulles", April 6, 1953, *Department of State Bulletin*, Vol.28, pp. 591-595.

(96) Dudziak, *op. cit.*; Layton. *op. cit.*.

(97) Mary L. Dudziak, *Exporting American Dreams: Thurgood Marshall's African Journey*, Oxford University Press, 2008.

(98) Michael L. Krenn, *Black Diplomacy: African Americans and the State Department 1945-1969*, M. E, Sharpe, 1999.

第8章　アメリカ合衆国における中東平和アクティビズムの形成

——一九六七年以降のアメリカ・フレンド奉仕会のアラブ・イスラエル紛争への取り組みから

佐藤雅哉

はじめに

第二次世界大戦後に四度にわたり大規模な武力衝突を経験したアラブ・イスラエル紛争は、地域の枠を越えて大国の利害や国家・非国家アクターが複雑に交錯しながらグローバルに展開してきており、現在でも収束の兆しをみせない。第二次世界大戦後、超大国となったアメリカ合衆国（以下、合衆国）にとって中東は、石油資源や地政学的要因から、合衆国の世界戦略の要となってきた。その中東において最も不安定な紛争の一つが、アラブ・イスラエル紛争であるが、合衆国はイスラエルとの強固な同盟関係を維持しながら、この紛争に多大な影響力を及ぼしてきている。冷戦期に合衆国は、第三世界において地域の保守勢力や親米政権と手を組みながら反米ナショナリズムや共産勢力の拡大を封じ込めることで現地での権益を守ってきたが、その役割の一角をイスラエルが担ってきたことは、合衆国とイスラエルの強固な関係の一因ともなってきた。

その意味では、ベトナム反戦や反核などを通じて合衆国の冷戦政策や第三世界への介入に対して繰り返し疑問を呈してきた合衆国の平和運動にとっても、中東紛争は決して無視できないものであった。とりわけ、一九六七年に勃発した第三次中東戦争（六月五日〜一一日、「六日戦争」「六月戦争」とも呼ばれる）とその後も続いた武力衝突の深刻化を契機に、当時ベトナム反戦に注力していた合衆国の平和運動も、中東紛争に注意を向けるようになった。しかし、いざ実践となると、当時の合衆国の平和運動は、活発に活動したとは言えなかった。その要因の一つが、ユダヤ系コミュニティとの関係にある。ユダヤ系アメリカ人は、とりわけ二次大戦後、その人口比率からは不釣合いなほど多く平和運動に参加し、草の根レベルで平和運動を支えてきた。そのため、中東問題に切り込むことは、深刻な内部分裂を引き起こす危険をともなうものであった。雑誌『リベレーション』が「苦しい無関心」と表したのは、このような平和運動の葛藤であったのである。[1]

このような中東紛争に対する沈黙が支配的な時代にあって、「アメリカ・フレンド奉仕会」（American Friends Service Committee, 以下ＡＦＳＣ）は比較的早い段階から行動を起こし、公式の場で発言した数少ない平和運動団体の一つであった。ＡＦＳＣは、第三次中東戦争を契機に合衆国内での教育・情報拡散活動に取り組み始め、その最初の実践が一二〇頁ほどの小冊子『中東和平の探求』（*Search for Peace in the Middle East*, 以下『探求』）の出版であった。『探求』は、ＡＦＳＣの「国際情勢部門」のスタッフと外部の協力者からなる作業部会が出版までに一五以上の草稿を書いて練りあげ、各紛争当事者の視点、紛争の背景、大国の利害関係などを現地調査にもとづいて整理したうえで、紛争解決のためにとるべきステップを提案した労作で、一九七〇年四月にＡＦＳＣが初版を完成させた。その後も批判やコメントを受けて修正が重ねられ、新たな序文が付け加えられた改訂版が同年一〇月にフォーセット社から、さらに翌七一年に若干の修正が加えられたものがヒル・アンド・ウォン社から出版されることとなった。[2]同書はフランス語・ドイツ語・ヘブライ語・ラテン語にも翻訳され、主要紙を含む多くの新聞・雑誌などでも取り上げられたのだった。ここで注目されるのは、『探求』の主張は、現在も続く重要な論点を先取りするものだった点である。第三次中東戦争時に占領した地域からのイスラエルの全面撤退と、パレスチナ人の自己決定権と帰還の権利（Right of return）の保障を訴える『探求』は、今日の二国家共存案（two-state solution）、つまりイスラエル国に隣接するパレスチナ国家の建設をもって難民問題の解決を目指す立場に近いものであった。そして、「撤退」と「帰還」という争点は国際会議や和平交渉などで繰り返し議題に上がってきた妥結が困難なものでもあり、和平の試みを頓挫させる要因となってきたものだった。

ただし、本稿が考察するのは、ＡＦＳＣの議論の妥当性や実現可能性ではなく、たとえば以下のような問いである。「苦しい無関心」が支配的な環境にあって、ＡＦＳＣが中東問題への取り組みを比較的早いタイミングで開始できたのはなぜか。ＡＦＳＣがアメリカ社会に投げかけたメッセージはどのようなもので、それはどのような反応を呼び起こしたのか。また、イスラエルの占領政策と合衆国の加担／黙認に対して懐疑的な諸勢力のなかで、『探求』はどの位置にあったのか。これらの問いを念頭に置きながら、本稿では、ＡＦＳＣがパレスチナでの人道援助を開始した一九四八年頃から振り返ったうえで、第三次中東戦争以降の取り組みをフィラデルフィアにあるＡＦＳＣアーカイブから収集した一次資料をもとに詳しく考察する(3)。そうすることで、合衆国の平和運動によるアラブ・イスラエル紛争に対する活動の形成過程を検討したい。

一九六〇年代の平和運動に関しては多くの研究蓄積があるが、中東和平に向けた合衆国における活動に関する研究は、これまでほとんど行われてこなかった。宗教的観点からシオニズム批判を行ったユダヤ教正統派・改革派の聖職者たちの系譜をたどる研究（Kolsky 1990; ラブキン 二〇一〇）や、ブラック・ムスリムやパン・アフリカニストが反植民地主義的な立場から行った政治・文化活動と中東問題の交錯に関する研究（Feldman 2008; McAlister 2005: Chapter 2）は蓄積されているものの、平和運動団体に関する先行研究は限られてきた。この欠落の一因は、一九六〇年代後半から一九七〇年代初期の平和運動に関する既存の研究が、圧倒的にベトナム反戦活動に焦点を当ててきたことにあるだろう（Chatfield 2004; DeBenedetti 1980; Wittner 1984）。また、当時の平和運動による中東関連活動の多くが、ロビー活動、教育文書の作成・配布、ワークショップの開催など舞台裏的なものが多く、既存の研究で注目される傾向の強い大規模デモや徴兵カード焼き捨てといったスペクタクルと比較すると目立ちにくいものだったことも一因だろう。ベトナム反戦運動を中心に据えた六〇年代の平和運動史では、一九六〇年代末から一九七〇年代初期は運動の衰退期と位置づけられてきており、一九六八年から一九六九年にかけてピークを迎えたベトナム反戦運動は、合衆国の地上部隊の漸次の撤退と運動の急進化によって大衆的基盤を徐々に失っていったとされる（DeBenedetti 1990; Wells 1994）。しかし、その「衰退期」にＡＦＳＣは中東紛争関連の活動を合衆国内で拡大させた。そして、出版された『探求』は中東紛争に「苦しい無関心」に傾く合衆国の平和運動に情報と議論の土台を提供することで、中東紛争の平和的かつ公正な解決を求める市民レベルでの活動、すなわち中東平和アクティビズムを発展させる契機をもたらした。そこで本稿では、ベトナム戦争から中東紛争へ、街頭行動から舞台裏的活動へと焦点を移しながら当時の平和運動を再考する。そして、一九六〇年代後半から一九七〇年代前半の時期は、難民のための現地における人道援助から、合衆国内における政治的公正の追及へと活動の焦点を拡大させた時期であり、中東和平を求める活動における一つの潮流の形成期であったと、本稿は論じる。

この点を検証するため、第一節ではＡＦＳＣのイスラエル独立後の難民救済活動を整理し、第二節では『探求』の内容と出版の経緯を詳しく検討し、第三節ではそのＡＦＳＣの取り組みに対する反発と受容を考察する。

第一節 「救済」と「帰還」のはざまで——ＡＦＳＣの難民救済活動

本節ではＡＦＳＣの成り立ちを確認したうえで、パレスチナ難民問題に対する取り組みについて概括する。一九一七年に設立されたＡＦＳＣは、合衆国の多種多様なクエーカー（フレンズとも呼ばれる）団体のなかでも比較的新しい組織である。クエーカーとは、イギリスの宗教改革期にその起源を遡るプロテスタントの急進的セクトで、人々は教会や礼典を通じてではなく、各人の内部で個別に神と直接接触できるという神学的思想を信仰の根幹とする。この神との内在的接触の中心性に加えて、人々の霊的な平等性、合意にもとづく教会運営、そしてあらゆる暴力を否定する絶対平和主義という四つの信条を、クエーカーは共有するとされる。この信仰をもとに、クエーカーは奴隷制廃止運動、刑務所改革、戦時救済などの活動を行ってきたことで知られており、現在も約三四万人程度の信者がいると考えられている（Dandelion 2008）。

ＡＦＳＣの設立の直接の契機は、第一次大戦期の合衆国で総動員態勢が確立されていくなかで、良心的兵役拒否を行うクエーカーに代替労働を提供する必要性が生じたことであったが、ＡＦＳＣは第一次大戦後には紛争地域での物資の配給や医療の提供といった人道支援活動や紛争に関わる教育活動などにも従事していった。ＡＦＳＣは、少数ながらも熱心で高い学歴を持つ構成員と制度化された組織を持ち、高度な専門職従事者や合衆国政府高官との接点、他のキリスト教団体とのつながりといった資源を有した。これらを活かし、第二次大戦期には良心的兵役拒否者に代替労働を提供する大規模な文民公共奉仕キャンプ（Civilian Public Service Camps, 以下、ＣＰＳキャンプ）を管理・運営した。

しかし、若い良心的兵役拒否者たちは、第二次大戦期にCPSキャンプで労働に従事する傍ら、既存の平和運動を無力と感じるようになっていったという。なかには、CPSキャンプの軍隊的規律に反発して服役することを選び、刑務所内部で刑務所改革運動に没入するものもいた。これら二次大戦期の兵役拒否者らは戦後、既存の平和主義を「受動的」と批判し、非暴力直接行動を通じた社会変革の必要性を訴え、市民的不服従を戦術の中心に位置づける活動家の一団をAFSC内外に作り上げていった。この一団は、軍事主義に対抗する戦術としての非暴力直接行動と、人種・階級・宗教・エスニシティ・国籍などを超越したコミュニティの形成というユートピア的ビジョンを兼ね備えたラディカル・パシフィストの一角を担い、冷戦下の合衆国で人種的平等や反核を訴えていった（Smith 1993; Wittner 1984）。こうして、AFSC内部には慈善活動や開発援助などを重視する人々、紛争の政治的解決の促進や代替案の提供をめざす専門家、ときにAFSCの枠を飛び越えて市民的不服従などの非暴力直接行動に従事する一団など、多様な人々を内部に抱え込む組織として拡大していった。

合衆国のクエーカーは一九世紀半ば頃に布教活動を通じてパレスチナと接点を持ち始めた（Hallward 2013）が、AFSCによる活動の開始は一九四八年のイスラエル建国後のことだった。前年一一月の国連総会でパレスチナ分割案が成立した直後にユダヤ人入植者とアラブ人との間で戦闘が始まり、一九四八年五月の英国委任統治の終了直前に初代首相となるデビッド・ベングリオン（David Ben-Gurion）がイスラエルの独立を宣言した。それを不服とするアラブ周辺諸国とイスラエルは戦争に突入し、イスラエルはその戦争に勝利した。この一連の武力衝突の結果、約七〇万人のパレスチナ難民が発生したと言われる（奈良本 二〇〇五）。

これに対処するために設置された国連機関は、現地での難民への救済物資の配布を、AFSC、国際赤十字委員会、赤十字社連盟に委任した。依頼を引き受けたＡＦＳＣはボランティアを募集し、一九四九年一月から救済活動を開始した。ボランティアたちは、ガザやハン・ユニスなどで難民キャンプを作り上げ、食糧や生活物資の輸送・配布、医療と公衆衛生の整備、即席の学校の設立などに取り組んだ（Feldman 2007b; Gallagher 2007）。この救済活動時に、ＡＦＳＣは多くの課題に直面した。たとえば、紛争当事者双方の被害者の救済を原則としたＡＦＳＣにとって、アラブ難民に活動が集中することは議論の対象となった。これは、イスラエルがユダヤ人難民を受け入れ外部の援助を望まなかったことと、援助の必要性が相対的にアラブ難民の方が高かった結果であったのだが、ＡＦＳＣは自分たちの活動が党派的なものと受け取られることを危惧したためであった（Gallagher 2007: Chapter 3）。また、配布物資が不足するなかで、救済対象とすべき「難民」の範囲の確定は、判断が困難な課題となった（Feldman 2007a）。

そのなかでも特に解決が困難であったのは、パレスチナ難民の帰還に関するジレンマだった。ＡＦＳＣのボランティアたちは、救済活動の過程で多くの難民の望みが戦争で追われた土地への帰還にあることを理解するようになり、現在イスラエル領となっている土地への帰還、失われた土地や財産に対する賠償、帰還後のユダヤ人との和解の促進などが、難民問題の長期的な解決のためには不可欠と考えるようになった。この観点からすれば、救済活動は一時的な対処にすぎず、それが長引くとかえって難民問題は棚上げにされ、迅速な解決に向けての障害になるとの危惧を強めていった。そのためＡＦＳＣは、合衆国国務省や国連に働きかけたが、難民の大規模な帰還はイスラエルが拒絶する慎重な政治的課題であることから、国連は帰還と救済を切り離すべきだと考えており、ＡＦＳＣの提言を退けたのだった。このことは、ＡＦＳＣが一九五〇年四月を最後に国連管理下の救済活動から手を引く一因ともなった（Gallagher 2007: Chapter 4）。ここでは、この難民救済活動期に提起された難民の帰還と賠償の権利をめぐる問題は、その後のＡＦＳＣの取り組みにおける要点となっていく、ということを確認しておきたい。

第二節　「人道援助」から「政治的公正」へ――一九六七年後のＡＦＳＣと『探求』の出版

人道援助を中心にパレスチナ問題に取り組んでいたＡＦＳＣにとって、『探求』のような政治的解決を焦点とする文書の出版は、その活動の転機となった。出版に踏み切る直接の契機となったのが、第三次中東戦争の勃発と戦後も続く武力衝突だった。一九六七年六月五日に開始された奇襲攻撃の成功によってわずか六日間で大勝利をおさめたイスラエルは、ゴラン高原、エルサレム全土を含むヨルダン川西岸地区、ガザとシナイ半島を占領したことで、中東の地政学を自国に有利なものに大きく変えることに成功した。しかし、休戦後もエジプトとイスラエル間では武力衝突が続いたことに加えて、米ソの援助合戦が中東の軍事化を進展させたことで危機の度合いが高まっていた。さらに、アラブ諸国の軍事的無力が露呈されたことで、パレスチナ人は自らの手で解放闘争を行う必要性を主張し始め、パレスチナ・ナショナリズムのリーダーとして登場したヤゼール・アラファト（Yasser Arafat）は「パレスチナ解放機構」（Palestine Liberation Organization，ＰＬＯ）を再編して影響力を高めた（奈良本 二〇〇五：二一三～二一六）。ＰＬＯの成長は、パレスチナ人が単に救済の対象となる難民であるだけではなく国際政治のアクターであることを印象づけると同時に、中東の情勢をより不安定にさせる要因ともなった。

この状況に懸念を抱いたＡＦＳＣは、中東での活動の可能性を探るために、ガザでの難民救済活動時に責任者を務めた経験のあるコリン・ベル（Colin Bell）を中心とする調査団を派遣した。休戦から日の浅い六月二八日に合衆国を離れた調査団は、中東各国での約二週間の滞在中にイスラエルとヨルダン政府から支援を要請された。これを受けてＡＦＳＣは、プロジェクトの具体化のために、児童福祉を専門とするソーシャルワーカーの女性と中東地域研究を専門とするハーバード大学の教授をヨルダンへ、そしてアルウィン・ホルツ（Alwin Holtz）という、パレスチナ難民救済活動への参加経験のあった人物をガザへと派遣した。(4)

このホルツが作成した報告書は、『探求』の出版に至る過程を理解するうえで重要である。それは、彼がイスラエル占領下のガザにおける救済活動に懐疑的な報告をしたためである。ホルツは、救済活動は他の機関がすでに行っているから緊急の必要性はないとしたうえで、より重大な問題として、救済活動は根本的な問題解決にならないばかりか、問題を悪化させうると指摘した。たとえば彼は、イスラエル政府からＡＦＳＣに要請されたという職業訓練学校への教育者の派遣に疑問を呈した。彼によれば、イスラエルがガザに新設する予定の職業訓練学校の目的は、ガザの若者に職能を身につけさせることで、農地から離れて周辺アラブ諸国に定住させることにあった。そのため、ＡＦＳＣが教育者を派遣することはイスラエルの占領政策を支援することに他ならない、と彼は考えた。(5) また、ホルツの報告書によれば、イスラエル占領下のガザでは、電気や水道施設のイスラエル本国との開通、郵便や教育、道路標識、ゴミ収集の方法にいたるまで、様々な新制度が導入されることでイスラエルとの統合が進んでいた。この急速な「イスラエル化」の進行と警察のハラスメントの横行によって、ガザではアラブ系住民との間に軋轢が生まれており、イスラエルに対する「抵抗」が叫ばれるなかにあって、人道援助はパレスチナ・アラブ人の「静かな再定住」を促すことにすぎないと彼は考えた。むしろ彼は、個別のニーズを満たす活動よりも合衆国に戻ってより公正に中東問題に取り組むように政府を説得すべきである、という意見を現地の関係者から繰り返し聞かされたことを重視した。これらのことから彼は、合衆国における政治的な取り組みが救済活動以上に必要であると論じ、この時点では、たとえば、ニューヨーク・タイムズ紙での意見広告の掲載などを提案したのだった。(6)

一九六七年に中東を訪れた、『探求』の主要な執筆者となるランドラム・ボーリング（Landrum Bolling）もまた、暴力の連鎖によって休戦状態は崩壊しつつあり、イスラエルとエジプトが再び戦争に突入する可能性が高く、この危急的状況への対処が先決であるとの立場をとった[7]。こういった現地や合衆国内での聞き取りを通じて、中東紛争は米ソの直接対決や核戦争にも発展しうる緊急の課題であること、合衆国で入手できる中東紛争関連の情報は党派的なものが多く客観的な情報が不足していること、声高な強硬派の前に中道派の声がかき消されていること、紛争当事者の様々な立場があまりに単純化されていること、といった問題点が作業部会内部で共有されていった。この結果、中東紛争とそれを取り巻く環境を可能な限り正確に伝えるとともに、和平に向けてとるべきステップを提案する文書の作成が計画されていくこととなった。

ここで注目したいのが、この公正な政治的解決の促進に関わる論点は、すでにみた難民救済活動時（一九四九〜五〇年）からの延長線上にあったことである。救済活動時から、ＡＦＳＣボランティア内部ではパレスチナ人の帰還と補償の権利を求める声があったが、これらの論点は再び『探求』で中核事項となった。それは、『探求』の作業部会員の半数近くがこの救済活動に参加していたこととも無関係ではなかろう。『探求』の作業部会員は全部で九人だったが、そのうちの四名——研究員として中東の調査に取り組んでいたアラン・ホートン（Allan Horton）、ＡＦＳＣの中東特派員として作業部会のなかでも主要な役割を担ったポール・Ｂ・ジョンソンとその妻ジーン（Paul B. and Jean Johnson）、救済活動の総責任者であったベル——はいずれも、第一次中東戦争後のガザで救済活動に従事した経験があった[8]。作業部会のメンバーではないが、ホルツも救済活動に参加していた。

作業部会員のドン・ペレッツ（Don Peretz）は、ガザではなくイスラエル北部のアッカーで難民救済活動に従事していた。彼は長年パレスチナで暮らしてきたユダヤ系の家庭に生まれ、父親は熱烈なシオニストであったという。

父の移住先のニューヨークで成人したペレッツはエルサレムに思いを馳せ、また中東在住のユダヤ系知識人たちの提唱するバイ・ナショナリズムの思想に惹かれたことから、ペレッツは第二次世界大戦後に復員兵救護法を利用してヘブライ大学で学んだ。だが、学び始めてわずか半年で戦争が勃発したとき、彼は戦争によって故郷を追われるアラブ人の存在を知った。ペレッツは回顧録に、「一九四八年の半ばまでには、我々は誕生したばかりのユダヤ人国家からのアラブ人の集団脱出に気がつき始めた。この現象は、後にイスラエルとなるユダヤ人の武装部隊によって攻略されたエルサレムの元アラブ人地区において、とりわけ顕著であった」と書いている。留学中のこのような経験がもとでAFSCの救済活動への参加を決意した彼は、救済活動参加後、難民問題やイスラエル領内のアラブ・マイノリティという当時の合衆国では注目度の低かったテーマを博士論文で取り上げ、中東を専門とする学者となった[9]。このように、ペレッツの活動家・学者としての原点は、イスラエル建国時の体験と救済活動の参加にあった。もちろん、作業部会の全員が難民救済活動に参加したわけではないが、約半数がそれに関わっていたことが『探求』の性格を左右した。事実、難民救済活動時から訴えてきたパレスチナ人の帰還と補償の権利は、以下でみるように、『探求』でも重要な要素となったのである。

その『探求』が提案した和平案の骨子は、国連安保理決議二四二号（以下、決議二四二）だった。決議二四二は一九六七年一一月に第三次中東戦争の和平案として採択されたが、実際に履行されてはいなかった。この決議の主旨は「土地と平和の交換」、つまりイスラエルが占領地から撤退する代わりに、アラブ諸国はイスラエルを正式に主権国家として承認するというものだった。しかし、この決議の解釈をめぐって「撤退が先か、交渉が先か」が争われた。決議二四二では、一九六七年の戦争で獲得した地域からのイスラエルの撤退が明記されていたが、その「獲得した地域」は無冠詞で書かれ、占領した「全ての」地域とは明記されておらず、撤退の範囲が曖昧であった。そのため、イスラエルは撤退の範囲は交渉によって決めるべきであるから撤退よりも交渉が先であると論じ、逆にアラブ諸国はイスラエルの占領地からの撤退は和平交渉の前提条件であるから撤退が先であると論じたのである（奈良本 二〇〇五）。

決議二四二の迅速な履行は中東の安定に必須との認識のもと、『探求』はその履行に必要な四ステップを提案した。第一歩として、各陣営の感情が過熱している雰囲気を解消することが必須とした。『探求』は、アラブ側はイスラエルが世界中のユダヤ人を呼びよせ際限なき領土の拡張をめざしていると考えており、逆にイスラエル側はアラブ諸国が全てのユダヤ人を中東から追い出そうとしていると感じていると記した。これらの認識を「偏執狂」であると退ける一方で、各陣営の強硬な発言が脅威を現実のものと感じさせているため、イスラエルは最終的に占領地から撤退する意思があることを明確に述べ、一方でアラブ側はイスラエルを主権国家として承認する意図があることを宣言することで、和平のための精神的な第一歩が踏めると『探求』は論じた。その次のステップとして、国連平和維持軍の投入、停戦ラインの設定、中東への武器の流入を制限する規定の策定を通じて交戦状態を解消し、交渉を可能とする環境を作ることを『探求』は提案した。第三のステップは和平協定の締結であったが、紛争当事者同士による直接交渉は困難であるため、国連を媒介する和平交渉がなされるべきであるとした。その際に、イスラエルは戦勝国として最初の一歩を踏むべきとの見解を示した。そして、紛争当事者同士が相互の信頼をもとに関係を築くことが長期的な和解のためには不可欠であるとの考えから、アラブとイスラエル共同で管理される公共施設の設立や開発・教育プログラムなどの促進を第四のステップとした[10]。

ここで、『探求』の主張とその含意として重要な点をいくつか指摘したい。まず、アラブとイスラエル双方の穏健派の立場を積極的に提示しようとした点である。たとえば、ＰＬＯの公式の目標——イスラエル国の代わりにすべての宗教・人種・エスニシティの人間に平等な権利を保証する世俗国家の建国——を、「非現実的」とみなすパレスチナ人の意見を紹介すると同時に、イスラエル内のハト派の立場――ユダヤ人国家の存続は武力ではなく隣人との平和的共存によって守られるべきという立場――を詳しく記述した[11]。この穏健派の存在が、『探求』が繰り返し言及した「和平はいまだ可能である」という主張の根拠ともなっていた。

次に、パレスチナ人の権利に関する『探求』の提言も重要である。アラブ諸国とイスラエルとの国家間の和平案である決議二四二では、パレスチナ人は難民として救済の対象以上の位置づけはされていなかった。そのため、PLOはこれを当事者不在の和平として否定的で、『探求』の作業部会もこの点を問題視していた。たとえば、ポール・ジョンソンは、一九六八年三月の報告書で、イスラエルに対するゲリラ活動の組織化とナショナリズムの高揚を指摘したうえで、「パレスチナ人の見解への言及なしに採択された和平案は、決して成功しない」と論じた[12]。また、ペレッツも、当時のイスラエルの首相ゴルダ・メイア（Golda Meir）の「パレスチナ」という単一の国民も民族も存在しないという発言や、アラブ諸国や米ソのパレスチナ人の代表権に対する曖昧な態度を問題視し、パレスチナのナショナリストは急速に勢力を拡大しているため、その声が和平交渉で代表されなければ中東和平は成り立たないとの見解を示した[13]。

このような問題意識にもとづいて、『探求』は和平の指針として二つの提案を組み込んだ。それは、「パレスチナ・アラブ人の自己決定権は紛争に関わる全ての陣営によって承認されなければならない」とする一文と「一九四七年の国連の〔パレスチナ〕分割案の通過後に難民となったパレスチナ・アラブ人は二つの形態の補償のどちらかに対する権利をもつ」とする一文であった。ここでの「二つの形態の補償」とは、（一）現在イスラエル領となっている地域への帰還を望むパレスチナ・アラブ人に対して、イスラエルは帰還を認め再定住のための手助けをすること、（二）帰還を望まない者あるいは不可能な者に対しては、イスラエルの手に残された土地や財産に対する補償を行うこと、を意味した[14]。なお、『探求』は、アラブ諸国に対しても、その領域内から移住を強いられたユダヤ人に対する補償を求めた。

これら『探求』が採用した立場には、当時の合衆国で支配的なナラティブへの対抗的な含意があった。まず、パレスチナ人の存在を単に「難民」あるいは「テロリスト」としてとらえなかったという点である。エドワード・サイードが述べるように、一九七〇年当時「パレスチナ人とその支持者にとっては、パレスチナという名を口にすること自体が重要かつ積極的政治声明」(サイード 二〇〇四：一七)であった。逆に言えば、「パレスチナ人」を連呼し、彼らの自己決定権を主張する『探求』は、「パレスチナ人」なる単一の民族的集合体は存在しないとする立場の人々からすれば不穏当なものだった。

また、AFSCは紛争の原因をアラブの「後進性」やイスラエルに対する「非合理的な憎しみ」に求めず、責任は双方にあるとみなした。執筆者たちも、アラブ側にイスラエルに対する激しい憎悪が存在することはもちろん認識していたし、そこから引き出されるテロや武力闘争に対して批判的であった。だが、『探求』は彼らの怒りや不満には文脈と歴史が存在することを強調し、その攻撃性をイスラムの教義やアラブの民族性などに一義的に還元することは拒否した。AFSCの両成敗的議論は、西洋の植民地主義の歴史とイスラエル支援を中東紛争の根本原因とみる人々からすると、帝国的権力に対する批判的切れ味が欠けるものにみえた[15]。それでも、アラブの西洋に対する「不信」と「敵対心」を、特定の政策や実践ではなく、民族性・宗教・伝統文化やアラブ社会の「中世的集産性」などに求めるような、合衆国における権威的な議論[16]から、『探求』は明確に距離を保っていた。

さらに、第三世界の政治的な不安定は開発によって解決されるとする近代化論も拒絶した。『探求』の作業部会はむしろ、救済活動は紛争の長期化や占領政策への加担につながる可能性すらあるとの認識から、開発援助や職業訓練が意味をなすためには、公正な政治的解決が先決であるとの立場をとったのである。このように、ＡＦＳＣはエドワード・サイードのいうアンチテーゼ的知識、つまり「広く行きわたっている正統派に反することを書いていると、明白に意識している人びとが生み出す種類の知識」（サイード 二〇〇三：一八五）と呼べる視点を含んでいたのだった。

第三節 『探求』への反応と合衆国の言説空間

本節ではＡＦＳＣの取り組みが呼び起こした反響を検討する。それは当時の合衆国の言説空間に組み込まれながら増幅していったため、同時代の文脈のなかに位置づけながら理解する必要がある。

当時、イスラエルの軍事行動や占領政策に対して合衆国内で公に批判をした人々としては、まず一部のユダヤ教の聖職者がいた。彼らは、シオニズムがユダヤというアイデンティティを宗教的なものではなく民族的なものとして扱っていることに批判的であったため、イスラエルの建国以前からシオニストによる民族を基盤とする国民国家建設の動きに対して批判を繰り返してきていた（ラブキン 二〇一〇）。これに、とりわけ第三次中東戦争以降、アフリカ系アメリカ人急進派やブラック・ムスリムが加わった。彼らは、第三世界における反植民地主義闘争に対する共属意識、非同盟諸国運動の盟主としてのエジプト大統領ナセル（Gamal Abdel Nasser）の存在、そしてエジプトがアフリカ北部に属するという心象地理から、「アラブの大義」と自らの合衆国内部における人種解放闘争とを重ねていくなかで、イスラエルを西洋帝国主義の砦とみなして、その正当性を強く疑った（Feldman 2008; McAlister 2005; Weisbord and Kazarian 1985）。これに、在米アラブ系学生団体、新左翼系諸団体、ノーム・チョムスキー（Norm Chomsky）のような一部の知識人などが加わり、イスラエルの占領政策とそれへの合衆国の曖昧な態度に対して批判的である点は共通しつつも、中東紛争に関心を寄せる理由も求める解決案も多種多様な、不定形で雑多な集合体が存在していた。

ＡＦＳＣは、これらの人々を視野に入れながらも、そこから距離を取った。『探求』は、イスラエルを「西洋帝国主義の砦」とみなす議論を退けたし、『探求』の支持した二国家共存案は、当時のチョムスキーらバイナショナリストの立場とは距離があった（チョムスキー 二〇〇四）。また、ＡＦＳＣはユダヤ教に対する信仰からシオニズム批判を展開したわけでもなかったし、パレスチナ難民の苦境に強く同情を示しつつも、対抗的・革命的暴力の使用を繰返し批判した。ＡＦＳＣと『探求』の作業部会は、『探求』を国際関係論の書物のようなトーンを用いて、また言葉使いに強く注意を払って書くことで、自らの立場を可能な限り非党派的なものにすることに努めたのである。実際、このような慎重さ、あるいは「客観性」が、『探求』に対していくつかの主要紙が好意的な批評を行った一因だった。たとえば、ニューヨーク・タイムズは、『探求』を「両サイドの感情に関する慎重な評価に基づいたもので、妥結のための実践的な提言を含む」ものであるとし、ウォール・ストリート・ジャーナルも「中東和平に向けての合理的な模索」と評した[17]。

それでも、あるいはそれゆえに、『探求』は多大な批判を受けた。最も体系的な批判の一つは、「アメリカ・ユダヤ人会議」と「名誉毀損防止同盟」が共同で出版した『中東における真実と平和――クエーカー報告の批判的分析』（以下、『真実と平和』）だろう。これはタイトルが示すように、『探求』への反論を目的とした七〇頁程度の小冊子だった[18]。『真実と平和』は、『探求』が「あからさまなバイアスを示し、事実を抑圧し、歴史を歪め、偏った一方的な結論を導き出している」と糾弾した[19]。ＡＦＳＣを「ＰＬＯのプロパガンダ」とまで断じる熾烈な批判の原因は、『探求』

の和平案の根幹――イスラエルの占領地からの撤退、大国による和平交渉への介入、パレスチナ人の交渉過程への参加など――が、イスラエルの公式の立場とは相反するものであったことにある。『真実と平和』によれば、占領地からの撤退はイスラエルにとって「防衛可能な国境」の放棄を意味し、大国の交渉への介入は戦勝国として有利な立場にあるイスラエルに妥協を強いることであり、パレスチナ人の交渉過程への参加は「テロリスト」の容認に他ならないのであった。

また、『探求』は反セム主義的であるとの批判も多かった。『探求』が、イスラエルの報復攻撃の過剰さを描くために旧約聖書の「目には目を」(an eye for an eye) というフレーズをもじって「片目に両目を」(two eyes for an eye) という表現を用いたことや、合衆国のユダヤ系団体による献金やロビー活動に対する批判がユダヤ人陰謀論を連想させるものであることなどが、反ユダヤ主義の表れとして批判の対象となった[20]。より辛辣に、『探求』は「無意識の反セム主義に染まっており、従って全キリスト教世界を破壊する病を無自覚にまき散らしている」と非難する者もいた[21]。他にも、『探求』が革命的暴力を理想化しているとの批判も頻繁にみられ、パレスチナ・ゲリラを、「テロリスト」ではなく「レジスタンスの戦士」とか「コマンド」と記述していることも問題視された[22]。

また、冷戦的背景もＡＦＳＣ批判の軸の一つとなった。たとえば、『探求』が「アラブ・イスラエルのジレンマの理性的な理解を妨げている主要な要因の一つは、西洋、とりわけ合衆国における一般認識の両極化である……その両極化の結果が、新聞やその他のメディアで頻繁にみられる歪曲である」と米メディア批判を行うと、『真実と平和』は「中東問題の理解の障害となっているのは、西洋の『自由な』メディアではなく、政府によって完全に統制されている共産主義者とアラブ世界のメディア」であると反論した[23]。ＡＦＳＣに対する批判にみられる冷戦的語法と中東問題の交錯は、合衆国社会の保守化が進むなかで本格化していった。バックラッシュには人種やジェンダー、外交や経済政策に関わる個別のテーマが存在するが、各戦線に従事する多様な人々を統合してきたのが反共主義の理念であった。そして、一九六〇年代末以後だと、ベトナム反戦運動に対する嫌悪も同様の統合的な役割を果たした。保守派は、反戦運動がベトナム戦争を敗北に導き、戦争を長引かせ、戦場の兵士を侮辱し、介入の正当な理由を踏みにじったと断じたのである（Scanlon 2013）。なかには、ベトナム反戦期に平和運動は平和主義を放棄し、共産革命に共鳴してベトコンの勝利を願うようになったと、AFSCを名指しで批判する者もいた（Lewy 1988）。

このような反共主義と平和運動に対する不信を中東問題と結びつけたのが、『探求』を「イスラエルと、その合衆国におけるユダヤ系の支援者たちの施策と政治を見下し非難するもの」と断罪したH・デビッド・カーク（H. David Kirk）だった。彼の目には、AFSCがそのような「汚れた仕事」を成しえたのは、クエーカー信仰を共産主義と適合させることでテロリズムを擁護するようになったためだ、と映った。彼によれば、反核運動、公民権運動、ベトナム反戦運動などを通じて世俗の団体と接触したAFSCは、革命的暴力と共産主義を称賛する新左翼急進派に感化され、非暴力を放棄したのだった[24]。もちろん、このような反共的批判の直接の背景には、AFSCも否定的だったソ連による一部のアラブ諸国への政治・軍事的援助やソ連の反ユダヤ主義的実践があった[25]。とはいえ、AFSCを「イスラエルの敵」のみならず、「合衆国の世界戦略に対する敵」「自由と民主主義の敵」といったより広義の「害悪」として位置づける議論の理論的基盤の一部は、ベトナム後のバックラッシュのなかに存在したのだった。

このような議論は、AFSCの反共主義の歴史やベトナム反戦運動における穏健な立ち位置を知る者からすれば意外かもしれない。一九五〇年代のAFSCは、同時代の多くの平和運動と同様、自らの反共主義を隠さなかった（Lieberman 2000: 118–120）。加えて、一九六〇年代にAFSCは、ベトナム反戦運動における新左翼急進派やカウンターカルチャーの存在に対して懐疑的であった。特に、「奇妙な見た目」のヒッピーたち、南ベトナムの民族解放戦線の旗を掲げる者、アメリカ国旗を焼く者、暴力の使用を拒否しない者などに対する不信は強固だった。この不信が理由で、ＡＦＳＣは一九六九年一一月に行われた大規模反戦デモを最後に、急進派を内に抱えるベトナム反戦運動の連合体から離脱さえした（Kamil 2006: Chapter 4）。

このようなＡＦＳＣの保守性に加えて、ＡＦＳＣの和解案がＰＬＯのそれとは真っ向から対立するものであったことも勘案すると、『探求』をＰＬＯのプロパガンダとみなす議論には疑問の余地がある。ＡＦＳＣはパレスチナ人に対して、彼らの自己決定や交渉参加の保証と引き換えに、「イスラエル国の承認」を呼びかけていた[26]。これは、すべてのユダヤ教徒、キリスト教徒、ムスリムがともに暮らすことが可能な単一の世俗の国家をパレスチナに建設することを提案する、いわゆる一国案（one-state solution）を公式に採用する当時のＰＬＯの見解にはそぐわないものであったため、ＰＬＯとその支持者たちは『探求』を「シオニスト寄り」と厳しく批判した。たとえば、「バグダッド・オブザーバー」紙の社説は、「『平和、愛、道徳性』の名の下に、世界のアメリカの利益のために奉仕する」ものであると『探求』を断じた。また、ＰＬＯ所属のある経済学者は、「我々にとって本質的な問題は、イスラエルの存在が、単に土地を奪うだけでなく、そこにいる人々を根無し草にし、強制的に立ち退かせるという、永続的・非人間的・植民地主義的なプロセスを意味するということにある」としたうえで、「もし、パレスチナ人が西洋の帝国主義に支えられた植民地主義的侵略の犠牲者であるということ思い起こすならば」、『探求』の和平案が不十分であることは明白であると断じた[27]。このように、『探求』の折衷案的な立場は、かえって双方からの批判をまねいたのだった。

「はたして誰が真実を語っているのか？」。この疑問は、アラブとイスラエルの相対立するナショナリズムとその支援者によるそれぞれ説得性をもつようにもみえる苛烈な論争に直面したときに、多くの人々が抱くものであった。中東紛争の背景の複雑さは、この疑問に拍車をかけた。当時の合衆国の平和運動は第三次中東戦争後の中東の危機の高まりに直面するなかでこの紛争への関心を高めていったが、その過程で多くの平和運動団体は内部分裂を経験し、中東紛争に対する立場声明を発することにも苦労していた。まして『探求』のように枠組みの大きな文書を作成した団体は他になく、それをAFSCのような伝統ある平和運動組織が行ったという事実ゆえに、『探求』の出版は合衆国の平和運動の中東問題への取り組みの画期になりえた。

しかし、AFSCの主張は平和運動コミュニティに簡単に受容されたわけではなく、むしろ緊張関係をもたらした。それは、ユダヤ系が草の根レベルでの実働を担うことで、合衆国の平和運動の屋台骨を支える存在だったことと関係する（Mohl 2010; Murray 2003; Smith 1998）。たとえば、『探求』の出版後に作業部会員のベルは、「健全な核政策のための全米委員会」（National Committee for a Sane Nuclear Policy, 以下、SANE）の会合に参加したとき、一部のユダヤ系メンバーから『探求』に関する強い批判を受けたという。[28] SANEとAFSCは長年の平和運動仲間であり、その身近さゆえに『探求』は平和運動に難題をもたらした。

当時の合衆国の平和運動団体内部の議論をみると、中東紛争をどのように理解すべきか困惑していた様子が窺える。たとえば、「中東新オルタナティブ委員会」（Committee on New Alternatives in the Middle East, 以下、CONAME）という合衆国の著名な平和運動家、ジャーナリスト、学者などからなる連合グループは、「中東とその諸問題に関する知識が、いくらかはあるとしても、極めてわずかしかない」ことに不満を抱いていた。[29] また、「平和のための女性ストライキ」（Women Strike for Peace, 以下、WSP）という反核・反戦団体のニューヨークのグループは、一九七一年一月、六月、九月に連続で中東紛争に関する会合を開催したが、とても「興奮した」会合となったため、「この問題に特定のスタンスを取る前に中東紛争について勉強し議論し続けること」しか決定できなかった。[30]

このように、中東紛争そのものの複雑さや信頼に足る情報の少なさが、『探求』を歓迎する土壌を用意した。特に、紛争の性質の解釈をめぐる衝突に困惑する者にとって、『探求』は有益な情報源となった。事実、『探求』の作業部会員の多くは中東問題の「専門家」として講演や討論会に招かれ、AFSCオフィスには講演者の紹介を求める電話が多く寄せられた。たとえば、「女性国際平和自由連盟」(Women's International League for Peace and Freedom, 以下、WILPF)は、ペレッツを招いて講演会を開催した。また、WSPも『探求』を重要文献として配布し、『探求』の一部をニューズレターで引用した。加えて、「ユダヤ平和の連帯」(Jewish Peace Fellowship, 以下、JPF)も、「中東研究キット」の参考文献の一冊として『探求』を取り上げ、「中東の歴史と緊張を和らげるための提案について、より思慮深く綿密な思考を提供してくれる」ものだと高く評価した[31]。

CONAMEもまた、『探求』に対する批評をまとめた『中東の対話に向けて』なる資料集を出版するなど、『探求』を重視した。実際、この資料集の編集後記で「〔『探求』の〕出版によって、中東に関する議論のテンポが早まった」と評されたように、『探求』は中東紛争についての判断を保留している人々に資料を提供することで、この紛争への取り組みを、とりわけ平和運動のなかで促進したのだった[32]。一九七三年の第四次中東戦争後には、上述のWSP、JPF、SANE、WILPFやその他の主要な平和運動団体は軒並み、中東に関する立場声明を発表していったのだが、これらの声明は、決議二四二を和平の軸とすること、イスラエルの撤退、パレスチナ人の自決権、大国による武器供与の禁止などを呼びかけるなど、『探求』と多くの共通点を含むものであったのだ[33]。このように、一九六七年以降に米国の平和運動が徐々に中東紛争への関心を深めていくなかにあって、AFSCの活動は、その後の中東和平を求める合衆国内の市民レベルでの活動を発展させるうえで、重要な役割を果たした。もちろん、そのような流れをAFSCが独力で作り出したわけでは決してないが、原動力の一つとなったと考えることは可能であろう。

おわりに

本稿ではこれまで、ＡＦＳＣの活動を事例として、一九六〇年代後半～一九七〇年代初期の中東平和アクティビズムの形成過程を考察してきた。ＡＦＳＣは、第三次中東戦争後に中東で緊張が高まるなかで、緊張の緩和と再度の全面戦争の回避をめざして、活動の焦点を人道援助から政治的公正の追求へと拡大させていった。『探求』の出版はその変化を象徴するものだった。アラブ・イスラエル紛争は、執筆者たちが恐れたとおり、一九七三年には再び大規模な武力衝突へと発展した。そして『探求』が出版されて四〇年以上の月日がたち、その間数多くの和平交渉が実施されてきたが、現在もなおＡＦＳＣの提案の根幹の大半は棚上げにされたままである。また、仮にそれが完全に実現されたとしても、パレスチナ紛争の「解決」にどこまで資するのか。この問いは重要であるが、本稿の扱う範囲を超えるものである。ともあれ、ＡＦＳＣは、パレスチナ人の自己決定権と彼らの帰還と補償の権利を訴えると同時に、近代化論にもとづく開発援助とそれによって覆い隠され得る占領がもたらす不平等を問題化し、アラブの「後進性」と「不合理な憎しみ」を紛争の原因とする見解を拒絶するなど、当時の合衆国における権威的な認識に対抗的な知を提供した。そのような『探求』の執筆・出版の際に重要な資源となったのが、ＡＦＳＣが一九四八年以降に、パレスチナ難民救済活動を通じて得た経験であった。『探求』の執筆に難民救済活動への参加者が多く含まれていたことは、この接続性を裏づける。また、一九六七年戦争後、イスラエルがガザと西岸地区を占領するという状況下では、人道援助は占領政策を補完しうるという危険性を現地調査から理解するようになったことも重要だった。

このように、ＡＦＳＣの根源的問題意識は、国境を越えた活動と難民との直接的な接触によって育まれたが、その際に生まれたある種の共感を、執筆者たちは「合理性」や「客観性」という言葉に変換してから、硬直化する合衆国世論に投げ込んだ。これは、当時のユダヤ系団体などに対する配慮であったのと同時に、ベトナム反戦運動においてAFSCが急進派から袂を分かったのと同様、一九六〇年代末の「悪しき」側面とAFSCが認識した革命的暴力や対抗文化といった諸要素から、『探求』を引き離す試みでもあった。その結果、『探求』は紛争当事者すべてを代弁しようとすると同時に誰も代弁しない文書とみなされ、この問題に関してすでに立場を固めている人々にとっては不快な介入となった。ただその一方で、AFSCの中東紛争に対する見解は、少なくとも、合衆国の平和運動団体を中心に受容されていった。合衆国の平和運動は、一九六七年と一九七三年の二度の中東戦争を経て「苦しい無関心」から徐々に変化していくが、AFSCはその変化を象徴的に示す存在であると同時に、その作り手でもあった。

合衆国政府とイスラエル政府との長年の同盟関係はよく知られるところであるが、合衆国社会にはその同盟関係に懐疑的な立場も同時に存在してきた。その動きを担う人々の動機や求める解決案はけっして一様ではないため、AFSCの和平に関わる提案――大国による武器供与批判、「土地と和平の交換」を中心とする決議二四二の原則的支持、パレスチナ人の自己決定に関わる問題を和平案の中心に据えることなど――や、平和運動としての活動の方向性――現地の穏健派との連携、ゲリラ・正規の軍隊の別なく暴力の行使の否定など――は必ずしも支持されるわけではない。だが、AFSCの提示した立場は、平和運動団体を中心に共有されていき、イスラエルの占領政策とそれへの合衆国の支援／黙認に抗議する多様な思想と実践における主要な潮流の一つとして、今日でもまだ存続しているのである。

（1） *Liberation* 14 (8), (Nov 1969), 3.
（2） 本稿では、ヒル・アンド・ウォン社版 *Search for Peace in the Middle East* (New York: Hill and Wang, 1971) を用いる。

(3) The Archives of the American Friends Service Committee, Philadelphia, PA.

(4) For Immediate Release (July 28, 1967), For Release (Oct 13), and AFSC Immediate Release (Aug 23, 1967), Folder: International Service Division (ISD) -Social & Technical Assistance (STA), Middle East Program Administration: General Publicity, Box: ISD-STA, Middle East, Administration, Gaza J-Jodan Pakistan West-Lahore, 1967, AFSC Archives, Philadelphia, PA.

(5) From Mike Yarrow to Henry Passmore, Oct 3 and 10, Folder: ISD-STA Middle East Program 1967 Administration: Projects, Quaker International Affairs Representative; Excerpts from the October 2, 1967 letter of Alwin Holts in Israel and Israeli held territories, Folder: ISD-STA Middle East Program 1967 Administration: Report, Field Report; Letter from Holtz (Aug 30, 1967), Folder: ISD-STA Middle East Program 1967 Gaza: Trips, Exploratory Trips. これらのフォルダは全て Box: ISD-STA, Middle East, Administration, Gaza J-Jordan Pakistan West-Lahore, 1967, AFSC Archives より。

(6) Ibids.

(7) Landrum R. Bolling, "What Chance for Peace in the Middle East?," Aug. 21, 1969, Folder: Administration――Report, Field Report, Box: ISD-STA 1967 Middle East, AFSC Archives.

(8) Donna St. George, "Colin W. Bell, 85, Longtime Leader of American Friends Service Panel," *Philadelphia Inquirer* (Nov. 11, 1988); Gallagher, 2007.

(9) Don Peretz, "Vignettes: Bits and Pieces," in *Paths to the Middle East: Ten Scholars Look Back*, ed. Thomas Naff (Albany: State University of New York Press, 1993), 231-261.

(10) *Search for Peace in the Middle East*, 93-104

(11) Ibid, 70-71 and 77-79.

(12) Summary Report of Middle East Trip by Paul Johnson, March 7, 1968, Folder: Reports AFSC Trips, Box: International Affairs Division (IAD) 1968 Country Middle East, AFSC Archives.

(13) Don Peretz, "Arab Palestine: Phoenix or Phantom?," *Foreign Affairs* 48, no.2 (January 1970); 322-333.

(14) *Search for Peace in the Middle East*, 99-100.

(15) たとえば，Feldman (2008) などが参考になる。

(16) Yaqub (2002) などを参照。

(17) "The More Perilous Crisis," *New York Times*, May 13, 1970; "A Rational Quest for Middle-East Peace," *Wall Street Journal*, June 18, 1970.

(18) Arnold M. Soloway with Edwin Weiss and Gerald Caplan, *Truth and Peace in the Middle East: A Critical Analysis of the Quaker Report* (New York: Friendly House Publishers, 1971).

(19) *Truth and Peace in the Middle East*, x.

(20) Justine Wise Polier, "Open Letter to the 'Friends,'" *Congress By-Weekly* (December 4, 1970), 50; Soloway, *Truth and Peace in the Middle East*, 66–68.

(21) A. Roy Eckardt, "Anti-Israelism, Anti-Semitism and the Quakers," *Christianity & Crisis* (September 20, 1970), reprinted in *Toward Middle East Dialogue*, 12 and 20.

(22) "The 'Friends': Deadly Enemies of Israel," *Maccabee Report* (Oct. 16, 1970), Bettina Silber, "The Friends Fail in their Search for Peace in the Middle East," *Near East Report* (Dec. 9, 1970). The articles are reprinted in *Toward Middle East Dialogue*.

(23) *Search for Peace in the Middle East*, 8; *Truth and Peace in the Middle East*, 2.

(24) H.David Kirk, *The Friendly Perversion: Quakers as Reconcilers Good People and Dirty Work* (New York: Americans for a Safe Israel, 1979), 3 and 27–28.

(25) ソ連のユダヤ人問題に関しては、たとえばKochavi（2005）など。

(26) 『探求』には、「我々はパレスチナ・アラブ人に、イスラエルがパレスチナの一部に存在するという事実を受け入れることと、イスラエルを破壊しようとする試みは、それを受け入れることと比べて、さらなる苦しみとさらなる不正義をより多くの人々にもたらすことを認識するよう訴える」とする一文があった。*Search for Peace in the Middle East*, 116.

(27) "The Quakers!," *Baghdad Observer* (Aug. 2, 1970), 58; Yosuf Sayegh, "A Review of Search for Peace in the Middle East," *Shu'un Filastiniyyah* (*Palestine Affairs;* March, 1971), translated by Ismail Dahiyat, 35–40. いずれも *Toward Middle East Dialogue* に再録。

(28) From Irene Krueger to Everett Mendelsohn, Nov. 30, 1970, Folder: IAD Middle East: Projects Search for Peace in Middle East-Publicity Newspapers and Magazines 1970, Box: IAD 1970, AFSC Archives.

(29) To CONAME contacts at national Peace Organizations, March 23, 1973, Folder: Middle East 1972, Box 3, Series C2, Women

Strike for Peace Records (WSP Records), Swarthmore College Peace Collection, Swarthmore, PA (SCPC).

(30) New York WSP *Peaceletter* 1 (8), January, 1971.

(31) Don Perez, "U. S. Foreign Policy in the Middle East," Nov. 27, 1973, Folder: Middle East Correspondence, 1973, Box 2, Part 3H, Series A-2, Part III U. S. Section, Women's International League for Peace and Freedom Record, SCPC; New York Women Strike for Peace, *Peaceletter* 1 (8), Jan. 1971, 1-3; Alternatives in the Middle East Packet, Folder: JPF――Packet "Alternatives in the Middle East," 1970, Box 1, Jewish Peace Fellowship, Country Collective Box, SCPC.

(32) "A Reflection on our Search: An Editorial Comment," *Toward Middle East Dialogue*, 75-78.

(33) File Mid-East, July 11, 1974, Folder: Middle East Committee, 1970-1979, Box 9, Series A4, WILPF Records.

〈文献一覧〉

Chatfield, Charles. 2004. "At the Hands of Historians: The Antiwar Movement of the Vietnam Era." Peace&Change 29 (3-4): 483-526.

Dandelion, Pink. 2008. *The Quakers: A Very Short Introduction*. -Oxford: Oxford University Press.

DeBenedetti, Charles. 1980. *The Peace Reform in American History*. Bloomington: Indiana University Press.

DeBenedetti, Charles, and Charles Chatfield. 1990. *An American Ordeal: The Antiwar Movement of the Vietnam Era*. Syracuse, N. Y.: Syracuse University Press.

Feldman, Ilana. 2007a. "Difficult Distinctions: Refugee Law, Humanitarian Practice, and the Identification of People in Gaza." *Cultural Anthropology* 22 (1): 129-69.

Feldman, Ilana. 2007b. "The Quaker Way: Ethical Labor and Humanitarian Relief." *American Ethnologist* 34 (4): 689-705.

Feldman, Keith P. 2008. "Representing Permanent War: Black Power's Palestine and the End (s) of Civil Rights." *CR: The New Centennial Review* 8 (2): 193-231.

Gallagher, Nancy. 2007. *Quakers in the Israeli-Palestinian Conflict: The Dilemmas of NGO Humanitarian Activism*. Cairo; New York: American University in Cairo Press.

Hallward, Maia Carter. 2013. "The Ramallah Friends Meeting: Examining One Hundred Years of Peace and Justice Work." *Quaker Studies* 18 (1): 76-95.

Kamil, Tarik W. 2006. “The Politics of Time and Eternity: Quaker Pacifists and their Activism during the Vietnam War Era.” Ph. D. dissertation, Ohio University.

Kochavi, Noam. 2005. “Insights Abandoned, Flexibility Lost: Kissinger, Soviet Jewish Emigration, and the Demise of Détente.” *Diplomatic History* 29 (3): 503–530.

Kolsky, Thomas A. 1990. *Jews against Zionism: The American Council for Judaism, 1942–1948*. Philadelphia: Temple University Press.

Lewy, Guenter. 1988. *Peace & Revolution: The Moral Crisis of American Pacifism*. Grand Rapids, Michigan: W. B. Eerdmans Pub. Co.

Lieberman, Robbie. 2000. *The Strangest Dream: Communism, Anticommunism and the U. S. Peace Movement, 1945–1963*. Syracuse, N.Y.: Syracuse University Press.

McAlister, Melani. 2005. *Epic Encounters: Culture, Media, and US Interests in the Middle East since 1945*. Berkeley and Los Angeles, California: University of California Press.

Mohl, Raymond A. 2010. “A Merger of Movements: Peace and Civil Rights Activism in Postwar Miami.” *Peace & Change* 35 (2): 258–94.

Murray, Sylvie. 2003. *The Progressive Housewife: Community Activism in Suburban Queens, 1945–1965*. Philadelphia, PA: University of Pennsylvania Press.

Scanlon, Sandra. 2013. *The Pro-War Movement: Domestic Support for the Vietnam War and the Making of Modern American Conservatism*. Amherst: University of Massachusetts Press.

Smith, Allen. 1998. “The Peace Movement at the Local Level: The Syracuse Peace Council, 1936–1973.” *Peace & Change* 23 (1): 1–26.

Smith, R. Allen. 1993. “Mass Society and the Bomb: The Discourse of Pacifism in the 1950s.” *Peace & Change* 18 (4): 347–72.

Yaqub, Salim. 2002. “Imperious Doctrines: U. S.—Arab Relations from Dwight D. Eisenhower to George W. Bush.” *Diplomatic History*, 26 (4): 571–591.

Weisbord, Robert G., and Richard Kazarian. 1985. *Israel in the Black American Perspective*. Westport, Conn.: Greenwood Press.

Wells, Tom. 1994. *The War Within: America's Battle over Vietnam*. Berkeley, CA: University of California Press.

Wittner, Lawrence S. 1984. *Rebels against War: The American Peace Movement, 1933–1983*. Philadelphia: Temple University Press.

サイード、エドワード／浅井信雄・佐藤成文・岡真理訳（二〇〇三）『イスラム報道』みすず書房。

サイード、エドワード／杉田英明訳（二〇〇四）『パレスチナ問題』みすず書房。

チョムスキー、ノーム／中野真紀子訳（二〇〇四）『中東――虚構の和平』講談社。

奈良本英佑（二〇〇五）『パレスチナの歴史』明石書店。

ラブキン、ヤコブ・M／管野賢治訳（二〇一〇）『トーラーの名において――シオニズムに対するユダヤ教の抵抗の歴史』平凡社。

第9章　科学がうち消す被ばく者の「声」

――マーシャル諸島核実験損害賠償問題をめぐって

中原聖乃

はじめに

本論の目的は、一九四六年から一九五八年まで、米合衆国（以下、米国）が当時国連信託統治領であった太平洋に位置するマーシャル諸島共和国（The Republic of the Marshall Islands）[1]で行った核実験に関する被害賠償と謝罪の現場に焦点を当て、人々の体験した／している「放射線被害」が軽んじられる過程について考察する。

加害者である米国は謝罪もせず、賠償金ばかり支払うと、被害者らは訴える。これに対して、米政府は適切な対処を主張するとともに、核実験実施を受け入れたマーシャル諸島への「感謝」を表明している。

マーシャル諸島の核実験被害に関する研究はいくつか存在する。国際関係学や歴史学は、「核抑止論」に対する批判、および核実験を行った米国の不正義を告発してきた。[2]文化人類学は、核実験被害後の生活文化の変化や「近代化」の動態を明らかにしてきた。[3]たとえばメイソンは、地域住民が、米国政府との交渉により「戦略的交渉術」を獲得し力をつけたことを、トビンは「自尊心」や「独立心」の習得を、カイステは「自信」を獲得したことを明らかにしている。ジョンストン／ベーカーは、被ばくによる伝統文化の破壊を明らかにした。いずれの研究もパワー・ポリティクスを背景として、国際関係学、歴史学は強者の加害性をあぶり出し、文化人類学は強者による弱者の「文化的包摂」を描き出していると言えよう。

核実験から六〇年を経た現在でも、マーシャル諸島の核実験被害に関する「謝罪」と「賠償」は滞り、「再建」にも影響している。核実験による放射能被害のため避難生活が続くロンゲラップ共同体は、現在、除染後の故郷で、産業開発を進める一方で、人々は避難地を中心にマーシャル諸島全土に広がる親族との連携を絶やさない。こうした包括的な共同体の再建の足を引っ張っているのが不十分な謝罪と賠償である。

そこで本稿では、被害の訴えや科学的立証、および賠償金支払いのプロセスに焦点を当てて、両者の和解を阻んでいる要因を考察する。考察の対象は、米国による核実験の被害を受け、現在も故郷を離れた避難生活を送るマーシャル諸島ロンゲラップ環礁自治体（*Rongelap*, Rongelap）[4]である。

第一節は、マーシャル諸島の核実験とロンゲラップの現在について概観する。第二節は、甚大な影響をもたらした「ブラボー」水爆実験被害を明らかにする。第三節は、米国と被ばく者双方の交渉に表れる被害（加害）認識とその語りについて検討する。第四節は、交渉の結果としての賠償制度と謝罪のあり方について検証する。本稿をとおして、復興を阻んでいる和解の困難さや不十分な賠償といった問題を、「科学的被害」という側面から考察する。本論は科学被害の「解決の場」をつくるための予備的考察ともなる。

第一節　核実験ロンゲラップ共同体

サンゴ礁の小島が連なる二九の環礁と五つのサンゴ独立島で形成されたマーシャル諸島共和国の国土は、生物多様性に乏しく自然災害への脆弱性も高い[5]。ただし、荒天でも漁撈が可能な環礁内海は自給自足生活を支え、島々の拡散性は災害救援ネットワークとしても機能する。おおむね一つの環礁や島を日常的な生活圏とする共同体が、他共同体との連携を維持して困窮生活を克服する「ローカル・ノレッジ」が継承されてきたのである。

現在、マーシャル諸島には従来の共同体を基盤とする二四の地方自治体（*Local*）がある。住民登録制度はなく、人々は血縁にもとづくグラデーション的強弱をともなう複数の共同体への帰属意識の延長線として、自治体への帰属意識を持つ。こうした伝統的文化を保ちつつ、国政・地方行政レベルにおいて民主主義的かつ近代的政治制度が導入されている。

米政府は、米原子力委員会（Atomic Energy Commission）[6]による放射能の影響への懸念と海外での核実験実施の提案を受けて[7]、一九四六年にはビキニ環礁（*Bikini*）を、一九四八にはエニウエトク環礁（*Enewetak*）を核実験場に選定した。米国は、一九四六年の最初の核実験実施後、一九四七年に、マーシャル諸島を国際連合信託統治領ミクロネシアの一部とし、人・モノ・情報の流れを制限し、実質的な植民地として統治した。

一九五八年まで両環礁で行われた六七回の核実験の累計威力一〇八メガトンは、広島に投下された原爆の七二〇〇発に相当する。これは、一九四五年から一九八八年までの四三年間に米国が国内外で行った全九三〇回の核実験の推定累計威力一七四メガトンの八〇%を占める。[8] このうちマーシャル諸島北部環礁を中心として、放射能による甚大な人的および環境被害をもたらしたのが、一九五四年三月一日に行われた「ブラボー(Bravo)」水爆実験である。ロンゲラップの人々の従来の生活圏であるロンゲラップ、ロンゲリック(*Rongerick*)、アイリングナエ(*Ailingnae*)環礁に降りそそいだ放射性降下物「死の灰」で被ばくした八二人のほとんどは急性放射線障害を発症した。三日後に救出された人々は、避難生活ののち一九五七年にロンゲラップに帰郷するが、一九八五年五月には、放射能の危険性を考慮して住民二九五人が集団でクワジェリン環礁(*Kuwajleen*)メジャト島(*Mejatto*)へ再避難した。ブラボーから数年後には挽発性放射線障害を発症する人も現れた。

一九八六年、マーシャル諸島共和国として独立した際、米国との間で締結された一五年間の期限付き二国間条約「自由連合協定(Compact of Free Association and Related Agreements between the Republic of the Marshall Islands and the United States of America)」で、軍事利用の継続、経済援助とともに、一億五〇〇〇万ドルの「核実験賠償基金」を取り決めた。同基金は、マーシャル諸島住民による核実験関連訴訟の取り下げを条件としており、[9] 協定期間内で運用されながら、主に自然環境や人体への放射能影響調査、医療費、米国が核実験被害を認定した四つの自治体(Four Atoll)への分配金として使用されてきた。この自治体分配金は自治体のメンバーに生活費として分配された。二〇〇四年から締結された新自由連合協定では、核実験補償のための新たな基金は拠出されなかった。

ロンゲラップ地方政府は、自治体分配分の半分を分配せずに運用し、現在も人々への分配を続けている。二〇一二年には、一年間一人当たり約三二〇ドルで、ブラボー水爆実験の直接の被ばく者八六人(死亡者はその権利を継承するもの)はその三倍である。

二〇一四年一二月現在、ロンゲラップの人々は、故郷から南に約二一〇キロメートルに位置するメジャト島を中心的居住地として避難生活を送っている。メジャト島の面積は〇・二三平方キロメートルで[10]、この広さでは人口を支持できず、核実験賠償基金の分配金、および米国やロンゲラップ地方政府からの食料援助に依存している。ロンゲラップの被ばく者の子孫や同環礁に土地権を持つ人やその配偶者で構成されるロンゲラップ共同体メンバーは、筆者推定で約二〇〇〇人である。メジャト島には約一九〇人(二〇一三年八月)が居住しているにすぎず、その他は、首都マジュロ、基地の町イバイ、そのほかの環礁、ハワイや米本土に居住している。二〇一三年七月二〇日現在では、八六人の被ばく者の生存者は二五名であった。

次節では、こうした状況を生み出したブラボー水爆実験による被害の実態をみていく。

第二節 「ブラボー」水爆実験被害

水爆実験ブラボーは、一八〇キロメートル東方にあるロンゲラップ生活圏に甚大な被害をもたらし、当時ここで暮らしていた四名の妊婦を含む八二人は夕方から急性放射線障害を発症した。米政府文書によると、二四時間後から四八時間後までに、かゆみや皮膚のやけどを発症した人は多数あり、食欲不振や吐き気を感じた人が三分の二ほどあり、嘔吐、下痢、涙流、焼けつくような目の痛みを感じる人もいたとある[11]。

二日に上陸した米軍は午後五時に一四ミリシーベルト(1.4rem)を観測している[12]。人々の全身被ばく量は二七九八・八九~三四九八・六二ミリシーベルト(300-375roentogen)、甲状腺被ばく線量は一万~二万ラド、内部被ばくは六〇〇~三〇〇〇ミリシーベルト(60-300rem)と見積もられている[13]。ロンゲラップ環礁にいた六七人の全身ガンマ線照射量（whole body gamma radiation）は一・七五グレイ（175rad）、アイリングナエ環礁にいた一九人は〇・六九グレイ（69rad）を示した[14]。

四日、米軍艦船で救出された被ばく者はクワジェリン海軍基地に到着し、米原子力委員会の監視下に置かれた。着の身着のままで避難した人々は、船上で軍服に着替えた。被ばく者のうち一五名は、ガイガーカウンター（AN/PP-DR-27c Survey Instrument）による避難直前の計測の記録がある。一時間当たりの線量は、低い人では〇・八ミリシーベルト（80mrem）、多い人では四ミリシーベルト（400mrem）を示した[15]。国際放射線防護委員会（International Committee on Radiation Protection）は、当時の年間線量限度は一週間で約三ミリシーベルト（0.3r）と定めていた。軍事基地到着日、四ミリシーベルト（400mrem）を示していた男性も、四度目の水浴び後には七〇マイクロシーベルト（7mrem）までに下がっている。翌日には、少ない人で三〇マイクロシーベルト（3mrem）、多い人で二〇〇マイクロシーベルト（20mrem）を示した。

当時を記憶する被ばく者は「海水につかり石鹸で体を洗うだけで治療はなかった」と語る。米政府文書には、被ばく後二週間で九〇％の子どもと三〇％の大人に脱毛が始まり、皮膚の変色は九〇％の人に見られ、二〇％の人々はひどい皮膚の外傷（火傷）が起こり[16]、また血液中の白血球の著しい低下も記されている[17]。のちに被ばく者の健康診断を担当する軍医ロバート・コナード（Robert A. Conard）の報告書には、薬剤を投与しなかった理由として、抗生剤の使用によって新たな耐性菌出現の可能性があったためと記載されている[18]。

一方、被ばく者への調査は徹底された。九日、原子力委員会生物医学局長ユージン・クロンカイト（Eugene P. Cronkite）を団長とする二五人の医師、科学者、国防総省（Department of Defense）からなる合同医療チームがクワジェリン軍事基地に到着し[19]、一一日からガイガーカウンター（ANDPR/39A and the ANPDR/27c）を使用して計測した[20]。米原子力委員会の記録によれば、深刻な急性放射線障害は、被ばくから半年後には解消されていった[21]。

三年後の一九五七年六月三〇日、米原子力委員会はロンゲラップ環礁の安全宣言を出した。放射能の存在は「ポイズン」「ラディエーション」という言葉でマーシャル中の人が知るところとなっていたので、帰島を不安にも感じたが、故郷の様子を確認したいという気持ちとの間で葛藤し、被ばく者の大半と、ロンゲラップ土地権利者を含めた二五一名が帰島した。

米国は一九六〇年四月二八日に開催された国連信託統治領第二六回議会で、ソ連による核実験被害に対する批判を巧妙にかわしながら[22]、被ばく者の定期的な健康診断を継続し、被ばくデータとして蓄積していった。

ふたつのグループ（マーシャルと、広島・長崎）の調査は、核爆弾の爆発による放射能の人体への正確な影響について価値のある情報を生み出す。わずかな放射線に曝される影響に関する研究は、いま、その重要性が強調されている[23]。

米政府は、広島・長崎の被ばく後のデータから、ロンゲラップ被ばく者についても白血病の発症を予測し、また非被ばく者の体内からも放射能が検出されていたが[24]、人々をロンゲラップからは避難させなかった。こうしたなか、被ばくから数年後は、死産や流産といった出産異常が多発した。「残留放射能の影響はない」との米原子力委員会の説明を受けて帰郷した人々は、不信感を強めていった[25]。帰島二ヵ月後にはロンゲラップの環礁放射線や生物に関する放射能調査が行われた。当時非公開とされた記録には、七月のロンゲラップ環礁居住地の地表から三インチの空間線量は、毎時二・七マイクロシーベルト（〇・二七ｍｒ／hr）、同島の近くの環礁内の魚のベータ照射線量は、一九五七年七月一七日の計測で、肉が〇・〇二〇クーロン毎キログラム（〇・二〇μc／kg）、肝臓が〇・二九クーロン毎キログラム（〇・二九μc／kg）、骨は〇・〇二一クーロン毎キログラム（〇・〇二一μc／kg）が計測されたとある。[26]

「四・一プロジェクト」の名前で極秘にまとめられた数万ページにのぼる膨大な被ばくデータは、一九九〇年代から徐々に開示されたものの、いまなお非公開の文書がある。このことは人々の不信感を助長している。次節では、こうしたロンゲラップの人々の核実験被害に対して、被ばく者と米政府双方はどのように説明してきたのか考察する。

第三節　被害を説明する「ことば」——体験と統計

被ばくを訴えるために、流産・死産などの出産障害、体調不良、白血病、がんの発症、成長障害の子どもなどの様々な現象を、人々は語ってきた。たとえば、「一〇回も流産を繰り返した」「長い間なにをするにも億劫だった」「ヒバクシャといじめられた」といった被ばく者らの声。「血を流して死んでいった」という白血病で息子を失った父親の語り。「死産が多すぎて、埋葬するたびに悲しくなった」[27]「奇形で生まれた赤ん坊は、母親には見せられなかったので、すぐに埋葬した」など、共同体メンバーとして体験した人。また、ロンゲラップの診療所に配属されたヘルスエイドは、「腎臓が悪い人など病気の人がたくさんいて、病院には人があふれていた。忙しかった」と一九六〇年代当時を振り返った。

一九七二年に、被ばく者であるレコジ・アンジャイン氏（Lekoj Anjain）が死亡して以来、がん患者は急増している。現在マーシャル諸島全土で非被ばく者を含めたがんの発症率は、米国よりも男性で二・四三倍、女性で三・四七倍高い（表1）。

しかしながら、米政府はこれらの個人的に語られる疾病と核実験との関連性を認めていない。出産異常について、一九六一年の信託統治領政府の覚書に次のように記されている。

被ばくした女性の間に、流産や早産の例が若干多く見られるが、マーシャル諸島における実際の統計は少なく（母集団の少なさ）、関連する人々の数も少ないことから（比較対照群の少なさ）、統計学的な分析に基づいてこのデータを明確に判断することは不可能である。[28]（括弧内は筆者による）

また、北太平洋一帯でがんの発症率が高いことから（表2）、米政府はマーシャル諸島のがん発症率の高さの原因を「風土」に求め、放射能ががんの原因であることを主張するには、核実験以前よりもがん発症率が統計学的に有意なほど増加していることを示す必要があると主張している。しかし、核実験損害賠償裁定機関（Nuclear Claims Tribunal, 以下、核賠償機関[29]）のビル・グラハム（Bill Graham）によると、核実験以前のデータは存在しないので、この証明は不可能だと述べる。さらに米政府は、マーシャル諸島のがん発症率の高さの原因として、子どものビタミンA摂取不足、飲酒率、喫煙率、および性感染症、B型肝炎などの罹患率の高さといった生活習慣の変化も指摘しているため[30]、放射能が原因であると証明することはきわめて困難な状況である。

津田によれば、疾病の原因を医学的に特定する「医学的根拠」には、専門家の個人的な経験を重んじる立場、統計学の疾病のデータを定量的に分析する方法論、動物実験や遺伝子実験など生物学的メカニズムを重んじる立場の三つがあるという[31]。

表1　1985〜1994 年におけるマーシャル諸島米国がん発症率部位・性別比較[32]

	マーシャル諸島				米国(1987〜1991年)	
	男性	対米比	女性	対米比	男性	女性
肺癌	313.8	3.82	122.4	3.03	82.1	40.4
子宮頸がん	—	—	278.4	5.85	—	47.6
消化器がん	21.8	1.88	42.7	8.54	11.6	5
肝臓がん	72.1	15.34	71.8	39.89	4.7	1.8
乳がん	—	—	149.3	1.36	—	109.5
尿道がん	18.4	0.43	80.7	5.85	43.2	13.8
喉頭がん	55.2	3.37	9.2	1.48	16.4	6.2
前立腺がん	31.6	0.62	—	—	51	—
甲状腺がん	—	—	46.3	7.23	2.5	6.4
合計	512.9	2.43	800.8	3.47	211.5	230.7

注）年齢構成は、1988 年の米国の人口構成に合わせた。

出所：Neal A. Palafox M. D., M.P.H.1, David B. Johnson Ph. D. 2, Alan R. Katz M. D., M. P. H., Jill S. Minami M. D., Kennar Briand M. B. B. S., "Site Specific Cancer Incidence in the Republic of the Marshall Islands," American Cancer Society, Vol. 83, Issue Supplement 8, 1999: 1822.

表2　北太平洋地域における地域別・部位別がん発症率（10 万人当たり）[33]

がんの部位	地域							
	ベラウ	ヤップ	チューク	ポナペ	コスラエ	マーシャル	キリバス	ナウル
乳がん	17.1	15.6	7.9	10.7	11.5	36	8	15.4
子宮頸がん	37.5	13.1	4.8	24.8	33.4	60.5	4.5	55
胃がん	1.6	1.1	3	7.7	17.6	2.9	2.2	10.7
血液がん	6	2.7	2.2	4.7	2.6	4.7	2.9	3.2
肝臓がん	19.4	24.4	5.2	11.9	4.1	10.2	0.5	5.7
肺がん	34.6	39.6	24.6	21.3	8.7	41.1	4.4	42.8
喉頭がん	12.4	22.1	3.8	6.2	7.9	12.6	2.4	3.6
消化器がん	12.8	15.6	3.6	5.9	30.9	20.1	5	33.4
尿生殖器がん	13.8	5.8	6	8.2		21.8	5.9	10.3
原発不明	26.4	33.2	13.7	11.9	13.5	22.2	14	48.9
前立腺がん	74.9	14	2.5	4.9	10.9	9.3	1.3	2.9
甲状腺がん	4.2	2.6	2.6	3	1.6	28.6	1.2	
統計年	1985-98	1985-98	1985-97	1985-97	1990-98	1985-98	1989-98	1985-98

注）年齢は、WHO の世界標準に合わせたもの。空欄は報告例なし。

出所：Neal A. Palafox, Seiji Yamada, Alan C. Ou, Jill S. Minami, David B. Johnson, Alan R. Katz, "Cancer in Micronesia," Pacific Health Dialog, Vol. 11. No. 2, 2004: 79.

米政府による疾病の医学的根拠の説明は、三つの立場のうち統計学的手法に則った方法である。これまで米政府は、マーシャル諸島における放射能の影響調査を、人体影響については、一九四七年に設立されたブルックヘブン国立研究所（Brookhaven National Laboratory, 略称はBNL）で行い、自然環境影響については、一九五二年に設立されたローレンス・リヴァモア国立研究所（Lawrence Livermore National Laboratory, 略称はLLNL）で実施してきた。これらの調査結果は膨大であるにもかかわらず、母集団の少なさや、核実験以前のデータがないことを根拠に、疾病の医学的根拠が放射能であることが証明できないのだとすれば、現在も継続的に行われている調査は、放射能の人体影響を立証するのに今後も役立たないことになってしまう。

一方、被ばく者による医学的根拠の説明は、医師によるものではないにしても、世代を超えて放射能の影響がない場所での暮らしを体験し、その後数年間低線量放射線下に居住したことから、三つのうち、経験に基づく立証に近い。一九五七年にロンゲラップに帰島した人々の語りに、地元食材によって舌の痺れや下痢が起こったというものがある。放射能の影響によりこうした現象が起こることは考えにくいが、幹が二股や三股になったココヤシ、捻じれた幹をもつ植物、異常な実のつき方をしたタコノキ、コブのある魚といった自然界の異変を目にした人が、精神的な不安を抱き、こうした症状を発症したことは想像に難くない。しかし、コナード軍医は、人々が訴える症状を「原因不明」とした[34]。既存の科学の枠組みに忠実であればあるほど、被害体験を説明する「ことば」は、「統計」の科学的説明によって否定され、被害はないものにされてしまうのである。

疾病についての「医学的根拠が不明」であることは、「疾病がない」ことを明らかにしているのではなく[35]、放射線が疾病の医学的根拠であることの立証能力を現在の科学が持たないということだ。被害は、受けた被害人数や過去のデータの有無によって、あったりなかったりするわけではなく、実態として存在するはずだ。ドイツの社会学者ベックは、科学的合理性とは、「推定された危険の規模は研究を開始した時点からすでに技術的な処理能力に制約されてしまっている」と言う。[36] この技術的な処理能力の限界が、立証するには「比較対照群」や「母集団」が必要という被害の実態には無関係の事象なのである。この実証不可能性は、次節で考察する賠償支払いに影響を与えている。

第四節　援助としての賠償

米政府は、ロンゲラップ被ばく者を含むマーシャル諸島の人々に対して、これまで一度も「謝罪」して賠償金を支払ったことはない。

核実験被害から六年後の一九六〇年、ロンゲラップの被曝者たち、一六二人のロンゲラップ土地権利者、および四〇〇人の将来世代が、米政府を相手取って、財産の損害、放射線障害、火傷、肉体的および精神的苦痛、配偶者権、過去から将来にわたる医療費などとして、八五〇万ドル以上の賠償額を求める訴訟（Civil No. 124, D. J. No. 163-64-2）を在マーシャル諸島信託統治領政府高等裁判所原住民部に起こした。しかし、一九六一年一月、米国に対する司法権がないという理由でこの訴訟は却下された。

この裁判棄却後浮上したのが、被ばく者への賠償金である。賠償法案起草に関して米政府部内で交わされた覚書には、被ばくは思わぬ風向きの変化による「事故」であり、[37]「見舞金 ex gratia」として、[38]「道義的な」責任を引き受ける案が議論されている。[39] 実際に一九六六年二月、総額九〇万二五〇〇ドルの「見舞金」は、各八二人の被ばく者に平均年収の九年分にあたる一万四九四ドル一八セント分配された。[40]

一九八六年のマーシャル諸島共和国独立以降も、米政府は謝罪をともなわない金銭的解決を行った。自由連合協定の「一七七条項」には、米政府が核実験被害に対する補償を行うこと、解決（settlement）および放射能の環境への影響調査などの事業を両国政府が行うこと、事業費用一億五〇〇〇万ドルを米政府が拠出することが取り決められている。

この条項には核実験被害責任に対する米政府の認識がにじみ出ている。本条項は核実験被害地を「（マーシャル諸島と）米政府との協力関係の中で生じた影響を受けた地域」と呼んでいる（一七七条第b項）。これは、米政府は、「世界の利益（benefit）」になる核実験をビキニ環礁で実施することを米軍関係者がビキニ環礁住民に説明し、住民が同意したことを根拠にしているのである。もちろん、ビキニ環礁住民はこれを「抗えない命令」として受け取ったと主張している。[41] また、これらの事業は、米政府が行う「援助（assistance）」であると記されている（一七七条第b項、および第c項）。したがって、米政府拠出金についても「賠償金（compensation）」とはしておらず、金額が記載されているだけである。

一七七条項にもとづく核実験賠償基金から支払われている疾病賠償金は、核実験の影響を受けて規定の疾病を発症した人に医療費とは別に支払われるものである。対象の疾病は、一九九一年の当初は、その疾病が「反駁不可能なほど核実験の結果だと考えられる」二五種類に限られていた。[42] しかし、日本の放射線影響研究所や全米学術会議などから助言を得たマーシャル諸島側が、米政府に認定疾病の追加要求を行った。その結果、一九九四年には原因不明の副甲状腺機能亢進症と副甲状腺腫瘍の二例が、一九九六年に気管支がん、脳腫瘍、中枢神経系がん、腎臓がん、直腸がん、盲腸がん、ベータ線火傷を負ったと診断されたもののうち悪性黒色腫でない皮膚がんの七例が、一九九八年に骨がんが、二〇〇三年に自己免疫性甲状腺炎が一例ずつ追加され、最終的に対象となる疾病は三六種類に増加した。このように、疾病医療費の対象疾病が二五種から三六種に拡大する前向きの対応があったものの、米国はマーシャル諸島の求めに応じた形で、謝罪は行われないままであった。
疾病賠償金の金額は、病気の種類や症状により異なるが、二〇〇〇年八月一五日現在の疾病の全認定額は七二六三万四七五〇ドルであるが、疾病賠償金の割当額は四五七五万ドルしかなく、二六九〇万ドルが未払いのままである。[43]
また、被ばくの遺伝的影響は賠償の対象外となっている。現在筆者の知る限り、ロンゲラップ被ばく者の二世では二〇〇〇年九月に米国議会に提出された核実験賠償基金継続の請願は認められず、現在核実験賠償制度はない。[44]精神遅滞が二名、被ばく三世で成長障害が一名いるが、これらの疾病を米国は核実験の影響として認めておらず、疾病補償金も受領していない。
四つの核実験被害自治体は、米政府に対する核実験による財産損害に関する集団訴訟を、核賠償機関に提訴している。ロンゲラップ共同体による集団訴訟（NCT Nos. 23-0501; 23-2440; 23-5443; 23-5445）は、二億一二〇〇万ドルの損害額が見積もられている。[45]核実験場となったビキニ環礁とエニウエトク環礁の損害賠償についてはすでに支払いを開始しているが、二〇〇二年に認定総額の〇・二五パーセントが支払われただけである。[46]核賠償機関の判決は、アメリカ政府に対して法的拘束力はあるものの、制裁制度を持たない実効性の乏しいものであるため、米政府が認定額の全額支払いを行う見込みは立っていない。
二〇〇四年三月、マーシャル諸島の首都マジュロで開催された「ブラボー水爆五〇周年記念式典」で、駐マーシャル米大使は、マーシャル諸島の人々へ冷戦終結への「協力」を「感謝」し、核実験被害という「犠牲」を「賞賛」するスピーチを行った。[47]
このように、米政府が謝罪なしの賠償を行うことは、文化的にもある程度説明できる。大淵憲一『謝罪の研究』

（二〇一〇）によれば、被害への対応には「謝罪」、「弁解」、「正当化」、「否認」の四種類があるが、集団主義的文化圏においては謝罪が、個人主義的文化圏においては、「弁解」や「正当化」が選択される傾向にあるという[48]。大淵はそれぞれの文化圏として日本と米国を取り上げ、「弁解」や「正当化」が自己の行動を説明する責任ある行動ととらえられることがある米国と、謝罪をすることで社会の調和を保持しようとする日本を対比している[49]。失敗に対して謝罪を選択するのは、日本人の三二％に対して米国人は一五％であり、失敗後の行動としては、日本人は金銭的解決を行おうとし、米国人は「状況の説明」を選択するという研究もある[50]。これらをふまえると、米国人は、被害について謝罪よりも説明と対処に重きを置く傾向にあり、米大使が「協力への感謝」と「犠牲への称賛」を語り、「賠償金」ではなく「援助」とすることも、「正当化」の結果として表れていると考えられる。集団主義的文化圏のマーシャル諸島と「正当化」を貫く米国との間に、大きな不信感が生まれるのは当然であると言えよう。

文化的相違からの説明は、ややもするとタイポロジーと批判されることでもあるが、米国に支配的な被害対応の文化が三節で述べた科学的立証に支持され、パワー・ポリティクスの中で、強く作用することに留意する必要はあるだろう。

おわりに

本論では、マーシャル諸島で米国が行った六七回の核実験被害の和解を阻む要因を考察した。科学的厳密さにより、人々の体験や実感としての被害が認定されないこと、そして謝罪をともなわない経済的な解決をしてきたこと、賠償制度のなかにも米国の「正当化」が現れており、文化的相違により一層不信感が助長されていることを明らかにした。

放射線科学もまた科学としての正しい枠組みのなかで行われる以上、一人ひとりの科学者は、その制約のなかで

「仕事」をする以外にはないのかもしれない。これもまたベックの言う科学の制約の一つだろう。このようななかで、米国の政策決定者とロンゲラップの人々の話し合いは行われるものの、ロンゲラップの側に立つ科学者と米政府の側に立つ科学者、住民が一同に会する会合はない。そのかわり、科学的データをわかりやすい言葉に翻訳したものを手にした米政府関係者が、現地の人々と対話をする。しかしそのような場で、現地の人々自身が経験した、あるいは経験している被害を訴える声は、「科学的には証明できない」や「タバコの害よりも安全」といった科学的説明により、否定されてしまうのである。

二〇一四年二月、環境省・福島県立医科大学・経済協力開発機構／原子力機関の主催により開催された「放射能と甲状腺がんにかかわるワークショップ」において、米エネルギー省に所属する医師アショク・N・ヴァスワーニ（Ashok N. Vaswani）は、「マーシャル諸島における小児性甲状腺がん――六〇年に及ぶ臨床経験の概要（Medical Follow-up in the Marshall Islands : an Overview of Sixty Years of Clinical Experience）」と題した報告を行った[51]。ロンゲラップの被ばく者を調査したヴァスワーニ氏は、「若干の甲状腺機能低下症（hypothyroid）が二名あり、その後、適切な治療により回復した」と報告した。しかし、核賠償機関グラハムによれば、二名は、甲状腺機能障害（hypothyroidism）により、深刻な成長障害を起こしたという。また、筆者自身も、著しい精神遅滞と成長障害の被ばく二世と成長障害の被ばく三世の二人の存在を確認している。現地を調査した医師により、被ばく地から遠くはなれた場所で被ばくの実態が過小評価されても、被ばく者は反論するすべを持たないのである。

人類学的営みはこうした「声なき声」を聞き、被害の連続的な構築を回避する道を切り拓くことができるだろうか[52]。一つの鍵は、手垢のついた言葉であることを承知のうえで、ここではあえて、「相互理解」を挙げたい。科学の枠組みによる合理性が限定的であるとすれば、その枠組み内での「相互理解」ではなく、別の枠組みの「相互理解」が必要になってくる。また、その相互理解は「リスク・コミュニケーション」の方法とも異なるはずだ。リスク・コミュニケーションは、しばしば情報の送り手である専門家が専門的知識を持たない素人に説明を行うという一方向的なコミュニケーションが推奨される。[53] しかし、素人であるロンゲラップの被ばく者らは、「自身の体験」にもとづいて経験則に従って判断している。問題なのは、素人が科学を理解しないことではなく、素人が体験した被害が、科学的に説明しきれないところにあった。[54] 新たな相互理解の場とは、ハーバーマスの言う「コミュニケーション的合理性」、すなわち「究極的に強制を伴わず議論によって一致でき、合意を作り出せる重要な経験に基づく」場であろう。[55] 具体的な形は、関係者が一同に顔を突き合わせるフォーラムのような場であるのかもしれない。

これまで、マーシャル諸島と米国との被ばくに関する交渉は、科学の枠組み内で行われてきたものであった。いわば被ばく者は、被害を語る言葉を「他人の価値観という土俵の上」で闘わせてきたと言えよう。[56] 人類学は、科学的被害を解決する「新たな土俵」をつくる使命を担っている。

〔謝辞〕本論は以下の助成を受けて行った研究成果の一部である。「軍事環境問題の研究」(二〇一三年度～二〇一四年度地球環境科学研究所共同研究(FS研究)代表者:田中雅一)、「アジア・太平洋戦争および現代世界における大規模暴力をめぐる総合的比較研究」(二〇一一年度～二〇一三年度科学研究費補助金(基盤研究B)研究代表者:中野聡)、「ポスト被ばく社会の再生における「つながり」に関する歴史人類学的研究」(二〇一三年度～二〇一五年度科学研究費補助金(基盤研究C)研究代表者:中原聖乃)。ここに記して感謝いたします。

(1) マーシャル諸島共和国は、スペインによる発見、ドイツ、日本、米国による統治を経て、一九八六年に独立した太平洋上の小島嶼国である。二〇一一年マーシャル諸島国勢調査によれば、人口は五万三一五八人である。

（2）高橋博子（二〇〇八）『封印されたヒロシマ・ナガサキ——米核実験と民間防衛計画』凱風社、中原聖乃・竹峰誠一郎編（二〇一三）『核時代のマーシャル諸島——社会・文化・歴史、そしてヒバクシャ』凱風社など。

（3）Leonard Mason, "Relocation of the Bikini Marshallese: A Study in Group Migrations," Ph.D. diss., Yale University, 1954; Kiste, Robert C., *The Bikinians: A Study in Forced Migration*, Menlo Park, Calif.: Cummings Publishing, 1974; Tobin, Jack Adair, The Re-settlement of the Enewetak People: A Study of a Displaced Community in the Marshall Islands, Ph. D. diss., University of California, Berkeley, 1967; Barbara Rose Johnston/Holly M. Barker, *Consequential Damages of Nuclear War: The Rongelap Report*, Left Coast Press, Inc., 2008.

（4）カッコ内は適宜、英語とマーシャル語を併記した。マーシャル語はイタリックで記した。

（5）面積は、東京の山手線内面積のおよそ三倍にあたる一八一平方キロメートルである。

（6）米原子力委員会は、一九四六年に設置された、軍事・平和両面にわたる原子力の行政管理を行う米国政府機構の一つである。現在は改組され、原子力規制委員会となっている。

（7）Jonathan Weithgall, "The Nuclear Nomads of Bikini", *Foreign Policy* 39（Summer）, 1980, pp. 74-98.

（8）The Marshall Islands Nuclear Claims Tribunal〈http://www.nuclearclaimstribunal.com/〉（最終アクセス日：二〇一四年四月一日）。

（9）一九八一年四月二一日、核実験によって被害を受けた三四一人が米政府を相手取り一〇億三三〇〇万ドルの損害賠償を求めて、米国ワシントン連邦地方裁判所に提訴した。マーシャル諸島核実験訴訟プロジェクト（Marshall Islands Atomic Testing Litigation Project）を立ち上げた米国人弁護士らの支援があった。しかしながら、一九八一年五月のマーシャル諸島独立に関する住民投票で独立が確実となり、核実験訴訟プロジェクトは終了した。

（10）BRYAN, Jr. E. H., *Guide to Place Names in the Trust Territory of the Pacific Islands*（*The Marshall, Caroline and Mariana Is.*）, Pacific Science Information Center, Bernice P. Bishop Museum, Honolulu, Hawaii, 1971.

（11）National Archives at College Park, College Park, Maryland（米国立公文書館、以下、NACP収集資料）Records of the Office of Territories, RG126, Box 416, File: TT-National Defense-7 Military Defense-Rongelapeses Claim $8,500,000-Atomic Energy（以下 Rongelapeses Claim File と略記する）（Part 1）, April 21, 1961, Letter from William H. Orrick, Jr., Assistant Attorney General to Richard Taitano, Director, Office of Territories

（12）放射能に関する単位は可能な限り国際単位系であるシーベルト（Sv）、グレイ（Gy）、ベクレル（Bq）に換算した。カッコ内には資料に記載された数値と単位をそのまま記した。豊崎博光（二〇〇五）『マーシャル諸島核の世紀——一九一四—二〇〇四』上巻、日本図書センター、一九二頁。朝日新聞特別編集部編（二〇一二）『プロメテウスの罠——明かされなかった福島原発事故の真実』小学館、三二頁によれば、福島原発事故当時の浪江町赤宇木の放射線量は、非公式だが一〇〇マイクロシーベルトを超えていた時もあったという。

（13）Barbara Rose Johnston, Ph.D.; Holly M. Barker, Ph. D. “Hardships and Consequential Damages from Radioactive Contamination, Denied Use, Exile, and Human Subject Experimentation Experienced by the People of Rongelap, Rongerik, and Ailinginae Atolls,” September 17, 2001, p. 16.（書類入手場所：ロンゲラップ地方政府庁舎）

（14）NACP, Rongelapeses Claim File（Part 1), April 21, 1961, Letter from William H. Orrick, Jr., Assistant Attorney General to Richard Taitano, Director, Office of Territories. なお、グレイは吸収線量を表し、当価線量であるシーベルトに換算も可能である。シーベルトへ換算すると、それぞれ一・四シーベルトと〇・五五二シーベルトとなる。

（15）Operation Castle Project 4.1 Addendum, Report the Scientific Director, Exposure of Marshall Islander and American Military Personnel to Fallout, Robert Sharp, LTJG, MSC, USN, William H. Chapman, LT, MSC, USN, Naval Medical Research Institute, Bethesda, Maryland, March 1957〈http://www.hss.energy.gov/HealthSafety/IHS.marshall/collection/data/ihpld/4146le.pdf〉表中には単位は明記されていないが、使用計器から単位はミリレムと判断される。本機器の計測限界は四シーベルトであるため、最大値の男性がどれだけの放射線を放出していたかは不明である。本資料の読み解きは福島大学放射線研究所青山道夫教授から教示を受けた。

（16）Alele Museum, Pacific Collection（マーシャル諸島アレレ博物館パシフィックコレクション、以下、AMPC）収集資料、Rongelap Box, File 5, March 7, 1956.

（17）Robert A. Conard, *Fallout: The Experiences of a Medical Team in the Care of a Marshallese Population Accidentally Exposed to Fallout Radiation*, Medical Department, Brookhaven National Laboratory Associated Universities, Inc., United States Department of Energy, 1992, p. 8.

（18）Conard, Ibid., 1992, p. 9.

（19）豊崎博光（二〇〇五）・前掲書二〇三頁。

（20）Operation Castle Project 4.1 Addendum, Report the Scientific Director, Exposure of Marshall Islander and American Military

Personnel to Fallout, Robert Sharp, LTJG, MSC, USN, William H. Chapman, LT, MSC, USN, Naval Medical Research Institute, Bethesda, Maryland, March 1957〈http://www.hss.energy.gov/HealthSafety/IHS.marshall/collection/data/ihpld/4146le.pdf〉

（21）AMPC, Rongelap Box, File 3, July 20, 1954.

（22）NACP, Rongelapesses Claim File（Part 1）, March 30, 1961, Letter from William H. Orrick, Jr., Assistant Attorney General to Richard Taitano, Director, Office of Territories

（23）NACP, Rongelapesses Claim File（Part 1）, March 30, 1961, Letter from William H. Orrick, Jr., Assistant Attorney General to Richard Taitano, Director, Office of Territories

（24）NACP, Rongelapesses Claim File（Part 1）, April 21, 1961, Letter from William H. Orrick, Jr., Assistant Attorney General to Richard Taitano, Director, Office of Territories. 飲食や呼吸によって体内に放射性物質が取り込まれることは知られていたが、体内に取り込んだ放射性物質は尿から排出されるため、尿にどのくらい排出されるかで、体内に放射能が取り込まれているかどうかわかる。この量を「体内量（body level）」と本文書では記している。

（25）放射能についての米政府の説明については、人々の間でも「放射能がない」、「放射能があるが、影響はない」というものまで様々である。マジストレートの記録には、「放射能があるが、影響はないという説明があった」とある。

（26）NACP, Records of the Atomic Energy Commission, Division of Biomed. & Environ. Research, RG326, Box 51, Feb 16, 1959, Black covered file.

（27）被ばく以前の一〇年間には一歳以下の乳児の死亡例はなかった。AMPC, Rongelap Box, File 5, August 20, 1956.

（28）NACP, Rongelapesses Claim File（Part 1）, March 30, 1961, Letter from William H. Orrick, Jr., Assistant Attorney General to Richard Taitano, Director, Office of Territories.

（29）核賠償機関〈http://www.nuclearclaimstribunal.com/〉（最終アクセス日：二〇一四年四月四日）。なお、「ニュークリア・クレーム・トライビューナル（Nuclear Claims Tribunal）」の訳出については複数見られる。フォト・ジャーナリストの島田興生氏は「核補償審査裁判所」を、豊崎博光は「核賠償裁定委員会」と翻訳している。なお、筆者はこれまでの論文で「核実験裁判所」と訳出したが、福島の原発被災者や弁護士の方々から、「裁判所」という言葉が適切ではないとの指摘も受けた。ニュークリア・クレーム・トライビューナルの判決に強制執行力がないこと、金額に上限が設定された基金化されたものであることから、現在では筆者は「裁判所」は不適切であると考える。したがって、本稿では日本語の呼称として「核実験損害賠償裁定機関」を用いる。

(30) Parafox, Neal A. etc. Ibid., 1999: 1821-1824.
(31) 津田敏秀（二〇一三）『医学的根拠とはなにか』岩波書店、一一頁。
(32) Neal A. Palafox M. D., M. P. H. 1, David B. Johnson Ph. D. 2, Alan R. Katz M. D., M. P. H., Jill S. Minami M. D., Kennar Briand M. B. B. S., "Site Specific Cancer Incidence in the Republic of the Marshall Islands," *American Cancer Society*,Vol. 83 Issue Supplement 8, 1999: 1822.
(33) Narl A. Palafox, Seiji Yamada, Alan C. Ou, Jill S. Minami, David B. Johnson, Alan R. Katz, "Cancer in Micronesia," *Pacific Health Dialog*, Vol. 11. No. 2, 2004: 79.
(34) AMPC, Rongelap Box, September 10, 1959.
(35) ウルリヒ・ベック／東廉、伊藤美登里訳（一九九八）『危険社会――新しい近代への道』法政大学出版会、九九頁。
(36) ベック（一九九八）・前掲書四〇頁。
(37) NACP, Rongelapeses Claim File（Part 1）, April 21, 1961, Letter from William H. Orrick, Jr., Assistant Attorney General to Richard Taitano, Director, Office of Territories
(38) NACP, Rongelapeses Claim File（Part 2）Rongelapese Claim（$8,500,000）, May 23 or 24（typed repeatedly for correction）1963, May 31, 1961, Letter from Courts Oulahan, Deputy General Counsel, United States Atomic Energy Commission to Lowell W. Lundy, Attorney Advisor, Department of Interior.
(39) NACP, Rongelapeses Claim File（Part 2）Rongelapese Claim（$8,500,000）, February 24, 1966. Letter Lejolan Kabua,（Iroij laplap in the Marshall Islands）to M. W. Goding, High Commissioner of the Trust Territory of the Pacific Islands.
(40) NACP, Records of the Office of Territories, Record Group 126, Box 417, January 7, 1966. すでに亡くなっていた一四人は代理人が見舞金を受領した。
(41) 映画 Radio Bikini（Robert Stone）
(42) 核賠償機関〈http://www.nuclearclaimstribunal.com/〉（最終アクセス日：二〇一四年四月五日）
(43) Republic of the Marshall Islands, *Nuclear Claims Tribunal Annual Report to the Nitijela for the Calendar Year 2000*, 2000, n. d., p3.
(44) 中原聖乃（二〇一二）『放射能難民から生活圏再生へ』法律文化社、八一頁。

(45) Republic of the Marshall Islands, Ibid., n. d., p1.

(46) Republic of the Marshall Islands, Ibid., n. d., p3.

(47) グローバルヒバクシャ研究会編（二〇〇五）（前田哲男監修、高橋博子・竹峰誠一郎・中原聖乃編著）『隠されたヒバクシャ――検証＝裁きなきビキニ水爆被災』凱風社、三五四〜三五八頁。

(48) 大渕憲一（二〇一〇）『謝罪の研究――釈明の真理とはたらき』東北大学出版会、一三四頁。

(49) 大渕（二〇一〇）・前掲書一三〇頁。

(50) Dean C. Barnlund and Miho Yoshioka, "Apologies: Japanese and American Styles," *International Journal of Intercultural Relations*, Vol. 14, 1990, p199–210, pp. 193–206.

(51) 筆者は、このワークショップに参加した朝日新聞上丸洋一氏から資料をいただき、マーシャル諸島核賠償機関に報告した。

(52) G・C・スピヴァク／上村忠男訳（一九九八）『サバルタンは語ることができるか』みすず書房、七三頁。

(53) 吉村肇子（一九九九）『リスク・コミュニケーション――相互理解とよりよい意思決定をめざして』福村出版、一七四〜一七九頁。

(54) ベック（一九九八）・前掲書九六頁。

(55) ユルゲン・ハーバーマス／河上倫逸・M.フーブリヒト、平井俊彦訳（一九八五）『コミュニケイション的行為の理論（上）』未来社、三三〜三四頁。

(56) 稲賀繁美（二〇〇一）「異文化理解の倫理にむけて」杉島敬志編『人類学的実践の再構築――ポストコロニアル転回以後』世界思想社、八九頁。

第10章　記憶をうしなった「たったひとりの生きのこり」　六歳スペイン少女のその後
――マニラ戦スペイン総領事館襲撃事件（一九四五）

荒沢千賀子

はじめに

「……そのときに、両親も姉弟も、知っていたはずの人はみんな、わたしの記憶から消えてしまったんです（Sòria 2002 b：三六）」

スペイン・バルセロナ在住のアナ＝マリア・アギレリャ＝リョンク（Ana Maria Aguilella Llonch）さんは、一九三八年にフィリピンで生まれた。一九四五年二月一二日マニラ戦のさなか、戦火を避けてアナさんの一家が避難していたスペイン総領事館は、日本兵の襲撃に遭った。重傷を負いながらも襲撃を生きのびたのは、七〇人ほどいた避難民のなかでアナさんただひとりであった。

一家をふくむ数十人もの人びとにたいして、目の前でくりひろげられたであろう惨劇。全幅の信頼のもとで安心して育つ基地として、生活すべてのよりどころであったにちがいない両親や姉弟との暴力的な別れ。このような記憶を、六歳の少女がどのように自らの人格に統合することが可能であっただろう。このときアナさんは、家族全員を亡くしただけではなかった。家族一人ひとりや、事件がおこる前の一家の生活にかかわるすべての記憶が、ここでうしなわれてしまったのだという。

フィリピンには、バルセロナに本社をおくスペイン系有力企業フィリピン総合タバコ会社（La Comapañia General de Tabacos de Filipinas）があった。この社員であった兄を追って、アナさんの父は一九二八年同社に職を得て、バルセロナからフィリピンに渡っていた。一九四三年日本占領下にあったフィリピンでスペイン国籍者は約三〇〇〇人を数えたが、戦火を生きのびた人びとのうち約七〇〇人が、一九四六年と四七年に仕立てられた二隻の帰国船でスペインに帰っている（ロダオ：四〇七）。

事件のあと伯父一家に引き取られたアナさんは、一九四六年六月六日最初の帰国船でバルセロナに着いた。当時わずか七歳であったアナさんの体験は、注目をあつめた。下船前の新聞インタビューで、アナさんは事件について問われ、つぎのように答えている。

「あの夜の四人の日本兵のことは忘れられません……わたしたちは領事館にいました。そしたら、あの兵隊たちが銃剣をもって入ってきて、みんなを殺しました……わたしは、領事館のたったひとりの生きのこりです（一九四六年六月六日 *Diario de Barcelona* 紙）」

アナさんはこの日から、バルセロナの祖母の家で伯父一家や伯母たちと暮らしはじめ、現在もバルセロナに住んでいる。

戦争や圧政など、政治がひき起こす歴史のなかの暴力の被害をうけて、人はどのようにその後を生きていくことができるのだろうか。

わたしは二〇一〇年からアナさんの聞きとりをおこなっている。[1] 本稿では、アナさんの経験をとりあげ、その意味を、主に聞きとりと観察によってほり下げる。当時、戦争の中立国であったスペイン国籍をもつ戦争被害者、総領事館襲撃唯一の生存者、家族全員を殺されその記憶もうしなう重いトラウマを負った子ども、そして、現場を遠く離れてその後を生きる当事者。このようなアナさんが、日本兵の襲撃で被った心身の傷をかかえてその後を生きるとは、どのような経験であったのか。

まず、第一節でアナさんの経験を歴史のなかに位置づけ、第二節でアナさんの語りからその困難と生存戦略を考える。そして、わたしとの関係を手がかりに、第三節でアナさんの現在をとらえ、これらをもとに第四節でアナさんの「生」の核心にせまる。

本稿は、社会と歴史をうつしだす存在としての個人の主観的現実を通して、歴史経験のリアリティに接近するこころみである。これによって、日本の国家による行為が過去に生みだした暴力の具体的な作用と、これに対峙する個人の「生」の営みを、生きたものとして心にえがき、日本の社会に生きるわたしたちにどんな意味をもつのか、考えるきっかけとしたい。

第一節　アナさんの歴史経験——スペイン総領事館襲撃事件

1　在比スペイン国籍者とマニラ戦

一六世紀からスペイン統治下にあったフィリピンは二〇世紀に米国が領有し、一九三五年からは独立を視野においた自治植民地となった。そのもとで多くのスペイン国籍の人びとが居住し活動していた。一九三六年にスペインで内戦が勃発した際には、内戦を避けてスペインから旧植民地フィリピンに疎開する人びとも多く、アナさんが生まれた一九三八年には祖母と伯母がバルセロナから疎開していた。一九三九年、スペイン内戦が終わって五ヵ月のちに第二次世界大戦がはじまったが、内戦で疲弊したスペインは大戦には加わらず、中立の立場をとった。フィリピンは一九四一年一二月の日米開戦によって戦争にまきこまれ、翌一九四二年一月から日本の軍政下におかれた。

一九四五年二月三日から一ヵ月間にわたったマニラ戦は、フィリピンでの戦争の最終局面で発生した。このとき日本軍はほぼ全滅し、マニラの民間人約一〇万人が犠牲になったといわれている。その四〇％が米軍の空爆、六〇％が日本軍の殺害によるとされ、フィリピンの対日感情を決定的に悪化させる原因ともなった。(2)

2　マニラ戦被害と日西関係

マニラ戦ではフィリピン在住の外国籍者も被害を受け、なかでもスペイン国籍者は人的被害が大きかった。スペインのマニラ戦被害は、その後の日西関係に大きな影響をおよぼすことになった。

マニラ戦による被害は、アジア・太平洋戦争におけるスペインの人的被害の大きな部分を占めている。そのときマニラには約二〇〇〇人のスペイン国籍者がいた。この人びとがマニラ在住外国籍者のなかでも人的被害を多く受けた理由として、当時の在マニラ・スペイン総領事デル＝カスターニョ（José del Castaño y Cardona）があげているのは、多くの居住する地域が戦闘の中心地になったこと、戦闘が短時間で終わるとの予測から盗難を恐れてマニラにとどまったまま疎開しなかった人びとが多くいたこと、白人への一般的な反感に加え、当時高まりつつあった親米感情に同調するスペイン人への日本軍の反感などである(3)。

マニラ戦での被害、なかでも日本兵による総領事館襲撃事件は、外交問題として一九四五年四月のスペインによる対日断交へと発展した(4)。のちに日本政府は、スペインから請求のあった人的・物的被害にたいして五五〇万米ドルの支払いをおこなっており(5)、これによってアナさんも補償を受けたという。

3　「一〇〇％日本側の責任」

アジア・太平洋戦争でのスペイン国籍者の被害について、補償要求を受けた日本政府は、日西合同委員会でそれぞれの事例を詳細に検討し、日本側の責任を査定した。この「比島事件の日西合同委員会の審議状況報告書（人的被害について）」では、「在マニラ西總領事館の襲擊」は、スペイン側提出の「「カスタニヨ」總領事の報告中に最も詳細な記述がある」事件として最初に言及されている。そして、アナさん一家をふくめた被害者一九名全員の名前が「一〇〇％日本側の責任のある者」として記載されている。(6)

報告書にしたがって事件を追ってみよう。

スペイン総領事館襲撃事件は、一九四五年二月一二日に発生した。この日、総領事館には「一九名のスペイン人の外約五十名の比島人及び中國人一家族」が避難していた。午後二時ごろ、日本兵数名が総領事館に押し入ろうとしたが、避難者側は扉を開けなかった。そこで、日本兵らは入り口にあった荷車に放火し、所有者は消火のため外に出るよう勧告した。総領事館使用人がスペイン国旗を掲げて扉を開けたところ、日本兵はこの使用人を射殺して館内に闌入し、なかにいた人々をつぎつぎに銃剣で殺傷し、火を放って引き揚げた。

事件後、総領事館から三人の人びとが脱出している。そのうち二人は隣家にたどりついて「事件の経過を若干物語った」ものの、重傷のため数時間後に死亡した。のこったひとりがアナさんであった。事件当日不在であったデル＝カスターニョ総領事は、数日後に実地検分や証言聴取などの調査をおこなっている。重傷ながらも米軍のケアで生命を取りとめたアナさんが「結局本事件唯一の生存者となった」ため、総領事による事件報告書は「主としてこの幼女の説明に基づき、それに隣家の目撃者の証言、屍体検証の結果等を補足」して作成された。(7)

このときアナさんは、どのように脱出したのだろうか。二〇〇二年にアナさんの経験を報じた記事から、アナさんの証言をひろってみよう。

「……体は銃剣で深く刺されたというのに、なにも痛みは感じませんでした。床に倒れたとき、父や姉弟、わたしが知っているはずのすべての人びとがわたしの記憶から消えてしまいました。……『出ていきなさい！　外に出るのよ！　そうすれば助かるのよ！（体の中の声）』……わたしはヘビのように這って出ていき、……近くの別の建物まで行きました。どうにか階段を上って、踊り場にたどり着きました。その片すみで、わたしは気をうしなってしまいました。夕方になり、夜を迎えました。夜が明けて翌日の朝になり、とうとうお昼になって太陽の光がさしこみました。総領事館は放火されており、わたしは生きていたのです！　突然、わたしのいるところに向かってくる足音が聞こえ……わたしの名を訊ねました。そこで、わたしは『アニータ（わたしはそうよばれていました）・アギレーリャ』と答えました。すぐに、わたしは担架で運ばれて車にのせられ、病院に連れて行かれました。（Sòria 2002 b：三六）」

第二節　「わたしには記憶がないから」――アナさんの「語り」から

1　困難と生存戦略

記憶の喪失について、アナさんはくりかえし語る。

「わたしには記憶がないから、ほかの人よりつらくなかった」「わたしには記憶がないから、これ以上語れない」

アナさんのこうした記憶の語りは、聞きとりをつづけるべきかどうかためらわせるものであると同時に、家族とていた。

記憶の喪失がアナさんの人生にどのような意味をもったのかということに、わたしの関心を強く向けさせる力をもっていた。

アナさんの体験を特徴づけるのは、一家全員をうしなったこと、そして、家族や家族との生活の記憶のすべてをうしなったことである。六歳の少女であったアナさんは、記憶をうしなうという究極の方法によって、事件の衝撃で心が壊れることから自らをまもった。アナさんの記憶喪失は、究極の自己防衛であった。幼いアナさんにとって、家族や友人・知人、そしてこれらの人びととの生活の場は、かけがえのない大切なものであったにちがいない。その記憶は、事件の衝撃がよびおこした反応によってアナさんの心からうしなわれただけでなく、戦争による破壊と翌年の帰国によって、物理的にもアナさんの生活からうしなわれてしまった。

家族とその記憶の喪失は、アナさんの人生にどのような意味をもつことになったのだろうか。そして、「わたしには記憶がないから」というアナさんの記憶の語りは、アナさんのなにを表しているのだろう。

まず、事件がアナさんにもたらした困難からみていくことにしよう。

事件は、アナさんの心身に多くの傷をのこした。アナさんの身体には一六ヵ所もの深い傷がのこり、その後も長く不調がつづいた。また、記憶喪失という究極の自己防衛反応をえらぶほかなかったほど、深刻な破壊の縁に立たされたアナさんの心にも、傷あとがのこった。今はなんでもないが、日本男性と行きあってもまともに相手を見ることができない状態が、一定の期間つづいた。

「小さいときは、映画であっても（日本人を）まともに見ることが出来ませんでした。……男性にたいしてだけです。日本女性にはこんな反応を感じたことはありません。現在では、ただ無関心なだけです（Sòria 2002 b：三八）」

群衆にたいする恐怖やそこで殴打される恐怖は、今も消えずにつづいている。

このような直接心身にのこされた傷のほか、家族とその記憶の喪失がアナさんにもたらした困難はどのようなもので、アナさんはそれにどう対処したのか。アナさんの語りから考えていこう。

(一)「お気に入りのセーラー服を盗られたこと」——帰国船の思い出

事件の翌年、伯父一家に連れられて帰国船に乗った七歳のアナさんは、フィリピンのマニラからスペインのバルセロナまで、約四〇日の船旅をしている。そこでの印象的な思い出を訊ねた。すると、「お気に入りのセーラー服を盗られたことがとても悲しかった」とアナさんは答えた。

四〇日間の外国の船旅である。最も印象的であったのが、「お気に入り」のものを喪失して「悲しかった」ことだという七歳の記憶。まるで「お気に入りのセーラー服」が、アナさんの喪失した、愛する人びとの代わりでもあったかのようである。本来なら嘆き悲しんだであろう、愛する人びとの喪失。だが、その人びとに加えられた暴力の衝撃は、自己防衛としての記憶喪失を発動させ、これによってアナさんは、嘆き悲しむことさえできなくなっていた。つまり、事件の暴力性は、アナさんから愛する対象をうばっただけでなく、それを悼む行為そのものもうばったのである。

(二)「いい子にしてなさい」――ゼロからの人間関係

「七歳でゼロから人間関係をつくっていかなければならなかった」と語るアナさんは、いつも「だれが私を保護してくれる人か」じっと観察し、自分に「いい子にしてなさい」と言いきかせていた。一方で、アナさんの子ども時代の語りには、友だちが出てこない。同世代は「子どもっぽく見えた」からだという。

観察力を研ぎすませ、危険を遠ざけて保護を得ることの可能な関係への感受性を、アナさんが最大限に高めていたことがうかがえる。これが、子どもひとりでは不可能な自らの生存の条件をととのえるために、小さなアナさんが身につけた方法であり、最大限の能力をふりむけた生存の戦略であった。

だがこれは、保護をえる関係にしか踏みだせなかったということでもある。信頼のかなめであり、安心して育つための基地であるべき保護者を、アナさんはうしなった。そのため、ときには我を張ったりしながら思いきり自己の感情を生きたり、対立や葛藤をくぐってともに成長する、子どもたちのたくましい育ちかたからは、遠ざけられた生きかたをするほかなかったのである。

安心につつまれて子どもらしく育つ生活は、アナさんの日常の土台にあるあたりまえのものではなく、つねに最大の関心をふりむけてめざすべき目標として存在していた。したがって、子どもらしく育っていた同じ世代は、その子どもらしさによってアナさんの生活からはほど遠く、アナさんの関心をわかちあう相手としては「子どもっぽすぎる」存在でしかなかったのも、当然といえる。

(三)「一二歳のわたしにはとてもつらかった」――祖母介護と家事

アナさんが一二歳のときであった。病をわずらった祖母が、一家の郷里の大きな屋敷に自分と二人でアナさんを住まわせた。祖母が亡くなるまでの二年間、アナさんは祖母の介護と屋敷の家事をまるごと担当することになった。学校には通えず、近よりがたい人であった祖母にしたがうばかりの生活であった。体も小さく、家事のやりかたさえ知らなかったアナさんは、「一二歳のわたしにはとてもつらかった」と語る。

当時、バルセロナの祖母の家で同居した家族は、それぞれ仕事や家事を受けもって一家を支えていたし、伯父の子どもはみな男の子であった。そのため、病にたおれた祖母が人生の最期を郷里でむかえようと決めたとき、その世話ができるのはアナさんしかいなかったのだ。

アナさんは、このときのつらさをくりかえし語る。慣れない日々の仕事に召使いのように精出すアナさんを、その苦痛から救ってくれる人はだれもいなかった。自分の感情をおさえ、耐えて生きるアナさんの生存戦略が、ますます強められた経験であったかもしれない。

(四)「でも、母とはよべなかった」――内戦後独裁下疲弊した社会と家庭

アナさんはいつも、母代わりとなってくれた未婚の二人の伯母を「とてもよくしてくれた」と語る。しかし同時に、「でも、母とはよべなかった」とも言う。夫の母には、「母」とよんでと言われた。だが、できなかった。

「(母」の語が) わたしのなかにないから、出てこない」

アナさんにとって、「母」とは「痛む」ことばであった。

安心感・安全感や自律の源として、子どもばかりでなく生涯にわたる人間発達に重要な愛着関係の形成には、特定の母親的人物との情緒的きずなが意味をもつとされる(久保田:一一)。この点からみて、アナさんの育った環境はどのようなものであったのだろうか。

バルセロナにある祖母の広くないマンションは、伯父一家七人とアナさんの帰国と同居による大家族住まいで、いっそうせまいものになった。そのころスペインでは、内戦が終わった一九三九年からフランコ将軍の独裁体制がはじまり、アナさんが帰国した一九四六年には、体制による内戦敗者への弾圧と、経済困難による生活苦や飢えが、全土にひろまっていた。過去の内戦での、あるいは進行中の弾圧によるトラウマに満ちた記憶が、まだ生々しかったと思われる社会で、人びとは大家族でせまい住居に身を寄せあい、権威ある者の顔色をうかがって生活苦に耐えていた。

快適とはいえない住環境で、近よりがたい祖母、優しさや愛情をしめす人ではなかったという伯父、「甘えられなかった」ふたりの伯母、そして、全員男の子で「気があわなかった」六人のいとこと暮らした少女時代。アナさんの家庭では、事件についてほとんどふれられることはなかった。悲惨な現場から引き揚げたアナさんたちばかりでなく、家族はみな事件の遺族である。当時のアナさんに、どこかしら「甘えられなかった」と感じさせる空気がただよっていた家庭のなかで、それぞれの家族が愛する対象の喪失とどう向きあっていたのか、それは想像するほかない。だが、事件を引き金とする家族の心のありかたが、当時の社会状況とあいまって、家庭内での情緒のきずな形成や修復に影響をあたえていた可能性はある。

ふるさと自体がすでに傷ついて疲弊し、迎えた家族も、それぞれが痛みを内向きにかかえて息をひそめ、生活に精いっぱいの状態。これが、アナさんの帰ったふるさとであったと推測することができる。とりあえずの保護は得られたにせよ、特定の母親的人物とのあいだに、確固とした愛着のきずなを形成するうえで困難があったとしても、無理はない。これが「七歳でゼロから人間関係をつくる」るという、人生でもっとも重要な作業に、アナさんが着手した環境であった。

㈤「行き場のなかった四倍の愛情があふれた」——夫との生活

一四歳のときに祖母が没すると、アナさんはバルセロナにもどって学校を終え、一六歳で事務職に就いた。趣味の写真とハイキングの活動をつうじて夫と知りあい、一九六八年に結婚する。このときアナさんは二八歳、夫は四四歳であった。翌一九六九年に長女、つづいて一九七〇年には長男と、二人の子どもにも恵まれた。

アナさんにとって、夫との生活はどのようなものであったのだろう。

「行き場のなかった（亡き家族四人分の）四倍の愛情があふれた」と、アナさんは夫への愛情を表現する。夫は「君は僕にとって完璧なひとだよ」と、「女性にとって最高のほめことば」をくれた。アナさんのすべてをそのまま受け入れ、評価してくれたのだ。旅行好きな夫に連れられて、車で夫婦旅行に出かけては、ふたりで写真をとった。また、二〇組の夫婦でつくる長年の交流グループ[8]にも連れだって参加し、充実した社会生活のよきパートナーでありつづけた。

アナさんとちがって、夫は「思いどおりに生きる人であった」。これと反対に、アナさん自身は徹底して「自分の気持ちをおさえて」「夫にあわせた」。そして、結婚と同時に、経済力のある夫に望まれるとおりに仕事を辞め、主婦として家事につくすのである。

「夫はわたしになにも言わなかったけれども、わたしは彼が気に入るっていうことをわかったうえで、やってあげるの。……で、夫は気づいて言うのよ。ああ、それ気に入ったよって」

観察し、相手が気に入ることをちゃんと見通したうえで、それをおこなう。これがアナさんの言う「したがうこと」であった。

「したがうということばは、わたしの場合にはすべてを意味しているの……独立、生存。すべてなのよ」

観察は、アナさんが保護者をみつける生存戦略の主要な手段であったし、家事は、一二歳による祖母介護という新しい事態を生きぬくために、いやおうなく覚えた技術であった。生存のために身につけたこれらの技術を全面的に動員して、アナさんが愛情を表現した方法、それが夫に「したがう」ということであった。少女期に、生存のために鍛えるほかなかった技術の最良の部分が、アナさんのすべてを受け入れる相手との生活を豊かにし、しあわせを実現する手段となった。

「観察」によって保護者を見つけ、「いい子」でいることを生存戦略とせざるをえなかった、少女期のアナさんには、つきまとって離れない不安がつねにかたわらにあったことが推測できる。そんなアナさんが、夫を「思いどおりに生きる人」と表現するとしたら、それは夫が、アナさんとは対極にある「思いどおり」の生きかたを可能にする、安心や自己信頼をしっかりともつ人物であったことを、アナさんが感じとっているからではないだろうか。だからこそ、そんな夫から「君は僕にとって完璧」と無条件に受容されることが、大きな意味をもった。アナさんは夫にだけ、事件について語っている。夫はなにも言わなかったが、繊細なアナさんがときどき高ぶって自分をおさえられなくなったとき、だまって抱きしめてくれたのだという。

不安と隣りあわせに生きるほかなかった生活によって研ぎすまされた、アナさんの感性が見いだした安心の懐、それが夫にあったのだ。だまって理解し受容する、安定した人格のもち主である夫との生活。これによって、アナさんはようやく安心と信頼の基地を得たといえる。

2 「記憶がない」こと――「生」そのもの

そもそも記憶がなければ、その過去はないのか。そして、心は傷つかないのだろうか。アナさんの「わたしには記憶がないから」という語りの意味を、あらためて考えてみよう。

アナさんの愛する対象の記憶は、向きあうことがとうていできない危険な過去の暴力の記憶とともに存在していたために、自己コントロールの外におかれることになった。これが、アナさんの記憶の喪失である。しかし、実はアナさんにとってこうした過去は、「記憶が存在しない」というかたちをとって、たえず自己とともにあった。つまり、自らの内に、ふれることのできないかたちで過去が存在しつづけている状態といえないだろうか。だとしたら、アナさんの人生は、自己コントロールのきかない、いつどのように暴発するともしれない危険な過去を、内面の奥深くに押しこめて生きつづける人生であるといえる。

そうであるなら、アナさんがいつもくりかえす「わたしには記憶がないから、これ以上語れない」ということばは、危険な過去がひそむ自己内部の深い領域には近づかないためのセーフティネットともいえる。また、「わたしには記憶がないから、他の人よりつらくない」ということばも、そのように言ってしまって割りきることによって、思考をとめ、より深い領域に立ち入らないための、やはりセーフティネットと考えることもできる。

心が傷ついたときに発揮されるべき人間の復元力は、そもそも六歳の少女であっては、まだ育まれようとしていた段階にすぎないだろう。しかし、その形成の基盤となる安心感や安全感の根本は、できごとによって傷つけられただけでなく、家族や親しい人びとをその記憶ごとうしなったことによって、実際に愛情や援助を得ることも、心に思いえがいて支えや励みとすることも不可能となり、二重にゆるがされただろう。このようにして暴力は、立ち直りを支えるはずの人間関係をも、アナさんからうばい去った。だから、心の傷つきに対抗する力は、発揮する基盤も、形成する土台も、支える関係も、すべてが破壊されてしまったのだ。これが、アナさんを襲った暴力であった。

しかし、そんな状態にあっても、まわりの人びとの支えを得て、小さいアナさんは自分のもつ能力や資源を最大限発揮して、懸命に対処してきた。人への洞察力とするどい感性を発達させ、独自の勘にしたがって価値を峻別したたかともいえる、このようなするどい観察力を最大の武器として、自分にとって危険となるものを遠ざけ、無視する能力を身につけた。しかしこれらは、いつもまわりをうかがい、わがままも対立もせず、感情を全面的に発揮することもない、およそ子どもらしくない生きかたをえらびとることによって、得た資源でもある。

ここに、暴力がアナさんの「育ち」のうえに加えた、ある「歪み」がうかがえる。自らを襲った暴力にたいするとっさの対処であった記憶の喪失。これにまもられながらも、アナさんはこれによって、人として全きかたちで育つための資源・環境・能力のうえに、「歪み」を加えられてしまったのである。

しかし、アナさんは「歪められた」土台に立って、この「歪み」を引きうけ生きぬいてきた。だから、アナさんにとって記憶の喪失とは、アナさんに加えられた暴力がどのようなものであったかを明らかにするものであり、人生を生きぬいた労苦の出発点であり、土台であり、人生の闘いそのものでもあるのだ。

こう考えていくと、記憶の喪失をめぐるアナさんの語りは、ただの説明ではけっしてなく、アナさんの人生をさまざまに物語る、アナさんの「生」そのものであると見えてくるのである。

第三節　「偶然」を「運命」として——アナさんとの「関係」から

1　関係への意志

わたしがアナさんに出会うきっかけとなったのは、二〇〇二年『マガジン』誌のソリア記者によるアナさんの記事である（Sòria 2002 b）。アナさんとの聞きとりをつづけるうち、わたしは、アナさんの語る自己のイメージとアナさんの現在のあいだにずれがあるように感じはじめた。アナさん自身は語っていないけれども、現在のアナさんに生じている重要な変化が、そこに見えているのではないだろうか。鍵となるのは、「偶然」というアナさんのことばである。アナさんは、人生の「偶然」を「運命」として、意志ともいえる強い気持ちをもって積極的にひきうけているようであった。そして、その意志の向かう先には、これまで封印してきた自らの過去の歴史経験があった。

そこでつぎに、アナさんの現在について、わたしとの関係を切り口にみていこう。

(一)「写真を撮りたがった……それがうれしかった」——関係へ

『マガジン』誌のアナさんの記事をきっかけに、ソリア記者に話を聞くだけのつもりで連絡をとったわたしに、アナさんと直接話すよう熱心に勧めてくれたのは、記者自身であった。はじめての聞きとりは、二〇一〇年三月二三日である。夢中で話をうかがい、はじめ同席したソリア記者が二時間ほどで退席したあと、気がつくと六時間以上もお宅に滞在していた。

翌日、ソリア記者と会った。「昨日彼女が君に話したことは、かつて彼女がわたしに話したことと一字一句同じだった」と言われて、とまどった。前日は、アナさんが「記憶がないから、これ以上語れない」とくりかえしてもいた。では、私の聞きとりには、どんな意味があったのだろう。記事を引用すれば、それで済むことであったのか。そして、聞きとりはこれで終わるのか。

また、アナさんからさっそく電話報告をうけたソリア記者がもらした感想にも、とまどった。前夜、聞きとりを終えて退去するとき、わたしが「アナさんと写真を撮りたがった」こと、アナさんには「それがうれしかったようだ」と言う。二人の写真を撮りたがったことがうれしいとは、どういうことだろう。

そのとき、ようやく気づいた。わたしは、アナさんが事件後はじめて知りあった日本の人間である。わたしとの関係そのものへのアナさんの意志が、そこに存るのではないか。聞きとりはまだ終わってはいない、そう思えた。

㈡「パーソナリティへの興味に感謝」——手紙へ

二ヵ月ほどたつと、アナさんから「手紙」が来るようになった。とはいっても、本当の手紙ではない。アナさんが「手紙」とよぶ、息子さんのメールアカウントを使った電子メールである。アナさんからとどいた最初の「手紙」には、二人で撮った写真をアナさんに送ったお礼に添えて、こんなことばがあった。

「あなたがしめしてくれた、わたしのパーソナリティへの興味に感謝しています」

ここにも、アナさんができごとの証言者であることをこえる、関係への意志がしめされていると、わたしには読めた。

それから一年半後、バルセロナを再訪したとき、わたしたちが交換した三〇通以上の「手紙」は、印刷されて綴じられてあった。ていねい読んでくださった跡が、そこにうかがえた。

「元気がわくの。必要とされてるって、感じるの」

興味深いのは息子さんが間に立っていることで、「手紙」のやりとりは、わたしたちだけでなく家族をまきこんだ人間関係づくりともなっていた。

では、このわたしたちの交流は、アナさんにとってどんな意味があるのだろうか。

2　新しい生きかた

㈠「日本で今起こっていることを心配しながら」――日本に思いをひろげる

あるとき、ラジオから聞こえてきたピアノの奏者が日本人であったという、「偶然」を強く意識したアナさんが、そのピアニストのCDをわたしに送ってくれた。同封の手紙の「偶然」を強調する文面から、「運命」的なものへのアナさんの強い意志が感じとれた。

「わたしの人生は偶然に満ちています。だから今日、偶然はわたしに耳を傾けさせて……そのピアノ・ソリストは……日本人だったので、貴方のことが頭にうかびました」

二〇一一年三月一一日、日本で地震と津波が発生したとき、アナさんとその息子夫婦の連名でとどいた安否確認のメールは、スペインの友人知人のなかで最も早いものであった。

「バルセロナから僕らは、日本で今起こっていることを心配しながら見ています。そちらで君たちがみんな無事であるようにと願っています……」

そのときアナさんが、わたしという具体的な日本の人物を知人に得て、家族とともに日本に思いをひろげていることが感じられた。

アナさんにとって、わたしという日本の人物との出会いは、日本とのさらなる「偶然」の出会い、そして過去へとつながるものであった。わたしは、いわば日本への扉であるのかもしれない。この「偶然」をポジティブにひきうけたアナさんは、日本との関係を新しくつくり直し、それをとおして過去に向きあい直していた。

(二)「ちがった体験」を伝える——過去に向きあう実践者

そもそも、アナさんが過去の事件と再会したのは、二〇〇二年に『マガジン』誌がもたらした「偶然」による。そこには自分とは別の、バルセロナ在住のマニラ戦被害女性の記事(Sòria 2002 a)が掲載されていたのだ。これを読んだアナさんは、さっそく記者に電話をした。

「別の体験を聞きたくありませんか」

このときの気持ちを、アナさんは「ちがった体験もあることを知らせなくてはいけない」と思ったからと語る。同時に、この「偶然」がなければ「名のりでることはなかった」とも言う。これがきっかけで、アナさんは記者のインタビューを受け、四ヵ月後の二〇〇二年一一月、こんどはアナさん自身の体験が同誌に載った(Sòria 2002 b)。

記事は、アナさんへのインタビューと当時の報道などにもとづいている。事件の概要とアナさんの被害のありようにくわえて、出生から帰国・結婚にいたるアナさんの簡単な経歴がまとめられ、「記憶をなくした被害者」としてのアナさんが紹介されている。

しかしアナさんは、インタビューで語ったその時点で、すでに自らが記者に語った自己イメージをこえる新しい自己を生きていた。だからこそ、アナさんは名のりでて、インタビューを受けた。記事掲載は、「偶然」をポジティブにひきうけて過去に向きあう新しい生きかたの実践であり、生きかたの変化の結果であった。私との関係そのものが、アナさんのこの新しい生きかたによって導かれたものであるから、過去に向きあうアナさんの道のりの途上での、いわば必然でもあったともいえる。

こうして、わたしとの関係から見えてきたのは、「過去に向きあう実践者」という、新しい生きかたに踏みだしているアナさんであり、「偶然」に意味を見いだす強い意識と意志が、その背中を押しているようであった。

第四節 「自分らしさ」としての「生存」——ゆるぎない確信

1 「見すてられた」——夫の死を悼む

だが、アナさんが名のりでた際の「ちがった体験もあることを知らせなくては」という思い、そして、アナさんの「偶然」への意識と意志を支えているどこか一途な強さ、これらはなにを意味しているのだろう。その底に、アナさんの現在の生きかたの核となっているなにかがあるように思われた。そもそも、「偶然」が背を押したとはいえ、アナさんが新しい生きかたに踏みだしたのだとしたら、その転換点はどこにあったのか。まず、この点から考えてみよう。

アナさんの人生における重要な転機が、夫の死にあったことはまちがいない。アナさんの「気のあった夫婦」の生活は、一九九八年に突然終わりを告げた。最愛の夫が、急病で没したのだ。「行き場のなかった四倍の愛情があふれた」対象をうしなったアナさんは、その後二年数ヵ月にわたって苦しみ、今も服薬が欠かせない。

夫の死によってとらわれた感覚を、アナさんは「見すてられた」と表現する。

「わたしがずっとともに生きると思っていた人、わたしと生涯をともにすると思っていた人、その人に見すてられたのよ」

夫の死は、六歳のときに回避した、愛する対象喪失の問題に、アナさんを真正面から向きあわせた。喪失の痛みを避けることを土台にした生存戦略の根幹を、亡き家族四人分の愛情を注いだ相手の喪失という衝撃が襲った。避ける技術も備えもないまま、四倍の大きさに匹敵したであろう悲嘆のなかに、投げだされたのだ。

「わたしをのこして逝ったのね。この家にたったひとりでわたしはどうしたらいいの……ああ、あなた、どうしていないの……、そして、少し経つと言うの、もう終わったわ、自分らしいありかたにもどろうって」「行ったり来たり、行ったり来たり、行ったり来たり。いつも同じ」

うしなわれた愛おしい過去に向きあうという、六歳のときには不可能であった行為に、今はじめてアナさんは向きあっている。それと同時に、やはり六歳のときには不可能であった、喪失の痛みを生きるという行為にも、アナさんははじめて踏みだしている。これらの行為が可能になった要因のひとつとして、夫との生活がアナさんにあたえてくれた安心感があることは見のがせない。アナさんが、夫を今も生きた存在として感じるとき、同時にその喪失も、去ることのない痛みをともなって、現在でありつづける。喪失の痛みをひきうけなければ、夫との過去にひたることはできない。しかし、夫との生活が夫の死を悼む行為を可能にしてくれたのであるならば、夫をうしなった痛みを感じることそのものが、夫のくれた安心感にひたる行為であるともいえる。

こうしてアナさんの悲嘆は今も去ることなく、「行ったり来たり」する日々がつづいているのだ。

2 「そう、それがわたしである」――レジリエンス

六歳以降の人生最大の危機といえる夫の死ののち、アナさんの「生存」が目覚めたのは二年数ヵ月後であった。「生きなくてはいけない」という内なる声が聞こえたのだ。アナさんはいつも、生きたいと思ってきた。死にたいと思ったことは一度もない。夫が亡くなったときでさえ、生きたいという気持ちがむしろ強まったという。

「わたしはいつも、生きることをのぞみつづけてきた。わたしは生きたいのよ」

過去を思い、喪失の痛みを生きる日々を、アナさんが「自分らしいありかた」との「行ったり来たり」として感じていることが、私の注意をひいた。「自分らしいありかた」とは、なにをさすのだろう。

ある日、これについて問いを重ねたわたしに、アナさんは「これを読んで」とだけ言って、一枚の新聞記事の切りぬきをくれた。フランスの精神科医ボリス・シリュルニックのインタビュー記事であったが、日付はない。いつ切りぬいたのか、アナさんも覚えていない。あとで調べると、二〇〇二年三月一三日付『ラ・バングアルディア』紙の八四面の記事で、アナさんが自ら名のりでた四ヵ月前にあたっている。アナさんが名のりでたことと、関係があるのだろうか。

記事は、トラウマに満ちたできごとを経験した子どもにかんするシリュルニックの「レジリエンス」理論を紹介し、「レジリエンス」を「われわれが自ら（の限界）をのりこえ、愛情に満ちたネットワークを確立する能力」と説明し

ている。シリュルニックはユダヤ人一斉検挙で両親を亡くし、自らも六歳のときに、強制収容所への移送から逃れて生きのびた経験をもつ。アナさんは、さらに著書『みにくいあひるの子（邦題は『壊れない子どもの心の育て方』）』を購入して読んでおり、そこでは「人の心が編み出す癒やしの過程」として「レジリエンス」が紹介されている（シリュルニック、二〇〇二：一四）。

「生きたいというのは、むしろレジリエンスと言うべきね。生きたいこと、レジリエンス、生存すること、生きぬくこと。わたしは、レジリエンスという用語なんて、なにも知らなかった。でも、このことばを知る前から、わたしは生きたいと思ってきた。だから、このことばはそれを意味しているのよ」「ここにすべてがうまく説明されていたから。そう、それがわたしである。この記事を読んだときにそう思ったの」

「人は、自分らしくある必要があるのよ。自分らしくあるというのは、自分自身の（培ってきた）生きるシステムに沿うありかたを意味しているの……わたしらしさ、わたしらしさ…そうよね、したがう以外に方法がないわね、戦争のなかにいたんだから」

アナさんの「自分らしいありかた」とは、「生存」なのである。アナさんの「生」のありかたを根本から方向づけた「偶然」の暴力、この歴史経験を生きぬいた自分のありかた、それが「生存」であり、アナさんの「自分らしさ」であったのだ。惨劇のさなかで自らを生きさせた「生存」への強い意志。身体の奥深くに埋めこまれたこの意志に「したがう」ことが、アナさんの「自分らしさ」であり、「自分自身の（培った）生きるシステム」に沿うありかたで、シリュルニックの言う「レジリエンス」なのだと解釈する。アナさんが言う「したがう」ことは、生命に身をゆだねる、まさに「すべて」であったのだ。

アナさんは今、夫の死をめぐって、自分が「行ったり来たり」していると感じている。対立や葛藤を通したたくましい育ちをうばわれたアナさんが、夫の死がもたらす葛藤をどう生きぬくのか、まだわからない。だが、アナさんはこの「行ったり来たり」を経て、夫の死に際しても生きたいと感じる自分を確かめ、そんな自らのなかに存在する生存への強い意志をあらためて意識している。つまり、この「行ったり来たり」は、アナさんが「自分らしいありかた」について確信をふかめるプロセスとなっているのだ。そこに帰って自分を確かめ、そこから歩みだすための場、いわばアナさんの「生存」の基地となっているから、たびたび「行ったり来たり」するのだといえる。そうであるなら、これも、夫との生活が遺してくれた、アナさんの「生」のありかたなのかもしれない。

3　「生存」の根源で

「レジリエンス」理論と出会ったことは、アナさんにどのような意味があったのだろう。

アナさんは、切りぬいた記事のつぎの部分を枠線で囲っていた。

「子どものときに苦しんだトラウマをのりこえた人びととは、非常に高い共感能力をそなえた、より人間的な人びとであって、回復のプロセスにおいて創造性を発揮する」

「愛着対象を得られなかった子どもは通常、うわべは無関心に見えても、愛情を重要なものと考える大人になる。このような子どもは、他者理解に心をくだく、より感性豊かな子どもなのである」

記事の説明に、「それがわたし」と思えるほど深く共感したアナさんは、表現がないまま身のうちに存在していた感覚に、「レジリエンス」ということばを得た。「レジリエンス」ということばと出会ったアナさんは、すでに感覚的に気づいていた自らのうちにある「生存」への意志を、あらためて「自分らしさ」として自覚し、「自分らしいありかた」への確信を深めた。また、それまでの「生」が孤独なたたかいではなかったことを知って励まされ、大きな安心を得たにちがいない。

アナさんの「生存」をめぐる「偶然」の訪れを、時系列でみてみよう。夫の死から二年数ヵ月後に内なる「生存」の声を聞いたアナさんは、そのおよそ一年後に「レジリエンス」理論と出会ってシリュルニックの著書も読んだところ、四ヵ月後に別のマニラ戦被害女性の記事（Sòria a）と出会った。この「偶然」を受けとめて、アナさんは名のりでた。

アナさんはこれらの「偶然」の連なりを、自らの「生存」が誘う「運命」と受けとって、「偶然」に「したがう」道をえらんだ。つまり、これらはアナさんのなかで、「生存」にたいする確信の深まる過程として、直線的につながっていったとみることができる。この「偶然」がなければ「名のりでることはなかった」と、アナさんは言う。それは、この「偶然」を引きうけることが、身体に深くきざまれた「生存」の選択と意志に「したがう」ことであったからだろう。

その先に、自らがかつて回避した危険をふくむもうひとつの過去があると知りつつ、新しい道に踏みだせたのは、自らの「生存」の力への深い信頼があるからである。そして、その「生存」の力は、夫との生活によって豊かになり、夫の死によっていっそう鍛えられた。「行ったり来たり」の葛藤は、あらためて自己を問い、肯定的に自己を再発見し、確立する過程であるといえる。「ゼロから」の生存戦略に、つきまとう不安が透けて見えたかつての七歳の少女は今、「生存」という「自分らしいありかた」を土台として、強い自己信頼をうち立てた。

事件のむき出しの暴力性を前にして、全力で自己防衛に立ちはだかった幼いアナさんの「生存」の力。このときに立ちあがった「生存」の力に導かれる自らの「生」への強い肯定を核として、事件を自らの「生存」の根源的体験とみる視点が、現在のアナさんに意識されている。だからこそ、暴力的でいまだ危険をはらむ記憶ではあるものの、アナさんにとって事件は、自らの「生存」の根源にある体験として、語るべき「ちがった体験」と感じられたのではないだろうか。語るべき「ちがった体験」と言うアナさんのことばを通して、その感じかたを核心で支えている「自分らしさ」としての「生存」への、ゆるぎない信頼が見えるように思われた。

わたしがアナさんのなかに感じとった「偶然」に向きあう姿勢、「偶然」を引きうける意志、そして、その一途な強さとは、自らの「生存」へのアナさんのゆるぎない確信をあらわすものであったのだ。

おわりに

母の遭遇した歴史を知った息子のジャウマさん（Jaume Fernández Aguilella）にとって、事件は「遠いできごと」であると言う。「ぼくらにとって大事なのは、母なんだ」。

歴史・社会とのつながりを実感する機会がとぼしくなった現在、自己のありかたや生きることの非歴史化・非社会化がすすんでいるようにみえる。それぞれが「大事な人」をもち、生きづらい社会で「自分らしくあること」を模索するわたしたちは、かつてアナさんを見舞った歴史の暴力を生んだ日本に根をおいて生を営んでいる。その被害をかかえて生きるアナさんの「生」のありようは、わたしたちになにを意味しているのだろう。

バルセロナの夕刻、いつもどおりマンションの入り口でベルを鳴らして来訪を告げ、階段を上っていくわたしを、半開きにしたドアの内側でアナさんが待つ。愛情のこもった抱擁のあと、居間のいつもの席でわたしたちの会話がはじまる。たくさんの思い出の品や写真にかこまれた居間は、心地よい安心感につつまれている。

日本兵の行為によって家族と記憶をなくした六歳の少女。偶然が用意したアナさんとの出会いに、わたしがとまどいやためらいを感じなかったとは言えない。日本で生まれ、その歴史と文化に育まれて日本社会に生活の基盤をおくわたしには、アナさんのひとことひとことが苦しく感じられた。わたしたちの会話には、わたしの側にも、別の意味での過去との緊張がつねにかたわらにあった。わたしはかつてないほど、日本の歴史を感じ、アナさんと同じ空気を吸い同じときを生きたであろう日本の人びとのことを、意識せずにはいられなかった。

だから、ひととおり事件にかかわる証言が得られると、こんどはわたしの内側からも疑問が生まれた。語るのも聞くのもつらいなら、これ以上なにを、なにのために聞くのか。わたしとの関係にかいま見えたアナさんの意志、それだけをたよりにアナさんと向きあいつづけてきた。つまり、わたしもまた、アナさんの「生存」の知恵に自分をゆだね、アナさんとの出会いという「偶然」を引きうけて、ここまで来たのだ。

聞きとりはしだいにたがいの個人生活を話題にした自由な会話になっていった。そうしたときにアナさんが語ることばには、ハッとさせられることが多くあることに気づいた。

「まず聞く。そして、自分とどんな関係があるのか考えて、関連づける……聞く力をもつことが、まず大切なのよ」

なにげない会話のはしばしにあらわれる、シンプルでありながら本質をとらえたこうしたさりげないことばのうらに、繊細な感性と、経験がきたえた知性がうかがえた。そこに、運命が強いた状況を生きぬくため、幼くして身につけるほかなかった生きかたが結晶していた。わたしはしだいに、その深い人間性に惹きつけられた。いつのまにかアナさんは、人間と世界について、そして、良く生きることについて語りあう、かけがえのない相手となっていた。[9]

暴力に翻弄された「生」を生きるアナさんは、その困難にもかかわらず、自らの「生存」そのものを、「自分らしくあること」の原点におく。自らに牙をむき、育ちを歪め、自らの「生」を根本的に方向づけた究極の破壊力、そのさなかでアナさんは自らの「生存」に遭遇した。すべてを「運命」として受け入れ、そのうえで、それを自らの「生存」の源泉として吸収するアナさんのしなやかな生命の力は、そのありかたにおいて、過去に被った暴力と人との関係を、逆に位置づけ直しながら営みをつづけている。

「生存」の命じるまま、「偶然」を引きうけて自ら名のりでたアナさんは、わたしとの出会いという「偶然」に行きついた。この出会いは、等身大の具体的な人間をとおして、アナさんが日本を感じ、日本に思いをひろげることを可能にしている。わたしたちの話題は、たがいの身近な人間関係や、生きづらい生活の現実におよんでいく。ときにはアナさんが、わたしを深く問うこともある。このようなアナさんとの会話がふくむ深い真実性に力を得て、わたしが自らの生きづらい現実に働きかけることが可能になる経験もふえてきた。そんなとき、わたしという人間をとおして、アナさんが日本の現実を変えることに参与していると感じるのだ。

アナさんの「生存」には、計り知れない強さがある。暴力的な過去にたいして、アナさんがなし遂げたさまざまなことがらすべてに、暴力に対峙する人間の可能性を感じずにはいられない。過去の暴力のさなかで出会った自らの「生存」をアナさんが「自分らしさ」とよび、人間としての「生存」の力を最大限発揮して生きようとするとき、そのありようそのものが、過去の暴力にたいする人としての抵抗であり希望であるのだろう。

（1）聞きとりは荒沢千賀子による。アナさんのバルセロナの自宅にて二〇一〇年三月二三日に開始し、現在も継続中。アナさんの語りは本文中に「」で引用する。なお、聞きとりや文献からの短い引用語句や文のほか、とくに注意を喚起したい部分や語句にも「」を付し、長い引用は本文と分けて示す。
（2）日本兵六五五五人の遺体が確認され、米軍は一〇一〇人の戦死者と五五六五人の負傷者を出した（中野：一五三）。
（3）「比島事件の日西合同委員会の審議状況報告書（人的被害について）」特命全権大使澁澤信一、一九五四年四月二一日（外務省外交資料館所蔵外交記録 B'3.1.2.9-4「旧枢軸国及び中立国の対日賠償要求関係雑件　スペインのある種請求権解決取極関係」）。
（4）日西断交は一九四五年四月～一九五二年四月（講和条約発効時に回復）。日西国交の断絶、回復とスペイン總領事館襲撃のかかわりについては、「スペイン政府の対日断交発表に関する件」一九四五年四月一二日須磨公使発東郷相宛て外電第二五七号（外務省外交資料館所蔵外交記録 A'7.2.0.1「第二次世界大戦関係雑件」）、「マニラ事件の処理」一九五二年一月五日（外務省外交文書館所蔵外交記録 B'3.1.2.9-4「旧枢軸国及び中立国の対日賠償要求関係雑件　スペインのある種請求権解決取極関係」）などに言及がある。
（5）「スペインのある種の請求権に関する問題の解決に関する日本国政府とスペイン政府との間の取極（交換公文）」昭和三二年一月八日（www.mofa.go.jp/mofaj/gaiko/treaty/pdfs/A-S38（2）-190. pdf）。
（6）諮問的性格を持つ「日西合同委員会」を一九五三年一〇月二一日から翌年四月一三日までマドリードで八五回開催し、日本側の責任（一〇〇%・五〇%）を査定。スペイン側提出資料は、「マニラ戦に際しての日本軍の不法行為に関する報告（「カスタニヨ」總領事が一九四五年一一月七日提出）」、「西總領事に対する証言記録（スペイン人又は比島人による）」、「人的・物的被害申告書（被害者並びに遺族等による）」、「被害従業員リスト並びに被害状況報告書（『タバカレラ』会社による）」その他（前掲「比島事件の日西合同委員会の審議状況報告書（人的被害について）」）。
（7）同前。
（8）三〇年ほど前に二〇組の夫婦四〇人ではじめ、今も交流がつづく。アナさんにとっては社会への扉ともいえる大切な役割を果たしているグループである。
（9）二〇一四年ソリア記者によるアナさん再訪の記事が掲載され、「偶然」がアナさんにもたらした日本の女性研究者（荒沢）との出会いと書簡のやりとりをつうじた友情について言及されている（Sòria, 2014）。

〈参考・引用文献〉
久保田まり（二〇〇六）「愛着研究はどのように進んできたか」『そだちの科学』七：二～一〇頁。
Sòria, Josep Maria, a, "La última de filipinas: Historias del siglo XX", en *Magazine; La Vanguardia*, pp. 54-61, 7/julio/2002.
———, b, "La niña que sobrevivió al infierno: Historias del siglo XX", en *Magazine; La Vanguardia*, pp. 32-38, 10/noviembre/2002.
———, "El trauma de Manila: Qué fue de ... Anna Aguilella", en *QUIÉN Protagonistas de la semana; La Vanguardia*, p. 12, 19/julio/2014.
フロレンティーノ・ロダオ／深澤安博他訳（二〇一二）『フランコと大日本帝国』晶文社。
中野聡（二〇〇九）「マニラ戦と南京事件」『南京事件七〇周年国際シンポジウムの記録――過去と向き合い、東アジアの和解と平和を』日本評論社、一五二～一六二頁。
ボリス・シリュルニック／斉藤学監修、柴田都志子訳（二〇〇二）『壊れない子どもの心の育て方』ＫＫベストセラーズ。
———／林昌宏訳（二〇〇四）『憎むのでもなく、許すのでもなく』吉田書店。

第Ⅲ部　方　法

シンポジウム「大規模暴力の語り方――日仏学際対話の試み――」から

第11章　フランス・ドイツの歴史研究における「極東」への関心

シャンタル・メジェ（清水由希江　訳）

はじめに

私は二〇一三年に、『世界大戦と現代の紛争』（*Guerres mondiales et conflits contemporains*（GMCC）という雑誌で松沼美穂先生が監修をなさった号のなかで、大戦期アジアにおける日本史研究の現状を取り上げた論文を発表するという光栄に浴しました。一橋大学の吉田裕先生・中野聡先生もこの号に論文を寄せていらっしゃいます[1]。その中野先生から今回、フランスとドイツの歴史研究における「極東」、とりわけ戦争・紛争史に対する関心について発表をしてほしいというご依頼をいただきまして、本当に光栄に思っております。

まず、「極東」という言葉ですが、一七世紀にイエズス会が中国に進出した当時に著された書物の表題『極東の不思議な機械についての図解[2]』に出てきます。地理学者フィリップ・ペルティエ（Philippe Pelletier）は、『極東、ある歴史と地理の発明物』で、二〇世紀初頭にエリゼ・ルクリュ（Elisée Reclus）がこの言葉を使い始めたのではないかと述べています[3]。一般にヨーロッパで「極東」とは、ユーラシア大陸の東端で、中国、朝鮮半島、日本、ベトナムを含む地域を指す言葉として日常的に用いられています。専門家は、フランスでは「アジア太平洋」、ドイツでは「極東（Fernost）」という言葉を用いる傾向があります。いずれにせよ、ヨーロッパの「極東」に対する関心は比較的新しいものです。仏独両国において、極東の歴史・東アジアの歴史は、中近東やアフリカ、アメリカほどは研究されていません。しかし、いくつかの重要な研究センターがありますので、学術雑誌の前にまずそれをご紹介します。

一　大学研究機関の「極東」への関心(4)

ドイツ

一九八四年にドイツでパッサウ大学に東南アジア史の初めてのポストができ、ベルンハルト・ダーム（Bernhard Dahm）が就任しました。研究センターはそれ以前からあります。ベルリン西部のベルリン自由大学には極東諸国の文化・社会・経済史の科目があり、東部のフンボルト大学ではアジア・アフリカの学際研究が行われています。東独時代に中国やベトナムとの交流が盛んだったことが背景となっています。デュースブルク・エッセン大学には東アジア研究所があります。日本語、中国語のほか、日中韓の政治・社会・経済を比較研究の視点から学ぶことができ、ベルリンの二大学に次いで、非欧州圏の主要な研究拠点になっています。

ミュンスターのヴェストファーレン・ヴィルヘルム大学では東南アジア史、トリーア大学でも中国学と日本学が教えられています。ハンブルグに一九五六年に創られたライプニッツ・グローバル地域研究所は、大陸間の比較研究分野ではドイツ最大のセンターです。ケルン大学は中国研究に特化していますが、日本学はフランクフルト大学、ルール大学ボーフム、エアランゲン・ニュルンベルグ大学、マルティン・ルター大学ハレ・ヴィッテンベルク（ハレ大学）などで教えられています（ハレ大学の政治・日本学科は慶應大学とのダブル・ディグリー・プログラムも実施しています）。ミュンヘン大学にはアジア研究学部内に日本研究センターがあります。

しかし、全体としてはドイツの研究者の間では従来から南米や中欧・東欧への関心が高く、アジア太平洋（極東）の歴史研究は足りず、研究論文の発表数もわずかです。ヨーロッパではアジアに植民地を持っていた国の方が研究は進んでいます。以下フランスについて述べますが、このほかイギリスでは東洋アフリカ学院（ＳＯＡＳ）、そのなかの東南アジア研究センター（ＣＳＥＡＳ）、オランダでは一八五一年にインドネシアのために創設されたライデンの王立言語地理民族学学会（ＫＩＴＬＶ）・東南アジア・カリブ地域研究所などがあります。

フランス

フランスにおける東洋の言語・文明に関する教育は、一五三〇年の王立教授団の設立に遡ります。これは後のコレージュ・ド・フランスです。ギョーム・ビュデ（Guillaume Budé）の主導によるものでした。フランス革命期の一七九五年にはラカナル（Lakanal）によって東洋言語学院が設立されました。アラビア語（文学語と日常語）、トルコ語、クリミアのタタール語、ペルシア語、マライ語が当初から、現在では九三言語が教えられております。日本語は一八六二年から教えられています。一九七一年、東洋言語学院は国立東洋言語文化研究所（ＩＮＡＬＣＯ）と改称されました。

一八九八年に結成されたインドシナ考古調査団が、一九〇〇年、フランス国立極東学院（ＥＦＥＯ）と改称されてサイゴンに設置され、一九〇二年にはハノイに移りました。これはフランスの東洋研究にとって画期的な出来事でした。それまでインドや中国に魅了される研究者はいても、インドシナ独自の文化の存在は認められていなかったからです。一九六八年、ＥＦＥＯの本部がパリのギメ美術館の近くにおかれ、一九七〇〜九〇年代にはチェンマイ、クアラルンプール、香港に支部をつくり、一九九〇年、第二次世界大戦以来撤退していたインドシナのプノンペンとアンコールで再び開校、一九九三年にはハノイとヴィエンチャンで再び開校しています。現在、南・東南・東アジアに一八支部が設けられています。ＥＦＥＯはフランス高等教育・研究省の管轄で四二人の研究者を抱え、従来の研究分野（考古学、美術史、仏教、碑銘学、文献学）などに加えて、近年、人類学と現代史への取り組みを強化しており、五つの雑誌も発行しています。

フランスは中央集権的なところですから、主な研究センターはパリにあります。たとえばパリ第七（パリ・ディドロ）大学の東アジア言語文化教育研究単位（ＬＣＡＯ）には、三五年前から日本語、韓国語、中国語、ベトナム語の四つの学科があります。そこでは中国語と日本語のアグレガシオン（フランスの制度で高等教育、特に大学で教えるための教授資格）を準備できます。ＩＮＡＬＣＯ、ＥＦＥＯに加えて、社会科学高等研究院（ＥＨＥＳＳ）、高等研究実習院（ＥＰＨＥ）などがあります。ＥＰＨＥは東アジア文明研究センター（ＣＲＣＡＯ）を持っており、コレージュ・ド・フランスのピエール＝エチエンヌ・ヴィル（Pierre-Etienne Will）の中国近代史講座と連携しています。パリ第四大学には、一九九〇年に極東美術史の講座が開設され、その二年後に極東研究センター（ＣＲＥＯＰＳ）が設置されました。すでに三〇〇名が美術史や歴史の博士号をそこで獲得しています。

エクス＝マルセイユ・プロヴァンス大学は南仏で唯一の東南アジア研究所（ＩＲＳＥＡ）を持っており、歴史学、人類学、社会学、地理学、アジアの言語・文明など学際研究が行われているほか、同研究所の大規模な資料センターは、ヨーロッパ、アジア、そして、オセアニアの多くの大学や研究機関（ＥＦＥＯ、ＥＰＨＥ、ＥＨＥＳＳ）と提携をしています。このほかにエクス＝アン＝プロヴァンスには海外領土アーカイブ（ＣＡＯＭ）があり、ニース大学の図書館の東南アジア諸国等の資料センター（ＡＳＥＭＩ）にはフランス最大の東アジア関係文献が集まっています。トゥーロンには海軍古文書保管所がありますし、マルセイユ商工会議所などを通じますと、海事の行動や経済関係の情報も得ることができます。

ボルドー第三大学も二〇一一年から東洋極東学科を発足させ、ストラスブール大学にも日本学科があります。ただし、そこでは言語、文化の教育が主であり、歴史は教えられていません。これらの研究機関はすべて紀要を刊行しています。そこで次に、紀要や雑誌を含めた分類をしてみたいと思います。

二　学術誌の「極東」への関心

一般学術雑誌

ドイツ最古の史学系学術雑誌は一八五九年に誕生した*Historische Zeitschrift*（史学雑誌）で、多くの書評が掲載され、ドイツ歴史研究の動向を知ることができますが、アジア関連記事は非常に少なく、ウェブ版以外ではあまり扱われていません。一九七四年に創刊された*Zeitschrift für Historische Forschung*（歴史研究雑誌）は中世と近代を扱い、東ドイツで一九五三年に創刊された*Zeitschrift für Geschichtswissenschaft*（*ZfG*）（歴史学雑誌）はドイツ、ヨーロッパの政治を扱い、他地域に関する論文は稀です。この点で、一九五三年にミュンヘンで創刊された*Vierteljahreshefte für Zeitgeschichte*（現代史四季報）は、創刊以来六〇年間で二〇本の東アジア関連記事が掲載されている点で注目できます。ほかに、一九〇三年にシュトゥットガルトで創刊された社会経済史を扱う*Vierteljahrschrift für Sozial-und Wirtschaftsgeschichte*（社会経済史四季報）、一九〇三年にケルンで創刊された文化史を扱う*Archiv für Kulturgeschichte*（文化・歴史論叢）がありますが、両誌ともに極東を取り上げた論文はあまりありません。

　次にフランスですが、一八七九年にジャック・モノー（Jacques Monod）が創刊した*Revue historique*（歴史雑誌）には、アジア関係の論文が何本か出ています。たとえば一九四九年から五〇年、エミール・ガスパルドン（Emile Gaspardone）が「極東の歴史、一九三九年から一九四八年」という論文を寄せており、一九五三年には高橋幸八郎が「日本の土地所有史における明治維新の位置付け」という記事を書いています。一八九九年創刊の*Revue d'histoire moderne et contemporaine*（近現代史雑誌）にアジア関係論文はほとんどありませんが、*Les Annales Histoire, Sciences sociales*（年報―歴史・社会科学）は創刊から極東に関心を示しています。

　私が編集長を務めていますＧＭＣＣ（世界大戦と現代紛争）を一九五〇年に創刊したのは歴史家、世界大戦の専門家アンリ・ミシェル（Henri Michel）でした。第二号で日本の戦後を特集しています。*Politique étrangère*（対外政策、以下ＰＥ）は国際問題に関するフランス最古の雑誌で、アジア太平洋関係の論文を掲載しています。三〇年前に刊行された*Revue internationale et stratégique*（国際戦略雑誌、以下ＲＩＳ）、そして*Relations internationales*（国際関係、以下ＲＩ）も同様です。*Materiaux pour l'histoire de notre temps*（現代史資料、以下ＭＨＮＴ）というナンテール大学の現代国際資料図書館の紀要には、アジアについて二つの関係資料が掲載されています。*Vingtième siècle*（二〇世紀）というまだ新しい雑誌もアジアに関して書評、解説などを載せています。

　電子出版についても言及しておきましょう。フランスではHistoire@Politiqueという政治、文化、社会というサイトが二〇〇七年につくられました。これは政治学院歴史センターのインターネット紀要です。ドイツの方はH-Sozu-Kult digestというサイトがあります。フンボルト大学内のもので、Clio-online Institut für Geschichtswissenschaftenという歴史学研究のサイト（http://www.zeitgeschichte-online.de）で見ることができます。

アジア専門誌

ドイツは第一次大戦の敗戦で、北京、天津、広州、漢江など中国の租界を失いましたので、フランスほどアジア研究の伝統がありません。ドイツ・アジア学会の機関誌 *Asiatisches Jahrbuch*（アジア年鑑）も第一次大戦で廃刊になってしまいました。一九二四年創刊の *Ostasiatische Zeitschrift*（東アジア雑誌）は、しばらく中断したあと、ドイツ東アジア芸術学会により復刊しています。一九七三年創刊の *Asien, Afrika und Lateinamerika*（アジア、アフリカ、ラテンアメリカ）には多くの論文が出ていますが、残念ながらインターネットで見ることができず、入手が困難です。東アジア出版社（*Ostasien Verlag*）が二〇〇七年にベルリンにでき、英語雑誌 *Crossroads - Studies on the History of Exchange Relations in the East Asian World* を発行しています。一九九〇年代初めにデュースブルク＝エッセン大学により創刊された *Periplus, Jahrbuch für aussereuropäische Geschichte*（ペリプルス、ヨーロッパ以外の歴史に関する年鑑）は、しばしばアフリカやアジアについての特集号を出しています。

一方、フランスには植民地支配の過去があり、国立極東学院が存在しますので多数の専門誌が出ています。まず、ＥＦＥＯ編集による数々の雑誌が挙げられます。最古の創刊が *Le Bulletin de l'Ecole française d'Extrême-Orient*（フランス極東学院会報）、ＢＥＦＥＯです。これは毎年発行されていて、英語・フランス語により、人文社会学系のあらゆる分野を網羅しております。一九八五年創刊の *Cahiers d'Extrême-Asie*（極東アジア研究手帳）は、ＥＦＥＯ

京都支部のアンナ・ザイデル（Anna Seidel）とユベール・デュルト（Hubert Durt）が出版したものです。これも英仏二ヵ国語で宗教科学と東アジア史を専門としています。一九九八年創刊で年二回発行される *Aseanie*（東南アジア諸国）は東南アジアの人文社会科学研究を専門としており、一九八二年に創刊された *Extrême-Orient, Extrême-Occident*（極東、極西）は、地域の外からの視点を趣旨として、極東・極西の比較研究研究を試みています。

エクス・アン・プロヴァンスセンター（IrAsia）が出版する雑誌 *Moussons*（モンスーン）は、創刊してまだ一五年ですが、東南アジア全体を網羅しております。*Cipango*（シパンゴ）は、ＩＮＡＬＣＯが発行するフランスで唯一の日本専門学術誌で、歴史、民俗学、地理学、経済、言語学、文学、芸術、映画など多様な分野にわたり、原則的には日本語一次資料に基づく論文が掲載されています。*Perspectives chinoises*（中国展望）は一九九二年に創刊され、現代中国の諸側面に関する研究論文を掲載しています。

ＢＥＦＥＯ（フランス国立極東学院会報）を除きますと、仏独両国でも東南アジア、極東を取り上げた学術誌は比較的新しいものばかりです。古くても三〇年ぐらいの歴史しかありません。ヨーロッパでは自らの二〇世紀の紛争に最も関心が寄せられていました。また、ドイツ分断もあり、その後は冷戦に関心が向きました。欧州以外ではアフリカと中東の研究が進んでいました。脱植民地化の問題と中東紛争の問題があったからです。

次に、シンポジウムのテーマに添って、紛争や大規模暴力をテーマとしたものがどのように位置づけられてきたかを紹介したいと思います。

三　「極東」の紛争と大規模暴力への関心

国際関係史研究における関心

このテーマはしばしば、ＲＩ（国際関係）、ＧＭＣＣ（世界大戦と現代の紛争）、ＰＥ（対外政策）、ＲＩＳ（国際戦略雑誌）などで扱われてきました。

Revue d'histoire de la 2ème Guerre mondiale（第二次大戦雑誌）というのがＧＭＣＣの元の名前で、一九五〇年に創刊されました。翌年第二号の日本特集にはアンドレ・ルスナー（André Reussner）の「商船、戦略と日本の戦争経済」、ニュルンベルク裁判と省庁、東京裁判史料から書かれたジョルジュ・カストラン（Georges Castellan）とＰ・Ａ・ジャース（P. A. Jars）の「ドイツ外交と太平洋戦争」、そしてマルク・ブノア（Marc Benoist）の「一九四一年に日本問題に直面するアメリカ合衆国」の三論文が掲載されています。ＧＭＣＣはこの問題にたいへん関心を持っており、一九七二年四月「アジアにおける戦争」特集号では、古屋哲夫の論文とともに、ノグロホ・ノトスサント（Nogroho Notosusanto）とミラグロス・ゲレロ（Milagros C. Guerrero）がフィリピンにおける日本のプロパガンダについて書いています。一九七三年一月号も戦時中のインド、中国、日本を取り扱っています。また、軍事史の分野でも、モーリス・ロール（Maurice Role）の「一九四二年春、インド洋における日本海軍の戦略」（一九九〇年七月一五九号）などがあります。二〇〇〇年には東アジア特集を組み、うち三本が太平洋戦争に関するものでした。

ＧＭＣＣでは三度にわたりインドシナ特集も組んでいます（一九八五年一三八号、一九八七年一四八号、一九九四年一七六号)。インドシナ問題は、多くの単発の論文でも取り扱われていて、たとえばロベール・ボナフ(Robert Bonnafous)がベトミンの収容所におけるフランス遠征軍捕虜について、ミッシェル・ボダン(Michel Bodin)がフランスの極東における遠征軍について、私自身もインドシナ戦争における東西ドイツの態度に関する論文を書いています。ディエンビエンフー敗退についても特集が組まれ(二〇〇三年二一一号)、ミッシェル・ボダンやロラン・セザリ(Laurent Cesari)といった専門家が寄稿しています。

中国についても何本かの論文があります。より最近の紛争も取り扱われています。たとえば、ベルトラン・ミュニエ(Bertrand Munier)は「一九七九年二月、三月の中国のベトナム攻撃」という記事を一九八八年に寄せています。韓国もまた二〇一〇年二三九号にて特集の対象となりました。MHNT(現代史資料)二〇〇七年八八号に藤作健一が寄稿した論文は、ベトナム戦争後のアジア太平洋地域の国民アイデンティティーの進化や経済発展を地政学的にとらえています。

二〇世紀国際関係におけるアジアの位置というテーマも多く論じられてきました。RIは一九八〇年の創刊号からアジア国際関係史に注目しています。同じテーマの特集も何度か組まれています。GMCCは一九九九年、南アジア紛争(一九四七~一九九九)の特集を組み、カシミール紛争における中印関係とチベット、南アジアの核保有化について取り扱いました。私の前任編集者、ジャン=クロード・アラン(Jean-Claude Allain)は、二〇〇一年に『東アジアの紛争と軍事行動』の特集号を編纂しました。そこで、陳欣之(Chen Hsin-chih)がフランスによる南沙諸島占領に対する中国側の答えを出しました。ファビエンヌ・メルシエ(Fabienne Mercier)は一九四〇年のフランス=タイ紛争における日本の役割についても語っています。紛争に対する第三国の態度も重要になってきます。二〇一二年『イタリアと他国の戦争』特集号にはとりわけレオパルド・ヌッティ(Leopoldo Nuti)「イタリアとベトナム戦争ミシェル・アメール（Michel Hammer）は一九九六年に中国によるソビエトパワー、二〇〇〇年にバルカンに直面した中国の認識について考察しています。また、中国と中央アジアとの関係が見直され、ユーグ・テルトレ（Hugues Tertrais）が編纂したＲＩの特集号が二〇一一年に出ました。そうした研究は新たなアーカイブの公開で可能になりました。

大規模暴力

「第一次大戦は全体主義と大量死の実験ではなかったか？」[5]とフランス人の歴史家のアントワーヌ・プロスト（Antoine Prost）は考察しています。このように、ヨーロッパでは「大規模暴力（violence de masse）」という表現は、まず、第一次世界大戦について使われました。ドイツ出身のアメリカ人歴史家、ジョージ・Ｌ・モッセ（George L. Mosse）は、ヨーロッパ社会の「野蛮化（*brutalization*）」という概念を初めて使い、一九九〇年に出版されたその著書は、戦争暴力についてヨーロッパでの考察を深めることになりました。[6]

イギリスのジョン・ホーンとアラン・クレイマー（John Horne と Alan Kramer）の研究[7]、ならびに、フランスの政治学者ジャック・セムラン（Jacques Sémlin）が主催した二〇〇一年の極限暴力（violence extrême）についてのシンポジウムは、大規模暴力を定義することを可能にしました。セムランは大規模暴力を「原因は主として政治的・社会的・宗教的・文化的である、集団的な人間の破壊性による現象」と理解しており、特に彼が二〇〇四年のル・モンド・ディプロマティックと二〇一一年の *Le débat*（論争）で提示したこの考えは、戦争に固有なものとしての軍の戦闘を否定しています。[8] 大規模暴力とは、市民に影響を与える暴力に本質的に関わるものです。それは、非戦闘員、場合によっては一般市民の集団殺害（虐殺）という概念を含みます。セムランとCERIとパリ政治学院が二〇〇八年に作成した大規模暴力のオンライン辞典（OEMV）は、オスマン帝国、ヨーロッパにおけるユダヤ人の殲滅、中部アフリカ、東南アジアなど実に多様な地域についてこのテーマを比較の視点から学び合うことを目的としています。

アジア太平洋の大規模殺戮についての力関係は、虐殺の記憶というテーマを通じて仏独両国の雑誌で言及されてきましたMHNTは、二〇〇七年に『アジアの秩序と無秩序』という特集号を組み、フランソワーズ・クライスラー（Françoise Kreissler）が「南京記念館、中国における記憶の場所」を、アルノ・ナンタ（Arnaud Nanta）は「日本の歴史教育について」という論文を書いています。二〇〇九年にステッフィ・リヒテール（Steffi Richter）が「ネオナチズム的アイデンティティー構築の媒体としての歴史教科書」という記事で同じテーマについて扱っており、zeitgeschichte-online（現代史オンライン）のサイトで読むことができます。二〇〇七年のMHNT特集号で、ジャン＝ルイ・マルゴラン（Jean-Louis Margolin）は「飽き足らない憎しみと日本ノスタルジーの間で——植民地、あるいは、占領アジア諸国における日本の暴力の痕跡」という記事でこの問題を取り上げ、植民地時代、軍国日本の記憶がアジア諸国間で異なることを指摘しました。マルゴランは韓国や中国では日本の侵略・占領の記憶が強く、日本はナチス・ドイツに比べられるが、東南アジアではそれほど中心的な記憶ではなく、台湾やマレーシアのマレー系・インド系の人々には、日本の記憶はむしろプラスであったり郷愁を持たれていたりすると論じています。この研究は*Cipango*において、アルノ・ナンタによって厳しく批判されました。

Vingtième siècle（二〇世紀）において、ラナ・ミッテラ（Rana Mitter）とブルーノ・ポンシャラル（Bruno Ponchardal）が二〇〇七年に「南京大虐殺、日本と中国における記憶と忘却」について論文を書いています。zeitgeschichte-online は二〇〇九年六月にやはり同じような比較を行っています。第二次世界大戦の記憶はドイツではと

ても意味深長な問題で、ナチスの過去についての考察が多くなされており、ステッフィ・リヒテールの論文「あしき亡霊の出現する地、東京の靖国神社」は、靖国神社とショアーの記念碑を比較しています。ヨーセオク・オウ（Yoo-seok Oh）は「韓国戦中戦後の記憶の形式」のなかで一五年戦争についての韓国の記憶を、ドンチョン・キム（Dong-choon Kim）は「韓国における朝鮮戦争間の大虐殺の集団的記憶」で朝鮮戦争での虐殺の記憶と韓国における記憶の批判的分析作業について書いています。また、ウォルフガング・フォルム（Wolfgang Form）は「三〇年後の正義か、一九七五年から一九七九年にクメール・ルージュの犯した人道に反する罪を裁くカンボジア特別法廷」というタイトルの論文を寄せています。*Periplus* も二〇〇一年に特集を組んでいます。

大規模暴力についての百科事典のサイトは、暴力と虐殺の記憶の両方に関心を寄せています。二〇〇八年六月三日のサイト開設時、吉田隆の論文が「日本におけるアジア太平洋戦争の歴史研究」について明らかにする一方、二〇一二年七月一二日のクリスティンヌ・レヴィ（Christine Lévy）の「帝国日本の従軍慰安婦――政治的争点と記憶の仕方」、ナタネル・アマー（Nathanel Amar）の「一九四九年以降の中華人民共和国における大規模暴力」がこの問題に切り込んでいます。

最後に再確認しなければならないことは、フランスやドイツの歴史家たちがアジア太平洋の歴史に関心を持ったのはこの三〇年ほどだということです。地理的な遠さと言語の障壁も、アジア太平洋諸国の歴史的研究の遅れの一つの理由ではあります。アーカイブ資料は長い間参照するのが難しく、特に、（文化大革命など）政治的な理由や紛争が第二次世界大戦、朝鮮戦争、ベトナム戦争と続いたことでアクセスすることすらできませんでした。最後に、フランス、ドイツの歴史家は主として自国の歴史、ヨーロッパとその旧植民地のアフリカ、中東に関心を寄せてきたとも言わなければなりません。

冷戦が終わっても、このヨーロッパ中心主義はたしかに存続をしています。けれども、アジア太平洋諸国が経済、政治、文化的に重要であるということをマスコミが強力に報道するようになりました。そのおかげで、歴史を志す若い人々がこの地域に興味を示すようになります。私も個人的に本人からの願い出によって、歴史学科の学生を何人も金沢に送りました。私の大学は昔から交流がある都市です。学生たちは一五年戦争を修士論文のテーマとして選びました。今、フランスの歴史家たちが日本の歴史家に招聘をされた今回のシンポジウムが開かれ、松沼先生のお組みになった特集号があるということに、日仏の歴史学者の豊かな交流を期待させられます。その枠組みはクロスヒストリー、トランスナショナルヒストリー、グローバルヒストリー、あるいは、ワールドヒストリーということになるでしょう。

（1） *Guerres mondiales et conflits contemporains: La recherche historique japonaise face au déroulement des deux Guerres mondiales en Asie*, n. 249,（Janvier 2013）.

（2） Johann Terrenz Schreck. *Yuanxi Qiqi Tushuo Luzui*.『遠西奇器圖說錄最』［*Collected Diagrams and Explanations of the Wonderful Machines of the Far West*］（Beijing 1627）: http://echo.mpiwg-berlin.mpg.de/ECHOdocuView?url=/mpiwg/online/permanent/archimedes/schre_qiqit_X03_zh_1627（accessed 19 Febuary 2015）.

（3） *L'Extrême-Orient. L'invention d'une histoire et d'une géographie* Paris: Gallimard, 2011.

（4） 紙幅の都合で掲載できない補足資料・追加の定期刊行物リストの公開情報については、「平和と和解の研究センター」ウェブサイト等でお知らせする予定である。http://cspr.soc.hit-u.ac.jp

（5） Antoine Prost, Jay Winter, *Penser la Grande Guerre. Un essai d'historiographie*, Paris: Seuil, 2004.

（6） George L. Mosse, *De la Grande Guerre au totalitarisme. La brutalisation des sociétés européennes*, Paris: Hachette, 1999. Bernard Bruneteau, は、*L'Âge totalitaire, Idées reçues sur le totalitarisme*, Paris: Le Cavalier Bleu, 2011 において、野蛮化について主張は、

ボリシェヴィキと同様にドイツとイタリアでの過激主義の一部を説明するものだと述べている。

(7) John Horne, Alan Kramer, *German Atrocities, 1914. A History of Denial*, New Haven; Londres: Yale Université Press, 2001. Stéphane Audoin-Rouzeau, Annette Becker, Christian Ingrao, Henri Rousseau, *La violence de guerre, 1914-1945*, Bruxelles, éd. Complexe, 2ème éd., 2005.

(8) Jacques Sémelin, 《Massacre et guerre》, dans *Le Monde diplomatique*, 2004/4 et 《La logique monstrueuse des meurtres de masse》 dans *Le Débat histoire, politique, société*, 2010/5. セムランは，*Purifier et détruire. Usages politiques des massacres et génocides*, coll. 《La Couleur des idées》, Paris: Le Seuil, 2005 も出版している。.

第12章　行動の神経生物学と攻撃に関する個体群生物進化のいくつかのデータとそれが持つ意味について

クロード・ドゥブリュ（清水由希江　訳）

一　攻撃行動の神経生物学

行動の神経生物学は名前のとおり、神経生物学的なメカニズムと行動の相関関係を可能な限り密接に調べようとするもので、そのために、ラット、猫、サル、ニホンザルなど、様々な動物種と人間を比較します。動物の場合には、脳の各部位に損傷や電気刺激を与えるなどします。人間の場合には、病的症状を観察して治療を行います。

まず、攻撃あるいは攻撃性について定義をしなければなりません。フランス語の「アグレシオン」はラテン語に由来し、元来はある方向に向かって歩くという意味で、それゆえ領土・領域を暗示する言葉でした。あるものに接近する。それは、友好的または非友好的な接近であり得ます。攻撃となれば今や明確な敵意を含みます。生命の世界において攻撃的行動には非常な多様性があり、特に人間の場合には多様であって、多くの研究者は攻撃や暴力の定義に非常に困難を感じてきました。たとえばヨハン・ファン・デア・デネンの「攻撃の概念と定義における問題」（Van der Dennen 1980）は、問題を列挙して、統一的理論を確立するのが非常に難しいと言っているわけです。

攻撃とは、そもそも活動の衝動なのか、本能なのか、行動なのか。攻撃本能は存在するのか？　人間の攻撃において、どれが生得的あるいは後天的な部分であり、どれが自然的で文化的な部分なのか？　攻撃はマイナスの価値しか持たないのか？　人間の攻撃の評価には文化的相対性があるのか？　攻撃に対する感受性も個人によって大きく違うのか？　攻撃とは実際に単一の概念に還元できるのか、それとも途方もなく多様な現象を単一のものに物化してしまった表象なのではないか？　こういう考え方はイヴ・ミショが『暴力と政治』（Michaud 1978）で言っているところであります。

以上、いろいろ疑問を列挙しましたが、今日は第一番目の疑問に限って、攻撃行動についてお話します。ただし、話を複雑にしないために捕食行動は外します。空を飛んでいるタカが急降下してヘビを捕まえる。これは異種間での食物獲得という、攻撃とは別の行動であると考えるわけです。

動物行動学者コンラット・ローレンツは、有名な著書『攻撃——悪の自然誌』（Lorenz 1969）のなかで、悪を自然誌・博物学の問題として論じ、内発性の攻撃衝動（攻撃本能）の理論を展開しました。攻撃は自発性を持った本能であり、しだいに蓄積される特殊なエネルギーの形で存在していて、いずれ必ず攻撃行動の形をとって放出される、神経レベルの基盤の自発性の活動によって必然的に動きだす生得的な行動のメカニズムであり、避けがたい衝動的な自動性をつくり出すという理論です。

ローレンツは厳しく批判されました。まず、攻撃本能論を認めた場合、それは進化論的にはどのような機能を果たしているのか。これに対してローレンツは未分化の機能であると答えています。これでは漠然としていて進化論的集団生物学の緻密な推論には抵抗できません（Cf. Karli 1987: 25）。もう一つの疑問は、攻撃が本能だとすると、同一種内の攻撃によって一集団が絶滅してしまわないように、自然はいかなるメカニズムを用意しているのかという問題です。これに対してローレンツは、逆の本能、すなわち儀式化の本能が出現して攻撃をより破壊的でない方向に変えるとしました。攻撃が儀式に進化するというのも漠然とした話で、またローレンツが想定した攻撃本能は、社会的絆において基本的な役割を果たしているように見えるので、なおさら不思議です。ローレンツは攻撃本能のなかに友情や愛情の原動力さえ見ているからです。

現在では、攻撃本能を専門家のほとんどは認めておりません。現代の科学の要求に応えられないからです。神経生物学も、攻撃衝動を発生させる中枢的なメカニズムの特定を断念しています。とはいえ、社会的な説明がいっさい排除されるわけではありません。そこで、霊長類における攻撃を研究するという回り道をしたいと思います。

イギリスの有名な動物行動学者ジェーン・グドールは、一九七四年、タンザニアのチンパンジーにおける攻撃を観察しました。グループが二手に分かれて、領土や雌の所有をめぐって戦争を始め、一方の雄は全員殺されました。ほかのサルにも似た行動が見られますが、中央アフリカのボノボは、殺し合わないことで知られています。

ポルトガルのクラウディア・スーザとカテリーナ・カザノバは、動物社会に階層秩序があることを強調します（Sousa and Casanova 2005–2006: 77）。その階層秩序は、生活や食物の条件と結びついており、もっとも階層秩序的な社会は個体間の暴力がより少なく協力のレベルが高いと観察しています。より平等であまり競争のない社会も存在します。一般に、攻撃性をコントロールするメカニズムが存在します。限られた資源のため、支配者の地位や性的パートナーをめぐる競争が起こるときに攻撃が生じますが、それも程度の差があります。最も支配的な雄は、常にテストステロンの分泌量が多い。これは驚くべきことではありません。チンパンジーの雄は社会的地位を動機とする攻撃性が強く、そして支配のために賢い政治家でもあることも知られています（*Ibid.*: 86）。しかし実際には、攻撃はチンパンジーの社会生活において非常に小さな部分しか占めていません。一方、ボノボの場合は、攻撃が起こらないわけではありませんが、よりリラックスした社会関係を持っていています（*Ibid.*: 90）。グループが出合っても必ずしも攻撃が発生せず、また雌が非常に大きな役割を果たしています。ボノボにおける攻撃性の弱さは、共感に重要な機能を果たす脳のいくつかの構造がより発達していることを示すように思われます。

ニホンザルは非常に賢いサルで、石を投げ合う動作がよく知られています。その適応上の理由は、攻撃性を示す際の「敵対表現（agonistic displays）の効果を高めることのようです。ニホンザルも、もちろん争うことがあります。たとえば、投げ合う石を手に入れるために争う（人間の子どもがおもちゃを取り合うように）。石を投げ合うことは、遊びとしての（子どもの神経機能を活性化させる）働きを思わせるかもしれません。

以上のように、霊長類の研究は、人間の行動をよりよく理解し、また初期のヒト科の行動を再構成するうえで大きな意義があります。ヒヒも非常に複雑な社会構造を持っていますが、霊長類の行動を研究するのにいいモデルになります。また、類人猿においては雌が大きな貢献をしているということが注意を引いています。

このような霊長類の攻撃行動について、神経生物学者の観点は、その発生において個体発生と個体史という二つの次元を導入します。脳は環境と「対話」する器官としてみられ、環境と複雑かつ恒常的な因果関係のループを維持しています。そうして、攻撃の行動を分類し、理解するための新たなカテゴリーが練り上げられてきました。神経生物学者は動物の研究を進めるなかで、攻撃がまず狭義の神経生物学にのみ属する問題なのか、それとも環境や同類との関係があるのかと問いました。

カルリを引用しますと、「アクションの動機づけの過程について考えなければならない」（Karli 1987: 30）。「攻撃行動は……さまざまな目的に向かって実行に移される可能性のあるアクションの手段であって、何か脳から必然的に生み出される『攻撃性』なるものの、外部への単純な投射ではない」（Karli 1987: 33）。たとえば、生後一五～二四ヵ月の幼児にすでに攻撃的行動が見られますが、それによって幼児は他の人間や欲しいと思うものに対して自分の位置を見定められるようになります（Karli 1987: 31）。このような行動にはある関係機能的なものがあると考えられます。

ここでカルリが行った「キラーラット」の実験をご紹介します。これは一九五五年、カート・リヒターが主宰するボルチモアの心理生物学ラボでの観察にもとづいています。カルリは偶然、すでにラットが入っているケージに別のマウスを入れてしまいました。するとラットの一部は、入ってきたマウスを殺してしまう。しかし、殺してしまわないラットもいました（Karli 1987: 252）。これは攻撃行動の脳内メカニズムの研究に非常に適した実験モデルだと気づいたのです。神経生物学の古典的テクニックが用いられました。脳のどの部分を損傷するとキラー行動がなくなり、もともとキラーでないラットの脳のどの部分を損傷するとキラー行動が現れるのかといった実験です。

実験の結果は、中脳にある扁桃体を左右共に損傷するとキラー行動が消滅する一方、前頭葉を左右とも切除するとキラーでないラットにキラー行動が現れることが観察されました。そこで、扁桃体が攻撃を促進する一方、前頭葉は抑制する機能を担っているのではないかと考えられました。ただし、これは脳と行動の関係についての当時の考えに則った理解でした。当時は、脳は様々な動機づけのシステムのモザイクのようなもので、あれこれの部分を活性化させるとそれに対応する行動が起こると考えられていたのです（Karli 1987: 253）。そこにはかつての局在論的神経学の残滓が見られるわけですが、より精密なデータによって新しい概念が生まれてきました。

第一に、脳の各部位を損傷・刺激する実験を組織的に行った結果、攻撃または被攻撃行動に関係する脳の核は非常に数が多く、攻撃行動には他の様々な機能が干渉していると考えられるということです。より繊細な位置を突き止めることで、関係する部位とその部位が演ずる正確な役割が見えてきました。たとえば前頭葉ですけれども、左右の前頭葉を破壊しなくても、嗅脳という小さな部分を破壊するだけで、情動的な活動亢進と攻撃行動が現れる。それから、キラーでないラットで透明中隔と呼ばれる部分を破壊すると、必ずしも攻撃は起こらないが活動亢進が生じる。したがって、活動亢進と攻撃は神経メカニズムの観点からすると分離できることがわかりました。

また、互いに矛盾する実験結果から、対象動物の実験以前の歴史、つまり実験以前の個体ラットの歴史を考慮しなければならないことがわかりました。中隔を破壊する前にマウスと出遭ったことがあるかどうか。事前にマウスに慣らされていると、中隔あるいは透明中隔を破壊しても、キラー行動は八%の場合しか現れない。一方、事前に慣らされていないと攻撃行動が六〇%で起こってしまう。したがって、脳は個体の歴史に非常に敏感で、脳は歴史を記憶しているわけです。そこで明らかになってきたのは、情動的反応性のレベル（内因的性質）、そしてターゲット種への慣れという二つの要因が攻撃行動の出現で重要な役割を演じているということでした。しかし、さらに三番目の要因が出てきました。脳の各部位を電気刺激する実験と、動物による自己刺激実験（快経験・欲求充足の経験を繰り返すために動物が自分で自分を刺激したり、あるいは不快な嫌な経験を中断するために動物が自分で別の自己刺激を与えたりする実験）を組み合わせた結果、情緒的な欲求・嫌悪の経験と、刺激を起こしたり止めたりする効果のある行動の間の強い相関関係がわかってきたのです。こういった実験結果を通じて、単純には解釈できない、脳と行動の関係についての認識論的枠組みが進化してきました。この関係は一方向で直線的なものではなく、行動とは表現とアクションの手段であって、個体が環境との関係を掌握できるようになるための個体と環境の間の「対話」のツールであるとされたのです（Karli 1987: 255）。それゆえ攻撃は自動性ではなく、コントロール可能なものということになります。

そこで、ディフェンシブな攻撃とオフェンシブな攻撃の間に重要な区別がなされました（Karli 1987: 208, 256）。前者は恐れと、後者は怒りと同一視されます。両者の区別は、一匹のラットが住むケージに別のラットを侵入させ、二匹のラットの姿勢やかみ傷の違いを観察する実験にもとづいています。たとえばラットの脳のＧＡＢＡ作動性システムに働きかけるなど、薬理学的操作を行うとディフェンシブな行動あるいは回避の姿勢が出てくる。これは恐れに対応すると考えられます。しかし、オフェンシブな行動を怒りと同一視できるのか、カルリは議論しますが、これは明らかでありません。

また、時間軸の問題が非常に重要です。たとえばラットが初めて自分のケージにマウスが入ってくるのを見ると、嫌悪がキラー行動を引き起こす。その同じラットが自分のケージに何度も反復してマウスが入ってくるのを見ると、殺したいという欲求の要素が、いわゆるポジティブ・リインフォースメントによって、動機づけのなかで勝ってしまうかもしれない（Karli 1987: 209）。接近、回避のどちらの場合でも、ある刺激の新しさは、行動の決定に大きな役割を演じていると思われます。ほかの多くの動物種（おそらく人間も同じように）、ラットは新しいものや見慣れない奇妙なものに対しては不快感「新奇恐怖症（néophobie）」を示す（Karli 1987: 210）。人間の場合の外国人嫌いというのはよく知られていますけれども、見慣れない人は潜在的な攻撃者として受け止められやすい。そういう人に対して歓迎の姿勢を身に付けるのは、それほど簡単なことではなく、行動の生物学的メカニズム抑制を必要とします。とても幸いなことに人間の脳は教育可能で、また新奇なものへの関心が他者への恐れに勝ることがよくあります。攻撃をいろいろ扱った神経生物学者あるいは動物行動学者は、この点について、教育というメッセージを発しているといえます。現代の神経科学の非常に多くの部分は、教育の効果に関して有力な結果を示しているのです。

一般に、葛藤状況において攻撃は唯一の解決ではありません。逃走も、自己保存に回ることもある。また、攻撃が攻撃を行った個体自身に損害をもたらすこともあります。したがって、同じ目的のために脅したり、はったりをかけたり、儀式化をしたりします。攻撃とは、様々な文脈のなかで動員される戦略の全体を成していると考えられるのです。

神経伝達物質・神経調節物質は、行動を実行に移す際に大きな役割を果たします。神経伝達物質のなかでもセロトニンは、脳幹のある複数の核で生合成されて脳に広く拡散しています。セロトニンに攻撃性の抑制機能があることは、ラット、サルあるいは人においてすでに確証されています。私の同僚で、パリのピティエ＝サルペトリエール病院の神経生物学者であるミシェル・アモン（Michel Hamon）の要約に従えば、たとえばセロトニン作動性の活性の弱い状態、これは脳脊髄液中のセロトニンの代謝物、5-HIAAの濃度の低さで示されるのですが、これがうつ状態の人間、自己攻撃をする人、衝動的人間あるいは暴力的犯罪者に見られます。

他にも薬理学的に証明されているものがあります。たとえばp-クロロフェニルアラニンやp-CPA（特に睡眠についての研究のなかで広く使われている薬物）を使うと、セロトニンの生合成を脳の中で抑制することができます。これを投与すると、動物において攻撃が起こる。逆にセロトニンが増加するような薬物を用いると、攻撃が抑制される。もちろんセロトニンが攻撃の調節にかかる唯一の神経伝達物質ではなく、ドーパミンやバソプレッシンや他のペプチド型神経ホルモンも調整に関わっています。けれども、セレトニンの不足と攻撃性との因果関係はたしかに証明されています。

それでは、こうした行動は脳の生化学のみに依存しているのか。脳の生化学自体は遺伝の発現に依存します。それともエピジェネティクス、すなわち後発性的な要素が関係しているのか。まず、遺伝的な依存性は明らかで、（「ノックアウト」という手法によって）いくつかの遺伝子を取り除くと攻撃行動が現れる。しかしながら、遺伝的あるいは個体による変動が非常に多く、セロトニンの輸送システムの差となり、それが行動の現象に現れることから、後発性の側面は間違いなくあると考えられるのです。ラット、マカクザルは、非常に幼いときに母親から引き離すと攻撃性が強くなり、認知能力も不足し、セロトニン濃度が低くなっている。ここで私たちは、いわゆる後発性という新たな領域に入ってきます。遺伝子発現の生化学的なメカニズムが生まれた後で変更される、環境が誘導する変化という領域です。これは遺伝構造におけるあるレベル（「プロモーター」）での化学的変化によって現れるものです。したがって、明らかなのは遺伝子の役割は大きい一方、脳の発達の鍵となる段階では環境の演じる役割も非常にあるということです。こういったシステムは、おそらくクリティカルな段階において、適切な行動をすることによって抑制でき、また薬理学的にもコントロールできる。ここでも再び引き出せる教訓は、脳は教育可能だということであります。

二　個体群生物学

次に、生物学的説明に不可欠な進化論的次元について検討します。一九六八年にリチャード・D・アレクサンダーとドナルド・W・ティンクルは、ローレンツを批判して、たしかに人間はとても込み入った攻撃性をもつ動物であり、その進化的な背景について問うことはまったく当然であるが、他と比べて優れて利他的な生き物でもあると記しています（Alexander and Tinkle 1968）。この指摘は、それ自体が利他主義の進化論的な基盤の問題で、ダーウィンが次のように『人間の由来』のなかで明らかに見ていたことを提起するものです――「多くのメンバーをもつある部族で、愛国主義や忠誠、服従、勇気、同情の精神を強く持ち、互いに助け合い、共通善のために自身を犠牲にする準備があるような部族は、他の部族よりも優れていたということは疑い得ない、そしてこれは自然選択によるものだった」(Darwin 1871: I-116)。

しかし、ダーウィンは次のようにも付け加えています――「そのような徳性を与えられた人間の数や、彼らの優越性の基準が、自然選択によって、つまり、適者生存によって高まったというのはほぼあり得ない」(*Ibid*.: I-163)。個体選択に対する集団選択の問題はここで明らかに示されています。実際、ある特徴が、それをもつ個体にとって有利であるかどうかという問題は、いくつかの個体がもつ特徴がそれらの属する集団にとって有利であるかどうかという問題とは異なります。『人間性の由来』におけるダーウィンの視点は、自然選択は、人間的な知性や道徳感覚にまで至りながら、集団や部族間の競争によって作用したというものです。それは集団内部での協力を引き起こすものでもありました。しかし、最も協力的な個体が最も多くの子孫を得たかどうか(これは適応度の基準でありますが)という問題が残りました。

利他主義の問題にとりかかる前に、攻撃の進化論的説明が提示した問題についてお話ししたいと思います。もし自然選択が攻撃を定着させたのなら、それは、いうならば、攻撃が生殖のうえでの適応度と生存能力の増大に有用だということです。スペンサーは社会進化論の父ですが、ラマルクも参照して、生物学的進化を社会進化に適用しようとします。ダーウィンが用いた「適者生存(survival of fittest)」という表現はスペンサーがつくりました。スペンサーは、戦争はより大きな、より組織された社会を形成するため進歩の要因であったが、闘争に最も適したものを淘汰するために消極的な要因ともなった、との考えを論じています(Van der Dennen 1995)。

社会学と生物学を近づけようと試みた社会生物学者エドワード・O・ウィルソンは、『人間の本性について』という有名な著作のなかで、人間の精神構造そのものが生物学的進化と選択による制約の結果であることを強調しつつ次のように言っています。「脳が自然選択の結果として形成されたのであれば、特定の美的判断や宗教的信念を選択する能力も同じ進化の過程によって発生したはずである。それは人類の先祖が進化してきた過去の環境へ直接的な適応、あるいは、せいぜい生物学的な意味での適応にかつて役立っていた、目には見えにくく狭い活動によって間接的につくり出されたものである」(Wilson 1978: 2) と。私たちのなかにはいまだ気づいてさえいない古い習慣があるのです。「生物学は人間の本質を理解する上での鍵である、社会科学系の学者たちは、急速に確固としたものとなりつつある生物学の原理を無視できない。ただし内容的には社会科学の方がはるかに豊かな潜在力を持っている (*Ibid.*: 13)」とも述べています。一九七七年にフランソワ・ジャコブも同じような考察をしています (Jacob 1977)。

ウィルソンは、異なる攻撃の形態について遺伝的進化と自然選択の用語によって (七つの) 生物学的説明を示しました。それは種内・種間の攻撃に関して集団間・固体間で生じる、十分に恒常的ながらとても不安定な行動の特徴に関するものです (Wilson 1978: 102)。ここでは攻撃本能はまったく必要ありません。食物・生活空間・身を寄せる場所など、入手できる資源が限られているために、系統発生の途中で身についた適応的な行動、それゆえに神経システムのなかに「プログラムされたものに関する問題」です。攻撃は、個体数の増加を制御し、個体数の「密度を制御する要因」ととらえられています (*Ibid.*: 102)。これは攻撃についての根本的にダーウィン主義者の見解です。一般的にテリトリーについての考察は、攻撃の説明において大きな役割を果たしています。非常に限られた空間での生活が攻撃性を著しく増大させることはよく知られています。そのため、しばしば指摘されるように、自由を奪われた状態や行動研究のための実験的な条件 (たとえば、ケージのなかのラット) で観察された現象と、自由な状態での動物について観察された現象（ジェーン・グドールのチンパンジー）との間には大きな違いがあります。

ウィルソンにとって、人間は最も暴力的な種ではありません。他の霊長類に人間を近づける攻撃性の形態には特徴的な性質があります。人間の攻撃性は生得的です。たとえ、最も非暴力的な（希有な）社会のメンバーであっても暴力に戻ることがありえます（*Ibid.*: 100-101）。観察可能な攻撃行動は遺伝子と環境との相互作用から生じます。その相互作用は完全に進化理論の枠組みに入るものです（*Ibid.*: 105）。しかし、結局のところ、文化的な進化は、脅威に向かって暴力的に対応するような強い遺伝的傾向や環境がもたらす必要性を制御する役割を果たします（*Ibid.*: 114, 116）。

根本的な問題が残っています。つまり、攻撃と利他主義とは生物学的プロセスにもとづくものなのか、遺伝的な始まりをもち、互いに関係づけられ、あらかじめ決定され特化したものなのか。あるいは、それらは状況に応じて異なる表現をもつ一つの同じ作動能力に由来する行動の形態でしかないのか。遺伝子、環境、あるいは、他の追加的な要因を組み入れながら、別のかたちで問いを投げかける必要があるのでしょうか、ウィルソンが私たちをそう誘うように。アレクサンダーとティンクルはその必要を認めています――「攻撃性は文化によって容易に変わりうる、そして現今の人々のあいだでは、遺伝的な相違による攻撃性の判別可能なバリエーションはほとんどみられない。しかしながらこの事実は、人類における攻撃性の出現率の全般的な烈しさについても質についても、遺伝的な基盤の可能性を否定するために使うことはできない」（Alexander andet Tinkel 1968: 246）と。

彼らが人間の進化の歴史について与えた物語によれば、種間での攻撃は人間においては異集団のあいだで発達し、一方、利他主義は集団内で発達したとされます。二つの行為は、空間、食物、住処、雌の占有の競争のなかでの、小集団での人間の構造化の事実について、明確に選択的な価値を持ち得るかもしれません。また、集団内部での協力は内部競争を排除するものでもありません。「人間の進化の歴史はだんだんと大きな集団のメンバーとして自分の場所をみつける個体の能力の歴史であったようにおもわれる。人間の利他的な傾向は、集団間で徐々に高められた攻撃性と、親の行動にその起源をみることができるような集団内部での協力との相互作用から、おそらく直接的に生じた」(*Ibid.*: 247) のです。アレクサンダーとティンクルにとって、人間の戦争への熱中はおそらく長い進化のメカニズムが促進したもので、文明化の結果ではありません。それは進化の最後の言葉でもありません。人間の進化についての理解は「扉を閉めることはできません。それは扉を開くことしかできません」(*Ibid.*: 247)。

利他主義が攻撃性に続くものとして発達するという議論を強調しましょう。利他主義は遺伝子学者J・B・Sホールデンがそれを持つものには不利だがその社会的環境にとっては有利になる(英雄と聖者がその典型ですが)特徴を記述するために用いた用語ですが、利他主義の現象は、個体よりも集団の選択を考えさせる点で、個体に関心を向ける特定のダーウィン主義正統派に対して問題を提起しました。イギリスの遺伝子学者ウィリアム・D・ハミルトンは、この分野を立ち上げる研究となった「社会行動の遺伝的進化」においてこの問題をよくとらえています(Hamilton 1964)。個体群の遺伝学は、個体群のなかでの遺伝子の分配に関心を向ける分野ですが、社会行動を論じ、行為者には有害であるけれども共同体にとっては利益があるという利他主義の現象を説明しようとしました。ハミルトンの議論は、関係のある個体群において増大する適応度「包括適応度(fitness inclusive)」の意義を強調しました。これは二つの領域で作用します。一つは、関係のある個体群における当該遺伝子の分配(家族や、適応者の遺伝子、そこから血縁選択説の概念が説明されます)という範囲、そしてもう一つは、生物行動のより「戦略的な」範囲で、「意志決定(décision)」の範囲です。したがって、私たちは遺伝学と社会行動との境界にいるわけです。

利他主義には選択的な意味があります。というのはそれが適応度を増し、定義の仕方によってはある遺伝子型の適応度を拡大するからです。この適応度には「その遺伝子型によって、それが属する個体群の他のメンバーの適応度に与えられる効果」が含まれます（Grodwohl 2013: 77）。それは、（利他主義の遺伝子の箇所というように）孤立した遺伝子ではなく、遺伝子型についてであって、「ある決まった遺伝子型の保持者はそれ自身の適応度だけでなく、パートナー全体の適応度に影響を与える行動全体をとる」（*Ibid.*: 81）という、遺伝子の直接的でありながら間接的でもある影響を考察する遺伝学の見通しに関するものなのです。「ある親を助けることは、次世代においてその親固有の遺伝子表現を強めることになる、なぜなら親の遺伝子型は私たちの遺伝子型の一定の割合に相当するからです」（*Ibid.*: 82）。このことは数学的に表現できますし、個体群遺伝学の形式的見解を充実させることにもなりえます。「個体の仲間に恩恵を与えると想定される遺伝的影響についてのある重要な集合（classe）に関するケースでは、その個体群の平均的包括適応度は常に上昇したことを、私たちは証明した」とハミルトンは宣言しています（*Ibid.*: 116, Hamilton 1964: 8）。

ハミルトンによる利他主義の研究は、遺伝子拡散に関心をもつ個体群遺伝学の観点と、最小限のコストで作用因子の恩恵を最大化しようとする行為者の戦略的観点との間のある曖昧さによって損なわれています。この二重性は、進化生物学と行動環境学の理論とをカバーする理論的空間について、実際には不可能な領域を説明しているのです（Grodwohl 2013: 111）。関連性のある一つのまとまりが作用因子となるのであって、遺伝子がなるのではありません。それでは、利他主義を血縁関係に限ることはできるか？　遺伝学の場合そのように思われますが、行動生物学の枠組みではそうなのでしょうか。

進化論者の説明は、その分野のなかではまったく疑念をもたれていないでしょうが、それが孤立して考慮されるべきではありません。「進化のブリコラージュ」についての有名な論文で、遺伝学者フランソワ・ジャコブは、科学のヒエラルキーについての見解を示しました。新たな現実のレベルが次々と現れる。その複雑さが増すと、ある現実の階層では非常に重要だった要因が、より上位の階層ではさしたる役目を果たさなくなり、また新たな制約と歴史の役割が生じる（Jacob 1977）。量子力学的なメカニズムによって、人間社会の機能を説明できると考えるのは幻想です（量子力学の様々な応用に生命は重大な影響を受けているのですが）。しかし、だからといって人間社会を理解するうえで、生物学がまったく役に立たないというわけではありません。

三　暴力と社会——最後の指摘

暴力について話すことは、人間に固有の、そして社会の表象に強く結び付けられた新たな用語を導入することでもあります。イヴ・ミショの暴力に特化した研究は、基本的に社会の表象について、その表象やそれらが表現しているものの影響が中心となっています。彼は暴力という用語の一般化に注目しています。暴力の普遍化は、少なくとも特定の西洋社会において、規則の弱体化と対をなしています。社会的場は「暴力のエコノミー」となっていて（Michaud 1978: 157）、それは隠れたかたちで流通しており（*Ibid.*: 158）、遍く存在していると同時に周縁的でもあり、多かれ少なかれ抑制されている（*Ibid.*: 157–161）。その後の研究のなかで、ミショは暴力の新しい形態について、暴力に魅了された人間の行動を取り上げながら、関係する様々な専門分野の外側から「ラジカル」な方法で考察しようとしています。「人間には卑劣さが、敢えてみつめなければならない極端な卑劣さがある」（Michaud 2002: 10）。「それは現代の政治的文脈のなかで現代的な暴力について把握しようとする問題なのです、とりわけ、近年、この三十年のあいだに暴力や政治、社会的領域に影響を与えた変化のなかの何らかについて把握しようとすることなのです。暴力の実相は変わりました。私たちの暴力についての感情、暴力が喚起し暴力に抗おうとする情熱は、変化しました。私たちが暴力についてつくりだす表象も変化しました」(*Ibid.*: 32)。

国際的なテロリズムや新たな紛争だけでなく、暴力について非常に敏感になっている発達した社会のなかで増している暴力への寛容さ。そうした暴力における変化を見つめることで、ミショは実相の変化、感情の変化、思想の変化について様々に分析しています。一つは、メディアにおける表象としての暴力、メディアによってありふれた暴力について、それが引き起こす感情による様々な逆説的な影響について(*Ibid.*: 121)。二つ目は、感情表現としての暴力と、暴力の専門技術化ならびに一般化によってもたらされる新たな情動的なコノテーション(感情)について、そして、そこにおいて勇気を取り戻そうという考えを説明するものについて(*Ibid.*: 193)。三つ目は、暴力をいかに考えるかという問題です。暴力に宿り、暴力が主張するあらゆる矛盾、特に、社会的な抑制の外にあるという性質と最終的には社会的な抑制のなかにあるだろうという矛盾のなかで考えるということです(*Ibid.*: 199)。

制御された暴力は再び生じ続けます、部分的にはまさに制御そのものによって再生します。そこにはある宿命があります。たしかに、人類の社会政治的システムほど複雑なシステムにおいては、攻撃を食い止め、再発を妨げる「抑制のパラメーター」が存在します。しかし、そのシステムは常には機能しません。暴力は制御可能なものですが、根絶することはできません。グローバル化した世界のなかで、暴力を制御するためにいかなるシナリオが描けるのでしょうか? ミショは二つのことを見ています。一つは、制御と保護といったものに取り囲まれた、自閉的な国民国家へと戻ることです。そうした事態は、すでにフィクションなどで描かれていますけれども、国家間や集団間での極端な暴力の場合にはありえるかもしれません。二つ目のシナリオは、世界主義的な政治による一つの国家という大円団です。どちらの場合も、現代の個人主義が減じようとする傾向のあるルールの力を蘇らせることが問題です（*Ibid.*: 271）。その対価をもって、暴力は、大規模暴力を含めて、おそらく消え去ることはないにしても、少なくとも制御されうるかもしれません。

〈参考文献〉

Alexander, R. D. and Tinkle, D. W.（1968）“A Comparative Review. *On Aggression* by Konrad Lorenz; *The Territorial Imperative* by Robert Ardrey”, *BioScience*, 18（3）, March: 245–248.

Darwin, C.（1871）*The Descent of Man and Selection in Relation to Sex. 2 vols.*（London: Murray）.

Goodall, J.（2010）*Through a Window: My Thirty Years with the Chimpanzees of Gombe*（New York: Houghton Mifflin Harcourt）.

Grodwohl JB.（2013）*Les nouveaux domaines de la sélection naturelle: Hamilton, Maynard Smith, Williams*, Thèse de doctorat, Université Paris-Diderot, 2013.

Hamilton, W. D.（1964）“The genetical evolution of social behaviour I and II”, *Journal of Theoretical Biology* 7: 1–52.

Hamon, M. “SÉROTONINE”, *Encyclopædia Universalis*（http://www.universalis.fr/encyclopedie/serotonine/[accessed 24 February 2015]）.

Jacob, F.（1977）“Evolution and Tinkering”, *Science*（1925）: 1162–1166.

Leca, JB. and Nahallage, C. A. D. et. al.（2008）“Stone-throwing by Japanese Macaques: Form and Functional Aspects of a Group-specific Behavioral Tradition”, *Journal of Human Evolution* 55（6）September: 989–998.

Lorenz, K.（1969）*L'agression: une histoire naturelle du mal.* Trad. Vilma Fritsch, Georges Canguilhem. Nouvelle bibliothéque scientifique（Paris: Flammarion）.

Michaud, Y.（1978）*Violence et politique*（Paris: Gallimard）.

——.,（2002）*Changements dans la violence. Essai sur la bienveillance universelle et la peur*（Paris: Odile Jacob）.

Sousa, C. and Casanova, C.（2005/2006）“Are Great Apes Aggressive? Cross-species Comparsion”, *Antropologia Portuguesa*（22/23）:

71–118.

Van der Dennen, J.（1980）*"Problems in the Concepts and Definitions of Aggression, Violence, and Some Related Terms"*.（http://rechten.eldoc.ub.rug.nl/FILES/root/Algemeen/overigepublicaties/2005enouder/PROBLEM1/PROBLEM1.pdf [accessed 19 February 2015]）.

——.,（1995）*"Human Evolution and the Origin of War"*（http://rint.rechten.rug.nl/rth/dennen/cambrid2.htm [accessed 19 February 2015]）.

Wilson, Edward O.（1978）*On Human Nature*（Cambridge: Harvard University Press）.

第13章　トラウマを耕す
――ドゥブリュ教授の報告への応答

宮地尚子
菊池美名子

はじめに

「トラウマを耕す」というときの「耕す」は、英語ではcultivate、文化cultureの語源にもなっていることばである。衝撃的な出来事、言葉にならないような出来事を体験するなどのトラウマは、病理的な症状などの負の側面ばかりが注目されがちであるが、実はそれだけではない。多くの人はトラウマを抱えているし、抱えながらもそれをポジティブなかたちで表現したり、個性や能力として使っている人もいる。アート、文学、詩など、様々な創造性とトラウマが関わり、傷つきが作品として表象されることがある。また、いろいろな症状を抱えながら生きていくなかで、様々な工夫がなされて、人々との関わりのなかで営まれる生活という日常的実践にも注目すべきことが多い。シャーマニズムなどの土着文化のなかにも、トラウマを生きのびるための工夫が多く存在している。たとえば日本では沖縄などがわかりやすいが、ユタなど様々な民間の治療者がおり、その人々のなかには、自分自身が過去に大きなトラウマを負っていて、その症状とされているもの――たとえば、感覚が鋭くなってしまうこと――をむしろ治療にいかすという流れもある。[1]

トラウマには、何か豊かなものも多く引き出す力がある、ということ。こうしたことを意識的に考えるようになったことが、トラウマを「耕す」ということばの背景にはある。[2]

その一方で、耕すということは、まぜっかえすとか、掘り起こすことでもある。それは、既得権益や既得権力を持つ人間にとっては、非常に大きな脅威になりうる。つまり耕すということは、見方を変えれば、今までタブーとされていたこと、語られず、置いておかれた領域、語られない方が都合がいい人がたくさんいる領域に触れる行為でもある。それは、「正史」とされてきたことに書き直しを迫り、公に語ってよいとされていることと悪いとされていることとの境界線をゆるがし、これまでの知のあり方を根本的に変えてしまう可能性をもつ。

本稿では、この「耕す」ということばをキーワードに、トラウマと歴史と知の関係について考えてみたい。はじめに、トラウマについて考えようとするとき、逆説的に私たちが注目しなくてはならないトラウマに関する表象や語りの空白地帯について説明する。そのために、〈環状島〉[3]という私自身がつくったモデルの紹介を行う。次に、その空白を「掘り起こして」しまうことによるゆらぎ、混乱、抵抗についてふれる。最後に、その抵抗をも越えてトラウマを耕すことの意味、とくに歴史や知のあり方における意味についてまとめてみようと思う。

1　環状島とは何か

〈環状島〉とは、文字どおり、環の形をした島のモデルである（**図1**）。この島は、真ん中に〈内海〉があり、トラウマティックな出来事による死者や、沈黙に追いやられた人たちが沈んでいる。〈内斜面〉には生きのびて声を上げる力や余裕のある人たちが、〈外斜面〉には外から支援をしようとしてきた人たちがおり、〈外海〉には傍観者がいる。「トラウマは語ることができない」とはよく言われるが[4]、いつも語られないわけではない。内海に沈むようなトラウマもたしかにあるが、そこから這い上がって声を出そうとする人もいる。では、どんなときに内海から這い出ることができるのか、トラウマが表面化し得るのか、ということを考えるうえで、このモデルは役に立つ。これは、わたし自身が様々なトラウマの当事者や支援者たちと出会い、様々な社会運動や抵抗を試みる人々を目撃してきたなかでできたモデルである。そこでは何が起きているのか、これからどうなる／するべきなのかについて混乱したときに、自分の立ち位置や有限性を認識し、役割を考え直すための自分用のサバイバル・マップとして作ったものである。もっと詳しく説明してみよう。

図1　環状島

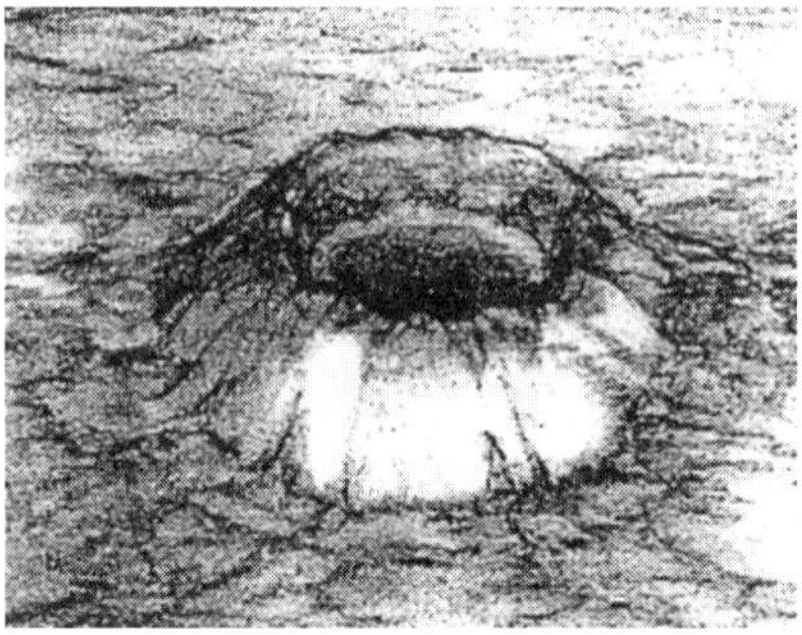

出所：拙著（2007）『環状島＝トラウマの地政学』みすず書房より。

同心円図と沈黙の内海

何かトラウマティックな出来事が起きたとき、私たちは無意識のうちに、より大きな被害を受けた人こそが声をあげる資格をもち、またそうするものだと考えがちである。被害の最も重い中心地（ゼロ地点）から、距離が離れるにつれ被害が軽くなっていく同心円をイメージしてみてほしい。このとき、被害者が円の中心に近ければ近いほど、被害について語ることができると思われやすい。また、この「語る力」を縦軸に同心円を立体化してみれば、中心が一番高い円錐型の島のようなものが浮かび上がる。

しかし、実はそのようなモデルは事実に反している。なぜなら、被害が重すぎれば生きのびることはできず、生きのびたとしても衝撃のあまり声を無くして語ることができない可能性が高いからである。ゼロ地点の周囲は語りの空白地帯であり、したがって、トラウマと語りについての島のモデルは円錐島ではなく環状島となる。環状島は、声なき犠牲者の沈む内海を抱えた島である（**図2**）。

同心円図の発想は、広島や長崎の原爆の同心円図からきている（**図3**）。左側の図は、広島の原爆のあとの図で、全壊・全焼地域、全壊地域、半壊地域とに色分けをされている。爆心地のすぐそばにいる人たちはみな、その瞬間に死んでしまったり、その何日か後に亡くなったりしていて、爆心地のまわりを除いた環っかの部分に生きのびた人たちが居る。また、その被害者の人たちをサポートしようとする人たちや証言を聞こうとする人たちは、それよりももう少し外側にいる。そういったイメージで、環状島というモデルができあがっていった（**図4**）。

モデルを作った当初は、まだ東日本大震災における福島の原発事故が起きる前であった。しかし震災後、今度は福島でも似たような図を見ることとなった。右側の図の福島では、二〇キロ圏内は避難地域とされ、人が居てはいけない場所となった。そういう意味でも、まさに環状島のモデルそのもののように思われたが、このようにメタファーが

図3　同心円図

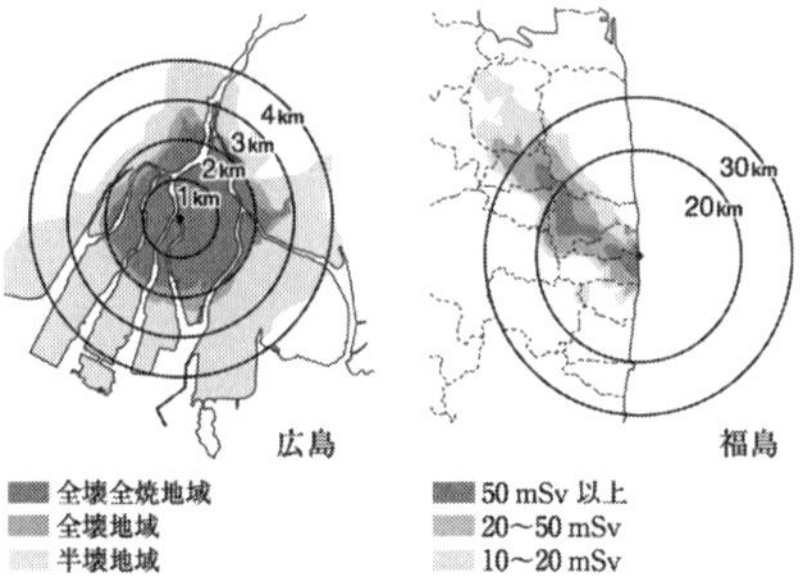

出所：拙著（2011）『震災トラウマと復興ストレス』岩波書店。

図2　環状島の構造

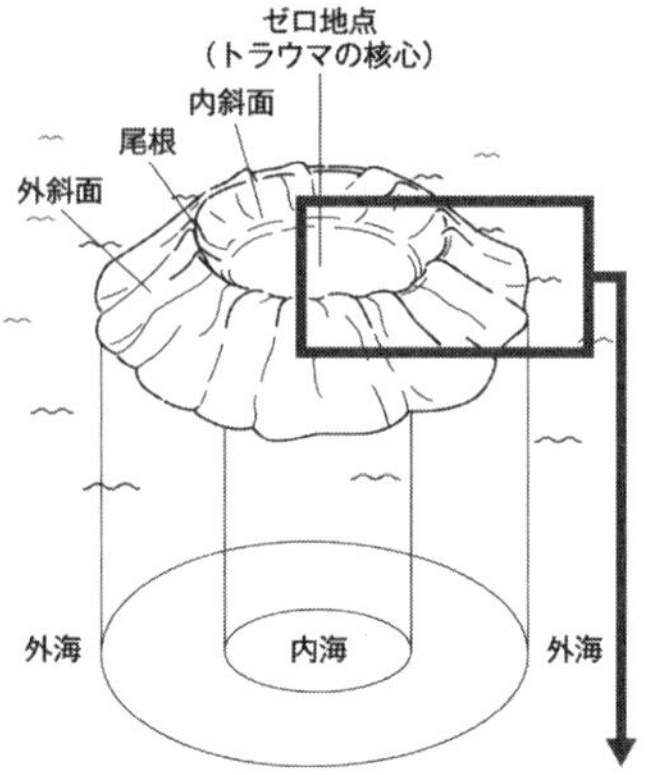

出所：拙著（2011）『震災トラウマと復興ストレス』岩波書店。

図4　環状島の断面図（右半分）

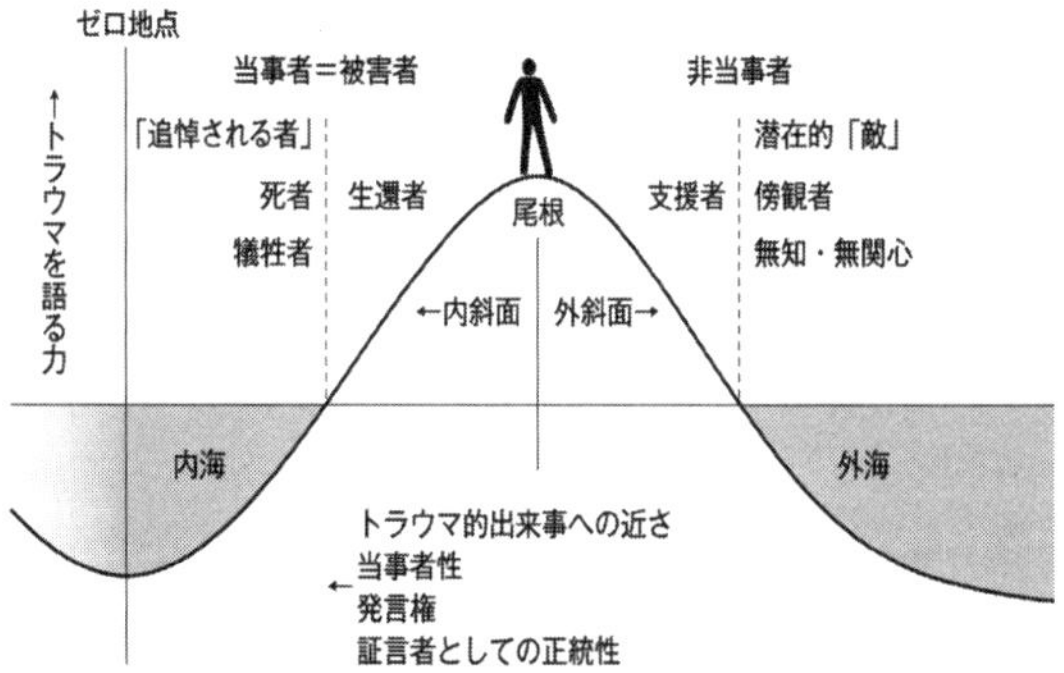

出所：拙著（2011）『震災トラウマと復興ストレス』岩波書店。

メタファーでなくなってしまったという現実に、いまは深い悲しみと戸惑いを覚えざるを得ない。

島の形成に影響を与えるもの

島には三つの力が働いている。一つめは〈重力〉で、重力とはまさにトラウマの症状のことである。単にPTSDの症状を指すだけではなく、疲れ、うつ、心身の不調、悲嘆反応、解離症状、自己否定感や自殺念慮、サバイバーギルト（生きのびた人が罪悪感を感じ、自分の方が死んでしまえばよかったなどと思うこと）、薬物やアルコール等への依存の問題など、様々なかたちでのトラウマの影響がここには入ってくる。

二つめの力は、〈風〉である。島の上に風が吹く。この風は、人間関係の力動を表している。生きのびた被害者同士の間では、被害の程度、症状やトラウマの「重さ比べ」という風が吹く。補償や賠償問題の際には、この風が団結していたはずのコミュニティを分断したり、バラバラにしてしまうこともある。被害者と支援者のあいだに転移感情や逆転移感情という力動が表れることもある。支援者同士でも、誰がいちばん被害者のことをわかって共感できているかというような、共感競争——無意識なことが多いが——が起きることもある。また、支援チームのなかで、被害者に関する意見が割れてしまう——あの人は甘えているだけだとか、あの人は本当に大変なのだ、というような——スプリッティング（分裂）などもある。傍観者からは、支援者や被害者に対して疑惑や批判の目が向けられることがある。

こうした重力や風などの力動により、いまは内斜面で語ることができている人も、外斜面で支援を続けている人も、バランスを崩して斜面を転がり落ち、内海や外海へ落ちてしまう可能性がある。

三つめの力として〈水位〉がある。これはトラウマを取り巻く社会の、認識・理解度を意味している。社会における平等感、感受性、文化的な豊かさなどによって、水位は大きく変わる。内海の水位が、犠牲者と声を出せるサバイバー（生還者）を分け、外海の水位が支援者と傍観者を分けているため、水位が上がればほとんどの人が発話不可能になり、水位が下がればトラウマの語りが聞き取られやすくなり、支援者も増える。つまり、あるトラウマティックな出来事について、被害者や支援者が声を聞いてもらえるか、支援を受けられるかどうかは、社会のあり方によって大きく変わる。

埋もれていくトラウマ

だから、環状島がはっきりと見える状態というのは、実は例外的である。始め、トラウマが誰からも注目されず、水位が上がっているときは、証言者は少なく、しかも分断されている。そして証言が出てきても、その証言は簡単に波によってかき消されてしまう。だが、被害者たちや支援者たちが少しずつ集まってくれば、それが社会活動になり、社会問題化・イシュー化されていく。ぽつぽつと小さな島のようなものが連なる環礁のようだったもの（**図5**）が、徐々に島影を現しはじめる。そして政治的な流れやバックラッシュなどによって水位が上がれば、再び島は誰からも見えなくなっていく。

図5　環礁

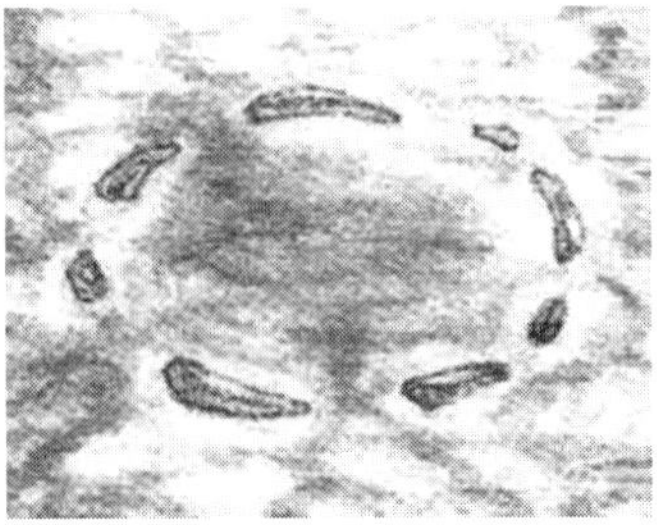

出所：拙著（2011）『震災トラウマと復興ストレス』岩波書店。

また、なにか大きな事件や災害の直後は、犠牲者や被害者、支援者の姿が可視化されて、その人たちにメディアの注目が寄せられ、社会全体の関心が集まり、一時的に水位は下がる。しかし、そうした水位は時間とともに上がっていくのがふつうである。(5) 人間には忘却の力があり、どんな大変な出来事の記憶も、当事者でなければ徐々に薄れさせていく。事件によっては、覚えていられると都合の悪い人たちによる隠蔽や歪曲が起きる。思い出すと無力感や罪悪感がかき立てられるために、積極的に忘れようとする人たちもでてくる。被害当事者にとってもトラウマ体験を語ることは難しく、回避したり、秘密にせざるを得ないことが少なくない。傷を負うということは、傷を抱えながらその後の人生を生きるということでもある。そのとき、周囲の理解や協力があれば少しずつ回復していく。けれども、周囲に被害のことを言えなかったり、理解してもらえなければ、重力に抗しきれず、内海に沈んだままになってしまう。時間経過のなかで、トラウマの影響は複雑化し、わかりにくくなっていく。こうして、ほとんどのトラウマはひっそりと埋もれていくこととなる。

2　寝た子を起こす?

トラウマを耕そうとすることは、静まりかえっていた環状島の内海の水を混ぜ返したり、掬い上げようとするような行為ともいえる。水底に沈んでいたはずの沈殿物が浮き上がり、水面は混沌とする。誰もが見て見ぬふりをしてきたもの、隠されてきたものがふいに輪郭を現し、忘却によって回避することのできていた葛藤が沸き上がってくる。地域に波風を立てたり、埋もれていた問題を掘り起こしてしまったり、古傷に触るようなことにもなりかねない。日本でトラウマが注目されはじめてからちょうど二〇年が経とうとしているが、トラウマという概念はいまだ周縁にあり、敬遠されがちである。その背景には、「寝た子を起こすな」という日本のことわざに象徴されるような「文化的知恵」があるのかもしれない。

歴史に埋もれた傷を掘り返す

歴史的な視点で言えば、トラウマを耕すことは、正史や一般的な通説を問い直すということであり、それは必ずしも歓迎されるとは限らない。元従軍慰安婦問題にしろ、南京大虐殺にしろ、歴史を見直そうとするとき、ぶつかるのは感情的反発であったり、激しい攻撃であったり、資料の不在であったり、沈黙であったりする。

あるテーマが触れられないまま、タブーになっているような場合、へたにさわると思いがけない激しい反応がかえってくるような場合、そこにはたいていの場合トラウマが存在している。その空白こそがトラウマの核心だからである(6)。そしてその空白が、防衛反応、拒否反応、攻撃、黙殺、どのような反応を引き出したとしても、そうした反応の裏にはたいていの場合、恐怖が隠れている。

恥、罪、恐れの感覚に触れる

近年、社会学でもオーラルヒストリーなどの手法が注目を浴びているが、ここでも一つ問題が生じる。集団だけでなく、個人史についても環状島モデルは適用可能で、内海にはそのようなものがたくさん沈んでいる。つまり、個人にとって衝撃的だった出来事であればあるほど、後になって語られるか、最後まで語られないまま終わることがよくあり、通常のインタビュー法では聴き取れないことが少なくないということである。

個人史のなかでも、とりわけ語られにくいトラウマ体験には特徴がある。

まず内容が重すぎるもの、語ろうとしても、聞いた相手がぎょっとして引いてしまうようなもの、あまりに陰惨で言葉にしづらいものなどである。それらに触れようとすれば、本来であれば被害そのものや加害者に帰属するべき嫌悪感や恥の感覚を、被害者の側が引き受けさせられてしまいかねない。

共犯性や加害者性、犯罪性を帯びていたり、共感を得られにくく、叱責・非難される怖れのあるものも語られにくい。いじめられっ子が万引きをさせられたりして、いじめの被害を言えなくなってしまう、といったことは少なくない。戦争体験は、自分も人を殺したり、傷つけたり、時には残虐行為をしていたりすることもあるので、まさに語りにくいものの一つである。そのトラウマに触れるということは、当事者の罪悪感を掘り返してしまうことでもある。

学校、職場、スポーツチームなど、所属集団内での被害やトラブルもそうである。そこでの傷つきを公にすれば、自分が所属集団から排除されたり、いづらくなってしまう可能性だけでなく、自分が大切にしている集団に対する社会的な評判が落ちる恐れがある。所属集団がマイノリティ集団で、すでに社会から偏見や蔑視を受けているなら、なおさらである。「あの集団だから」という見方をされるのを避けようとしたり、声を上げたときの集団内での反発の大きさを考えて、傷について考えたり訴えたりすることは避けられがちとなる。

カテゴリーや棲み分けをこわす

養育者、ケアギバーや「お世話になった人」からの被害も言いづらい。暴力や虐待でも、家庭内や児童養護施設などにおける養育者からのものはなかなか表に出てこない。コーチや先輩などからのセクシュアル・ハラスメントも同様である。そのトラウマを明るみにだし、告発するということは「恩を仇で返す」ことのように感じられやすい。被害者は加害者へ抱いている愛着や敬意、感謝といったアンビバレントな感情に引き裂かれ、混乱を余儀なくされる。

私的、親密的な領域のことがらも語られにくい。公的な暴力や集団的な暴力といったものは、「私的」な暴力に比べると公的な空間で語られやすい。けれども、親密圏の病理や暴力、たとえば、戦争に赴き、帰還した兵士が家のなかで起こすＤＶ（ドメスティックバイオレンス）などの暴力に関しては、「個人的な問題」とされ、公的な歴史から抜け落ちていく。特に性的なことは、公的な場所では語らないことが社会のルールとなっていることもあり、潜在化しがちである。こうしたトラウマを掘りおこそうとすれば、これまで自明とされてきた公私の棲み分けをこわしてしまうということも起きる[7]。また、ＤＶやセクシュアル・ハラスメントは、長い間「よくあること」として軽視され、犯罪とみなされずにきたが、そのように日常化されていることも、語られにくく、また聞き流されてしまいやすい。

トラウマ概念への批判

精神医療においても、実は、トラウマという概念はそれほど受け入れられているわけではなく、トラウマなどの心因性のとらえ方自体を嫌う精神科医はけっして少なくない。トラウマというと、社会一般ではまっさきに精神病理やＰＴＳＤ概念などとの関連で考えられがちであるため、意外に思われるかもしれない。

トラウマ概念の批判によくあげられる理由としては、単純な因果関係を想定しすぎる、過去に原因を帰することが回復の妨げになる、などである。何らかのトラウマティックな出来事に原因を見つけようとするよりも、脳内化学物質のバランスの崩れや遺伝子の異常といった生物学的見方を重視する専門家も多い。

また、トラウマを扱うことはややこしいことだと考えられがちである。ＰＴＳＤは犯罪や事件や事故なども関わりやすいので、補償問題や裁判に巻き込まれるのを避けたいという思いや、社会・政治的な問題に関わることを避けたいという思いがそこには隠れている。

歴史的にも、水俣病やハンセン氏病に罹患した人などは、トラウマの症状があって当然ともいえるようなひどい扱いを受けてきたが、精神医学はそれらもほとんど無視してきた。トラウマというと、まっさきに賠償神経症が疑われるという風潮も、日本やドイツなどにはある。被害者は、より多くの賠償金を得たいがために症状を訴えているというとらえ方である。一般的に医師は、ゲート・キーパーとしての役割を果たしてきたということもあり、精神医療の現場では、トラウマに懐疑的な姿勢がとられる傾向がある。

また、複雑で慢性的なトラウマが絡んでいるクライアントへの対応には、時間と根気強さが求められることが多い。そうしたクライアントに深く関わろうとすれば、周囲のスタッフから迷惑がられたり、変わり者扱いされたりすることもある。いったんトラウマに気づき始めると、「この先生ならわかってもらえる」と思ったクライアントが増え、負担の増えたスタッフに嫌がられる一方で、クライアントにはなかなか変化が起きずに治療者側が燃えつきそうになることもある。

3　なぜ「トラウマを耕す」か

それにもかかわらず、なぜトラウマを耕さなければならないのだろうか。たしかに、ぐっすりと寝た子を起こす必要はないのかもしれない。傷について掘り返してしまえば、内海にもその波打ち際にも、一時的にせよ変化や混乱が起きる。「これまでよりも状況を複雑化し、悪くしてしまった」と、掘り返した人びとには後悔を、期せずして掘り返された人びとには怒りや困惑を抱かせることもあるかもしれない。ただ、当事者は寝たふりをしているだけかもしれないし、悪夢をみているかもしれない。夢中遊行で危険なことをしているのかもしれない。ぐっすりと寝た子をそっとしておいた方が寝た子（当事者）のためになるという考え方は、寝ていてくれた方がラクという周囲の気持ちをうまく隠し、当事者に沈黙を強いる方便になる可能性もある。

トラウマを耕さないとどうなるか

トラウマは、語らずにそうっとしておけば勝手に消えていくわけではない。内海にとどまったトラウマは、静かに、少しずつ、様々な影響を当事者の人生にもたらしていく。

まず、秘密を抱え続けることで、生きる世界が縮小されたり、秘密にしておくことそのものが様々な症状をもたらすことがある。(8) そしてトラウマティックな暴力被害や抑圧経験など、「何が起こったのか」という事実が語られなければ、トラウマによる反応や後遺症などは、他の疾患の症状や人格の問題として解釈されることもある。トラウマ反応であるフラッシュバックなどの再体験も、幻覚や妄想ととらえられ得る。その場合、統合失調症などの内因性精神病とされてしまうかもしれない。個人のトラウマのなかでも比較的軽い事件だけが語られれば（先述のとおり、それがふつうなのだが）、それが因果の説明に用いられることになる。そうすれば、体験のわりに「症状」が重すぎるので、本人のもともとの精神力の弱さとされたり、大げさに騒ぎすぎだと批判的にみられたりする。その場合、適応障害、神経症やパーソナリティ障害と診断される可能性があるだろう。過覚醒による苛立ちや、感情の爆発、回避なども、それらの診断を強化する。

否認や回避、健忘、抑圧や解離などによって語られない場合は、その癖が固定し強化されてしまうことがある。これらの反応は、一時的に出来事の衝撃を弱め、日々の生活をなんとかやりすごすためには役立つ。しかしその「能力」を使い続けていると、現実検討の能力を低くしてしまう。何が事実だったのか、空想だったのか、自分が何を実際にして、何をしていないのか、誰に何を隠したり、どんなでまかせを口にしてごまかしたのか、だんだん本人にもわからなくなってしまい、周囲からの信用をなくしていくこともある。

語らないことで被害が長期化することも多い。すると、加害者との「外傷的絆」が強化されてしまい、支配関係からさらに抜け出しにくくなる。逃げられなければ、順応や迎合という反応が起き、すでに述べたような共犯関係や、加害行為への加担などにもつながりうる。そうなれば、ますます語ることが困難になるという悪循環が生じる。

耕されないトラウマによる波紋

虐待の長期的影響については、生物学的精神医学の発達や大規模疫学研究などにより、すでに明らかにされている。[9] トラウマティックな逆境体験の影響は、脳や身体に半ば不可逆的な機能的・器質的影響をもたらす。大脳辺縁系（海馬や扁桃体）のみならず、わかっているだけでも視覚野、聴覚野、小脳、脳梁、交感神経／副交感神経、内分泌系など、その影響の及ぶ範囲は広い。脳や身体や行動パターンへの影響は、トラウマのせいなのか、語らないでいるせいなのか、被害が長期化しているせいなのかもわからないまま、深刻化し、また変動し、複雑な路をたどる。

こうした「個人の経験」は確実に周囲にも影響をあたえ、社会と相互に作用を及ぼす。トラウマ被害が語られないことで、さらなる被害者が増えていくことも考えられる。語られないトラウマの影響は、ＰＴＳＤなどの典型的症状としては表れなくても、うつ病や不安症状、アルコールや薬物、ギャンブルなどへの依存、家族のなかでの暴力や虐待などをとおして、次の世代にあらわれることもある。トラウマの生々しい再体験症状にともなう、感情の揺れの激しさや、それを自分でなだめすかすことの困難さは、人間関係の歪みとなって、累積的な影響をコミュニティ全体にももたらす。

トラウマの社会的影響とは、トラウマそのものは見えないまま、集団やコミュニティになんらかの歪みをもたらし続ける磁場のようなものかもしれない。このことは、歴史学や社会学といった領域におけるトラウマの研究に、大きな課題を与える。

トラウマの概念そのものも耕す

先に少し言及したように、トラウマという概念は精神医学や心理学などと結びつけられることが多く、実際にトラウマ研究の膨大な蓄積はそれらの学問領域に集中してきた。現在では脳画像研究や脳神経学的な研究が盛んに行われている。もちろん人文社会科学において、傷つきや暴力の痕跡について真実を明らかにしようとする試みがなされてこなかったわけでは、まったくない。PTSD概念が成立するよりもはるか以前より、トラウマということばを用いてこなかったというだけで、多くの文学や哲学、歴史学、芸術学、社会学等がこうしたテーマを論じてきた。しかし、多くの場合、トラウマは、それぞれの領域間で分断されて語られてきた。特に人文社会系と理系とされる学問領域の隔たりは大きい。

実際のトラウマは、何か大きな出来事が起きたせいでPTSDになるという単純で直線的な反応だけではない。人間の心は複雑である。時間の流れのなかで、変化をしていくものである。もっと長期的かつ社会や文化的な影響も視野に入れてトラウマについて考えてみることで、見えてくることが多い。何を正常な反応とし、何を症状（病気や病理）とみなすのかは文化によって規定されるものでもある。その一方で、トラウマは、脳や身体に関わる器質的・機能的な変化のことでもある。トラウマ反応は、様々なタイプのトラウマ体験の後に共通して起こりやすい中核部分としてのPTSD反応を含んでいる。PTSDについては近年多くのことが明らかにされてきており、それを無視してトラウマの分析を進めることは現実的とはいえない。

トラウマはこのように多面的なものであり、その多面性を総合的に思考する営みが、内海に埋もれたトラウマを明るみに出し、耕していくために不可欠であるように思う。そしてそのために、トラウマの概念そのものも耕していく必要がある。[10]

脳は社会や文化に開かれた臓器であり、環境や入力される情報が変化すれば、脳の発達や成長のあり方も変化していく。そういった時間軸、特に発達や成長に社会や文化の側面から目を向けてみたり、みえないもの、聞きとりにくいもの、わからないことへの感受性を耕すこと、そうしたトランス・ディシプリナリー（領域横断的）にトラウマをとらえようとする試みによって、精神医学や心理学の理論や実践は耕されていく。同様に、生物学的精神医学や脳神経学で明らかになってきていることを「これは別の領域の問題だから」と無視したり、思考停止したりするのではなく、それが何を意味するのか、社会的文化的にどういう示唆を含んだものなのかということを考えることで、社会学や人文系の理論や実践も耕されていく。

ただし、前節で述べたように、耕すことには抵抗や混乱がつきものである。専門分化には、他の領域のことについて考えないことで、自分の学問領域の範囲内では成果や業績を積み上げやすくなり、より複雑な問題について考えずに済むという利点がある。それに対し、領域横断的に思考しようとすれば、学問ごとの棲み分けによって触れずにきた問題に触れざるを得なくなってしまうかもしれない。ここに、トラウマについてトランス・ディシプリナリーにとらえようとすることの難しさと魅力があるように思う。

おわりに

本論では、「トラウマを耕す」ということの三つの含意について述べた。トラウマを耕すことには、豊かさを引き出すというポジティブな側面があるということ、同時にそれは古傷に触ることでもあること、そしてトラウマの概念そのものを耕すこともできるということについてである。またそのために、環状島と海や水位というメタファーを用いてトラウマをとらえる試みを紹介した。

本来は、耕すことは土のメタファー、環状島は水（と陸地）のメタファーであるため、厳密に言えば、両立しないメタファーを並べているようにも思える。ただ、本論の**2**で言及したように、耕そうとすることを内海の水を混ぜ返す行為と考えてみてもいい。水を循環させ、内海の底まで酸素を届け、水底に生物を繁殖させたり、淀みを減らしたりするイメージを浮かべてみれば、あながち矛盾しているとも限らないだろう。

内海の揺らめきに目を凝らしたり、波打ち際のざわめきに耳を澄ますこと、言葉にならないもの、見えないものがそこにあることに気づくこと、時には水を掻き出し、水位を下げ、時には網を投げて、沈みかけていたものを引き上げること、時にはそっと足を踏み入れ、貝殻のように何か足裏に触れたものを拾い上げること。そうしたこと一つひとつを丁寧に行うことがトラウマを耕すことに通じる。また、内海にはただ傷や痛みが打ち捨てられているのではなく、その世界で育まれた、ことばにはならないけれども豊かな何か――アートの世界やシャーマニックな感性などを思い浮べてもらえればわかりやすいだろう――が、地下水脈などを通して、いたるところとつながりあっているのかもしれない。環状島の、踏みしめられて固くなった土に鍬を入れてみれば、思いもよらぬところから水がじんわりと染み出し、その湧き出た水は土地に豊かさをもたらすかもしれない。そうした試みとともに、当事者としての個人史も、支援者や傍観者としての個人史も、同じ環状島の上で（あるいは内海や外海で）変化を重ねながら全体の歴史や知を形づくっていく。

したがって、前節で述べた、総合的に思考する視点とは、環状島を上空からヘリコプターなどで（メディアによる報道のように）俯瞰的にとらえる立場だけではない。それももちろん重要な視座であり、島の上に位置する当事者が（特に被害や被災の直後は）全体像を見渡すことができないときに、大事な情報源となりうる。しかし、現地で見る、そこから見えるものを伝える、といった知のあり方も非常に重要であることも強調したい。その両方とも大事な視点であり、ある現象を理解する上では両方が欠かせない。これまでは俯瞰的に、対象を客体化して見る知のあり方こそがまさに学問的な知だとみなされることも多かったが、当事者研究やその場に居合わせた人びとの証言を、どのように総合的に組み込むことができるのか、あるいは当事者研究にとってどれだけ有益な「俯瞰的知」を産み出していけるのかが、今後問われていくだろう。

（1）中井久夫（二〇〇四）『徴候・記憶・外傷』みすず書房。
（2）宮地尚子（二〇一三）『トラウマ』岩波新書。
（3）宮地尚子（二〇〇七）『環状島＝トラウマの地政学』みすず書房。
（4）キャシー・カルース編（二〇〇〇）『トラウマへの探求：証言の不可能性と可能性』下河辺美知子訳、作品社。
（5）宮地尚子（二〇一一）『震災トラウマと復興ストレス』岩波ブックレット。
（6）森茂起編（二〇〇五）『埋葬と亡霊』人文書院。
（7）親密圏で起きるDVなどの暴力を問題化していくためには、公私の二文法の解体が必要である。たとえば、これまで単に「私的」とだけみなされていた領域を、親しい二者（および比較的少数者）関係の領域である親密的領域と、一者の領域である個的領域とに分けて考え、公／私の二分法から、公的領域、親密的領域、個的領域の三分法へと変形させて考えてみよう。すると、プライヴァシー＝私的領域への干渉ではあるとしてこれまでなされてこなかった社会的介入を、加害者による被害者の個的領域への侵入を防ぐためのものであるというように考えることができるようになる。宮地尚子（二〇〇五）「支配としてのドメスティック・バイオレンス（DV）――個的領域のありか」『現代思想』33（10）、青土社、一二一～一三三頁。
（8）アンリ・F・エランベルジェ（一九九九）『エランベルジェ著作集2――精神医療とその周辺』中井久夫訳、みすず書房。
（9）Shanta R. Dube, Vincent J. Felitti, Maxia Dong Daniel P. Chapman, Wayne H. Giles, Robert F. Anda: Childhood Abuse, Neglect, and Household Dysfunction and the Risk of Illicit Drug Use: The Adverse Childhood Experiences Study. *PEDIATRICS*, Vol. 111, No. 3, 2003, 564-572.

第14章　暴力の表象と文学ジャンルの倫理
――ジョナサン・リテル『悲しみの女神たち』[1]からカタルシスのリベルタン批評へ

ジャン＝シャルル・ダルモン（清水由希江　訳）

はじめに

今回の私の講演の銘句の代わりに、ジュリア・クリステヴァが提起した二つ疑問を述べたいと思います。数年前に私が彼女と開催した『慈しみの女神たち』という二〇〇六年に出た小説をめぐってのラウンドテーブルには作者、ジョナサン・リテルも参加していましたが、そこでクリステヴァは次のような疑問を提示しました。[2]

「質問――悪にどこまで近づいたときから文学はカタルシスであるか。」

「だからこそ『慈しみの女神たち』は恐ろしい小説である。自己満足を越えて、読むときの居心地の悪さから、我々は皆殺人者であるという覚醒を引き起こさない限り。……（略）……このようにして、カタルシスの恩寵に伴う批判の感覚を覚醒させるのでない限り[3]」。

今日、文学と道徳の関係を考える者にとって、『慈しみの女神たち』は驚くほど豊かで面白い研究対象です。ジョルジュ・サンプランは、この小説をここ半世紀なかった最大の文学的事件と称えました。『ショアー』の映画監督クロード・ランズマンはこの小説が出版された際に、「おぞましきものへの魅惑」と批判し、「有毒な悪の華」に喩え、その「想像しがたい矛盾」はショアーを知性で考える仕事をSSに委ねたことであると言いました。この倫理的批判は、マウトハウゼン強制収容所にかつて収容されていたジャン・キャロルが、ロベール・メルルの『死は私の職業』（一九五二）[4]に対して「描写不可能な怪物でしかないものに小説という身体を与えること」[5]はスキャンダルだと言った批判に通じます。

この本をめぐるメディアや批判の議論には、「ファッシナシオン（魅惑）」という言葉が執拗につきまとっています。それは読者に及ぼす悪しき効果という意味で使われ、果たして大量虐殺を読者を魅惑するような物語にすることは正当なのか？　多くの読者が本を読んだときには道徳的には気まずく思ったのに、あたかも「自分の意志に反して」魅了されてしまったというのは「節度ある」ことなのか？　という問いと結びつけられ、読者のなかでは、おぞましさ、「嫌悪」、あるいは極端に「疲労した」という別の言葉と共存しています。

驚くべきことは、リテルに賛成する、反対するために、道徳的な基準がとても重要であることです。時には単なる感情を前面に出して「この本には嫌悪感を覚える」という言い方がされます。時には論理的に「こうしたフィクションの中にショアーを使う権利は道徳的にあるのか？」、「大量虐殺やジェノサイドに関する場合、どこからどこまでフィクションにする権利があるのか？」という疑問が提示されます。

それはあたかも、この場合厄介なのは一連の主張ではなく（それは、最終的にはリテルの主張であるかもしれないですが）、むしろ以下の三つの点の関係性が問題であるかのようです。一つ目は特殊な指示対象（ヨーロッパのユダヤ人殲滅）、二つ目は非正統的な視点（殺人者の視点）、三つ目は小説でもない、歴史でもない、小説と歴史という二つの領域の間で常に揺らぐジャンルの作品であるということ。この間の関係が不安定であるために、ショアーについての言説は新しい空間、少なくとも普通はショアーのものではない空間に移し換えられ、結果としてショアーを何らかのかたちで冒瀆することになります。

このような文脈で、実に古い道徳的な判断基準が現代において再び出現することに、ある種の驚きを感じます。それは私のように一七世紀の専門家には親しみがあっても、今日それほど活力は持っていないと思っていたものです。なぜならば、それらの道徳規準は美的世界の自律という近代性のドクマに批判を唱えることになる基準だからです。その基準はまた「フィクションの権利」に対する認識上の異議申し立てへと至り、同時に文学が背徳的な効果をもたらすという、文学に対する道徳的な異議申し立てに至ります。

ところが、『慈しみの女神たち』の読者は当初の反感や嫌悪感を越えて、本の動きに入り込んでしまいます。そうすると、自分の「頭の中に一種の穴」が空いたというような印象を持つのです。それはまさに語り手のマックス・アウエが、レニングラードで負傷した後に持った印象です。アウエは、幻想と現実との間で、あり得ることの空想と記憶の重みの間で絶えず揺れ動いています。一方では「超明晰さ」があり（ナチスのヨーロッパにおける大規模暴力の組織、行政をアウエに見えるようにした「第三の目」）、もう一方には、妄想や夢にも近い、何かどろどろとした、幻想のような、悪夢のようなある種の暗さがあります。（そこで、ジョルジュ・バタイユが『文学と悪』[6]に新たな終章を付け加えたらどうなっただろうか、『慈しみの女神たち』を読み、その危険、その喜びを語ったらどうなるだろうかと想像したくなります。）

冒頭に引用したクリステヴァの言葉は、実際に文脈全体と響き合うことになります。その文脈では、悲劇のモデルと（カタルシスの印の下にある）悲劇の道徳的な効果のモデルが複雑でしばしば矛盾するやり方で援用されます。この悲劇のモデルはご存じのように、大量殺戮、ジェノサイド、極度の暴力の表象についてよく援用されます。その際、いくつもの大きな危険に対する非難と関連づけられます。それらの危険とは、まず極度の暴力を美化し、様式化する危険です。（そうすると、文学は純粋かつ単なる虚偽に近づいてしまいます。）もう一つの危険は「のぞき見趣味」の危険です。それが「恐怖」や「憐れみ」、犠牲者への明らかな同情を隠れ蓑にしていたとしてもです。

ショアーをギリシャ悲劇の古い神話の中に吸収することは、ショアーのなかにあった恐ろしいまでに特殊な部分を裏切ることになるのではないでしょうか。犠牲者の受けた数々の暴力を表象することは、恐怖や憐れみによって、読者のうちに潜在的にあり得る殺人の情熱や「虐殺者」の欲動を「浄化する」ことにならないでしょうか。それは逆に同じ読者をいわば虐殺を「覗く人」、殺戮を消費する人の状態に置き、おぞましさのなかであっても、常にますます強い感覚を求めさせることにならないでしょうか。倫理的な言説は、物語によって得られる情動の前ではほとんど重要ではないのでしょうか。情念の「浄化」よりも、むしろ情念の「感染」ではないか。さらには道徳的な誘惑、倒錯的な「誘惑」ではないか。空想上で殺人者と自己同一視することにならないか。そして『慈しみの女神たち』のような作品の成功はその兆候ではないでしょうか。

一　カタルシスと大規模暴力との関係

――カタルシスの華々しい回帰、道徳的批判、別の展望に向かう概念の移動

カタルシスの問題が華々しく回帰して、同時に、その妥当性・使い方・効果について反復的な批判がされています。そして、それにも関わらず、カタルシスを「ある種の条件付け」によって必要なものとし、こうした批判を乗り越えようとする独特な試みもあります。

まず華々しい回帰とは、浄化する、あるいは治癒する物語という考え方と関連づけられていました。カタルシスは小説の分野だけはなく、ショアーをめぐってなされたつらい記憶の作業のなかでも使われ、その作業はしばしばギリシャ悲劇によって導かれました。（たとえば、イスラエルのベン・グリオン大統領はアイヒマン裁判を「国民的なカタルシス」と紹介しています。[7]）ところが『慈しみの女神たち』には、恐ろしいアイロニーや、パロディーによる脱構築が容易に見つかります。その「証言の場面や裁判の形式のなかで〈虐殺の劇〉をつくる使うやり方」は、「悲劇の起源」――アイスキュロスの『エウメニデス』におけるアレオパゴス会議――を思い出させます。[8]

語り手のマックス・アウエは小説のなかで「証言文学」を皮肉っています。伝統的にそういう文学では「犯罪を告白したり辛い体験を語ることで、カタルシスによって信頼が醸成され、加えられた危害を認め、自己の再形成を通して社会生活への再復帰を図る展望が開けてくる」[9]が、主人公はこれを皮肉っています。この皮肉なゲームは、まさに悲劇モデルとカタルシスが痛烈に批判されだした時代であっただけに、複雑です。スピルバーグの映画『シンドラー

いて、ランズマンは、人々は『シンドラーのリスト』を見て泣くが、涙は喜びを感じる一つの方法であり、快楽であり、カタルシスであると批判しています[10]。ランズマンはジェノサイドの証言において悲劇の神話にカタルシスはもはや不要だとして、悲劇のパラダイムも、ホロコースト、ショアーの特殊性が無視されているとの点から厳しく批判します。

　カタルシスについての現代の批判が複雑にもつれるなか、カタルシスがアウシュビッツについては「言えないということ」に対して、四つの道徳的議論があります。カトリーヌ・コキオによるまとめは大変助けになります。

　一つ目は、望まれる、可能な解放の拒否。自己の解放はできない、あるいはしてはならない。時効にできない犯罪が人類全体にはあり、忘却は死者を二度殺すことになる。カタルシスのゲームは過去を否定することになるからです。二つ目は、不謹慎な喜びを生む感情の高まりの拒否です。ニーチェの記憶は、耽美的な喜びをエロチックなエクスタシーや宗教儀式と結び付け、事態を深刻にします。三つ目は、ミメーシス（模倣）の拒否。絶対的なもの、とらえどころのないものを表象すること、また侮辱的な現実の邪悪のコピーの拒否であります。そして、濁らされ、破壊された現実はミメーシスの計画を失敗させる。ミメーシスを拒否することは、〈できない〉と同時に〈してはいけない〉ことです。それは禁止でも、自由な選択でもなく、〈強いられた選択〉なのです。四つ目は、恐怖と憐愍の両方を感じさせるものに自分を重ね合わせることを拒否すること。すなわち、不幸を分かち合うことができない被害者を、あるいは理解を試みてはならない加害者を表象することを拒否することです[11]。ジョナサン・リテルは、この四つの議論を小説のなかで繰り返し、またいくつにも組み合わせながら皮肉なアラベスクを織りなしています。

　しかし、よく考えてみますと、クリステヴァによって提起された『慈しみの女神たち』についての問題は、より複雑な背景のもとに問われていることがわかります。と言いますのも、今やカタルシスに対して繰り返されるこれらの

Peace and Reconciliation:
Thoughts, Experiences, and Methodology

Part III **Methodology／Methodologie**

Comment parler de la violence de masse?

Les nouvelles perspectives du dialogue interdisciplinaire franco-japonais

平和と和解―思想・経験・方法
一橋大学大学院社会学研究科先端課題研究叢書 6

2015 年 3 月 30 日　初版第 1 刷発行

編　　集　足羽與志子・中野　聡・吉田　裕
装　　丁　坂野公一（welle design）
発 行 者　木内洋育
発 行 所　株式会社旬報社
〒112-0015 東京都文京区目白台 2-14-13
TEL 03-3943-9911　FAX 03-3943-8396
ホームページ http://www.junposha.com/
印刷・製本　株式会社シナノ

 ISBN 978-4-8451-1405-4

シャンタル・メジェ（Chantal Metzger）
ロワール大学（ナンシー）現代史教授、ドイツ・フランス史
クロード・ドゥブリュ（Claude Debru）
フランス科学アカデミー会員・高等師範学校名誉教授、科学哲学・科学史
宮地尚子（みやじ・なおこ）
一橋大学大学院社会学研究科教授、文化精神医学
菊池美名子（きくち・みなこ）
一橋大学大学院社会学研究科非常勤講師、社会学・医療人類学・トラウマ研究
ジャン＝シャルル・ダルモン（Jean-Charles Darmon）
ヴェルサイユ＝サン・カンタン・アン・イヴリーヌ大学教授、フランス文学・17世紀研究
有田英也（ありた・ひでや）
成城大学文芸学部教授、フランス文学・思想、近代ユダヤ研究

編者
足羽與志子（あしわ・よしこ）
一橋大学大学院社会学研究科教授、文化人類学
中野　聡（なかの・さとし）
一橋大学大学院社会学研究科教授、アジア太平洋国際史
吉田　裕（よしだ・ゆたか）
一橋大学大学院社会学研究科教授、日本近現代史

著者（執筆順）
間永次郎（はざま・えいじろう）
一橋大学大学院社会学研究科博士後期課程、南アジア宗教・政治史
清水由希江（しみず・ゆきえ）
一橋大学大学院社会学研究科特別研究員、思想史
寺崎陽子（てらさき・ようこ）
一橋大学大学院社会学研究科特別研究員、文化人類学
沢辺満智子（さわべ・まちこ）
一橋大学大学院社会学研究科博士後期課程／山梨学院大学非常勤講師、文化人類学・養蚕史
根本雅也（ねもと・まさや）
一橋大学大学院社会学研究科特任講師、文化人類学・社会学
中村江里（なかむら・えり）
一橋大学大学院社会学研究科博士後期課程／関東学院大学非常勤講師、日本近現代史
小阪裕城（こさか・ゆうき）
一橋大学大学院社会学研究科博士後期課程、国際関係史・国際関係論
佐藤雅哉（さとう・まさや）
一橋大学大学院社会学研究科博士後期課程／サザンイリノイ大学カーボンデール校大学院歴史学科博士課程 ABD、歴史学
中原聖乃（なかはら・さとえ）
中京大学社会科学研究所特任研究員、文化人類学
荒沢千賀子（あらさわ・ちかこ）
一橋大学大学院社会学研究科博士後期課程、スペイン在住者の歴史経験をめぐるライフストーリー、教育実践論

のリスト』について、ランズマンは、人々は『シンドラーのリスト』を見て泣くが、涙は喜びを感じる一つの方法であり、快楽であり、カタルシスであると批判しています[10]。ランズマンはジェノサイドの証言において悲劇の神話にカタルシスはもはや不要だとして、悲劇のパラダイムも、ホロコースト、ショアーの特殊性が無視されているとの点から厳しく批判します。

カタルシスについての現代の批判が複雑にもつれるなか、カタルシスがアウシュビッツについては「言えないということ」に対して、四つの道徳的議論があります。カトリーヌ・コキオによるまとめは大変助けになります。

一つ目は、望まれる、可能な解放の拒否。自己の解放はできない、あるいはしてはならない。時効にできない犯罪が人類全体にはあり、忘却は死者を二度殺すことになる。カタルシスのゲームは過去を否定することになるからです。二つ目は、不謹慎な喜びを生む感情の高まりの拒否です。ニーチェの記憶は、耽美的な喜びをエロチックなエクスタシーや宗教儀式と結び付け、事態を深刻にします。三つ目は、ミメーシス（模倣）の拒否。絶対的なもの、とらえどころのないものを表象すること、また侮辱的な現実の邪悪のコピーの拒否であります。そして、濁らされ、破壊された現実はミメーシスの計画を失敗させる。ミメーシスを拒否することは、〈できない〉と同時に〈してはいけない〉ことです。それは禁止でも、自由な選択でもなく、〈強いられた選択〉なのです。四つ目は、恐怖と憐憫の両方を感じさせるものに自分を重ね合わせることを拒否すること。すなわち、不幸を分かち合うことができない被害者を、あるいは理解を試みてはならない加害者を表象することを拒否することです[11]。ジョナサン・リテルは、この四つの議論を小説のなかで繰り返し、またいくつにも組み合わせながら皮肉なアラベスクを織りなしています。

しかし、よく考えてみますと、クリステヴァによって提起された『慈しみの女神たち』についての問題は、より複雑な背景のもとに問われていることがわかります。と言いますのも、今やカタルシスに対して繰り返されるこれらの

批判を越えて、「ある条件下」ではカタルシスの名誉を回復させる試みもなされているからです。その代表がイムレ・ケルテースです。アウシュビッツ後のカタルシスの不在が彼の『書類K[12]』のような文章では中心に据えられています。

……（略）……アウシュビッツはあり得た。しかし、カタルシスはあり得ない、というのがこの唯一特殊な犯罪に対する唯一特殊な答えである。まさに現実がカタルシスを不可能にしている、私たちの日常、人生、生き方、アウシュビッツを可能にしたすべてのものが。――コメントとしては非常に深刻なものである。何が変わればいいのだろうか…。――私に尋ねても答えは出ない。[13]

ストックホルムのノーベル文学賞を受けたときの有名な演説のなかで、このハンガリーの作家は、「カタルシスの展望を示すということは非常に重要」であると語っています。その展望とは「最も気高い解放のかたち」であり、「やり直しのできない現実」から「精神的な償い」を引き出すことだと言います。『文化のようなホロコースト[14]』という題名のもとに集められた一連の文章のなかで、ケルテースは「表象の禁止を越える」こともできるだろうと言っています。その例としてロベルト・ベニーニの映画『ライフ・イズ・ビューティフル』を引き合いに出しています。

二　まわり道――一七世紀フランスにおけるカタルシスのリベルタン的な批判のための諸要素

ちょっと長くなりますが、大量虐殺を扱った一連の文学とカタルシスの概念の使い方が様々に揺れている二〇世紀から、少し遠く離れたところへお連れします。また『慈しみの女神たち』のような小説のねっとりした世界とも遠い世界です。このカタルシス批判は、もうほとんど忘れられてしまったものであります。そして、それを経由してみることで今日のカタルシス問題を別の視点で見直すことができるかもしれません。

この批判を「リベルタン的」と形容したいのですが、リベルタンと聞いたときに性的な解放、自由奔放というような感じがしますけれども、今日の通俗的で瑣末な意味合いではなく、本来の自由なという意味のリベルタンであります。つまり、いかなる権威からも迷信からも信仰からも解き放れた主体の自由な思想、できる限り自由に異端の哲学のモデルをも交えた思想を持ってなされる批判です。

この一つの代表として、サン・テヴルモン（一六一四～一七〇三）、しばしば「エピキュロス派のモラリスト」とも、「一七世紀のモンテーニュ」ともいわれる人を取り上げます。私が最近書いた彼についての『気晴らしの哲学』[15]のなかで時間をかけて考察したのは、サン・テヴルモンが、特に『古代および近代の悲劇について』[16]で、カタルシスの古代や過去のある形態についての批評を強いアイロニーを込めて語っていることについてでした。

一七世紀のカタルシス批判のネオ・エピキュリアン的な要素は、その特徴が今まで十分に知られていませんでした。カタルシスの「プロセス」の性格についてサン・テヴルモンは解釈を大々的には展開せず、「権威書」にも当たらず

に、正確な注釈はイタリア語でもフランス語でもまったくせず、大胆不敵にホメオパシー的な解釈を展開します。それは毒をもって毒を制すという手法についてであり、彼はそれをやり玉に挙げているわけです。

第一に、生理学的な次元での批判が最も明確です。病気のもととなる情動を、もっと激しい病気のもととなる情動の表象で治すというのは、エピクロス、ルクレティウス、ガッサンディを熱心に読む読者には実にわかりにくい作業です。エピクロス派の哲学の理論的展望のなかでカタルシスの概念は特にほかより理解しにくいでしょう。悲しき受難がその潜在的苦しみや傷の重荷を下ろすすべをどうやって表象することで見つけられるでしょう。サン・テヴルモンはこの謎について皮肉を言います。

第二に、サン・テヴルモンは、カタルシスは「模範的公衆」には効果があるだろうが、そのような公衆は明らかに存在しない、と言っています。彼が別のところで「普通の人」と言う人にとっては、表象された動揺はさらに動揺をかき立て、情熱は情熱をかき立て、美的な経験で得た「表面的な感情」と現実の世界の同じような出来事が与える感情と区別ができないだろうと言っています。これは、単に生理学的だけではなく道徳的なカタルシス批判です。このような奇妙なプロセスが現実に働くとしても、ある人々にしか効果がないと彼は言っています。

哲学者と大衆との分類について、次のようにサン・テヴルモンは書いています。「千人の観客が悲劇を見るのであれば、哲学者が六人はいて平静な状態に戻ることができる。つまり賢く有益に、考えるからである。しかし、多数はこのような適切な考察をせず、劇場で見ているものにいつもそうしているように、悲しい不幸な動きをする習慣を持つようになるだろう[17]」と言っています。

カタルシス批判は、ここで強い道徳的な次元を持つことになります。まず恐怖の批判をします。恐怖は迷信についてのエピクロス的な分析の延長上にあります。（悲劇を利用すると、人々の迷信深さを強めるばかりだとサン・テヴ

ルモンは言っています。）さらに、恐怖に付け加えて、ラ・ロシュフコーと同じように、憐憫の正体を暴き、批判しています。このようにして、サン・テヴルモンはアリストテレスの理論を一見ありふれたものに矮小化しますが、この際に一種の軽蔑の感情を付け加えます。つまり、カタルシスの基盤とされている効果に対して貴族的な侮蔑の気持ちがあるのです。すなわち、魂の弱体化、アテネ市民の退廃に対する侮蔑の気持ちです。これらの文章を読むとき、フランスのモラリスト、特にラ・ロシュフコーを愛読していたニーチェが、憐憫を後に「感情の恥ずべき軟弱化[18]」と述べたことを思い出します。

第三に、悲劇とはエネルギーを失うことである、そして弱くなることであると考えているという批判があります。これは生理学的、道徳的だけではなく、政治的な批判であります。そこで問題となるのは、いったい誰が、論理的には可能性がありながら道徳的には効力ないような、この奇妙な「発明」をなし得たのかという問いです。それは歴史における人々の特定の状況なのです。

カタルシスの「概念」は、アテネ民衆のエネルギーが弱まるなか、疑わしい力そのものに光をあてたのです。理論的なフィクションのように描かれた「プロセス」は、悲劇のスペクタクル以上に「嘆きたい気持ち」を一般化しました。そして、アテネの歴史そのものに、都市国家の退廃に刻まれたよりグローバルな一つの現象を読み解くものでもあったのです。「嘆きたい気持ち」は、民衆の、そしてまたその天才の歴史のある瞬間において特に強く見られるのだとサン・テヴルモンは言っています[19]。

アテネでこの「恐れと嘆きの芸術」がつくられて以降、迷信による精神が軍の敗北の原因となり、嘆きの精神は、治療が必要なときには大きな不幸に涙することで人々を満足させたのです。憐憫という哀れなお手本に習って、人は嘆き暮れること身につけてしまいます。そして、「嘆きたい気持ちがとても大きかったために、美徳よりも不幸が表

現されました。英雄たちの賞賛に値する気高い魂が、不幸な人のために憐れみに自己を任せることよりもよいとされることを懸念したのです。そして、恐怖と不幸の感情を観客に植え付けるために、事件のたびに怯え、涙を提供する子供や処女や老人たちをコロスの舞台にいつも置いたのです。アリストテレスはそれがアテネ市民に対してなす害をよく分かっていました。しかし、彼はある種の浄化をなし得るたびに十分な治療がもたらされたと思っていました。その浄化は今まで誰も聞いたことがなく、彼自身もよく分かっていなかった」と、サン・テヴルモンは考えます。というのも、「確実に病気を与える科学をつくり、不確実ながら、それを治すための別の科学をつくることほどばかげたことがあるだろうか。魂を乱して、その魂の陥った恥ずべき状態についての考察をして、魂を落ち着かせようとするほど、ばかげたことがあるだろうか」と、サン・テヴルモンは言うのです[20]。

三　現代に戻って――『慈しみの女神たち』のアイロニーと「不可能なカタルシス」

カタルシスについてのこの種の「自由な」批判に共鳴する要素が、『慈しみの女神たち』の読解には多く見ることができます。

まず「生理学的」批判が見られます。この物語はその語り手に対して落ち着きや暴力的感情の浄化をまったくもたらさない。たしかに、治癒をもたらそうという漠然とした野心はときどき見られますが、それは常に裏切られ、失望させられます。この物語の身体に対する言説の役割は「浄化」というパラダイムよりは、感染、汚染という古いパラダイムの方に向かっています。それから、「道徳的」批判も見られます。作者のブラックアイロニーは物語から生ま

れる可能性のある恐怖や憐愍を常に攻撃しています。一部のシーン（キエフでのの大量虐殺のシーン）の恐怖は、心を解放してくれるような感情の「重荷を下ろす」効果はなく、むしろ嫌悪感を強め、ショアーの理解を曇らせてしまいます。被害者への、少なくとも被害者の一部に対する「同情」は自嘲的に語られ、語り手の倫理的言説によってはっきり拒否されています。最後に「政治的」批判です。感情とそのカタルシスの作用は弱さの印として、歴史的に疑われてきた「嘆きたい気持ち」として、自動的に卑下されます。そこには、模倣によって読む人にも害をなすとの批判が盛り込まれています。

それは、全部アイロニーを包んでいるわけです。それはたとえば文学ジャンルについてもいわれています。悲劇を、目をごまかすために使っているように見えます。ケルテースのような作家が考え出す悲劇というのは、『慈しみの女神たち』の読者に提示されている方向性ではないわけです。ギリシャ悲劇がマックス・アウエの物語の全体をつかさどっているように見えます。（慈しみの女神はエウメニデスの別名でありますから、作品の題名自体からもそれはわかるわけです。）しかし、この神話的な決定は、物語内部のダイナミズムにおいて、最も「私的な」次元、主人公に最も親密なもの、すなわち姉に惹かれ、母を殺すという「家族小説」にしか見られません。

悲劇は、もう一つの強力な主題である大量虐殺犯罪へのアウエの参加については大きな影響を与えていません。これは「成長物語」のパロディーで、叙事詩（あまり質の高くない叙事詩、多くは「お役所仕事が見せる叙事詩」）と掛け合わせています。というのも、結局、主人公は役人であり、読者はヨーロッパ各地をアインザッツグルッペンやウクライナ侵攻時の最初のおぞましい作戦から、アイヒマンのような人物たちと共闘しながら、ヒムラーのもとで使命をまっとうするまで、主人公の死刑執行人と共に回るわけです。本の最後でアイヒマンは多く登場します。

つまり悲劇のモデル等は、ちゃんとこの作品のなかに存在します。そして悲劇の生む矛盾の力が薄められた場所に、

複数のナチスの声のポリフォニーが聞こえますが、それぞれの声は、それぞれの合理性を持ち、対話によってはパラドクサルな礼賛や美文調の千年説信奉者のような演説を聞かせ、いくつものパラドクスを生じさせます。それらは「悪の陳腐さ」の理論とは、かなり距離があります。その理論をリテルはずっとちゃかして、さらに失望させようとしています。

全体において継続的かつ断固とした不安定さから、クリステヴァの質問には、否定の答えが引き出されると私は思います。カタルシスはあるのかどうか。いいえ、この物語のなかにはそれがないということです。語り手の認識や分析に染み込んだ膨大な歴史的な学識がもたらすこのようなフィクションの世界において、カ、タ、ル、シ、スは明らかに「問題外」であると思われます。

このような「自由な（リベルタンな）」批判であっても、カタルシスは完全に排除することも一律に糾弾もされてはいません。恐怖や憐愍の根強い影響を鑑みることは重要です。サン・テヴルモン自身、同じ著書の最後で、恐怖と憐愍について、「現代」、つまり一七世紀末の指標に合わせて再定義を行うよう呼び掛けています。それでは、大虐殺後の現在において、カタルシスの理論は維持されるのでしょうか。少なくとも、恐怖や憐愍といった「カタルシスの要素」[21]を、もう一度再定義することは可能でしょうか。

「恐怖（terreur）」に関してはブレヒトの『第三帝国の恐怖と悲惨』で「恐怖教育（pédagogie de l'effroi）」の再定義が行われています。この作品は「観客が恐怖心を抱き、そこからよりよく恐怖心を抑える方法を学ぶことを目的とする作劇法」によってつくられています。[22]

それから、アウシュビッツ以降の作品でカタルシス要素の再定義を試みるものはあるのではないでしょうか。サン・テヴルモンのときのように「恐怖」と「弱さ」のみではなく、「恐怖」と「力」の倫理的かつ美学的なつながり

を見直させてくれるものはないでしょうか。ハイナー・ミュラーの作品がそうだと思います。「物語や状況、人物像の中に恐怖の火種を探し、それを力の火種として観客に伝える」ことが必要だ。そして「恐怖の火種があって初めて強さの火種となると。恐怖の火種を盗み取ったり、覆い隠したりすれば、そこから引き出せるエネルギーを得ることはできない。恐怖に直面して恐怖を乗り越えること。そして恐怖を抑えながら、手放さないこと」とハイナー・ミュラーは言っています[23]。

われわれのモダニティーやポストモダニティーの実験は、ミュラーの言う「美しい恐怖」のうえに成り立っているのではないでしょうか。そこで歴史が押し付けた暴力のなかにエネルギーを探しているのではないでしょうか。「エネルギーの火種」としての恐怖を見直し再定義するとともに憐愍の見直しや再定義も、とりわけ一九九〇年代以降に書かれた一連の文章や戯曲を通して行われていると思います。そこでは、新たな戦争と惨事のドラマツルギーが作り上げられています。

たとえば、グルポフというグループによる『ルワンダ94』をご紹介したいと思います。これはジェノサイドの証言のラプソディーです。おぞましいルワンダの大虐殺の生存者、恐怖の直接の目撃者であるヨランド・ムカガサナが、直接何のフィルターも仲介も通さずに証言するところから話は始まります。そうして観客は同情を感じるわけです。そして、この死者のコーラスがさらに悲劇の想像の世界を呼び覚まし、心の傷の記憶に声を与え、集団で証言を行い、観客がある感動を覚え、それによって、遠いほかの地で、ほかの人の体に起こったことに、よりしっかりと耳を傾け、より深く心の底に響く理解が得られるように導くのです。

私たちを通して人類は

あなたを悲しそうに見る
不当な死で命を落とした私たち
手足を切られ、体をもぎ取られ、ばらばらにされた
なのに今ではもう、忘れられ、否定され、侮辱されている
私たちは何百万の宙づりにされた叫び
ルワンダの丘の上の叫び

ここでは、カタルシスの要素が、「受け身の気持ち」（サン・テヴルモンが皮肉る「嘆きたい気持ち」）を呼び起こそうとするのではなく、「カタルシス効果による思いを通じさせる想像の世界」を抱かせ、美的かつ政治的に、批判的な答えを打ち出しています。これは、アリストテレスが悲劇による憐愍が持つとした古い機能、つまり「人間の感覚の目覚め」を、証言によって再発見することなのです（それこそ悲劇であり、人間の感覚を目覚めさせるとアリストテレスは『詩学』の第一八章の中で、言っています[24]）。

ところが、ここでもまた『慈しみの女神たち』では、語り手は「兄弟である人間」に向けて話し、小説の冒頭から根本的猜疑心を与えます。あなたたちは私の兄弟ではないと言うだろうと。SS行政のなかで成長するこの語り手に、彼の教養小説は、むしろ「人間たるものは存在せず[25]」、「おぞましい惨事は避けられない[26]」ことを教えているのではないかと思います。

（1） Littell, Jonathan. *Les Bienveillantes*（Paris: Gallimard, 2006）.

(2) クリステヴァと私が共同でパリ高等師範学校にて開催したこの企画の録画については以下の web サイトに掲載されている―― http://savoirsenmultimedia.ens.fr/expose.php?id=317（accessed 6 September 2013）.

(3) Kristeva, Julia «A propos des *Bienveillantes*: De l'abjection à la banalité du mal», *L'infini*, 99（Eté 2007）, p. 32

(4) Merle, Robert. *La mort est mon métier*（Paris: Gallimard, 1952）.

(5) Cayrol, Jean. «Temoignage et Litterature» *l'Esprit*（Avril, 1953）, pp. 575-578.

(6) Bataille, Georges. *La Littérature et le mal*（Paris: Gallimard, 1957）.

(7) たとえば、キャサリン・コキオが指摘しているように、「アイヒマン、国民的なカタルシスとしての裁判（Eichmann: trial as national catharsis）」は、ワシントンのホロコースト記念館の Web サイトのオンライン『ホロコースト事典（*l'Holocauste Encyclopedia*）』の項目の1つ。Yablonka, Hanna. *The State of Israel vs. Adolf Eichmann*（New York: Schocken, 2004）を参照のこと。この報告で私が何度も言及しているコキオの論文のなかには多くの有用な参照資料がある。Coquio, Catherine. «La catharsis sous condition: de l'interdit de représentation à "l'holocauste comme culture"», *Littérature et thérapeutique des passions. La catharsis en question.* dir. Jean-Charles Darmon（Paris: Hermann, 2011）, pp. 195-238.

(8) Coquio, Catherine. *op. cit.*, p. 205

(9) *Ibid.*, p. 206

(10) *Ibid.*, p. 212

(11) *Ibid.*, p. 218

(12) Kertész, Imre, *Dossier K*. trad. Natalia Zaremba-Huzsvai et Charles Zaremba（Arles: Actes Sud, 2008）.

(13) *Ibid.*, p. 180（Coquio, Catherine. *op. cit.*, p. 226 より引用）

(14) Kertész, Imre, Péter Nadas, Natalia Zaremba-Huzsvai, Charles Zaremba. *L'Holocauste comme culture: Discours et essais*（Arles: Actes Sud, 2009）.

(15) Darmon, Jean-Charles. *Philosophies du divertissement: Le jardin imparfait des Modernes*（Paris: Les Editions Desjonquéres, 2009）.

(16) Saint-Évremond, Charles de Marguetel de Saint-Denis. *Œuvres meslées de Mr. de Saint-Evremond, publiées sur les manuscrits de l'auteur*. 2 vols.（Londres: J. Tonson, 1705）.

(17) Saint-Évremond, *Œuvres en prose*, éd. René Ternois, Société des textes français modernes (Paris: Didier, 1965). Tome IV, p. 179

(18) Nietzsche, Freidrich. *Fragments posthumes*, 1888, XVI, 851, trad. Bianquis modifiée (Kofman, Sarah. *Niezsche et la scéne philosophique*, Paris: Galilée, 1986, p. 90 より再引用).

(19) Saint-Évremond, *op. cit.*, Tome III, p. 338

(20) *Ibid.*, Tome IV, pp. 178-179.

(21) Naugrette, Catherine. «Du cathartique dans le théâtre contemporain» dans Jean-Charles Darmon, ed. *Littérature et thérapeutique des passions: La catharsis en question* (Paris: Editions Hermann 2011), pp. 167-180.

(22) *Ibid.*, p. 176

(23) Müller, Heiner, *Fautes d'impression* (Paris: Editions de l'Arche, 1997), Catherine. Naugrette, *op. cit.*, p. 176 から再引用。

(24) Aristote, *Poétique*, Chap. XVIII (56a25).

(25) Littell, Jonathan. *op. cit.*, p. 558

(26) *Ibid.*, p. 638

第15章　翻訳者の使命、あるいは虚構に倫理を見出すことの困難さについて

――ダルモン教授の報告への応答

有田英也

作者ジョナサン・リテルを交えて高等師範学校で開かれた討論会で、ジュリア・クリステヴァは、この小説には「慈しみの女神」が出て来ない、と言っています。ギリシア神話のオレステスのように、主人公マックス・アウエはさながら復讐の女神エリーニュスのごとき二人組の刑事に追い回されます。のみならず、東部戦線でいわゆる「銃弾によるショアー（Shoah par balles）」に投入されて以来、吐き気と下痢に悩まされ、ハンガリーでのユダヤ人移送の特別行動のあとは発熱と心神喪失、アウシュヴィッツ絶滅収容所の閉鎖の直後は、ベルリン空襲で脳震盪になりました。ところが、彼に女神アテネのとりなしはなく、戦後社会と和解するための手だては用意されていません。

そこに読者の気づまりがあります。なぜ主人公は生きて語ることができたのか。もしユダヤ人大量殺人の現場で中心的役割を果したこの元ナチ将校マクシミリアン・アウエに、赦しを与える役割を期待されている者がいるとすれば、それは私たち自身ではないのか。この小説を楽しんだ私たち一人ひとりが「慈しみの女神」ではないのか。こう問えば気持ちは穏やかではありません。少なくとも、このフランス小説を日本語で読んで面白いと言わせることを第

一義として仕事に励んだ翻訳者には、気づまり以上のもの、一種の責任感があるはずです。隠す必要はないでしょう。わたしは日本語版 *Les Bienveillantes*(1)の四人の訳者のひとりです。原作が話題になった二〇〇六年の暮れに翻訳チームができました。すぐに原著者から、この小説を書くのに参照した文献のリストがCD-ROMで届きました。地図と写真もデータで入っていました。さらに驚いたことに、原著者は原文のドイツ語は訳さずそのまま訳文に残せ、と強く主張していました。たとえば、下巻の冒頭で主人公は親衛隊全国指導者の幕僚部に属し、強制収容所監察局および帝国保安本部と連絡をとって任務に当たるのですが、いま述べた長ったらしい役所や地位はすべてドイツ語ですから訳してはならないということでした。主人公はこのとき親衛隊で国防軍少佐に相当する階級にあったのですが、これも「シュトゥルムバンフューラー（Sturmbannführer）SS」と書かねばならない。本文註もつけるな、ということでした。これは大変なことになった、というのが正直な印象でした。

個人的な話ですが、わたしは二〇〇七年の夏から一年間、サバティカルでパリにいましたので、この小説について書かれた研究書、たとえばピエール＝エマヌニュエル・ドーザ『普通のホロコースト』(2)、エドゥアール・ユソンとミシェル・テレチェンコ共著『悦にいった人びと』(3)をフランスで読みました。二〇〇七年の暮には改訂版（édition revue par l'auteur）とあるフォリオ版が出たので、読み直して表現が少し変わっていることに気づきました。一例を挙げると、上記二冊の研究書で、ユダヤ人絶滅が第三帝国指導者らの命令であるという記述は、歴史上の誤りとして、作者の間違ったドイツ語の造語とともに指摘されていましたが、リテルは第二版で造語の部分だけを直し、ドイツ語でフェアニヒトゥングベッフェール（*Vernichtungsbefehl*）という絶滅の決定が、「総統ご自身から発している（émane（……）du Führer en personne）」という主張は変えませんでした。

『慈しみの女神たち』の小説世界において、主人公は占領地のユダヤ人を、男も女も、子どもも老人も、非戦闘員

であるなしに関わらず皆殺しにする、とヒトラー自身が、遅くとも一九四一年秋に決定したことを知ります。ダルモン教授のご報告にあったニーチェが考えたように、「憐憫とおぞましさ（pitié et horreurs）」を悪しき感情として退ける人間でなくては、あるいは超人でなくては、ソ連軍の抵抗で新しい段階に入った戦争を戦えない、ということです。

お断りしておきたいのですが、わたしは新進作家ジョナサン・リテルが、東部戦線でソ連軍が想定外の反撃をし、混乱が引き起こされてホロコーストが生じたのだとするエルンスト・ノルテ流の説を、小説で広めようとしている、とは考えません。ただ、この歴史家論争と深く関わる見解が、作中の人物、たとえば主人公の分身のようなトーマス・ハウザーによって一九四一年秋の時点に言明されていたことに、二度目に読んだ時に気づかされたのです。

もう一つ個人的な事情を述べさせてください。翻訳は四人が分担し、初稿ができると全員で共有して意見を出しあいました。こうして二〇一一年三月一日、印刷所に最終ゲラを入れるとすぐ註のゲラに目を通しました。その一〇日後に東日本大震災が起きたのです。神慮といった、ダルモン教授の言葉では、「古代ギリシア人の迷信めいて神聖な恐れ（la terreur superstitieuse et sacrée des Grecs）」という感情に思い至ったのではありません。読者がたとえば一九四三年八月のベルリン空襲の記述をどう読むだろうか、と思ったのです。主人公は、取り乱し泣き叫ぶ大家の女性と隣人たちを尻目に、平然と防空壕（Bunker）に降ります。一一月のさらに犠牲者が増えた空襲では、彼は事務所にいて、部下や秘書を気づかい、書類を持ち出し、消火にいそしみます。彼は模範的な共同体のメンバーですが、ナチ党員であり、殺人の積極的協力者です。つまり、わたしは自分の訳文で読者が、カタストロフに直面した当時のドイツ人に感情移入できるかと自問しているのです。

クロード・ランズマンの「不健康な感情移入の現象（un phénomène d'empathie malsain）」という言葉は、作者リ

テルの作りだした視点でショアーを見ること、ショアーを見た気になることの不健康さを意味するものでしょう。被害者のうちの生存者を証人として、彼らの見た死者および死を生み出す機構を描きだすこと、それがランズマン監督の目論見だったとすれば、小説『慈しみの女神たち』の企てとは、元ナチ将校という虚構の加害者を視点とし、つまりユダヤ人大量殺人の虚構の年代記作者として、数多くの歴史上の人物とともに、ドイツ人の集団的記憶の重要な地点であるスターリングラード攻防戦やベルリン大空襲など歴史上の事件を読者に見せる（donner à voir）ことでした。

この点は日本で大量虐殺について考えるさいに大切なことです。第二次世界大戦の記憶は被害者としての経験が記念され、「巡礼」の対象となりますが、加害者としての記憶――つまり、現実にそうであった人びとについての記憶と、私たちも加害者になるかもしれないと想像してみた記憶――はどうやら抑圧されているからです。日本人の加害の潜在性を、被害の可能性と結びつける必要があります。

とはいえ、ここで『慈しみの女神たち』の強制収容所世界に戻りましょう。アイヒマンやシュペーアのように戦後に裁かれた高名な加害者たちでさえ、当然のことながら、被害の記憶を語り手に打ち明けることができます。アイヒマンやシュペーアは語り手に対して自分の兄弟がスターリングラードで死んだ、あるいは、行方不明になったと語り手に打ち明けます。これは歴史的事実です。

もし書くことですでに罪が浄化されるのであれば、これはスキャンダラスです。この点をアウシュヴィッツ収容所所長であったルドルフ・ヘスの三つの像で説明しましょう。

ロベール・メルルの小説『死はわたしの職業』は、ルドルフ・ランゲの一人称で語られていますが、モデルは実在の人物で、『慈しみの女神』にも登場するアウシュヴィッツ収容所司令ルドルフ・ヘスです。ヘスは獄中で、明らか

に自己正当化のために一冊の回想録を書きました。たとえば、何も知らないユダヤ人の若者をガス室まで見送ってから眺めた夕焼けは、胸を締めつけられるように美しかった、と回想しています。『慈しみの女神たち』の冒頭を使って言うなら、元司令は「人間たちの兄弟（Frères humains）」のひとりだと印象づけたいわけです。太陽のイメージが真実か嘘か、はまったく重要ではありません。収容所司令は心ならずも駅の降車ランプで目撃者となったわけではないからです。彼はそこに留まることを選び、収容所でキャリアを積んだのです。回想録のヘスは「覗き趣味（voyeurisme）」を刺激するために、強い感動（affects）を探し求めているのです。彼の物語に倫理的考察がもたらされるには、フランス語で bourreau という「殺人者」本人が、職務に手を染めるさいに、精神的葛藤を抱く必要があります。対話の相手を拒否し、自分が見返されるのは拒むこと、それがスキャンダラスなのです。

ロベール・メルルの小説のヘス（ルドルフ・ランゲ）は、収容所での死体処理を家族に隠していました。しかし、気づいた妻から激しくなじられます。彼はそれを認め、非難に何も言い返さず耐えます。物語の結末、敗戦後に潜伏していたところを警察に踏み込まれると、じたばたせず、ＳＳ（Schutzstaffel）の黒い制服に着替えて誇らしく逮捕されます。ヘスは罪を浄化する涙を流さないでしょう。そして、更生も自我の再構築もないでしょう。

リテルの『慈しみの女神たち』のヘスは饒舌です。収容所の拡張計画を熱心に説明します。家族を司令宿舎に住まわせ、入所したユダヤ人から奪った服を子どもに着せます。被拘留者の所持品を管理するカナダと呼ばれる部署の所員たちは、ヘス夫人にレースの下着をプレゼントします。主人公は、しごく冷静に、すでにこの世の人ではないであろうユダヤ女性の下着に包まれたヘートヴィヒ・ヘスの性器を想像します。主人公が収容所に戻ってきたとき、司令はこの若い親衛隊将校が彼の職業つまりユダヤ人絶滅に背くと知っています。だから、形式以上のことは何も言いません。

アドルフ・アイヒマンと上司のミュラーも同じ手法で描かれています。ゲシュタポの「ユダヤ課」のボスは、自宅にマックス・アウエを招きます。彼は平服で、みずからヴァイオリンを弾き、カントについて博士である主人公に恭しく質問し、けれども客を自室に引き入れると、ワルシャワゲットーのユダヤ人を殲滅した報告集を得々と見せるのです。アイヒマンは彼の職業に背かないかぎりで主人公と親しみます。ミュラーはチェスの名手です。非番のスペシャリストは、ナチスドイツの戦争機械のなかで、よく使いこまれた道具のように、一種の機能美さえ示します。アルベルト・シュペーア大臣も例外ではありません。ある週末、彼は連絡将校のマックスと狩りを楽しみ、主人公に板チョコを勧め、獲物の鳥の美しさを語りますが、秘密兵器Ｖ１号の地下基地を訪問するために、相談をもちかけるのです。

それではこの機械が、戦争に勝つためだけでなく、もっぱらユダヤ人を強制収容し、働けるものは「労働による殲滅」を、働けない者は即座に殺害するために動き出したとき、『慈しみの女神たち』の登場人物たちは何を考え、どのような行動を選ぶのでしょうか。使いこまれた道具は、あたかも思考を介さずにすませられるかのように行動を続けます。善悪の判断が入り込む余地はありません。しかし、この小説で殺人者としての心的葛藤を語りそうな者、実際に語る者も少なくありません。主人公の従卒（運転手）は、ドイツ系ポーランド人で、ＳＳ勤めの給金の一部を家族に仕送りしています。ルブリンで知り合った男は、Ｔ４部隊という、ユダヤ人、ボリシェヴィキ、あるいは重症の兵士を殺害する特殊業務の部署で働いています。専門学校出で農業が希望でしたが、「毎日、家族に一皿の料理を出す」ために警官になりました。開戦後、安楽死部隊に配属され、こう告白します。「年端のゆかない男も女も同じですよ。ゴキブリを踏みつぶすようなものだ」、と。アウシュヴィッツの医務室長は看守が性的異常者になりつつあると主人公の前で心配しますが、窓の外の焼却場を見つめながら、信仰を失ったことを告白します。

しかし、彼らは機械の一部であることを、平時と同じように受け入れています。理由は、それが彼らの職業だからです。日本のTVドラマで戦争下の日本人が描かれるときも、こんな感じです。それが総力戦だから、それが自分の職業だから、登場人物は平時と同じように機械の一部に組み込まれるのですが、機械が何をめざしているかは問いません。

ところが、『慈しみの女神たち』ではただひとり、殺人機械の全体像を他人よりよく知る立場にありながら、あえてそこに留まる者がいます。それがわたしたちの主人公であり語り手であるマックスに他なりません。彼の移動に合わせて小説の時空が構成されるのです。一九四一年秋、マックスは上官ブローベルから、ユダヤ人を皆殺しにする命令を受けます。彼は別の上官ケーリッヒに会って尋ねますが、彼はベルリンに戻ることになっていました。その決断は夏に、ルーツィク（Lutsk）でなされましたが、そこはマックスが死体の山を前にはじめて吐いたところです。「もし貴官も辞めたいのなら調整はできる」とケーリッヒは言い、「人殺しは人殺し連中にやらせておけばいい」と親切に付け加えます。しかし、マックスは、「わたしは残ります」と答えたのです。

わたしたち読者は、嫌悪というより軽蔑に特徴づけられたマックスのこなしによって、フェアニヒトゥングベッフェール（ユダヤ人絶滅）の全プロセスを、無慈悲に、「感傷家気どりなしに」（この言葉の主はヒムラーです）眺めるあの特権的な視点を得たのです。ドーザとユッソンは、この決定に、ジャンルの混同を誘う技巧がこらされていると指摘します。たしかに、マックスは自分が銃で殺害したユダヤ人のイメージに激しく動揺しますが、静かにプラトンの『国家』を読んで自己を制御します。そして、特別行動部隊に残る決心をした後、ピアノが得意であるため将校連から大目に見られているユダヤ人の少年に、ラモーとクープランの楽譜を取り寄せてやろう、と約束します。このなかなかの教養と趣味を持った将校は、ランズマンのいう「不健康な感情移入」を惹起します。あるいは、彼はカル

ル・ヤスパースが戦後のドイツ人にその危険性について警告した、知的で誠実なナチ党員です。この愛すべき職業的殺人者は、己の行為をどのように正当化するのでしょうか。

「これは人間性といった問題ではない。もちろん、わたしたちの行動を宗教的な諸価値の名において批判することのできる人たちもいるだろうが、わたしはそうではない……（中略）……。あるいは民主主義の名において、ということもあるかもしれないが、ドイツではわたしたちはしばらく前から民主主義を乗り越えていた。」（p.153 folio 翻訳(上) p. 108）

「しばらく前」とは、一九三三年一月の「権力奪取」を意味します。この知的な将校は、「ゴキブリを踏みつぶすよう」に人間をガス殺するＴ４（安楽死部隊）の男を正当化します。

「そこでは自分の意志に何の価値もなく、自分が英雄もしくは死者というよりむしろ暗殺者になったのが偶然のなせる業だと承知しているのだ。あるいは、それならこうした事態は、もはやユダヤ＝キリスト教の倫理的見地からではなく（また結局は厳密に同じことになる世俗的で民主主義的な見地でもなく）、ギリシア的倫理の見地から考察すべきである。」（p. 846 folio 翻訳(下) pp. 58–59）

翻訳者の使命とは、作者がフランス語の文化資産を頼りに展開を期待したであろうことを、日本語でなすことにあります。もしそれに成功すれば、『慈しみの女神たち』の主人公のナチ将校は、生きて動き出すでしょう。それは、

わたしたちも、同じ歴史的文脈に置かれたらそうなったかもしれない、という可能性においてではありません。そうではなく、彼は読者にとって、彼ら自身も少なくともこの小説を読んでいるあいだは職業的殺人者であった、という潜在性において、生きいきとした存在になるのです。マックス自身は「現実」と「ファンタスム」、すなわち小説で彼の見る夢のあいだで揺れています。わたしたちはこうして浄化の涙なしに悪と直面します。もし翻訳が読者を当時のドイツとの自己同一化の道にいざなうなら、ダルモン教授の言うように、「毒をもって毒を制するオメオパシー療法の読み方」が実現するでしょう。実践の学としての倫理が、めまいのするような高みに達した後に始まることを強く希望します。

［注記］　本発表をもとに、対象作品のフランスでの受容を踏まえ、主人公の責任について次の論文を発表した。
　有田英也「ジョナサン・リテル『慈しみの女神たち』翻訳後記――あるいは虚構に倫理を見出しがたいこと」『ヨーロッパ文化研究』第三三号、木畑和子教授退職記念号、二〇一四年三月、一二一～一五五頁。

（1）　ジョナサン・リテル著、菅野昭正・星埜守之・篠田勝英・有田英也訳（二〇一一）『慈しみの女神たち』（上・下）、集英社。
（2）Dauzat, Pierre-Emmanuel. *Holocauste ordinaire: histoires d'usurpation, extermination, littérature, théologie* (Paris: Bayard, 2007).
（3）Husson, Édouard. Michel Terestchenko. *Les complaisantes: Jonathan Littell et l'écriture du mal.* (Paris: Guibert. 2007).

第16章　討論から

質問　生物学などが考える攻撃という行為と、大規模暴力や虐殺といった行為は同じなのでしょうか。一般的な攻撃を拡大していくと、大規模暴力になるのでしょうか。たとえばホロコースト、人種浄化のような非常に例外的な状況を、攻撃という一般的な生物の行動に分解することはできるのでしょうか。

クロード・ドゥブリュ　非常に重要な問題です。ホロコーストやジェノサイドといったものはどれも社会的現象であり、生物学的観点からは部分的にしか把握できません。たしかに、科学の階層秩序や現実のレベルに応じて複雑性が増大するという考え方は広く共有されています。しかし、それだけではありません。非常にボストン的な精神の持ち主であるウィルソンの著書『人間の本性』の指摘に戻るならば、人間は最も攻撃的な生物などではまったくないし、また人間は、攻撃と同じように、他者に利する、そういう現象を示します。他方、ジェノサイドでは、コントロールが非常に難しい、そういうことが起こります。大量虐殺におけるコントロールの出現あるいはその消失については、むしろ歴史学者の方に答えていただいたほうがいいでしょう。哲学者としては、善悪の戦いの多様なかたち、あるいは善が勝つ場合もあれば悪が勝つ場合もあるということを、考えさせられます。

質問　個人のトラウマを癒やすことは治療的観点からなされますが、民族や国家など集団が負うトラウマを癒やすことは可能でしょうか。その場合、大量殺戮にかかわったすべての個人の心を癒やすことを中心に据えるべきなのか、それとも体制の移行、軍事政権からの民主化や人権の保障、体制の整備といったものが優先されるべきなのでしょう

か。復讐や許しの間に入り得る制度、文化的な装置にはどのようなものがあるのでしょうか？

宮地尚子 良い質問ですが、答えの難しい問題です。トラウマを癒やすことと体制移行や人権保障どちらが優先されるべきかという問いは、ありきたりですが両方大事で、弁証法的に、個人的な癒やしが活性化されれば、それが社会の動きにもつながる、また、それで社会が変わろうとする動きがあれば、それが被害者を勇気づけるということがあると思います。

質問 大規模暴力をめぐっては、加害者が変わらない・答えない、加害と被害をめぐるコミュニケーションや理解の不在という問題がいつもあると思います。しかし、視点を変えればそれ自体がトラウマの様態であって、つまり加害者が人に戻ることを拒否しないと生を継続できないがゆえ、とも思えます。そうすると逆にコミュニケーションの不在は人が人の心を持つがゆえとも思うのですが、宮地先生はどう考えておいでですか。

宮地 『慈しみの女神たち』には加害者側の生が描きこまれていて、それに読者も巻き込まれてしまう。加害者・被害者間のコミュニケーション不在のジレンマを読者じたいが味わわされる、そういう小説なのかなという感想をもちます。質問については、トラウマというと、戦争とか爆撃とかレイプとか、その事件（大きな出来事）のことを考えますが、でも現実に私たち臨床家が向き合わなければいけないのは、そのときではなくて、その後の延々と続く人生なわけです。それは被害者も加害者もとてもいろいろなことが起きて、単純なストーリーではない、サマライズできない、まさにそれが人生で、かつコミュニケーション不在や誤解の連続で人生ができています。だから何でもいいというわけではないのですが、そういう複雑さを示すうえで、たとえば『慈しみの女神たち』のような、文学や芸術が意義を持つのかな、とも思います。

質問 『慈しみの女神たち』で、主人公マックス・アウエは吐き気を抱くわけですけど、明らかに残虐行為・集団

殺害の作業を始めてから吐き気を催していると言っているのに、自分にはその理由がわからないとも言い続けていて、何かこう二重に、自分で明らかにわかっているのに、なぜだかわからないというようにリテルは書いていて、それがすごく不思議に感じました。何かそのことについてご意見・ご感想があればと思いました。

有田英也　個人的見解ですが、理由は二つあると思います。一つは、恐れとかパニックとかいうような感情は弱い者の感情で、これを抑圧しなければならない、ボーイズ・ドント・クライという考え方です。それがナショナル・ソーシャリズムのなかで培われてきた。マックス・アウエはその典型です。もう一つは、報告のなかでは触れませんでしたが、彼はホモセクシュアルなのですね。それも女性の立場を演ずるタイプのホモセクシュアルです。そのことを見抜かれまい、気づかれまいと、そのためには、言ってみれば男らしく振る舞わねばならないという強迫観念が、この全編を通じてあります。そのことが、自分でも吐き気の理由がわからないということにつながっていくのではないかと思います。

質問　『慈しみの女神たち』は、ポーランドでもドイツでもなく、なぜフランスで書かれ出版されたのでしょうか。フランス以外でのリアクションも教えていただきたい。

ジャン＝シャルル・ダルモン　ジョナサン・リテルは二重の文化、とりわけアメリカとフランスの両方の文化を持っている人です。大学はイェール大学ですが、それまではフランスの教育を受けていました。また驚くべきことに、リテルは登場人物マックス・アウエと同じようにモーリス・ブランショ（Maurice Blanchot）を愛読し、フランスの文学理論・文芸理論を非常によく知っています。リテルはフランスの歴史と思想をふまえ、読者のモデルとしてフランス人をとらえ、フランスの作家として読者の期待を考えたと思います。

フランスの場合、議論の準備ができていたという側面も指摘したいと思います。たとえばルイ＝フェルディナン・

セリーヌ（Louis-Ferdinand Céline）の評価が絶えず議論されます。だから、『慈しみの女神たち』も、最初からそうした道徳的な賛否両論がわき起こることで成功するだろうと期待できたのです。ドイツにはない、フランスに特殊な事情だと思います。ドイツやポーランドの反応を私は残念ながら知りません。フランスで起きたようなブームにはならなかったと思います。

有田　リテルの本は、それがスキャンダルになりそうな国の言葉に翻訳されています。イスラエルで出版されているのです。日本語版が出る前です。イスラエルでこれがどういう意味を持つかは私にはわからないけれども、しかし翻訳しようという人たちがいたということを、まず確認しておきたいと思います。

次にダルモンさんが「フランスはこの種の議論に適している」とおっしゃったことに、私は個人的な経験から賛成です。私は一九八〇年代後半にパリで勉強しました。そのころ、ゼーブ・ステルネル（Zeev Sternhell）というイスラエルの歴史家がファシズムの思想的なオリジーヌはフランスであるというテーゼを出して大変な議論になりました。もちろんそれ以前からヴィシー政権とかファシズムについての議論はありました。パスカル・オリー（Pascal Ory）やミシェル・ヴィノック（Michel Winock）もそういうふうな仕事をしています。白状しますけど、私がパリ第四大学で博士号を取ったテーマは、ピエール・ドリュ・ラ・ロシェル（Pierre Drieu La Rochelle）です。四年間のドイツ占領時代に『NRF（エヌエルエフ）』という雑誌を編集し、ドイツに協力し、最後に自殺した作家です。こういうテーマをソルボンヌで指導してもらえたという、私が留学していた一九八〇年代後半というのは、まさにそういう議論がされていたわけです。

さっきセリーヌの話が出たのですけれども、私の指導教授はミシェル・レイモン（Michel Raimond）という先生だったのですが、おうちに呼んでくださって私の書いた文章を真っ赤になるまで直していただきました。そのときに

アグレガシオンという、一年前からテーマの作家が与えられてみんなが勉強する、高校の上級教員のための資格試験があるのだが、そこにセリーヌを入れようとしても、常に排除されるのだ、と聞きました。「『夜の果ての旅（*Voyage au bout de la nuit*）』は素晴らしいけれども、これをアグレガシオンに入れたら、反ユダヤパンフレットを読まなくてはいけない、そういったところでフランスでは、価値は認めても許せない作家というものがあるのだ」と。そういう様々の意見の人がいるフランスの言葉だったからこそ、あのような複雑な小説が書き得たのではないかと考えています。

質問　ヨーロッパにおけるショアーの意味についての質問です。ショアーの場合、ほかの大規模暴力と比較されること自体がタブー視されるのでしょうか。唯一無二の絶対的な大規模暴力、日本の場合で言うと原爆にあたりますか。そういう意味で、はたして大規模暴力は比較できるのか、あるいはお互いが比較を拒絶しあっているといったところもあるのではないでしょうか。言い換えれば、『慈しみの女神たち』がこれだけの問題を呼んだのは、やはりショアーだったからなのでしょうか。

有田　大規模暴力を何と呼ぶかは、たいへん大事な問題です。ジェノサイド、ホロコースト、そしてショアーと三つあります。ジェノサイドは、まさに国際ジェノサイド条約によって規定されたわけで、比較ができますし、様々なジェノサイドを並べることがむしろ必要でした。しかし、たとえばユダヤ人の移送者をイギリスが公式には「displaced person（DP）」と呼ぶことで、なぜユダヤ人がそうされねばならなかったのかという問題が抜け落ちてしまうように、ジェノサイドという言葉は、無理に比較することで本当の意味を消してしまう側面があります。ホロコーストは、リチュエルな、つまり宗教的な儀式、儀礼の側面が強調される。もちろんそこにはプルガシオン・浄化するという気持ちはあるし、戦後のある時期にそれは必要であったと思います。しかしそこからはユダヤ人、ユダヤ民族

史、第二神殿崩壊以降のユダヤ史のなかでホロコーストは何なのかという解けない問いが出てくる。そこで最後にショアーという言葉がランズマンなどによって出されました。他と比較できない「あれ」を指す言い方、何かフロイト的ですね。「ça」とか、「Es」を指すような言い方として選ばれたのではないかと思います。

シャンタル・メジェ 日本とドイツの比較について一言申したいと思います。ドイツは記憶であふれかえっている国です。早い時期には強制収容所送りになった人たちの言うことを、誰も信じない時期もあったわけですね。しかし、一九八〇年、一九九〇年、二〇〇〇年代と、ドイツではこの記憶を掘り返し続けています。悔恨の念も表明されて、罪悪感をドイツ国民は完全に受け止めたわけですね。それによってひとつ上の段階に移行したと思っています。今回、私は日本の広島、靖国神社、その他を見学することができました。強く印象に残ったのは、非常に幼い子どもたちを広島平和記念資料館に連れていっていることで、これは子どもたち本人にとってはかなりトラウマを抱えることになるのではと思ったくらいです。漫画でも原爆が取り上げられている。これもトラウマを引き起こし得ることではないかと思いますが、でもそれはやはり乗り越えるべきひとつの段階だと思います。ドイツであったようにですね。子どもたちに見せることは、二度とあってはいけないという気持ちを起こさせるという意味で、私は世界の平和にとって良いのではないかと思います。

ダルモン なぜこの『慈しみの女神』のような小説の対象がショアーでなければいけないのかという問に答えたいと思います。ショアーがインシデントではない、特別なステータスがあるというとき、理由はいくつかあると思います。まず、ハイデッガーとかニーチェをめぐる、哲学の分野を二分する非常に大きな議論があります。哲学者としては必ず参照しなければならない存在である彼らがナチスのインスピレーションを一部担っているということ、こういうレベルの問題はアジアにはないのではないでしょうか。これはちょっと特別なことだと思います。

それからショアーの特徴として、比較できないとか、表象できない、怪物のようだといわれるのですけれども、まさにそうような対象を崇高なものとして表象することに、崇高美といわれるものに、一部の小説家は惹かれるのではないでしょうか。小説的な崇高さとは、不快なものでもあったり、怪物のようであったりするもので、ナチスのなかでの崇高美は、ドイツのロマンチシズムに根を張るもので、そこには啓蒙主義のアイロニカルなかき換えがありました。一八世紀の思想やそのパラドックスの思想も知っているリテルは、そのような意味でのロマン主義者ではまったくありません。リテルはむしろ崇高さを掘り崩すためにそれを小説のなかで使っています。それからナチズムの特徴のひとつとして、文学理論が非常に多く書かれました。これは必ずしも当時の日本では見られないのではないでしょうか。ショアーは戦争なかでのインシデントではなく、計画され、理論化されたものだったということです。ナチス党の内部においても、多様な視点で、生きる空間とか、人種についてなどいろいろ議論されたのです。リテルにとっては、これらが操作する材料として非常に面白かったわけです。ヒムラーがいる、そしてハイドリッヒがいて、ゲッベルスのプロパガンダとか、純粋な官僚主義とか、それからまたシュペールとか。いろいろな見方をポリフォニーのように表現できる面白さがある。それは日本ではできないかもしれないですね。日本では、ある人種の殲滅に関して、そのように多様なディスクールがなされたということはないのではないかと思いますので、そういう特別なコンテキストというのがあって『慈しみの女神』が生まれているということです。

宮地　ポリフォニーが日本にはない、ということはないと思います。村上春樹の『ねじまき鳥クロニクル』には、日中戦争に出征した兵士が描かれますけれど、非常にポリフォニックで面白い小説だなと思います。ただ、村上春樹は日本の小説と言うよりも世界小説として最初から見ておいたほうがいいかもしれません。

それから、精神科医としてカタルシスは重要なテーマでもあるのですけれども、いつも思うのが、ものすごく衝撃

的なことを思い出したり、再体験したりするというのは、それをしながら、でもメタ認知が必要なんですよね。そのメタ認知で意味づけが変わっていくという感じがあって、カタルシスがあるかないかよりも、そのときにどんなメタ認知が起きるか、そこで何かがクリックされてちょっとずれていくという、そこがすごく重要なんじゃないかなと、そういうことを考えさせられてとても刺激的でした。

ドゥブリュ　癒やしについて考えてみたいと思います。一九四三年、第二次世界大戦のまっただ中にフランスの多くの哲学者が重要な著作を出版していますが、そのうちのひとりがジョルジュ・カンギレム（Georges Canguilhem）という人で、彼の書いた『正常と病理（*Le normale et le pathologique*）』の一章が癒やしの問題に割かれています。彼は、癒やしがあっても事件以前の状態に戻ることはできないと言っています。癒やしは、生物学的にイノセントな状態に戻すことではない。生物学的な不可逆性というものがあって、完全にその前の状態に戻ることはできないと言うのですね。私は、これは非常に重要なことを言っていると思います。このような医学哲学的考察は、ほかにもいろいろ影響を及ぼしています。

ひとこと付け加えれば、日本の皆さんを失望させたくはないのですが、ヨーロッパの状態は理想的というわけではありません。欧州統合という企ては、様々な国民・国家の間での非常に難しい企てで、文明的には共通の見解がある場合もありますけれど、国ごとの利害の不一致も多く、とにかく欧州連合としてまとめていこうという意欲はあるけれども、必ずしもうまくいっているわけではない。ＥＵというのは、それによって私たちは平和を得ているとの理解もあるのですが、本当に冒険的な企てであると、今でもあり続けているということを、あえてお伝えしたいと思います。

有田　先ほど話が出た村上春樹の『ねじまき鳥クロニクル』ですが、たしか、こういう比喩があったと思います。

井戸から出る。井戸に閉じこめられて井戸から出るということだと思います。ジョナサン・リテルの小説も、それからトラウマについての議論も、原っぱだと思っていたところが、テランヴァーグであると思っていた場所が、実はそこから出られない井戸であったことに気づく経験ではないかと思います。では、次に私たちが考えなくちゃいけないのは、どのようにして自らを井戸から救出するかということではないかと思います。安易な解答はないですが、私はやっぱり一人ひとりがそれをやってもうまくいかないので、共感、シンパシーとか、エンパシーとか、あるいはダイナミクス・オブ・ヒューマンリレーションズとか、そのようなものに期待したいと思っています。

おわりに

先端課題研究９「平和と和解の社会科学」において、多くの学生や教員が思考を巡らした軌跡とそれぞれの過程の中継点の集積が、本書の形となってようやく読者の皆様の目に触れることができました。たいへん喜ばしく思います。先端課題研究９の事務局を引き受けてくれた学生諸君、刺激的な助言を多くいただいた吉田裕教授を始めとする諸先生方、多忙のなか著者との対話を重ねながら実質的な編集作業を中心になって丁寧にすすめられた中野聡教授、また旬報社の木内洋育氏のご尽力に心から感謝を申し上げます。

本書のどの発表や論考にも、学術研究で普通は聞き慣れない、「平和と和解」という前書きがつくことが前提となった時点で、これまで慣れ親しんできたディシプリンが準備する論法と語彙を使用して思考し、論じることに対して生じたある種の違和感や、奇妙なずれ、ぎこちなさ、あるいは確かな意志や意欲が内包されているように思えます。あまりにも日常的に言い慣らわされている「平和」と「和解」という言葉は、また一方ではそれに抗い、疑うことは許されないような言葉でもあります。そして、そのために社会科学としての緻密で批判的な思考の網をするりと通過してしまう、あるいは暗黙のうちにやり過ごしたり、穏便に通過させるがほうがよいとされてきた言葉でもあるのかもしれません。現代の社会科学のほんとうの問題はそこに潜んでいるのでしょう。

本書はその問題があることを直感しながら、それぞれの研究対象や学問領域のなかで、あるいはそれから一歩を踏

み出し、「平和と和解」に対して社会科学が、あるいは社会科学の一研究者としてどのように向き合うのか、それへの答えをもとめた著者たちによる、真摯な実験であるともいえましょう。

多くの価値がせめぎ合い、激しく変動する世界の直中にいる私たちに、どこか深いところで静かに問いかけられていることは、学問とはなにかということだと思います。人々が共に生きるための根源的な問題に対して誠実に正面から向かう姿勢は、論説の切れ味、言葉の軽妙さ、新規な物言い、ともすればそれらに終始しがちなアカデミックな雄弁術にとってかわられるものではないはずです。

本書の多くの論考でしめされているのは、若い研究者が臆する事なく「平和と和解」を思考し社会科学の現代的有意性と可能性を問いかける、その溌剌とした思考の勇気と、それを論述するための学術技法への鍛錬の軌跡だと思います。なによりもそこに深く敬意を表したく思います。そして、その中継点の集約である本書の延長線上に、「平和と和解の研究センター」が平和と和解の重要性を知る研究者と学生、そして多くの方々が響き合い結びつく場になっていくことを願います。

編者の一人として――　足羽與志子